杭州市哲学社会科学规划重点课题

杭州历史文化研究丛书

杭州社会生活史

顾希佳　何王芳　袁　瑾／著

中国社会科学出版社

图书在版编目（CIP）数据

杭州社会生活史/顾希佳、何王芳、袁瑾著. —北京：中国社会科学出版社，2011.10
ISBN 978-7-5004-9686-1

Ⅰ.①杭… Ⅱ.①顾… ②何… ③袁… Ⅲ.①社会生活-历史-杭州市 Ⅳ.①K295.51

中国版本图书馆CIP数据核字（2011）第060858号

责任编辑 张　林（mslxx123@sina.com）
　　　　 侯苗苗
责任校对 王雪梅
封面设计 李尘工作室
技术编辑 戴　宽

出版发行 中国社会科学出版社
社　　址 北京鼓楼西大街甲158号　邮　编　100720
电　　话 010－84029450（邮购）
网　　址 http：//www.csspw.cn
经　　销 新华书店
印　　刷 北京君升印刷有限公司　装　订　广增装订厂
版　　次 2011年10月第1版　印　次　2011年10月第1次印刷
开　　本 787×1092　1/16
印　　张 17.75
字　　数 356千字
定　　价 46.00元

编辑指导委员会

主　　任 辛　薇

委　　员（以姓氏笔画为序）

王其煌　史及伟　李志庭　何忠礼

陈　铭　林正秋　周　膺　唐龙尧

徐吉军　顾志兴　顾希佳　薛家柱

目 录

绪论 1

第一章 原始社会生活 7

第一节 跨湖桥先民的生活风貌 7

一 渔猎与采集 8

二 弄潮乘舟 9

三 陶器制作 9

第二节 良渚先民的生活风貌 11

一 水稻种植 11

二 房屋建筑 13

三 纺织和衣冠服饰 14

四 制陶与制玉 15

五 原始信仰 19

第二章 宋前杭州社会生活 23

第一节 汉唐杭州社会生活 23

一 饭稻羹鱼的饮食模式 23

二 以舟为马，以楫为车 25

三 人生礼仪 26

四 节日民俗 30

五 断发文身与越巫 31

六 禹航传说及其他 34

第二节 吴越国杭州社会生活 37

一 东南佛国与民间俗信 37

二　钱塘江与民众生活　45
三　民间传说与歌谣　51

第三章　宋代杭州社会生活　55
第一节　衣食住行　55
一　饮食　55
二　服饰　59
三　居住建筑　62
四　游船与海运　65
第二节　岁时节令　68
一　元宵节　68
二　清明踏青　71
三　浴佛节　73
第三节　市井风貌　75
一　街市贸易　75
二　商贸风俗　78
三　瓦舍勾栏与民间说唱　82
四　集会与结社　86
第四节　赏玩游冶　89
一　斗茶与茶俗　90
二　饮酒风俗　93
三　民间游艺　96
四　城市园囿　100

第四章　元代杭州社会生活　105
第一节　都市经济与移民　106
一　城市基本生活设施　106
二　都市经济与社会生活　107
三　户籍与移民　111
第二节　宗教与民间信仰　112
一　杭州行宣政院和僧寺经济　113
二　外来宗教的传播　114
三　民间信仰中对于预兆的迷信　117
第三节　游艺与家庭器物　118
一　游览　118
二　竞技与游戏　119
三　戏曲　121
四　住房与家庭器物　121

第四节　生活风俗　123
一　饮食　123
二　服饰　124
三　人生仪礼　126

第五章　明代杭州社会生活　129
第一节　岁时节日　130
第二节　衣食住行　135
一　饮食和民居　135
二　杭儿风及其他　138
第三节　婚丧仪礼　141
一　婚俗　141
二　性爱之风　143
三　丧俗　145
第四节　宗教与民间信仰　146
一　佛教、道教信仰　146
二　多元的民间信仰　148
第五节　娱乐与文学艺术　151
一　酒楼、茶馆、戏班与庙会　151
二　猜灯谜、赏月、观潮与游湖　153
三　小说、民歌与说唱　156

第六章　清代杭州社会生活　159
第一节　宗族组织与社会救济　160
一　宗族组织　160
二　社会救济与社会福利　162
第二节　衣食与婚丧　166
一　剃发易服　166
二　饮食结构与消费行为　167
三　婚丧仪礼的变迁　173
第三节　岁时习俗与娱乐　179
一　岁时习俗　179
二　民间娱乐　182
三　游乐与旅游　185

第七章　民国时期杭州社会生活　191
第一节　日常消费生活　191
一　衣冠服饰　192

二　饮食风尚　193
三　居住与建筑　194
四　行旅交通　195
第二节　婚丧仪礼　199
一　婚嫁　199
二　丧葬　200
第三节　民间结社与社会公益事业　201
一　民间社团与慈善机构　201
二　民间社团的活动及其影响　206
第四节　宗教与民间信仰　207
一　宗教信仰　207
二　香市与庙会　211
第五节　酒肆茶楼与旅游　212
一　酒肆茶楼　212
二　旅游的开发与兴盛　215

第八章　新中国时期杭州社会生活　223
第一节　休闲之城的勃发　223
一　城市新气象　223
二　中国茶都　225
三　东方休闲之都，品质生活之城　227
第二节　衣食住行的时尚　231
一　吃在杭州　231
二　女装之都　236
三　宜居城市　238
四　快捷、绿色的交通　241
第三节　人口、家庭与社会保障　246
一　计划生育和生育观念的变化　246
二　家庭人口小型化　251
三　社会保障体系的形成　253
第四节　婚丧观念的变迁　256
一　择偶观念　256
二　离婚　258
三　黄昏恋　260
四　性观念的变迁　260
五　殡葬制度改革　264

参考书目　269

绪　论

一　学术史回顾

社会生活史是一门研究历代社会生活事象及其演变规律的学问，它是历史学的一个重要分支。不过由于它的出现相对较迟，对于它究竟应该主要研究些什么的问题，迄今在学术界还有所争议，见仁见智，无法统一。然而，有一点是许多人都有同感的：在我国史学界，以往的研究重心历来是政治、制度、军事、经济、文化等领域，而较少关注社会生活，尤其忽视底层民众的生活状况。这种局面大概一直沿袭到20世纪初。正如梁启超所说，旧史“不过记述一二有权力者兴亡隆替之事，虽名为史，实不过是帝王家谱”[1]。一部二十四史，可以说只不过是一部帝王将相史、精英人物史、改朝换代史而已，而创造中国历史的广大民众，尤其是底层民众，他们的历史却历来没有进入正统史学家的视野，也没有在卷帙浩繁的史学经典中占据应有的位置。

[1] 梁启超：《中国史叙论》，《饮冰室合集·文集》第1册，中华书局1994年版。

在世界范围内，起初的局面也大抵如此。而法国“年鉴学派”的崛起在史学界具有划时代意义。他们主张从底层民众的日常生活出发，去追踪一个社会物质文明的发展过程，把各地居民的日常起居、食品、服饰、婚姻、家庭、教堂、梦想等生活状况都作为自己的研究对象。这样一来，情况也就大不一样。在我国，由于一些接受西方思想较早的文化启蒙人物的倡导，社会生活史的研究也就在20世纪初拉开了帷幕。尽管对于这门学问的定义、研究对象及方法还有待进一步探讨，毕竟帷幕已经拉开，演员也都登上了舞台。

有学者认为，中国社会生活史的研究大致经历了三个阶段。[2] 1911年至1949年为第一阶段，诸如张亮采《中国风俗史》（1911）、陈顾远《中国古代婚姻史》（1925）、陈东远《中国妇女生活史》（1928）、吕思勉

[2] 冯尔康：《中国社会史研究综述》，天津教育出版社1988年版，第29—39页。

《中国宗族制度小史》（1929）、瞿宣颖《中国社会史料丛钞》（1937）、尚秉和《历代社会风俗事物考》（1938）等，有一大批著述问世。单篇论文更多，每有新的开掘，令人耳目一新，筚路蓝缕，开启山林，虽然尚嫌粗疏，却已功不可没。

第二阶段是20世纪50年代至80年代，由于众所周知的原因，社会生活史研究基本上停顿，虽然也有几种专著出版，却寥若晨星，不成气候。

第三阶段是20世纪80年代至今，社会生活史研究受到各方面的重视。特别是中国社会史学会成立以后，先后在各地举行一系列年会，形成了一股热潮。社会生活史在这样一种氛围里受到莫大鼓舞，许多学者纷纷转向这个新领域，立志开拓，虽然声音不甚整齐，却已十分嘹亮，引起了大众的关注。

这个时期里的著述不胜枚举，堪称百花齐放。首先要提到中国社会科学院历史所推出的一套多卷本“中国古代社会生活史”丛书，作为国家重点科研规划项目，起到了很好的引领作用。再就是上海文艺出版社2001年出版的多卷本《中国风俗通史》、学林出版社2004年出版的多卷本《汉族风俗史》，虽然并非社会生活史，但在许多方面都与之相通。此外，还有一大批社会生活史专著，或专攻某一专题，或详述某一断代，学问越做越深，往往有新的创见，令人鼓舞。其中林正秋的《宋代生活风俗研究》，就是杭州社会生活史研究的先行，颇具功力。

这种可喜的局面不仅仅表现在以“社会生活史”为己任的专门性著述中。由于史学界观念的更新或拓宽，即使在通史范畴里，或是其他一些史学领域，学者们也大都开始关注起社会生活史的话题。或者说，在史学研究中，学者们开始注意用相当的篇幅来讨论底层民众的生活，逐渐成为一种风气。

关于社会生活史的定义、概念、性质、对象、范畴乃至研究方法的界定，以及它与相邻学科，诸如民俗学、文化人类学关系的处理，近来常在学界引起热烈讨论。比如，社会生活史与社会史究竟有什么区别？社会生活史与风俗史又有什么区别？都不是三言两语就可以说清楚的。当然，这种讨论也应该宜粗不宜细，大家不妨先按各自的理解做起来，再慢慢趋于规范。“摸着石子过河”，渐渐地也就可能会达成共识了。具体而言，不同的断代，不同的地域，不同的民族，乃至不同的人群，其社会生活史的侧重可能也会有所不同。不同学者的学术风格，当然更是会影响到他们的学术成果，这也是应该注意到的。

本书的书名是《杭州社会生活史》，这里的杭州应该指今天杭州市所属市区以及七县（市、区）的大杭州。在历史上，它的疆域区划也常有变化。不过在研究过程中，我们所依据的史料主要还是来自作为城市的杭州市区，对于周边所属县（市、区）的史料，掌握得还并不太多。历史研究受史料的制约是必须面对的事实，即使有了很美好的设想，在研究过程中有时候也还是不得不有所变通。我们的工作正是在这样一种态势里开展起来的。

二　史料概述

研究历史，离不开史料。研究所需的史料主要有以下几类：首先，考古发现和各种传世文物，包括古建筑在内，可以使今人大致猜测历史上的社会生活状态。其次，历代文人留下的文字典籍，主要是史书、政书、类书、专书、方志、笔记、小说、文人诗文史评、宗教文献等；这中间还应该包括大量的手抄本、民间文书、谱牒、碑刻，这里记载了他们那个时代的生活状况，抑或追记了离作者的生活年代较近的那些事件或生活相。作为文字材料，外国人的游记和近现代的报刊，也应该受到重视。最后，向今天还活着的人做社会调查，采纳他们所提供的口述史。这三者各有长短，倘若能加以配合，相互印证，经过一番去粗取精、去伪存真、由表及里、由此及彼的工作，便可大致上弄清楚历史上民众的生活状况。

杭州社会生活史的研究，我们大致上也是这样去做的。

一般认为，杭州主城区的这片土地在上古时代是浩瀚大海。由于海岸线的变迁，后来才出现了陆地和湖泊，陆续才有了人类居住。这一带重要的考古发现有二，一是跨湖桥新石器时代文化遗址，二是良渚新石器时代文化遗址。前者发现稍晚，却将这一带先民的生活年代上推至8000多年前。后者的发现较早，不过一些重要的发掘也是新近才得以完成的。大量出土文物揭开了四五千年前杭州先民的神秘面纱。通过遗址和相关出土文物的考察，已有学者开始大胆推测那个年代里先民的种种生活风貌。不过因为当时还不可能有文献典籍来详加记述，今人的这种研究必须十分谨慎小心。

虽然文献典籍出现得也相当早，但是直到汉代，这一带的文化还明显落后于中原。在诸如《诗经》、《礼记》、《仪礼》这样一些著名的文献里，我们已经可以读到古代作家对当时中原一带社会生活的大量记述，然而却不能用来印证当时的杭州社会生活。司马迁在《史记》中提到，这一带“地广人稀、饭稻羹鱼”，毕竟有些语焉不详。前面一句是说这一带人烟稀少，还不成气候，后一句倒是把那时候这里的饮食习惯大致上勾勒出来了。汉代文献中，《越绝书》、《吴越春秋》、《论衡》是史家经常采用的，从中可以发现杭州社会生活的一些线索。不过这些文献的重心并不在杭州。有唐一代，可供稽查的杭州地方文献仍然十分稀缺，或者说虽有一批文献已经可供查阅，但其中可为社会生活史所用的却是凤毛麟角。这种局面一直延续下来，直到五代吴越国时，才有所改观。

虽说秦嬴政二十五年（前222年），这块土地上已置钱唐、余杭二县，同属会稽郡，但在此后的很长一段时间里，这里一直还是个默默无闻的地方。隋文帝开皇九年（589年），这里始称杭州。这时候已经开凿了江南运河，后来又建造了杭州城。隋唐时期，杭州借着运河的福祉，逐渐显露头角，到了吴越国时，杭州终于被称为“东南第一州”了。

钱镠建吴越国，定都杭州，坚持“保境安民”国策，统治八十六年之久。记载这一段历史的典籍相对较多，《吴越备史》、《十国春秋》、《旧五代史》、《新五代史》、《湘山野录》、《枫窗小牍》、《钱塘遗事》、《太平寰宇记》、《咸淳临安志》等，往往保存着可供钩沉的宝贵史料，如果与这一时期的一些出土文物相印证，对于当时的社会生活，就有可能获得某些生动的印象。

宋代，尤其是南宋定都临安（今杭州），在杭州的历史上是一件非同小可的大事。有关这个时期的杭州，史料之丰厚有目共睹。除了正史之外，尤其值得关注的是一些文人笔记。这时候的文人已经对社会生活发生了十分浓厚的兴趣，他们笔下不厌其烦地记录起社会生活来，从而为我们今天的研究提供了极大便利。诸如《梦粱录》、《武林旧事》、《都城纪胜》、《西湖老人繁胜录》等，都是不得不提到的。

《梦粱录》二十卷，宋代钱塘人吴自牧撰。该书用“黄粱梦”典故作为书名，正如他在自序中所说，是为了“缅怀往事”。举凡山川景物、节序风俗、公廨物产、市肆乐部，无不详载，有的来自地方志，也有的是作者耳闻目睹。其中卷十六，对当时杭城的茶肆、酒肆、分茶酒店、面食店、荤素从食店、米铺、肉铺、鲞铺的经营活动，有着不厌其烦的叙述。仅在分茶酒店一节，作者开列当年这一类酒店中所能供应的饮食品种（即菜单）就有将近四百种之多，有的菜肴名称，今人已经不知道它是怎么回事了。卷二十所记嫁娶、育子、妓乐、百戏伎艺、角抵、小说讲经史，是研究宋代民俗和艺术的珍贵资料，也自不待言。

《武林旧事》的作者周密，著作颇丰，尚有《齐东野语》、《癸辛杂识》等传世。《四库全书总目提要》评价《武林旧事》，誉之为“耳睹目闻，最为真确”。该书所记，涉及朝廷典礼、岁时节令、市肆交易、诸色伎艺等各个方面，一向与《梦粱录》并称。其中所记伎艺人姓名之多，也令人吃惊。

《西湖老人繁胜录》，作者“西湖老人”不知何许人。该书记南宋杭城的社会生活，既琐细而又珍贵。《都城纪胜》，作者灌圃耐得翁，也没有留下他的真实姓名。他与“西湖老人”一样，有感于南宋末年的时势，心情十分复杂，都不愿署上自己的真实姓名。不过这两种笔记在社会生活史范畴里的珍贵价值毕竟让后人对他们肃然起敬。一般认为凭借以上四种笔记，今人对于南宋杭城的社会生活已经可以有个大致的了解。如果进一步查阅这个时期的史书方志、文人笔记，自然还会获得不少珍贵材料。

搜寻元代杭州社会生活史料时，有几位外国人帮了我们的忙。意大利人马可波罗口述成书的《马可波罗行纪》，从一个外国人的视角来看元代杭州，虽有失偏颇之处，却毕竟十分珍贵。还有《鄂多立克东游录》、《伊本·白图泰游记》等书，也应该予以关注。

这个时期的文人笔记中，尤以孔齐《至正直记》、陶宗仪《南村辍耕录》等值得关注。

明代，史学家郎瑛是杭州人，他的《七修类稿》涉猎颇广，从中寻找杭州社会生活史材料，往往会有可喜的收获。张瀚《松窗梦语》、张岱《陶庵梦忆》和《西湖梦寻》、高濂《四时赏幽录》等书，也大抵如此。特别要指出的是，杭州人田汝成的《西湖游览志余》，以记西湖掌故轶事见长。该书所记杭州生活习俗、岁时节令，以及各种游戏、技艺，甚至方言俚语、故事谣谚，都十分详尽而传神。

这个时期里的通俗小说相当繁荣，尤以“三言两拍”最具影响，其中就有不少作品以杭州为背景。又有周清源《西湖二集》三十四卷，几乎每篇故事都与西湖有关。凡此种种，也为我们今天研究当年的杭州社会生活提供了诸多线索。

清同治年间，杭州人范祖述撰《杭俗遗风》面世，民国年间又有洪如嵩为之补辑。这是一本专门记述杭州民俗的好书。书分时序、乐善、声色、婚姻、寿诞、丧事、排场、传品、女工、饮食、驰名、备考十二大类，已经初具杭州风俗志之规模，难能可贵。其中乐善类之下，又有普济堂、清节堂、育婴堂、义学馆、济仁堂、栖流所、舍材局、瘗埋局等共23则，详述清代社会救济事业概况，其中“补辑”部分还提到民国年间的一些情形。其他各大类材料之珍贵，也是如此。

在饮食方面，李渔《闲情偶寄·饮馔部》、袁枚《随园食单》也值得一提。尤其是后者，详述杭州一带菜肴的烹饪技艺，是研究杭帮菜的重要史料。

这个时期里的史书方志、笔记小说更多，从中寻觅社会生活史的材料，比起宋前来，当然已经容易得多了。

这样一种趋势十分明显，即年代越是晚近，史学研究的材料总是越丰富。尤其是在社会生活史领域，自从报刊出现后，从报刊上寻找此类材料往往更能令人满意。

还必须特别指出的是，更多的学者开始采用社会调查的方法。向如今还健在的老人访问，可以知道近百年间社会生活的详细情形，这是不必怀疑的。如果再拿来与近百年间的文字史料相印证，结论也就更加会令人信服。

如上所述，杭州社会生活史的写作离不开上述各方面的史料，我们的主要工作也就是搜集这些史料，然后再深入研究，力图探索其嬗变规律，有所发现。

三　本书体例与基本评价

对于杭州地方历史的研究起步较早，著述亦十分丰厚，其中尤以南宋建都临安这个历史时期的研究格外引人注目。此前的学者研究杭州地方历史，已经不同程度地注意到了社会生活史料的开掘，发表过不少精辟的见地，为我们今天的研究打下了很好的基础。不过，迄今尚未出现一部较完整的杭州社会生活史。在这个意义上，本书的写作具有某种填补空白的意义，因此令笔者更觉肩上的担子之沉重。

按照我们的设想，杭州社会生活史大致应该包括人口与聚落分布迁徙、家庭与民间结社、衣食住行、生产经贸、人生礼仪、岁时节令、宗教与民间信仰、卫生保健、灾害与救济、休闲与娱乐等一系列内容。社会生活理应涉及社会各阶层，不过尤应关注历来被忽视的底层民众。

关于篇章结构，本书仍采用常见的断代格局。考虑到宋代以前的史料相对匮乏，所以析为二章。宋、元、明、清、民国，直至新中国时期，按照惯例，各列一章。不过，这种篇章结构是否适宜于社会生活史写作，也是有待商榷的。许多人都知道，大量的社会生活在历史的长时段里总是相对稳定的，并不受改朝换代影响，更不受突发事件左右。即使它们各自也在嬗变，却往往较缓慢，有着它们自己的内在规律。过分强调断代，往往会把它们搞得支离破碎。有的学者正是考虑到这样一种情形，而采用专题形式写作，致使作品不像“史”却更像“概论”，避免了行文的重复。当然，这种写法也有它的弊端，使得我们还不敢贸然采用。不过从实际出发，我们在断代格局的大前提下，也往往会从某些社会生活事象的实际出发，对于它们各自的生活史，尽可能“上挂下联”，作系统论述，虽然暂时脱离了断代，却使读者能对所论事象有个相对完整的印象，而不过于破碎。

本书是一个集体完成的课题。具体分工为：顾希佳承担总体设计、统稿和绪论撰写；袁瑾负责第一、二、三章撰写；何王芳负责第四、五、六、七、八章撰写。何王芳、袁瑾两位年轻女博士的加盟，给这个领域的研究注入了活力，使我们看到了希望。不必讳言，本书的写作还很不成熟，在不少地方仅仅是发掘或梳理了相关材料，尚未进入严密的思辨，一些论点也还有待修正。我们真诚地恳请专家和广大读者不吝指教。我们的耕耘还将继续下去，期待着能有进一步的成果。

第一章　原始社会生活

考古资料表明，8000 年前，如今杭州一带的范围内就已经有了人类生活的遗迹。跨湖桥与良渚先民以自己的勤劳和智慧，创造了灿烂的史前文明，留下大批陶器、石器、玉器、木器以及麻丝织品等，其制造工艺之精良，直到今天还令人叹为观止。春秋战国时代，这一带曾是吴越两国争夺的地方。公元前 222 年，秦王嬴政二十五年，始置县，当时这一带有钱唐、余杭二县。经过两汉、三国、两晋漫长的历史，这里一直处于缓慢发展中。直至南北朝陈祯明元年（587 年），这里成为钱唐郡。杭州的真正崛起是在隋唐两代。隋开皇九年（589 年），废钱唐郡置杭州，至此，杭州的称呼开始正式使用。唐代贞观以后，杭州一跃成为“东南名郡”，人口激增，城市不断扩大，经济文化一片繁荣，成为东南交通枢纽，一个商贾云集、各地奇珍汇集的商业城市。逐渐形成了一大批独具地方特色的民俗事象，对后世有着深远影响。

早在史前时代，跨湖桥、良渚先民就已经开始尝试水稻种植、乘船弄舟、撒网捕鱼，江南鱼米之乡初具雏形。由汉至唐，衣食住行、婚丧嫁娶、岁时节令风俗逐渐成形，并且留下了大量丰富的口头文学，社会生活日趋丰富。自然信仰、神灵信仰等民间信仰形式在这一带民众内心逐渐积淀下来，成为民俗发展的内在动力，并且也成为后世民众心愿意识发展的源头。

第一节　跨湖桥先民的生活风貌

跨湖桥新石器时代文化遗址，位于杭州萧山区城厢街道西南约 4 公里的湘湖村跨湖桥西南约 700 米的湘湖地带，以跨湖桥命名。其西南 7 公里为钱塘江与支流浦阳江的交汇处，南北都为低矮的山丘，群山环抱、水土丰盈、植被茂盛。8000多年前，我们的先祖就在这片土地上繁衍生息，创造了独特的跨湖桥文明。采集、渔猎、耜耕农业支撑着他们的基本生活。他们制作骨器、木器、石器作为生产工具，制作各种各样的精致陶器作为生活器皿，并出现了交叉绳纹图案。

一　渔猎与采集

早在8000多年以前，跨湖桥先民就开始了稻作生产，跨湖桥遗址各个地层都发现了水稻遗存，共计稻谷、稻米和稻谷壳1063粒。中期地层发现集束状带茎秆的秕谷遗存。当时水稻栽种仍处于原始低产量阶段，[1]并且极“可能驯化自本地的野生稻，是尚未完全分化的原始栽培稻”[2]。

骨耜是主要的水稻种植工具。早在河姆渡文化时期，先民们就已经开始使用骨耜了。它一般由偶蹄类动物的肩胛骨制成，上端厚而窄，有一横孔；下端薄而宽，有两竖孔。装柄的方式采用捆绑式，即在横孔插入一根横木，用藤条捆绑固定。两竖孔中间安上木柄，再用藤条捆绑固定。骨耜比石器轻便灵巧，而且表面光滑，不易沾泥，适宜在江南水田里使用。跨湖桥发现的骨耜也是用大型哺乳动物的肩胛骨制作，肩臼部位、顶端和脊柱边缘都经过修整。与河姆渡骨耜采用捆绑式不同的是，跨湖桥发现的骨耜上端部有圆形插孔用以装柄，成孔方式是用火烫灼后再行挖凿。

稻谷遗存和以骨耜为代表的水稻栽种农业工具的发现，可以说明跨湖桥先民已经进入了耜耕农业时代。然而，此时稻作并不是主要的经济形态，先民的生活仍然主要依靠采集和渔猎。

江南地区果木茂盛，根据考古发掘来看，跨湖桥先民采集食用的果实种类十分丰富，有桃核、梅核、杏核、麻栎果、栓皮栎、白栎果、南酸枣、菱角、芡实，还有豆科、葫芦科、山茶科等的植物种子和果实。

他们不仅挖坑储藏采集来的果实，还利用“橡子坑”对橡子果实进行二次加工。橡子坑，坑穴呈筒状或者袋状，坑壁以及口部有木料搭成的框架作为支撑。有的坑口还被二次利用，有锅底状灰烬焦积而成为烧土坑。有关学者据此推断，这些坑不仅仅是简单意义上的储藏坑，还极有可能是针对橡子果实进行加工的某一个环节。[3]由此可见，采集野生果实仍然是跨湖桥先民获取食物的主要途径。

狩猎是当时人们另一个主要的食物来源。现在可以确定的人工饲养动物是狗和猪。跨湖桥遗址发现的家猪是迄今为止南方地区最早的家猪。水牛尚未家养。[4]猪、牛等动物的牙齿磨损程度普遍较高，说明年迈体弱的动物是跨湖桥先民主要的肉食来源，它们往往缺乏抵抗力而成为捕杀的对象。许多哺乳动物的骨头都有火烤痕迹，四肢的骨头端部砸断的现象也比

[1] 蒋乐平：《萧山跨湖桥新石器时代遗址》，《2002中国重大考古发现》，文物出版社2003年版，第5页。

[2] 同上书，第6页。

[3] 王海明：《河姆渡文化渊源思考》，《河姆渡文化研究》，杭州大学出版社1998年版，第134页。

[4] 刘莉、陈星灿、蒋乐平：《跨湖桥遗址的水牛遗存分析》，《浦阳江流域考古报告之一：跨湖桥》，文物出版社2004年版，第344—348页。

较普遍，反映了烧烤食肉和吮吸骨髓的事实存在。[1]此外，鼠、狗、虎、獾、梅花鹿等也是常见的猎杀对象。考古学家甚至还发现了天鹅、雁、鸭、雕、丹顶鹤等鸟类的残骸。

[1] 徐建军：《7000年前的人这样生活》，《都市快报》2000年7月25日第10版。

狩猎的工具主要有弓、镞、镖等，而浮标的发现则可以说明当时已经有结网捕鱼的行为存在。水生动物种类有蟹、鲤鱼、龟、扬子鳄等。

史前时代杭州地区丰富的动植物自然资源为跨湖桥先民提供了适宜的生存环境，构成了这一带先民以采集渔猎为主，耜耕农业、畜牧为辅的生产形态。

二　弄潮乘舟

杭州一带水网密集，水上航运是杭州湾两岸较为普遍的交通方式，为了适应水网环境，跨湖桥先民们制作了独木舟。

独木舟长5.6米，基本保存完好，是考古人员于2002年11月22日在遗址第三期发掘中发现的，一同出土的还有2件木桨、石锛、石器崩片、砺石、编织物等文物。有关专家认为，这里应该是一个与独木舟有关的木作加工现场（作坊）遗迹。[2]

[2] 蒋乐平等：《跨湖桥遗址发现中国最早的独木舟》，《中国文物报》2002年3月21日第1版。

发现时，独木舟船头朝东北，船尾朝西南，船帮部分有损坏，船身宽窄不一，最宽处53厘米，比较狭长，船体深20厘米。船体较薄，底部与侧舷厚2.5厘米，接近船尾的一小部分因附近砖瓦厂取土而被截掉。独木舟由马尾松木制成，经过石锛等打磨加工，船身上纵向加工过的痕迹非常明显。并且，在船体凹面内，还可以看到多条支撑横木的痕迹。

古船处于遗址第九文化层，考古学家据此相应推断出独木舟的“年龄”为7600岁到7700岁。该独木舟是大陆沿海迄今发现的最早的一艘独木舟。[3]

[3] 浙江省文物考古研究所、萧山博物馆：《浦阳江流域考古报告之一：跨湖桥》，文物出版社2004年版，第265页。

船舷内留有多处黑炭面，考古学者由此推测，独木舟主要借助火焦法开凿船体。即先民在木料一面涂上湿泥巴，另一面则用火烘烤。烘烤后，涂湿泥巴的一面完好无损，另一面表面则被碳化。再用石锛、石斧等工具将碳化层去除。如此交替反复，层层下砍，遂成一舟。[4]

[4] 蒋乐平等：《跨湖桥遗址发现中国最早的独木舟》，《中国文物报》2002年3月21日第1版。

独木舟是真正意义上的水上交通工具，它不仅能够坐人载物，而且具有一定的抗击风浪的能力。它的出现，大大拓展了这一带先民的活动领域，扩大了赖以生存的空间。这一地区史前遗址中频频发现木桨，除了跨湖桥遗址之外，余姚河姆渡出土木桨3把，慈山遗址出土5把，湖州钱山漾遗址出土1把，杭州水田畈遗址出土4把，余杭卞家山遗址出土2把。这些木桨的出土，可以说明当时这一带独木舟的运用已经相当普遍了。

三　陶器制作

陶器是跨湖桥先民较为常见的生活用器，可以作为容器、炊具使用，有的则作为祭器出现在祭台上。目前经过考古学家拼复的陶器有150多件，它们以夹砂陶、加炭陶为主，还有少量的夹蚌陶。这些陶器以其独特的制作技术、风格造型，自成一体，成为跨湖桥文化独特的代表。

生活用器主要有釜、罐、钵、圈足盘、盆、甑、豆、网坠形器等。这些陶器以圆底、圈足底和平底为主。其中最为典型的器具当属饰有菱格状交叉绳纹的侈口卵形釜、双腹式豆、直腹圆底钵、折敛口矮圈足盆。其中卵形釜，为加砂黑褐陶，高34.5厘米，喇叭口，弧腹圆肩，圆底，有交叉绳纹，以右向绳纹为主。口径21厘米，肩径12厘米，腹径16.6厘米。还有一件绳纹小陶釜，颇为引人注目。该小陶釜口径11.3厘米，残高8.8厘米。为夹砂灰褐陶，交叉右向绳纹，外壁有烟熏火燎痕迹。出土时内盛捆状植物茎枝，茎枝无泥，学者认为当为因故丢弃之煎药。[1]

跨湖桥陶器，厚薄均匀、形状规正，体现了较高的陶器成型以及烧制水平。陶器多就地取材，使用当地较常见的黏土为原料，以泥条盘筑为主，辅以拼接、贴筑。陶衣有黑衣、红衣、褐黄色衣、灰白色衣。其中黑陶烧制技艺堪称一绝。

黑衣陶多见于豆、罐两类器形，烧制时温度较高，胎壁匀薄，形体规整，较之灰、红两色，附着能力更强。出土的一件黑衣陶罐口径16.5厘米，腹径27.2厘米，残高19厘米。圆口，斜领，罐脊处有双耳连接肩部，外壁漆黑光亮，属夹炭陶系。罐口有平行7道凹弦纹，折颈处有一圈突脊。

在跨湖桥遗址出土的黑衣陶罐，罐口常有多条凸起的环形平行旋纹，有关专家据此推测黑衣陶罐在制作过程中极有可能使用了轮制技术。[2] 2006年，萧山博物馆馆长施加农、浙江大学地球科学系退休教授柳志青意外发现一个带轴陶轮底座，并且提出黑衣罐口旋纹由陶轮慢轮技术加工而成的假设。[3]

另外还有一类彩陶，多为粗胎，有灰白、红色、黑色或者黄褐色陶衣，上施以黑、红、白三色彩绘，多用于祭祀。彩绘常见于圈足外壁、足盘内壁以及口肩部。彩绘纹理独特，有条纹、十字纹、太阳纹等。太阳纹属于厚彩类，红底白彩，以圆和放射线构成光芒四射的太阳，一般见于罐类器的肩、腹及领沿部位。

彩陶圈足部位还有镂孔，有方形、十字形、卜字形、工字形、月牙形等，与彩绘纹路以及刻划、戳印等一同构成富于变化的各种图案类型。比如折肩双耳罐，扁腹，圆底，肩部以上施红衣，领下一周细线堆纹，肩部施带、点组合的乳白厚彩图纹，双耳跨连肩颈，正面各有“田”字形彩纹，泥点装饰呈凸起状，其成分有待进一步检测。许多学者认为彩陶产生于原始宗教意识，是史前巫术、图腾崇拜的产物。[4] 比如红色代表血液，象征生命的延续与循环，具有通神、驱邪的灵性。

跨湖桥遗址经过1990年、2001年和2002年三次考古发掘，发掘面积

[1] 蒋乐平等：《浙江发现早于河姆渡的新石器时代遗址——距今八千年的“中药罐”令人称奇》，《中国文物报》2002年2月1日第1版。

[2] 浙江省文物考古研究所、萧山博物馆：《浦阳江流域考古报告之一：跨湖桥》，文物出版社2004年版，第53、323页。

[3] 王肖君：《跨湖桥文化先民曾发明慢轮制陶术，如若进一步确证，将比世界公认最早陶轮早2000多年》，《萧山日报》2006年3月12日第1版。

[4] 王中耀：《彩陶图案与中国人文思想初论》，《中国文化研究》2001年冬之卷。

达1000平方米左右，被评为“2001年度全国十大考古新发现”。并且以其独特新颖的文化面貌揭开了杭州地区第一缕文明的曙光。

第二节　良渚先民的生活风貌

在杭州近郊的老和山、半山水田畈和余杭的良渚、反山、瑶山等地都发现了距今四五千年新石器时代人类生活的遗迹，考古界称之为“良渚文化”。它以发达的水稻种植、大型祭台、墓葬群以及精美的玉器、陶器、石器等手工技艺著称于世，特别是神秘的神人兽面神徽引起众多学者的关注。

一　水稻种植

四五千年前的杭州地处温热带，气候温润，雨量充沛，低山丘陵地势平缓，土地肥沃，河道湖泊星罗棋布。良渚先民在适应自然、争取生存的长期实践中，形成了以水稻种植为主，渔猎捕捞为辅的生产结构。

这一带的水稻生产历史悠久。从河姆渡、罗家角、马家浜、到崧泽文化，已经有两三千年的发展史。河姆渡第四文化层400平方米的遗址内出土了大量稻谷遗存。出土时稻谷、稻秆、稻叶和秕谷层层叠叠、色泽如新，甚至还发现了与茎相连的稻穗化石。据有关学者鉴定，主要是人工栽培的稻谷，并推算：“原先的厚度当在1米以上。假定平均厚度只有1米，其中平均四分之一为稻谷和谷壳，换算成稻谷当在120吨以上，这是何等惊人的数字。”[1]

[1] 林金木：《中国稻作农业的起源》，《农业考古》1982年第1期。

较之跨湖桥时期原始水稻生产，良渚时期的水稻种植普遍，已经成为先民日常生活的主食。水田畈遗址第四文化层出土了大量碳化稻谷。令人注目的是，这一时期的稻作生产在农具制造、使用方面均已取得重大突破，极大地提高了农业生产力水平，因而为良渚上层文明的发展奠定基石，取得辉煌成就。

农业生产工具的发展是衡量一个地区农业生产发展水平的重要尺度，良渚时期稻作生产发展的一个重要标志就是农具的种类和数量增多，分工更加细致，使用更为普遍，并且出现了大型成套农具。这些农具以石制为主，用料大多为青灰色页岩、辉长岩和板岩，少数选用大理石、花岗岩，通体磨光、形状规整、厚薄均匀、刃部锋利、造型美观，并多有钻孔，能够与木柄相配。石制农具主要有石锛、石犁、石斧、石钺、石耜、石铲、破土器、耘田器、石锄、石镰、石刀等。特别是石犁的出现和使用对农业生产起了极大的促进作用。

石犁，又称三角形犁形器，最早发现于菘泽文化晚期，到了良渚时代发展更为完善。这一时期的石犁通常由一片页岩打磨而成，犁面扁平，石犁呈锐三角形，两腰开刃，后端呈弧凸形，中间有钻孔，用来安装固定。石犁都安装在木质犁床上使用。犁床的尖部由垫木和木板组成，石犁安置在其中，在钻孔处以木钉固定，露出边缘刃部和尖峰处。这样既便于更换，又可保护石犁，防止使用时崩裂。2004 年 10 月，在余杭星桥后头山遗址发现一件由两叶组合而成的复合式石犁。两叶式石犁有左右两片犁面组合而成，与一般单面刃石犁不同，这件石犁是双面刀刃。有关专家分析认为，之所以产生两件套石犁，可能是良渚先民在犁田时，为了便于使用，将石犁折转的缘故。[1]

[1] 宓路平：《良渚考古有新发现：玉龙首纹奇异石犁》，《杭州日报》2004 年 11 月 4 日第 7 版。

石犁采用前施后推的力量，实现连续性翻耕土壤，提高了农业生产效率。一般情况下，原始农业可以分为刀耕火种和锄耕两个阶段。刀耕火种阶段，不断采用撂荒、轮转耕作的方式使土地得到休息，需要大量的土地储备，单位面积土地使用率十分低下。锄耕时代（或称耜耕时代）采用翻土耕作的方式，改善土地结构，增加土地肥力，土地连续使用年限大大加长。然而耜耕或者锄耕是间歇性耕作，每锄一下，人都要后退一步，石犁耕作犁由人力或者畜力作为牵引，将间歇式翻土改为连续式的翻土，有利于扩大耕地面积、改善土壤结构、提高生产效率，为不断增长的人口提供必要的生活资料。

耘田器，也称为石耨，石器扁平，刃部呈圆弧状，两端上翘，背部中央有两面对钻圆孔，因其形似当今杭嘉湖农民使用的铁制耘田器而得名，主要用于田间除草、积肥。在吴兴钱山漾和余杭潘板等遗址出土的耘田器被认为是迄今发现的最古老的用于除草中耕的农具。

用于收割的农具主要有石镰和摘取稻穗的半月形石刀。石镰刀，刀身扁平，呈戈形，单面刃，后端钻孔，有的与短直柄相连。半月形石刀呈扁平的半月形，单面或者双面开刃，刀背处有钻孔，可穿入绳索。收割稻穗时可套在手上，使用比较灵活。

杭州水田畈遗址还出土了用于加工稻谷舂米的木杵，这表明良渚先民已经掌握了一定的稻谷加工技术。

从出土稻谷遗址以及大量石制农具推断，稻米已然成为良渚先民的主食，此外，他们的饮食中还有不少野生或者栽种的瓜果蔬菜，如杭州水田畈第四层出土了芝麻、桃核、酸枣、瓜子（似西瓜子）、葫芦以及其他不少野生植物种子遗存。

良渚社会以农业为主，作为辅助的采集渔猎捕捞经济则为良渚先民提供了辅助食物来源。

这一时期，先民的捕捞技术有了极大发展。比如水田畈、余杭文家山、余杭吴家埠等遗址都发现了石网坠、陶网坠等，可见当时先民已经掌握织网捕捞的技术。水田畈遗址中还发现了一件竹篾编织形似鱼篓的器具，呈三角形，做工精致。而瓶窑镇下家山遗址中还发现了许多食用后的螺蛳壳、蛏子壳、蚌壳、鲫鱼、鲤鱼等残骸，[1]余杭吴家埠遗址第四文化层发现了大量的兽骨、鱼骨、龟蚌甲壳等，其中以鱼骨为最。[2]显然当时先民已经以水产贝类为食了。

另一方面，良渚先民也开始了圈养动物的尝试。“就目前所知，推测良渚文化先民已经圈养了家猪、狗、鸡和鸭等。尤其是杂食动物的家猪，生长快，繁殖力强，活动范围又小，粪便还可以充当肥料，因此当时饲养已较为普遍。在良渚文化遗址或墓中常有家猪遗骨和牙齿发现。”[3]另外，萧山所前金山遗存中，发现了大量石箭镞，可见当时狩猎活动也是获取动物性食物的途径之一。当时猎取的动物主要有梅花鹿、麋、獐、野猪、虎和象以及各种鸟类。[4]

二　房屋建筑

良渚主要建筑形式以榫卯木结构的挖坑立柱式地面房屋为主，民居多为此种样式。

庙前发现的一处房基遗址是挖坑立柱式地面建筑的典型代表。遗迹平面呈长方形，东北西南向，面宽 10 米，进深 8 米。西北面为较密的单排柱，另三面都设双排柱，排间距 1.8 米到 2 米。长方形基面上共有柱坑 26 个，间距 0.5 米到 2 米。柱坑多为长方形，坑底铺垫有木板，一般为二三块，多则 5 块。个别柱坑尚存方形的残木柱，边长 15—20 厘米。[5]在柱底下铺设垫木，“实际上是原始的柱础，其作用在于防止柱子下陷。可以推想，在每根柱子之间应该有木梁”[6]。据考古学者推测，在房屋东北隅还可能有一些附属建筑。关于这座建筑到底属于何种形态，学术界尚有争论。林华东认为，“这是一座带回廊的木结构的干栏式房屋建筑”，在河道边上打入木桩，“显然带有防御功能”。[7]赵晔则认为良渚文化遗址区尚未发现这样的建筑。“干栏式建筑通常建于水边或洼地，不得已才用木桩抬升地面，而良渚时期发现的木桩大多起护堤作用，或与水上活动有关。”[8]

干栏式主要为防潮而建，多见于地势低落、临近水源的潮湿地带。一般先打木（竹）柱底架，在其上架设地龙，铺上地板，然后立柱架椽，铺上茅草顶棚。建筑部件结合处，多采用榫卯结构或者丫形木材架梁捆绑的方式。房屋建造在桩柱上，高出周围地面，能够有效地防潮，也可抵御野兽侵袭。7000 多年前，河姆渡文化时期，榫卯结构的干栏式建筑已经出现，2004 年，海盐县百步镇仙坛庙遗址出土了一件陶质器盖，其内壁有一幅干栏式建筑纹饰，[9]可以佐证良渚时期杭州地区干栏式建筑的存在。画面上，正面 4 根柱子，侧面 2 根柱子支撑起一个平台，房屋就建在平台上，由墙体和长脊短檐式屋顶组成。

挖坑立柱式房屋一般建在地势较高的土坡、高台上，良渚文化时期，

[1] 唐永春、宓路平：《良渚文化又见地下宝物——卞家山遗址首次发现彩色漆器、猫头鹰陶器盖、子母口大陶罐》，《杭州日报》2004 年 10 月 4 日第 2 版。

[2] 浙江省文物考古研究所：《余杭吴家埠新石器时代遗址》，《浙江省文物考古研究所学刊》（1980—1990），科学出版社 1993 年版。

[3] 林华东：《良渚文化研究》，浙江教育出版社 1998 年版，第 242 页。

[4] 同上。

[5] 浙江省文物考古研究所：《余杭良渚庙前遗址发掘的主要收获》，《浙江省文物考古研究所学刊》，科学出版社 1993 年版。

[6] 王士伦：《从良渚文化看原始社会时期的杭州》，《南北朝前古杭州》，浙江人民出版社 1992 年版。

[7] 林华东：《良渚文化研究》，浙江教育出版社 1998 年版，第 109—110 页。

[8] 赵晔：《初论良渚文化木质遗存》，良渚文化网2005年4月6日。

[9] 刘慧：《走近海盐仙坛庙文化遗址》，《浙江日报》2003年5月30日第7版。

杭州一带已经出现人工建筑土台用来建房。土台修筑好以后，在基面上选择位置，挖好立柱基槽，打入木柱，再在木柱之间打入用芦苇、竹条等编织的墙体骨架，然后填入泥土，经过烘烤成坚硬的土墙。屋顶一般用茅草、稻草、树皮等铺设。室内地面由碎石、红烧土等经过碾压、夯筑、烧烤成坚硬的活动面。

当时的大型建筑群则以莫角山遗址为代表。1987 年，考古学家在莫角山东南面发现与建筑有关的红烧土堆积。红烧土是史前时代与房屋建筑有关的遗存。当时人们把草木与泥土掺和起来，搭出墙体和屋顶，再用火烘烤，直至整个房屋变成红色。另外炊煮用的灶坑、失火后的房屋、燎祭后的场所都会留下红色土的堆积。莫角山遗址的红烧土堆积厚薄不等，有的地方夯层较平，大致厚 15—20 厘米，有的地方有些起伏，厚的地方超过 1 米。[1]专家认为这些红烧土堆积可能来源于莫角山大型房屋建筑的泥土坯墙，房屋经火灾倒塌后，大量土坯被烧成砖红色，堆积在那里。

今天在这一片遗址上，我们还能看到“一些近圆形或椭圆形的大型柱洞，从南到北分三排作东西向排列，各排间距在 1.5 米左右。柱坑口径 0.44—1.35 米、深 0.2—0.72 米……木立柱灰，其直径一般在 0.5 米左右，大者达 0.9 米”[2]。柱坑的填土呈内外两种颜色，内圈的填土颜色发黑，土质疏松，显然是木桩腐烂或拔出后的介质。[3]从这些数据可以推知，莫角山遗址并非一般普通民居，它有可能代表着当时最高等级的建筑群，是贵族阶层所在的一个统治中心。

[1] 严文明：《良渚随笔》，《文明的曙光——良渚文化》，浙江人民出版社1996年版。

[2] 杨楠、赵晔：《余杭莫角山清理大型建筑基址》，《中国文物报》1993年10月10日第4版。

[3] 赵晔：《初论良渚文化木质遗存》，良渚文化网2005年4月6日。

为了获得清洁的水源，良渚人普遍开凿水井。目前发现的就有 40 余处。常见的水井是上大下小的圆形深坑，有些套上竹木或者芦苇编织的井圈。这些水井还有灌溉、蓄水等用途。

还有一类是带有“井”字形木桩的水井，余杭庙前遗址发现有两处。其中一处井深 1.5 米，东西边长 83 厘米，南北边长 82 厘米，基本呈方形，以带凹槽的扁方木叠设而成，残高 150 厘米。扁方木长 130 厘米、宽 15—23 厘米、厚 7—10 厘米。木板两端有单向卯口或双向卯口，板与板之间依靠卯口相互连接，底部有四块木板。[4]在木结构遗存中发现陶器 50 余件，其中有贯耳壶等汲水陶器。另一处则由两端带凹槽的扁方木套合成“井”字形木框架，高约 2 米，内围约 95 ×95 厘米，近正方形。底部有凹坑以固定木结构，木结构之间的缝隙则由陶器碎片等填塞。

[4] 王士伦：《从良渚文化看原始社会时期的杭州》，《南北朝前古杭州》，浙江人民出版社1992年版。

三　纺织和衣冠服饰

良渚文化时期已有纺织衣料。嘉兴钱山漾遗址出土了不少丝织物残片，有丝线、丝绳、麻绳、绢片等。杭州地区良渚遗址中虽未发现纺织物，但是反山和瑶山墓葬中出土了玉纺轮、玉捻杆、卷经轴、机刀，水田畈遗址出土过纺轮等纺织器具。[5]由此可以推知，生活在杭州一带的良渚

[5] 牟永抗等：《水稻、蚕丝和玉器——中华文明起源的若干问题》，《考古》1993年第6期。

先民已经掌握了发达的纺织技术。其中制作精美的玉制纺轮和原始腰机端饰格外引人注目，为探寻良渚纺织业发展情况提供很好的实证。

纺轮见于瑶山遗址 11 号墓，由白玉制成的纺轮和青玉制成的捻杆组成。其中捻杆呈圆柱形，上细下粗，用于固定纺轮。捻杆顶端有一圆孔，可穿一根短木，用于固定纱线头。使用时，先将纱线头固定在短木上，转动纺轮，对纱线进行加捻，捻好后的纱线绕在捻杆上。

原始腰机端饰发现于反山遗址 23 号墓中，共 6 件 3 对，配套使用，中间用于连接的木制杆棒已腐烂不存。研究者认为这是一套由卷布轴、卷经轴和机刀三部分组成的踞织机具。卷布轴呈椭圆柱形，分两部分，便于夹持织物，轴两头大、中间窄，便于绑在腰间。开口刀十分轻巧，也呈椭圆柱形，宽约为 3 厘米，两端玉饰呈舌形，均匀轻薄。既可挑织，又可作为打纬刀打纬。另一部件为长方形柱体，一端略微有弧度，另一端较平直。[1]操作时，织者席地踞织。将卷布轴绑在腹前，双脚蹬住卷经轴，所有经布分成面经和底经两部分。织布时，织者一手持投纬梭，一手持机刀。每投梭一次，就用机刀将织口的纬线打实，如此反复，布便织成了。[2]

[1] 赵丰：《丝衣玉饰》，《南北朝前古杭州》，浙江人民出版社 1992 年版。

[2] 袁宣萍：《浙江丝绸文化史话》，宁波出版社 1999 年版，第 9—10 页。

良渚文化遗址中尚未发现完整的衣物，因此无法探知当时衣服的具体样式，但是从良渚墓葬中大量缀饰类玉器的发现，我们可以推知当时在衣物上缀玉已蔚然成风。这类玉器一般形状较小，正面常带纹饰，背面有燧孔，便于穿线缝缀，而正面完全不露丝线痕迹。反山和瑶山墓葬出土的缀饰玉器根据形状可分成动物形、半月形和半瓣形。在一些具有男性特征的墓葬中，还发现了一种极为罕见的玉带钩。钩呈扁方体，一端钻孔，可穿带，另一端呈弯钩形，能钩住带子另一端。玉带钩发现的位置正好在腰部，说明当时男性中已有束腰类服饰出现了。

良渚先民喜好头戴羽冠。反山遗址 12 号墓中出土的大玉琮上 8 个“神人兽面纹”清晰地雕刻出神人头上巨大的放射状羽冠。在玉梳背、玉璜、玉串饰、玉柱形器、玉牌饰等上都可以看到头戴羽冠的神人像。[3]由此说明，当时确实有羽冠的存在。

[3] 毛昭晰：《从羽人纹饰看羽人源流》，《河姆渡文化研究》，杭州大学出版社 1998 年版，第 27—29 页。

冠饰有三类：三叉形冠饰、半圆形冠饰以及锥形冠饰。三叉形冠饰下端呈圆弧形，上端分为三叉，中叉之中自上而下有穿孔。半圆形冠饰，每 4 件组成 1 套，正面有简单兽面纹，反面有燧孔，能够被缝缀在衣物上。另一种是锥形冠饰，一端尖锐，另一端扁圆，有一横钻孔。以上三种玉饰均在墓葬头骨部位被发现，因此可判断属于冠饰类。[4]

[4] 赵丰：《丝衣玉饰》，《南北朝前古杭州》，浙江人民出版社 1992 年版。

四　制陶与制玉

（一）制陶业

良渚文化时期，杭州一带制陶业发展迅速，陶器更加广泛地运用在日常生活方方面面。制陶工匠继承前人经验，又有所创新，制作技艺更为娴熟，工艺更为精致。出土的陶器不但数量多，品种全，而且形制多样，纹饰美观。其中以“良渚黑陶”最引人注目。

黑陶大多在陶器胎质表面施上一层黑色的陶衣，经过打磨、抛光，呈现出富有金属光泽的铅黑色。这种陶器采用快轮制作。首先将陶土放在快轮上，借助快轮快速旋转的力量，用手捏出各种器皿的形状，形体规整，厚薄均匀。待到陶器半干不干时，用鹅卵石等工具进行精工打磨，使陶器表面润滑光泽。在烧制晚期封窑严密，并采用烟熏渗碳的方式，烧制成的陶器表面呈铅黑色。[1]还有一种表、胎皆为黑色的陶器。黑衣陶胎质细腻，陶体浑圆规整、胎壁较薄。1955 年，在良渚镇荀山朱村兜附近的水塘中出土的一件黑衣陶壶，陶壁最薄处仅有 0. 15 厘米，制作之精良，令人叹服。

[1] 王士伦：《从良渚文化看原始社会时期的杭州》，《南北朝前古杭州》，浙江人民出版社 1992 年版，第 191 页。

良渚陶器形制各种各样，丰富多彩，夹砂陶、泥质灰陶也是常见的样式。夹砂陶由于常用来做炊具，以三足器形为主。泥质灰陶多做贮存器，形制以圈足器和平底器最为常见。陶器上通常还加设盖顶、宽流、阔把、贯耳、小鼻等附件。常见的形器有鼎、豆、壶、簋、盘、杯、鬶、盉、瓮等。

即便是同一种形制，局部和细节的处理也多有不同。比如鼎，有罐形鼎和盆形鼎。罐形鼎下方有三只鱼鳍形足，盆形鼎多为扁方形或 T 字形足，后来还发现过一种镂孔 T 字形鼎足。另一种常见陶器豆，有盆形、盘形等多种，豆把也有细高和粗矮两种，其中比较典型的是椭圆形盘竹节形高把豆。此外，鱼篓形贯耳壶、高颈扁圆腹圈足双鼻壶、翘流直筒腹阔把壶、折唇矮颈弧肩大罐和直口高颈折肩折腹或弧腹小罐、三鼻簋、内卷唇圈足盘以及实足，也都是杭州一带良渚文化陶器中常见的样式。

值得一提的是，当时还出现了陶制过滤器。过滤器高 6. 5—22 厘米，由器身、过滤钵和器盖三部分组成。其中钵体口径 11. 6—23 厘米，高 8. 8—12 厘米，圈足径 9. 2—13 厘米，呈敛口弧腹形，外底有圈足，口部一侧有垂直冲天嘴，器盖为半球形。[2]可能用于酿酒或净水。目前，过滤器仅在杭州地区发现，其他地区尚无类似陶器出土。

[2] 王心喜：《杭州史前文化》，人民出版社 2007 年版，第 215 页。

当时的陶器表面或素面无纹，如多数泥质陶；或施以单彩，比如黑衣陶、朱红色陶；又或施以彩绘，但多为比较简单的红色、黄色彩条。

除此之外，有的陶器表面还刻有精美的纹饰，包括写实性纹饰和抽象性纹饰，这也是良渚陶器中最精彩的一部分。写实性纹饰主要有鸟纹、蛇纹、蚕纹以及简化鱼纹等动物图画纹饰，还有神人兽面等。抽象性纹饰以卷云、螺旋、网状、折线、连点、圆圈、弧边三角形等构成图案，有的还以线条表现变形的动物。这些纹饰主要通过细刻阴线的手法加以体现，有的单线简洁，有的刻画繁复。

良渚文化时期发达的制陶业不仅表现在制陶技术的长足进步，更表现在制陶过程产生的分工和协作的工作方式。工匠分别制作器物的局部，然后再整装成型，并产生了管理者。1936 年 12 月，施昕更在棋盘坟遗址一处枯竭的水塘中，发现大面积红烧土以及器形比较单一的陶器残片，怀疑那里可能是一处窑址。[1]1955 年，考古工作者在位于良渚荀山西侧约 1 公里的朱村兜遗址采集到大量的良渚黑陶器，其中完整和复原的陶器多达 200 余件，并一同发现了大量木炭、草炭和炭末。这些陶器出土时，色泽光鲜，未见明显的使用痕迹，不少陶器上发现有因过度烧制而产生的气泡或变形。显然这些陶器烧制成后，还未来得及投入日常使用中。这些陶器数量多，但形制单一，仅有双鼻壶、圈足盘豆等。由此可推知，这里也是良渚时期一处制陶专业手工作坊。[2]

[1]施昕更：《良渚——杭县第二区黑陶文化遗址初步报告》，浙江省教育厅 1938 年版，第 5 页。

[2]芮国耀：《中华文明的曙光》，《南北朝前古杭州》，浙江人民出版社 1997 年版，第 32 页。

总的来看，良渚时期杭州一带手工制陶业发展迅速。各种造型各异的陶器，有着实用和审美的双重价值，民间工匠在日常生产中，已经不自觉地将二者融合在一起。这一时期的陶器既有炊器、盛器、食器等生活用途，也有用于祭祀的礼器。不同等级的器物在不同的区域生产，更是社会等级分化的表现。

（二）制玉业

许慎《说文》释："玉，石之美者。"玉器质地细腻，温润柔和，是良渚文化中最突出的代表物。玉被制成各种形状，用于装饰，并在祭祀中作为礼器，更是权力、地位和财富的象征。

良渚文化玉器主要是软玉，原料为透闪石和阳起石系列的软玉，也有少数叶腊石等。由于经过漫长的埋藏时间，玉石"受沁"变化，表面呈现白色，与常见的半透明玉器不同，被称为"鸡骨白"。

这一时期的玉器不但数量众多，而且品种丰富。有玉管、玉端饰、玉珠、玉手柄、玉纺轮、玉粒、绿松石珠、玉长管、玉坠、玉弹形饰、玉镯形器、玉锥形器、玉圆牌、玉管串、玉圆牌串饰、玉璜、玉柱形器、玉刻纹管、玉珠串、玉瓣形饰、玉冠形器、玉带盖柱形器等。其中以琮、璧、钺最多，造型宏大，风格严谨，饰纹古朴神秘，阴线雕刻与浮雕完美结合，代表着当时南方制玉的最高水平。

玉琮，是良渚文化玉器中体积最大，出土较多，极具象征意义的典型玉器。形状内圆外方，中间为圆孔，立面分成若干节。玉琮的大小规格差别很大，有的只有一节，最多的有十九节。有的玉琮表面刻有纹饰，有的是素面，总的来说，早期玉琮上的纹饰以阴线雕刻为主，晚期出现了浮雕装饰。1987 年余杭瑶山遗址 12 号墓中出土了一件非常特殊的玉琮，可称之为"琮王"。琮高 4. 4 厘米，直径 7. 5 厘米，中间圆孔径长 6. 5 厘米，重 6. 5 公斤。[3]玉琮为矮方柱体，琮体一节，外方内圆，四角为大于 90 度圆弧角，器表有四块曲尺状长方形凸面，并饰有神秘的神人兽面像。

[3]王心喜：《杭州史前文化研究》，人民出版社 2007 年版，第 255 页。

关于玉琮的用途，学者们历来说法不一，目前较为一致的看法认为玉琮是寓宗教、祭祀、仪礼为一体的法器。它既是巫史沟通天地的法器，也是部族之间互相交换、馈赠的礼器，同时也随葬入墓，显示出保护死者灵魂，避凶驱邪的神秘力量。玉琮又是权力、财富和地位的象征，它的主人多为贵族阶层。[1]到了汉代，玉琮又发展为随身佩带、祈福禳灾的护身符。

[1]林华东：《论良渚玉琮文化》，《东南文化》1991年第6期。

玉璧也是良渚文化中的一种重要玉器，呈扁平圆形，中间有孔，其外径一般为10—26厘米，最大可达30多厘米。玉璧存在的时间很长，从石器时代一直到清代，都有玉璧出土。较之玉琮的选料精良、单一均净，玉璧色彩斑斓，肉眼可见其斑杂的纤维组织。玉璧的制作水平高下精粗相去甚远。一般来说，良渚玉璧加工粗拙，外圆不周，边部厚薄不均，表面不够光洁，且对孔不准。但也有的玉璧制作精美，通体浑圆，表面纯净，形状规整。玉璧表面一般素面无纹。从出土的数量来看，当时玉璧颇受人们欢迎，它是祭祀的礼器，也是部族权力、地位、财富的象征。

玉钺是仅在大墓中发现的一种随葬品。玉钺源于穿孔石斧，比较完整的组件包括钺冠、钺身和钺柄。钺冠及钺身呈扁宽近方形，一端有两面对磨的弧形刃，有穿孔，钺柄为椭圆柱形木柄。钺是军事首领的象征物，是标志身份的重要礼器。随葬品中有无钺以及钺的规格和档次，都反映了墓主人的身份和地位。一般的玉钺光洁无纹，但反山12号墓中的玉钺，在刃部上角两边均有以浅浮雕和阴线刻的神人兽面纹，下角均有鸟纹，这些纹饰酷似玉琮上的纹饰。可以认为这是军权和神权相结合的代表。

良渚时期，制玉由贵族掌管，在专门场所进行，加工过程包括切割、钻孔、打磨、刻纹、抛光等步骤。

大块玉料首先需要切割，良渚玉匠采用切割成胚的技术，包括使用片状硬性物件的锯切割，用麻线、筋、弦等柔性物件的线切割。通过切割可以节省玉料、提高效率。第二步要在切割好的玉料上钻孔，钻孔有实心钻和管钻。实心钻是用燧石或者砂岩制成，管钻则用竹管加细砂蘸水两面对钻。良渚玉器的刻纹方式有三种，比较盛行的是浅浮雕加阴线刻划。也有纯粹的阴线刻划，线条纤细而浅显，主要使用鲨鱼牙、燧石、天然金刚石等。第三种是透雕结合阴线刻划的镂雕。良渚玉匠们通过研磨减地的手法获得浅浮雕图案，采用钻孔、线切割完成镂雕。为了去除切割、钻孔、刻纹在玉料上留下的痕迹，增加玉体的光洁度和光泽，还要经过打磨、抛光的步骤。打磨一般使用大小形状不一的砺石进行。打磨时借助解玉砂的中介作用，加入颗粒均匀的砂砾，先粗后细，循序渐进。抛光则是用皮革、毛毡、布帛、树皮等柔软的材料，不断地打磨玉器表面，将玉器表面打磨的痕迹减少到肉眼看不到的程度，以此获得玉器特有的温润光泽。

2002年考古工作者在余杭塘山遗址发现了不少与玉加工有关的玉料以及砂岩、石英岩等加工工具，主要有石磨球、燧石雕刻器、磨石、砺石、石磨棒等。并由此推测此处极可能是一处良渚晚期的制玉作坊。[2]

[2]李建：《良渚遗址惊现制玉作坊，首次正式发掘解谜》，《浙江日报》2002年9月11日第3版；王明达等：《塘山遗址发现良渚文化制玉坊》，《中国文物报》2002年9月20日第1版。

玉器不仅是杭州一带史前生活文化内涵的重要代表，也反映了当时社会生产力的高度发展。玉琮、玉璧以及玉钺所代表的军权、政权、神权合一的情况，是当时社会分层、王权统一雏形的代表，体现着杭州文明的起源。

五 原始信仰

良渚时期，原始宗教活动十分频繁，祭祀已经成为先民日常生活中的一件大事。随着社会生产力的发展，手工技艺水平的不断提高以及社会等级的分化，原始宗教出现专门化、规范化等特征。具体表现为出现了专门的祭台、巫觋阶层和具有普遍象征意义的神徽。

祭台，是专门的祭祀场所，在良渚文化高台型墓葬地都有祭台发现，如余杭的反山、瑶山、大观山墓葬群。高台型墓葬是由人工堆筑和加工形成的土台，一般高于周边地区，呈小土坡状。这类墓葬由祭台和墓穴两部分组成，墓穴围绕祭台分布。墓穴按照墓主生前地位等级排列，一般来说，离祭台越近，墓主身份越显赫。

瑶山墓葬祭台被学者们认为是这一时期祭台的典型代表。瑶山位于杭州余杭下溪湾村，正处于天目山北支山岭与平原的交接处，与另一处重要的良渚文化遗址反山南北相距大约 5 公里。墓地内有祭台，面积大约为 400 平方米，台面用挖沟填筑灰土的方式，形成三重土色，并把山体造成金字塔式多层阶梯状。内部中心是一个正方形的红土台，土台四边都为正南北或是东西走向，十分规则。围绕红土台的是一圈灰色土围沟，灰土围沟的南、北、西三面有黄褐色土台。其上砾石铺面，砾石面土台的北边西段和西边北段都有用砾石砌成的石坎磡，用以保护祭台免遭山洪冲刷。[1]这样的建筑设计显然经过精心构思，建造也需耗费大量的人力、物力和财力。

瑶山墓葬祭台上发现南北两列贵族大墓，南列 7 座，北列 6 座。根据墓穴排列的位置以及随葬品的种类、数量，可以推测北列墓主地位次于南列。随葬的玉器中发现了玉管、玉带盖柱形器、玉饼妆饰、玉粒、玉端饰、玉锥形器、玉长管、玉三叉形器、玉柱形器、玉钺、玉钺冠饰、玉钺端饰、玉琮、玉牌饰、玉冠形器、玉半圆形饰等随葬玉器。其中玉琮、玉钺、玉冠形饰等都是良渚文化中祭祀用的玉礼器，对后代礼制有着深远影响。

宗教祭祀活动有一定的礼仪和规范，历史上主持、操持这些礼仪规范的女人被称为巫，男人被称为觋，习惯上将他们并称为巫觋。在原始社会早期，巫觋并不是专职的，人人皆掌握一定的祭祀礼仪，并有自己熟练的巫术，家家都有巫觋。《国语・楚语下》说："民神杂糅，不可方物；夫人作享，家有巫史。"到了后期，巫觋逐渐成为专职神职人员，并借助通神的力量，成为特殊的权力阶层。良渚时期，已经出现了专职的巫觋。

[1] 浙江省文物考古研究所：《余杭瑶山良渚文化祭坛遗址发掘简报》，《文物》1988 年第 1 期。

余杭反山墓葬是一处较为典型的巫觋墓葬群。反山是位于余杭长命乡雉山村附近的一座土山，东西长近 100 米，南北宽约 30 米，高约 5 米。1986 年浙江省文物考古研究所在人工堆筑的土层中发掘出 11 座良渚墓葬。墓穴中有棺木葬具，有的还带有棺椁等物，棺木涂有朱红色，有的棺木盖上还有玉器装饰品。在随葬的玉器中，玉冠状饰多雕有“神徽”图像，并发现了玉琮、石钺、权杖端饰等礼器。其中玉琮雕刻有“神徽”，石钺未经开锋使用，穿孔四周涂有朱红彩，呈圆圈状或辐射状。反山墓葬 20 号墓中随葬的玉器多达 170（组）件，各类玉冠状饰都有“神徽”雕刻，有玉琮、玉钺、玉璧、石钺等礼器。在 22 号墓中还发现了玉璜和龙首圆牌玉饰。[1]根据陆建方的研究，“冠状饰据认为是巫觋所用涂朱嵌玉法器上的重要部分，或即木质神像之构件。在贵族墓中，冠状饰的精美和图案的等级，往往与该墓所处的位置及其他随葬品的等级不一致。因此，笔者赞同这是一种通神权力和从事某种职业的标志。在同一墓地中，巫觋的冠形饰往往是最精致的”[2]。

[1] 浙江省文物考古研究所反山考古队：《浙江余杭反山良渚墓地发掘简报》，《文物》1988 年第 1 期。

[2] 陆建方：《良渚文化墓葬研究》，《东方文明之光——良渚文化发现 60 周年纪念文集》，海南国际新闻出版中心 1996 年版。

良渚文化时期，祭祀的权力渐趋集中在少数人手中。墓穴中的以琮、钺、玉璧及其组合玉件为代表的仪式礼器，象征着墓主人生前在政治、经济、军事以及宗教方面所拥有的权力和地位。当时统治者往往集现世的君主与通灵的巫师身份为一体，既拥有政权、军权，也享有神权。即便是专业的巫觋，也往往拥有比较高的地位，占有大量社会财富。

我们认识良渚时期原始信仰的另一个重要的线索就是良渚神徽，即神人兽面像的发现。不少学者认为蕴涵于良渚玉器纹饰中某些抽象的符号，具有比良渚文化本身更为广阔的时空分布范围，[3]有人称良渚神徽是良渚人的族徽，具有普遍的象征意义。

[3] 如林巳奈夫、邓淑萍、牟永抗、张明华等学者都撰文指出属于大汶口文化的某些符号，也见诸良渚文化。

良渚神人兽面像最完整的形象见于反山 12 号墓。1986 年，余杭反山遗址 12 号墓出土了一件重达 6500 克的大玉琮。在玉琮的四个正面上，有 8 个用浅浮雕刻成的人形兽面复合像。神人头戴巨大的羽状冠，脸呈倒梯形，双目圆睁，宽口阔鼻，露出两排牙齿。神人耸肩曲臂，双手按住胸前一兽面像。兽面上用重圈表示兽目，兽目之下是三足鸟爪，也有人认为这是神人的下肢或是兽的前肢。从反山 17 号墓和 14 号墓出土的冠状饰以及三叉形器的纹饰来看，在没有神人的单纯兽面下，三足爪依然存在，因此将之视为兽的前肢更为合理。[4]良渚神徽在整体构思，图案布局，刻画工艺方面都达到了这一时期的巅峰，它是原始宗教意识发展到一定阶段，与高超的刻玉工艺相结合的产物。

[4] 王宁远：《试论良渚神徽起源及意义》，《良渚学文集》，国际良渚学中心编。

这一图案在良渚文化玉器表面繁简不一地反复出现，引起了学者对其象征意义的研究和推测。对于神像的解读，学界观点不一。姜彬认为河姆渡文化时期就已经存在太阳和鸟相融合的观念，而良渚文化要比前者晚两三千年，鸟日信仰应当会有新的发展，因此这很可能是一个太阳神的图像。图像上，神人下方是一对三足爪，身体上都刻着小鸟，身上有卷云纹，这就构成了太阳神由三足鸟背负在空中飞翔的形象。神人头上的羽冠，则应为对太阳光芒的描摹，神兽双目很可能是太阳的象征，是太阳的拟人化。[1]陆建方认为良渚神像代表祖先信仰图腾。王宁远进一步认为神人形象端坐于巨大的羽冠之下，反映了“良渚时代人们观念中，祖先（部落英雄）逐步占据统治地位，与观念中旧有的某种至大体逐步合一的过程，代表了中国历史上最早的‘天人合一’观念的产生”[2]。此外还有鸟图腾说、蛙图腾说、牛图腾说、巫觋形象说，等等。

无论神徽隐含的意义究竟如何，从它的使用情况来看，它应该是良渚先民共同祭祀的神灵，拥有至高的神权和地位。共同的宗教信仰意识，赋予了良渚史前社会强大的凝聚力，建构起等级逐渐分化的社会形态。

原始信仰以神灵崇拜为核心，并通过专业化的巫觋阶层开展祭祀活动，借助祭祀仪式的展开，巫觋熟练的巫术表演以及礼器的神力达到人神沟通。神灵、礼器、祭台、巫觋共同构成了杭州良渚史前信仰的基本面貌，对后世信仰、祭祀活动产生了深远的影响。

[1] 姜彬：《稻作文化与江南民俗》，上海文艺出版社1996年版，第502页。

[2] 王宁远：《试论良渚神徽起源及意义》，《良渚学文集》，国际良渚学中心编。

第二章　宋前杭州社会生活

从灿烂的跨湖桥、良渚先民的生活图景中走来，在此后的岁月中，杭州一带社会生活继续缓慢发展。春秋、战国时期，这一带先后属于吴、越、楚国，秦代始设县，汉代设郡，至隋始见“杭州”之名。五代吴越国建都于此，杭州一跨成为东南首府，社会生活文化得到了极大的发展，衣、食、住、行渐成建制。

第一节　汉唐杭州社会生活

汉唐时期，杭州一带的民俗发展渐成体系。这一时期，民俗的形成既受到气候、地理、动植物资源等自然因素的制约，也受到上层文化、北方文化习俗的影响，在衣食住行等方面既显示出杭州特有的地域特征，也开始呈现汉民族文化的一些共性特点。

一　饭稻羹鱼的饮食模式

“饭稻羹鱼”是先秦时期杭州一带民众普遍的饮食模式。司马迁《史记·货殖列传》中记载：“楚越之地，地广人稀，饭稻羹鱼，或火耕水耨。”

从跨湖桥、良渚先民起，杭州一带水稻种植的传统十分悠久，越人在水稻栽培方面更是取得了长足的进步。《周礼·夏官司马·职方氏》记载：“东南曰扬州，其山镇曰会稽，其泽薮曰具区，其川三江，其浸五湖，其利金、锡、竹、箭，其民二男五女，其畜宜鸟兽，其谷宜稻。”当时，古越地人“春种八谷，夏长而养，秋成而聚，冬蓄而藏”，“十年不收于国，而民有三年之食”[1]。足可见当地稻谷之丰产、民众生活之殷实。据《吴越春秋》载，吴越两国荒年借粜稻谷动辄以“万石”计算，其水稻种植规模之大可想而知。

[1]（东汉）赵晔：《吴越春秋》卷九“勾践阴谋外传”，国家图书馆出版社2005年版。

就农业工具而言，当时出现了一批适应水稻种植，刃口锯齿形的农具，主要有锝、镰、铚等。据考古发现，“吴、越两国地域内的今江、浙、皖地区，屡有春秋战国时代的青铜臼、铲、锄、耨、锯镰以及战国至西汉的铁农具——铲、镬、锄、镰等”[2]。锯齿镰便于在收割时砍断生硬的水稻秸秆，直到今天江南一些农村中还在使用。耨是一种锄草工具。《左传·僖三十三年》载：“臼季使过冀，见冀缺耨。注耨，锄也。”为了便于翻耕、除草，越人还在耨的刃部刻上齿纹，便于砍断植物的茎部。

[2]吴锦吉：《百越文化三题》，《百越史研究》，贵州人民出版社1987年版，第93页。

当时杭州一带水稻种植方式以“火耕水耨”为特色。关于“火耕水耨”前人已做过一番解释。《史记·货殖列传·正义》载：“言风草下种，苗生大而草生小，以水灌之，则草死而苗无损也。耨，除草也。”《汉书·武帝纪》应邵注：“烧草，下水种稻，草与稻并生，高七、八寸，因悉芟去，复下水灌之，草死，独稻长，所谓火耕水耨。”“火耕”即是在水稻下种前，用火把田间的杂草连同其他杂物烧掉，以草灰肥田。“水耨”指的是以水淹草，秧苗下种后，在水田中保持一定的积水量，待到秧苗长到七八寸长时，用耨将杂草割下，再往水田中灌水，此时杂草就会浮起而不能生长。总的来说，“火耕水耨”是我国南方水稻栽培的一种粗放经营方式，是越人在长期的水稻种植实践中总结出来的，比较适应南方水田的稻作生产特点。彭世奖认为它巧妙地利用了水和火的特点，虽然单位面积产量较低，但劳动效率比较高。适应于江南一带地广人稀、土地肥沃、水资源丰富等特点，具有较强的生命力。[3]

[3]彭世奖：《“火耕水耨”辨析》，《中国农史》1987年第2期。

随着水稻种植面积的不断扩大，稻米自然成为民众的主食。而这一带交错纵横的江河湖海为民众提供了丰富的水生鱼类，随着舟船制造技术和捕捞工具的日益改进，渔业捕捞逐渐成为农业的有益补充，为民众提供丰富的食物来源。《汉书·地理志》载：“江南地广，或火耕水耨，民食渔稻，以渔猎山伐为业，果蓏蠃蛤，食物常足。”据《会稽志》记载，早在春秋战国时期，越人的鱼货就有三十多种。

更加令人吃惊的是，当时越人还掌握了淡水养鱼技术。《吴越春秋》记载：“越王既栖会稽，范蠡等曰：臣窃邮会稽之山有鱼池两处。水中有三江四渎之流，九溪六谷之广，上池宜于君王，下池宜于臣民，畜鱼三年，其利可以致千万。越国当盈。”《越绝书》也载：“会稽山上城者，句践与吴战，大败，栖其中。因以下为目鱼池，其利不租。”当年吴越争霸，勾践战败，逃至会稽山上，范蠡在此选择两处水域，人工养鱼，以供应君王、百姓的需要。相传范蠡作《养鱼经》，收于《齐民要术》，全篇不足五百字，但言简意赅，对养鱼的概念方法说得十分详细，不失为对早期越地渔业养殖经验的总结。

二　以舟为马，以楫为车

杭州地处临海，河道纵横，湖网密布，《山海经·海内东经》载："浙江出三天子都，在其（蛮夷）东，在闽西北，入海，余暨南。庐江出三天子都，入江，彭泽西。一曰天子都。"水乡泽国的地理环境造就了古越地居民善于驾舟的本领，先秦及至两汉，这一带交通工具主要是舟楫。

承继河姆渡、良渚新石器时代的造船技术，越人的造船技艺在当时首屈一指，所造舟船类型众多。以军船为例，当时吴、越水军有楼船（指挥船）、大翼、中翼、小翼三种主要战舰船及突冒（船首装有冲角）、桥船（轻快战船）等战船。各种军船均有明确的分工，"大翼者，当陵军之车；小翼者，当陵军之轻车；突冒者，当陵军之冲车；楼船者，当陵军之行楼车也；桥船者，当陵军之轻足剽定骑也"[1]。这些舟船规模宏大，性能优良。比如主要的战船大翼，"广丈六尺，长十二丈，容战士二十六人，棹五十人，舳舻三人，操长钩矛斧者四吏，仆射长各一人，凡九十一人。当用长钩矛、长斧各四，弩各三十二，矢三千三百，甲兜鍪各三十二"[2]。

越人高超的造船技术广泛地运用于生活和军事各个方面，形成了独具特色的舟楫文化，与北方中原地区人们善于御车骑马的生活习俗截然不同。《淮南子·齐俗训》记："胡人便于马，越人便于舟。"

独特的舟楫习俗在军事决策上显得尤为重要，《汉书》卷六四"严助传"载淮南王刘安上书谏伐闽越曰：

> 越非有城郭邑里也，处溪谷之间，篁竹之中，习于水斗，便于用舟，地深昧而多水险，中国之人不知其势阻而入其地，虽百不当其一。得其地，不可郡县也；攻之，不可暴取也。以地图察其山川要塞，相去不过寸数，而间独数百千里，阻险林丛弗能尽著。视之若易，行之甚难。

当时，越人多聚邑结寨散居于山川要塞、深林丛竹之中，溪谷之间。一方面，深山河泽有利于越族抵御来自中原的统治势力，但另一方面，舟楫，作为唯一的交通工具，也对越人出行、军事战斗产生了限制。关于这一点，淮南王刘安在谏书中也说得很明白：

> 淮南全国之时，多为边吏，臣窃闻之，与中国异。限以高山，人迹所绝，车道不通，天地所以隔外内也。其入中国必下领水，领水之山峭峻，漂石破舟，不可以大船载食粮下也。越人欲为变，必先田余干界中，积食粮，乃入伐材治船。边城守候诚谨，越人有入伐材者，辄收捕，焚其积聚，虽百越，奈边城何！且越人绵力薄材，不能陆

[1]（宋）李昉：《太平御览》卷七七〇引《越绝书》，上海古籍出版社2008年版。

[2]（宋）李昉：《太平御览》卷三一五引《越绝书》，上海古籍出版社2008年版。

战，又无车骑弓弩之用，然而不可入者，以保地险，而中国之人不能其水土也。臣闻越甲卒不下数十万，所以入之，五倍乃足，挽车奉饷者，不在其中。

《淮南子·原道训》则说越人“陆事寡而水事众”，越人善舟楫，并多次献舟于中原，据《史记·武帝本纪》载，汉武帝时楼船水师中有不少将领就来自越地。

越王勾践曾说过：“夫越性脆而愚，水行而山处，以船为车，以楫为马，往若飘风，去则难从，锐兵任死，越之常性也。”[1] 古越地民众的日常往来交通、捕捞鱼蟹、人际交往等生产、生活各个环节都需要以舟楫为工具。由此，形成了“以船为家，以鱼为食”[2] 的独特习俗，其影响源远流长。

到了唐代，随着海外贸易的发展，官府在杭州督造大船。据《资治通鉴》卷一九八记载，唐太宗贞观二十一年（647 年），“敕宋州刺史王波利等发江南十二州工人造大船数百艘，欲以征高丽”，其中就有杭州。

[1]（汉）吴平、袁康：《越绝书》卷八“记地传”，上海古籍出版社 1985 年版。

[2]（汉）班固：《汉书》卷二七“五行志”，三秦出版社 2004 年版。

三 人生礼仪

（一）婚姻习俗

唐前，杭州一带婚姻习俗主要经历了由不合中原礼教的越俗婚姻逐步并入中原儒家礼俗的过程。

《史记》卷六“秦始皇本纪”中记载秦始皇东巡，在会稽一带留下刻石，明令禁止当地的“淫泆”之风。其中写道：

饰省宣义，有子而嫁，倍死不贞。防隔内外，禁止淫泆，男女絜诚。夫为寄豭，杀之无罪，男秉义程。妻为逃嫁，子不得母，咸化廉清。大治濯俗，天下承风，蒙被休经。皆遵度轨，和安敦勉，莫不顺令。

据碑文所刻，若是丈夫在外淫乱，将他杀了也没有罪，若是妻子与人私奔逃嫁，子女可以不认母亲。由此推测，春秋至秦，这一带的民众在两性关系、婚姻方面还是比较松散、自由的。即使到了汉代，这种情况也并未完全改变，《汉书·地理志下》讲这一带“民家有女者，以待游士而妻之”，《汉书·五行志下》还记载了这里男女同川而浴的习俗。

及至魏晋南北朝，随着大量中原人士，特别是上层人士为躲避战乱南迁，古越地受中原儒家礼义文化影响日深，婚俗逐步融入中原文化主流，又保留了一些越地遗风。

魏晋南北朝时期的婚姻重门第，士庶不通婚，以明媒正娶为主流。在缔结婚姻的过程中，讲究财礼。《宋书》卷五三“庾炳之传”载：

> 刘道锡云是炳之所举，就道锡索嫁女具及祠器，乃当百万数。犹谓不然。……实得嫁女具，铜炉四人举乃胜，细葛斗帐等物，不可称数。

说的是南朝宋时，有个叫庾炳之的官阀嫁女时向当时的余杭县令刘道锡索要聘礼数百万，还嫌不够。

当时的婚礼也是极为奢侈，“宋齐以降，宝贵之家，侈风相扇，合卺同牢之礼，尤为华盛，贫者每因不具，而至失时，且有终身不得嫁娶者”[1]。

[1]陈鹏：《中国婚姻史稿》，中华书局 1990 年版，第 148 页。

当时民间盛行闹新房的习俗，尤以江浙一带为盛，葛洪在《抱朴子·外篇》卷二五“疾谬”中对此进行了描述并提出批评：

> 俗间有戏妇之法，于稠众之中，亲戚之前，问以丑言，责以慢对，其为鄙黩不可忍论，或蹙以楚挞，或系脚倒悬，酒客酗炎，不知限齐，至使有伤于流血、踒折支体者，可叹者也。古人感离别而不烛，悲代亲而不举乐。礼论娶者，羞而不贺。今既不能动蹈旧典，至于德为乡闾之所敬，言为人士之所信，诚宜正色，矫而呵之，何谓同其波流，长此弊俗哉。然民间行之日久，莫觉其非。

闹洞房的习俗汉代已见记载，杨树达在《汉代婚丧礼俗考》引汉末仲长统《昌言》中的记载：“今嫁娶会，捶杖以督之戏谑醴以趣之情欲，宣淫佚于广众之中，显阴私于新族之间，污风诡俗，生淫长奸，莫此之甚，不可不断之也。”闹洞房被视为陋习，民间传说则以为可以禳灾避邪。到晋代，不仅民间，就连上层人士中也盛行闹洞房，甚至出现了伤人流血事件，因而引起了葛洪等人的不满。

隋唐之际，杭州一带婚礼仪式基本遵循“六礼”规定，不论是上层阶层还是民间，在择偶方式上都讲究“父母之命，媒妁之言”。唐代律法明确规定，“为婚之法，必有行媒[2]”，“命媒氏之职，以会男女”[3]。民间也有“无媒不得选”的说法，白居易在《续古诗十首》中感叹：“无媒不得选，年忽过三六。岁暮望汉宫，谁在黄金屋？”

[2]（唐）长孙无忌等：《唐律疏议》卷一三“户婚中”，商务印书馆 1933 年版。

[3]（宋）王溥：《唐会要》卷八三“嫁娶”，中华书局 1955 年版。

古语说，昏者，昏时行礼之意。又说，凡娶以昏时，妇人阴也，故谓之昏。唐代杭州一带婚礼承袭古人传统，在晚上举行婚礼。《旧唐书》卷四五“舆服志”载：“士庶亲迎之礼，备诸六礼，所以承宗庙，事舅姑，当须昏以为期，诘朝谒见。”新人晚上举行婚礼，拜天地，到第二天早晨拜见公婆。

《封氏见闻记》卷五“花烛”：“近代婚嫁，有障车、下壻、却扇及观花烛之事，又有卜地、安帐、并拜堂之礼。上自皇室，下至士庶，莫不皆然。”这里的近代指的是唐德宗以前的隋唐时代。隋唐时期，杭州一带婚礼仪式遵循传统“六礼”，又加入了一些时俗，其中新郎迎亲是关键环节。从亲迎到婚礼结束，主要有催妆、障车、打婿、转席、坐鞍、青庐拜堂、蹰新妇迹、弄新妇、却扇、拜舅姑等。[1]

[1] 李斌城等：《隋唐五代社会生活史》，中国社会科学出版社 2004 年版，第 268—272 页。

催妆，即新郎带领迎亲队伍来到新娘家后，高声朗诵催妆诗，催促新娘尽快打扮停当，前往新郎家完婚。催妆诗大多诙谐、幽默，有利于营造婚礼热闹的气氛。催妆诗可由新郎本人亲作，也可由博学多才者代作。唐代留下不少《催妆诗》，便是这种婚俗的反映。

障车即在新娘前往新郎家的路上，亲友集聚路旁，拦住车队，嬉笑打闹，索要酒食，并表达祝福。这种风俗在唐初流行于上层人士，后来民间也渐渐仿效。“往者下俚庸鄙，时有障车，邀其酒食，以为戏乐。”[2]

[2] （后晋）刘煦等：《旧唐书》卷四五“舆服志”，中华书局 2004 年版。

打婿即新娘家亲宾女客，以竹杖击打新郎为乐。

转席，说的是新娘进门双脚不能落地，必须有男家妇人在门口铺上几条毡褥，当新娘踏上第二条时，妇人便将踏过的第一条毡褥挪到前面，直到新娘进屋，意在代代相传，为夫家传宗接代。新娘走过转席进门时，要从放在门口的马鞍上跨过去，或者坐一下，就是“坐鞍”，预示将来的生活平平安安。

唐时，新郎家宅外设一青幔屋，称为“青庐”。新郎新娘就到青庐中拜堂，称为“青庐拜堂”。新娘进门后，新郎家“舅姑以下悉从便门出，更从门入，言当蹰新妇迹”[3]。

[3] （唐）段成式：《酉阳杂俎》前集卷一“礼异”，中华书局 1981 年版。

弄新妇说的是来贺宾客戏弄新娘，讨个吉利。唐代成婚之时，新娘用扇子遮脸，于是便有了新郎吟诵却扇诗的风俗，称为“却扇”。

成婚第二日清晨，新妇要拜见公婆。拜见时，新妇要手持竹器，内盛枣栗，取意早生贵子，立于门外，等候公婆呼唤。入内，则先拜公公，退出，再捧竹器，内盛肉脯，再拜婆婆，便是“拜舅姑”。三天以后，新妇亲自下厨，便正式成为家庭的一员了。

（二）丧葬习俗

1. 凶门柏历

“凶门柏历”是魏晋时代流行的一种特殊风俗，在重视服丧和吊丧的杭州一带颇为盛行。所谓“凶门”类似于古代“重”的衍生。“以二瓦器盛始死之祭，系于木，裹以苇席，置庭中，近南，名为重，今之凶门是其象也。……后人出之门外以表丧，俗遂行之。”[4]“凶门柏历”是一种门制的丧葬物，柏枝有驱鬼避邪的作用，悬于门框横木之下，同置于门外，主要用以表丧，其作用类似于后代的丧事牌楼。

[4] （唐）房玄龄等：《晋书》卷二〇，中华书局 1996 年版。

“凶门柏历”制作十分费时、成本高昂，并不是一般人家承受得起的。东晋成帝咸康七年，皇后杜氏崩，有司奏请建一座“凶门柏历”，但成帝诏曰："门如所处。凶门柏历，大为烦费，停之。"[1]但实际上，一些门阀贵胄还是依照自己的喜好而制作凶门柏历。

[1]（唐）房玄龄等：《晋书》卷二〇，中华书局1996年版。

上行下效，到了南朝，杭州一带民间百姓为制作凶门柏历而耗尽家财也毫不在乎，为此会稽人孔琳之曾上书痛贬凶门柏历的危害。直到隋代，在朝廷三令五申之下，这种风俗才逐步消失。

2. 看风水择墓地

这个时期里，这一带人们十分注重择墓地，讲究风水，普遍相信祖上的一块好墓地可以荫翳子孙，特别是墓地的"帝王气"，预示后代的不同凡响。《南史》卷四七"虞玩之传"记载了南北朝时期富阳人唐宇之的一个故事：

> 富阳人唐宇之侨居桐庐，父祖相传图墓为业。宇之自云其家墓有王气。山中得金印，转相诳惑。永明二年冬，宇之聚党，遂陷富阳。至钱唐僭号，置太子。贼遂据郡，又遣伪会稽太守孙泓取山阴。时会稽太守王敬则朝正，故宇之谓可乘虚而袭。泓至浦阳江，而郡丞张思祖遣浃口戍主杨休武拒战，大破之。朝廷遣禁兵东讨，至钱唐，一战便散，禽斩宇之。

从记载中可见，当时已经出现了"墓图"之类专门给人勘验墓地风水的职业。唐宇之就生于这样的风水世家，他深信祖上的墓地有王气，就招兵买马起义，攻陷了富阳城称帝。后来被朝廷剿灭了。

另外，当时杭州一带还流传着"孙钟墓"的传说，将孙权家族的发迹归功于祖上墓地的好风水。南朝刘宋裴松之为《三国志·孙坚传》作注时引《吴书》说："坚世仕吴，家于富春，葬于城东，冢上数有光怪。云气五色，上属于天，曼过数里，众皆往观视。父老相谓曰：是非凡气，孙氏其兴矣。"后来南朝梁人沈约撰著《宋书》卷二七也记载这个传说，讲得更加详细、生动。可见墓地风水信仰之风十分浓厚。

3. 民间丧仪

唐代朝廷对民间丧礼，如丧车的种类、装饰、冥器的数量等都有明确的规定。《唐会要》卷三八"丧"规定：

> 庶人先无文。请限十五事。皆以素瓦为之。不得用木及金银铜锡。其衣不得用罗锦绣画。其下帐不得有珍禽奇兽。鱼龙化生。其园宅不得广作院宇。多列侍从。其辆车不得用金银花。结彩为龙凤。及垂流苏。画云气。其别敕优厚官供者。……其墓田。……其庶人先无步数。请方七步。坟四尺。其送葬祭盘。不得作假花果及楼阁。数不得过一牙盘。

并且规定“庶人丧葬，宜令御史台委两巡御史点检，假赁行人，须依条例，如有违越，据所犯重轻，临时科断，台司不得妄有搅扰”[1]。总之，与皇室、官吏阶层相比，民间丧仪比较简单。

[1]（宋）王溥：《五代会要》卷八“丧葬上”，上海古籍出版社 1978 年版。

隋唐之际，杭州一带民间多为土坑墓。常见的形制为长方形竖穴墓，墓穴平面呈梯形，内置木棺，随葬品比较少，多以瓷器为主。《新唐书》卷一九五“许伯会传”载，孝廉萧山人许伯会“母丧，负土成坟”。

四 节日民俗

（一）正月十五

唐代，正月十五为上元节，又称元宵节、元夕、元夜、灯节。杭城市民白天看戏，入夜观灯。唐代城市的主要结构是坊，居民分坊而住，并实行夜禁制度。白天开坊门通行，夜间闭坊门禁止通行。元宵三天，城市中不闭坊门，方便民众外出张灯、观灯。

是夜，元宵灯市热闹非凡。白居易《正月十五日夜月》诗云：“岁熟人心乐，朝游复夜游。春风来海上，明月在江头。灯火家家市，笙歌处处楼。无妨思帝里，不合厌杭州。”白居易在诗中记录了杭州元宵灯夜的盛况，并把杭州的元宵节与京都灯会相媲美。

对于杭州一带蚕乡民众来说，这一天最重要的活动莫过于迎紫姑。

东晋之后，蚕桑丝织成为杭嘉湖一带重要的生产方式，蚕神信仰与祭祀也在这一带普及开来。南朝宋时东阳无疑《齐谐记》载：

> 正月半有神降陈氏之宅，云是蚕室，若能见祭，当令蚕桑百倍。疑非其事，祭门备之七祠。今州里风俗，望日祠门，其法先以杨枝插门而祭之，其夕则迎紫姑。

南朝宋时刘敬书在《异苑》中对紫姑的来历和祭紫姑的风俗记载得更加详细：

> 世有紫姑神，古来相传云：是人家妾，为大妇所嫉，每以秽事相次役。正月十五日，感激而死，故世人以其日作其形，夜于厕间或猪栏边迎之，祝曰：“子胥不在（是其婿名也），曹姑亦归曹（即其大妇也），小姑可出戏。”投者觉重，便是神来，奠设酒果，亦觉貌辉辉有色，即跳躞不住，能占众事，卜未来蚕桑。

至南宋，正月十五祀蚕神的风俗在江南蚕乡还十分盛行，如著名诗人杨万里《上元夜里，俗粉米为蚕丝，书吉语置其中，以占一岁之祸福，谓之“蚕卜”，因戏作长语》诗云：“今年上元家里住，村落无灯惟有雨。

隔溪丛祠稍箫鼓，不知还有游人否？儿女炊玉作蚕丝，中置吉语默有祈，小儿祝身取官早，小女只求蚕事好。”这里提到的“蚕卜”风俗，一直绵延至今，就是一种被称为“茧圆”的米粉塑制品。

（二）端午节

端午节是唐代重要的官定节日。每到此日，朝廷都要举行宴会，将来自全国的节日供奉分赐给官员。杜甫《端午日赐衣》说：“宫衣亦有名，端午被恩荣。细葛含风软，香罗叠雪轻。自天题处湿，当暑著来清。意内称长短，终身荷圣情。”

端午节的主要节俗活动包括吃粽子，挂艾草、菖蒲，赏菊以及竞渡等。端午吃粽子至迟在晋代已经开始，周处《风土记》载：“仲夏端五，方伯协极。享用角黍，龟鳞顺德。”“角黍”就是我们所说的“粽子”，据《本草纲目》载，“古人以菰叶裹黍米煮成尖角，如棕榈叶之形，故曰粽”。挂艾草的习俗在南朝时也已出现，主要为了驱鬼避邪，《风土记》中有记载曰：“以艾为虎形，或剪彩为小虎，帖以艾叶，内人争相裁之。以后更加菖蒲，或作人形，或肖剑状，名为蒲剑，以驱邪却鬼。”

杭州端午竞渡到唐代已成俗。北宋王谠编《唐语林》：“崔涓在杭州，其俗端午习竞渡于钱塘湖。先数日，于湖滨列舟舸，结采为亭槛，东西袤高数丈。其夕北风，漂泊南岸。崔涓至湖上，大将惧乏事，涓问：‘竞舟凡有几?’令齐往南岸，每一采舫系以三五小舟，号令齐力鼓棹而引之，倏忽皆至。”[1]

[1]（宋）王谠：《唐语林校证》上册，中华书局2008年版，第315—316页。

唐代文人诗词中不乏对端午竞渡的描写，《全唐诗》中吟咏竞渡的有十多首，其中以张建封的《竞渡歌》最为生动，让人身临其境。其中有诗句“竞脱文身请书上”，语序应为“上书竞请脱文身”，说明当时参加竞渡的选手要文身代表蛟龙，竞渡完毕，经过上书的手续才能去除文身。显然还保留着古越地遗风。

（三）九月九日重阳节

唐代定重阳节为官节，官府赏赐钱帛，官员们放假休息。重阳登高、赏菊、饮酒、佩茱萸等都是民众喜闻乐见的节俗活动。民间俗信认为登高可避邪。

五　断发文身与越巫

《汉书·地理志》载：“苍梧、郁林、合浦、交趾、九真、南海、日南，皆粤分也。……文身断发，以避蛟龙之害。”这里说的是先秦百越族一种古老的传统——断发文身。杭州地处古越地，作为百越族的一支，当年生活在这里的越人也有这样的习俗，并且成为他们独特的文化标志。在古籍记载中，“断发”与“文身”并举，指的是越人由于生活的环境气候湿热，又身处水网之地，时常下水捕捞，为了生活的便利和水下作业的安全、便捷，将头发剪短或者束于头顶、脑后，并用丹青色草汁文身。

关于“断发文身”，先秦两汉古籍中有不少记载：

> “越王勾践，剪发文身。”（《墨子·公孟》）
>
> “被发文身，错臂左衽，瓯越之民也。”（《战国策·赵策》）
>
> “伯虑国、离耳国、雕题国、北朐国，皆在郁水南。”（《山海经·海内南经》）
>
> “越，方外之地，劗发文身之民也。不可以冠带之国法度理也。自三代之盛，胡越不与受正朔，非强弗能服，威弗能制也，以为不居之地，不牧之民，不足以烦中国也。故古者封内甸服，封外侯服，蛮夷要服，戎狄荒服，远近势异也。自汉初定已来七十二年，吴越人相攻击者不可胜数，然天子未尝举兵而入其地也。”（《汉书》卷六四上《严助传》）
>
> “中国戎夷，五方之民，皆有性也，不可推移。东方曰夷，被发文身，有不火食者矣。南方曰蛮，雕题交趾，有不火食者矣。”（《礼记》卷五《王制》）

流行于吴越之间的断发文身习俗由于与当时中原地区蓄发冠笄的风俗截然不同，所以引起当时人们的广泛兴趣，《韩非子》、《说苑》、《淮南子》等典籍中对此也有记载。

《说苑·奉使篇》中还记载着这样一件事：

> 越使诸发执一枝梅遗梁王，梁王之臣曰韩子，顾谓左右曰：“恶有以一枝梅，以遗列国之君者乎？请为二三日惭之。”出谓诸发曰：“大王有命，客冠则以礼见，不冠则否。”诸发曰：“彼越亦天子之封也。不得冀、兖之州，乃处海垂之际，屏外蕃以为居，而蛟龙又与我争焉。是以剪发文身，烂然成章以像龙子者，将避水神也。今大国其命冠则见以礼，不冠则否。假令大国之使，时过弊邑，弊邑之君亦有命矣。曰：‘客必剪发文身，然后见之。’于大国何如？意而安之，愿假冠以见，意如不安，愿无变国俗。”梁王闻之，披衣出，以见诸发。令逐韩子。

这里讲越国的使臣诸发出使魏国，梁王的臣子戏弄诸发，要求他带冠，否则不能得到梁王接见。但诸发坚持不肯，并以让梁王剪发入越国的要求进行反驳，最终获得了梁王的接见。那个戏弄诸发的臣子也遭到了梁王的贬黜。《韩诗外传》卷八第一章也记录了这件事，只是人名地名有所不同。从中我们可以看到，当时越国上下遵循断发文身的习俗，并且代表一国尊严，无论何时何人都不容破坏。

越人将头发剪短之后，大致有两种发式：一种是“被发”，即披发，散发，不加结束，任其自然。另一种是“椎髻”，将头发加以结束，又有束发于顶和束发于后两种形式。

文身的来历更加复杂，古籍中多以“避害”解释，如《淮南子·原道训》：“九疑之南，陆事寡而水事众，于是民人被除发文身，以象鳞虫。”汉高诱注：“文身，刻画其体，内默其中，为蛟龙之状，以入水，蛟龙不害也，故曰以像鳞虫也。”当时越人身上文的多为蛟龙等水族动物形象，主要为了在水中作业时能够躲避这一类动物的袭击。有的学者将文身与图腾崇拜联系起来，认为文身是一种图腾模拟物。[1]断发文身是百越之地一种独特的成人礼，如同当时中原地区盛行的加冠及笄仪式一样。[2]

古时，龙蛇不分，从越人“蛟龙之状”的文身来看，当时杭州一带出现了对蛇的崇拜。有的学者认为越人断发文身就是蛇图腾的表现。[3]许慎在《说文解字·虫部》中直指越族人为蛇的后代：“东南越，蛇种。”《吴越春秋》卷四“阖闾内传”载：阖闾“欲东并大越，越在东南，故立蛇门以制敌国。吴在辰，其位龙也，故小城南门上反羽为两鲵鱙以象龙角。越在巳地，其位蛇也，故南大门上有木蛇，北向首内，示越属于吴也。”蛇门，苏州城古门之一，位于苏州南园桥西，是春秋时古城八门之一。当时门上悬挂一条木蛇，头朝越国方向，故名蛇门。《吴越春秋》卷七《勾践入臣外传》载，吴王“于是遂赦越王归国，送于蛇门之外”。宋代朱长文《吴郡图经续记》卷上又说，“蛇门者，为其于十二位在巳也。又云：以越在巳地为木，蛇北向示越属吴也”。可见，蛇已经成为越人的象征和标志了，通过确定蛇头的方向来实现吴国对越国的控制，又可以说明当时巫觋之风盛行。

越人重神信巫，关于这一点近代王国维《宋元戏曲考》中已经说得很清楚了：“周礼既废，巫风大兴，楚越之间其风尤盛。”[4]《越绝书·越绝外传记地传》记载：“巫里，勾践所徙巫为一里，去县二十五里。其亭祠今为和公群社稷墟。巫山者，越魑神巫之官也，死葬其上。去县十三里许。”可见，当时巫觋在越国的地位非常高，不仅有专门的住所，死后还有专门的葬巫之山。同书又说“江东中葬者，越神巫无杜子孙也。死，勾践于中江而葬之。巫神，欲使覆祸吴人船，去县三十里”。勾践甚至认为神巫的子孙死后仍然有法力，可以颠覆吴军的战船。

《吴越春秋》卷四“阖闾内传”还记述了一则干将夫妇铸剑的传说，说越国向吴王阖闾献了三把宝剑，阖闾十分喜爱，就命令干将、莫邪再铸两把。干将、莫邪在莫干山铸剑，久铸不成，莫邪便“断发剪爪投于炉中”，并使“童女童男三百人鼓橐装炭，金铁乃濡，遂以成剑”。唐代陆广微的《吴地记》中也记载了这则传说。“人殉”、“人牲”，是春秋晚期

[1]陈华文：《吴越“断发”习俗之我见》，《民间文艺季刊》1989年第3期。

[2]陈华文：《“断发文身”——一种古老的成人礼俗遗存》，《民族研究》1994年第10期。

[3]林蔚文：《越人对蛇的崇拜源流考略》，《民间文学论坛》1986年第3期。

[4]王国维：《王国维戏曲论文集》，中国戏剧出版社1984年版，第4页。

吴越之地颇为盛行的巫术行为。冶炼是一个极其复杂的过程，其间会遇到许多意想不到的困难，于是当时的工匠用人来作为牺牲，以求得鬼神的佑助，至于整个铸剑过程还有哪些巫术仪式，就不得而知了。春秋晚期，此地巫风之盛可见一斑。

越巫的名声之大一直延续到汉魏六朝。《史记·孝武本纪》中记载了一件汉武帝重用越巫的事：

> 是时既灭南越，越人勇之乃言“越人俗信鬼，而其祠皆见鬼，数有效。昔东瓯王敬鬼，寿至百六十岁。后世谩怠，故衰秏”。乃令越巫立越祝祠，安台无坛，亦祠天神上帝百鬼，而以鸡卜。上信之，越祠鸡卜始用焉。

汉代应邵在《风俗通义》中也记载道：“会稽俗多淫祀，好卜筮，民一以牛祭，巫祝赋敛受谢，民畏其口，惧被祟，不敢拒逆，是以财尽于鬼神，产匮于祭祀。”在应邵看来，越地巫风之盛，已经严重危害到了民生，“淫祀”过于严重。

明代，大学者方孝孺在《逊志斋集》中记载了一则著名的寓言故事《越巫》，这是他在游历杭州一带时，依据旅途中客人的谈话写成的。说的是越巫驱鬼骗财最终却被“鬼”吓得胆裂而死的故事，借以表达讽刺之意。由此也可以看出，即便到了明代，这一带仍有越巫遗风。

六　禹航传说及其他

杭州地处江南，历经秦汉六朝八百年，到隋唐，终从山中小县发展为江干大郡。这一带自然条件优越，气候温润，很早就有人类在此过着定居生活。他们以农耕为主，在漫长的历史中，创造了灿烂的生活文化，众多丰富多彩、瑰丽多姿的民间故事在民众口耳相传，表现出丰富的想象力和创造力，有的至今仍然活在人们的口头。

（一）禹航传说与大禹治水

大禹是我国传说中古代部落联盟的首领，他的主要功绩是治水。有关他的神话传说记载可以追溯到《山海经》、《国语》、《楚辞》、《拾遗记》、《吕氏春秋》等先秦两汉的古籍。如果我们将散见于古籍中的大禹神话归纳、连缀起来，可以勾画出大禹治水神话的梗概。

相传帝尧之时，发生洪水，帝命鲧去治理。鲧窃帝之息壤，以堙洪水，治水失败，鲧被殛于羽郊。死后三年尸身不腐，从肚中孕育出禹。其子禹继承父业，大禹治水采用堙填、疏导并重的方法，黄龙拽尾于前，玄龟负青泥于后，并得到各方神灵赠宝相助。大禹含辛茹苦13年，终于平复水患。[1]

相传大禹亲历各地，巡会九州万国时，到过杭州一带。“余杭”这个地名原称“禹航”，据说就是为了纪念大禹而留下的，这已经成为杭州人耳熟能详的掌故。

晋司马彪著《郡国志》记载：“禹航者，夏帝东去舍舟登陆，同以为名。”《杭县志稿》又有记载：“大禹王庙在五杭村，相传禹王巡会稽，舟舣于此，乃渡江焉。本名禹航，讹为五杭。”据说上古时候，余杭一带常发大水，大禹乘着木排来到这里登岸治水。大禹放木排的地方就是现在苕溪旁的余杭，人们把这个地方叫做“禹航”。现在五杭集镇南端的庙桥畔尚有禹王庙。

大禹的神话深入人心，民众将各种神奇的事迹附会到他的身上，在他们的口头诞生了一个无所不能的大禹。《中国民间文学集成浙江省余杭县卷》中有一则现代采集的《大禹得三宝》故事，说大禹治水时砍下九龙头，落在钱塘江北岸，变成了“九龙山”。他的船在余杭搁浅过，当地人就把那座山叫做“舟枕山”。

[1] 顾希佳：《浙江民间故事史》，杭州出版社2008年版，第61页。

（二）防风神话

南朝梁任昉《述异记》载：“越俗，祭防风神，奏防风古乐，截竹长三尺，吹之如嗥，三人披发而舞。”防风神，即为防风氏，是古神话中的巨人族之一，是一位顶天立地的英雄。关于他的神话传说产生于良渚文化圈的中心区域，与大禹治水有关。这个神话比较早的记载可见《国语·鲁语下》的一段文字：

> 吴伐越，堕会稽，获骨焉，节专车。吴子使来好聘，且问之仲尼，曰：“无以吾命。”宾发币于大夫，及仲尼，仲尼爵之。既彻俎而宴，客执骨而问曰：“敢问骨何为大？”仲尼曰：“丘闻之：昔禹致群神于会稽之山，防风氏后至，禹杀而戮之，其骨节专车。此为大矣。”客曰：“敢问谁守为神？”仲尼曰：“山川之灵，足以纪纲天下者，其守为神；社稷之守者，为公侯。皆属于王者。”客曰：“防风何守也？”仲尼曰：“汪芒氏之君也，守封、嵎之山者也，为漆姓。在虞、夏、商为汪芒氏，于周为长狄，今为大人。”客曰：“人长之极几何？”仲尼曰：“僬侥氏长三尺，短之至也。长者不过十之，数之极也。”

这个故事又见《史记·孔子世家》，说的是说春秋时期，吴国攻陷了越国的都城，得到一块巨大的骨头，一节就要用一辆车来装。由于没有人知道这是什么东西，便派使者求教于博学的孔子。孔子讲了大禹诛防风的故事，并认为这就是防风氏的骨头。继而，又向吴使解释防风氏是汪芒氏的君主，守封，嵎之山。在学术界，较多学者将之视为一则神话传说。由此可见，早在春秋时期，古越之地就已经开始流传有关防风的神话传说了。同时，也流传到了鲁国，为孔子所熟知。

关于防风之死，《国语·鲁语下》、《竹书纪年》、《吴越春秋》、南朝梁任昉《述异记》以及唐代欧阳询《艺文类聚》都有记载。大意是说，治水成功以后，大禹在会稽山召开诸侯大会，论功行赏。各地诸侯都到了，唯独防风氏迟到，大禹一气之下，将他斩杀。

西晋以降，有关防风氏的神话传说在典籍中时有所见，足见其旺盛的生命力。据吴自牧《梦粱录》卷十四记载，南宋时杭州尚存一处防风氏庙，"在廉德朱奥"，大概在今杭州市郊笕桥镇横塘村一带，即"犱风故社"旧址。

（三）潮神伍子胥传说

伍子胥，名员，春秋时期吴国名将，受谗而屈死，死后尸体被吴王投入江中。民间俗信认为天下无双的钱江潮因伍子胥满腔愤恨驱水而成，历来祀奉他为潮神。有关潮神的传说《越绝书》卷一四《越绝德序外传记》中就有记载：

> 吴王将杀子胥，使冯同征之。胥见冯同，知为吴王来也。泄言曰："王不亲辅弼之臣而亲众豕之言，是吾命短也。高置吾头，必见越人入吴也，我王亲为禽哉！捐我深江，则亦已矣！"胥死之后，吴王闻，以为妖言，甚咎子胥。王使人捐于大江口。勇士执之，乃有遗响，发愤驰腾，气若奔马。威凌万物，归神大海。仿佛之间，音兆常在。后世称述，盖子胥，水仙也。

东汉赵晔《吴越春秋》卷五《夫差内传》和卷一〇《勾践伐吴外传》也都提到了伍子胥死后变成潮神的传说，较之《越绝书》又有了较大发展。《夫差内传》云，伍子胥死后，"因随流扬波，依潮来往，荡激崩岸"。卷一〇《勾践伐吴外传》则载，文种死后，"葬一年，伍子胥从海上穿山胁而持种去，与之俱浮于海。故前潮水潘候者，伍子胥也；后重水者，大夫种也"。这里讲伍子胥死后为神，并且与"潮"有关，已与现代流传的传说比较接近。《太平广记》卷二九一引《钱塘志》、唐陆广微《吴地记》中都提到了子胥庙。由此可推知至迟在东汉，杭州一带已经有了对伍子胥的神灵崇拜。

《文献通考·郊社考》二三云：

> 杭州吴山庙，即潮神也。大中祥符五年夏，江涛毁岸。遣内侍白崇庆致祭，涛势骤息。五月，诏封神为英烈王，令本州每春秋二仲，

就庙建道场三昼夜，及以素馔祠神。

这段文字至少可以说明，到了宋代，连朝廷也承认了这个潮神。杭州吴山，又名胥山，山上有座著名的伍公庙，就是祭祀潮神伍子胥的。宋代《咸淳临安志》卷七十一“忠清庙”有明确的记载。历史上，许多官员都曾为了潮患或是其他与水相关的灾难到伍公庙去祭祀潮神。《吴山伍公庙志》中收录了不少这样的祭文。

由于钱塘江出海口特殊的地理结构，形成了壮观天下无的奇景钱江潮。汹涌的潮水除了给两岸的民众带来雄壮的涌潮奇观外，也给他们的生产生活带来了灾难。这一带的民众对潮水有着复杂的感情，既敬畏它，又希望能够征服它、战胜它，便幻想有一在潮神，希望他在冥冥之中能够掌管潮水起落。而对他顶礼膜拜，才能保住一方平安。

第二节　吴越国杭州社会生活

五代十国时期的吴越国，由杭州临安人钱镠所开创，以杭州为都城。钱镠于公元887年任杭州刺史，公元923年被封为吴越国王。强盛时据有十三州一军之地，其范围包括今浙江省十一个地市与江苏省的苏州、福建省的福州。经历三代五位国王，至公元978年纳土归宋，历时近百年。

唐末五代藩镇割据，战乱频繁，钱镠坚持保境安民、休兵息民的基本治国方针，重视农桑、兴修水利、治理钱塘江，积极发展与日本、朝鲜等国海外交往，使杭州一带于乱世之中偏安一方，拥有一个较长的稳定发展时期。经过近百年的兴建，杭州终于成为经济繁荣、文化荟萃的“东南第一州”，为两宋以后的发展奠定了基础。

一　东南佛国与民间俗信

（一）寺庙与佛塔

吴越国都城杭州，寺院林立，佛塔遍布，梵音不绝于耳。《咸淳临安志》载：“九厢四壁，诸县境内，一王所建，已盈八十八所，合十四州悉数数之，不能举目矣。”[1]田汝成《西湖游览志余》卷一四“方外玄踪”说：“杭州内外及山湖之间，唐已前为三百六十寺，及钱氏立国，宋朝南渡，增为四百八十，海内都会，未有加于此者也。”据《咸淳临安志》统计，吴越国时期，在杭州创建和扩建的寺院多达一百五十余所。

1. 扩建寺院

当时扩建的寺院主要有灵隐寺、中天竺和下天竺。

其中规模最大的当数灵隐寺。灵隐寺于东晋咸和元年（326年），由

[1]（清）王士祯：《五代诗话》卷一“吴越王钱镠”，人民文学出版社2001年版。

天竺僧人慧理所建。《西湖游览志》卷一〇《北山胜迹》载："此乃中天竺国灵鹫山小岭，不知何以飞来？佛在世日，多为仙灵所隐。"天竺山、飞来峰由此得名。灵隐寺旧称"绝胜觉场"，有葛洪为山门题额。至唐代，寺宇已有相当规模。唐武宗灭佛事件后，寺园被毁、寺僧遣散，日渐萧条。至吴越国，多数殿宇已经颓废倾塌。吴越王钱弘俶于宋太祖建隆元年（960 年），邀请延寿禅师主持修复、扩建工程。完工后，有九楼十八阁、七十二殿，1300 余间，四面围廊环绕，左右相通。当时有寺僧 3000 余人，其中不乏来自海外的佛教徒，灵隐寺由此中兴。现在大殿外东西两座八角九层石幢上，尚存有吴越国时期佛像浮雕。

下天竺为东晋时印度高僧慧理所建，唐末遭战火而毁。钱镠时期，在原址建五百罗汉院。

中天竺为隋开皇十七年印度高僧宝掌禅师创建。太平兴国元年（976 年）钱弘俶再次扩建，改名为崇寿院。

2. 新建寺院

（1）净慈寺

净慈寺在南屏山慧日峰下，依山而建，梵宇层叠，宏伟庄重，素有"南山净慈，北山灵隐"之说，为杭州两大古刹之一。净慈寺由吴越王钱弘俶于五代后周显德元年（954 年）创建，创建时名"慧日永明院"。因在其周边一带，寺院庵堂林立，故又有"佛国山"之称。南宋时，位列禅宗"五山十刹"第三位。

慧日永明院建成后，吴越王钱弘俶邀请衢州道潜禅师入寺，后者前后住持慧日永明院七年之久。道潜禅师住持期间，有上堂弟子 500 余人，从戒者数以千计，钱弘俶本人也从其受戒。后周显德二年（955 年），道潜向钱弘俶请求将黄妃塔，即雷峰塔地宫内十六尊金铜罗汉像移至净慈寺内，获准，又建罗汉殿。道潜圆寂后，吴越王又请主持灵隐寺扩建工程的延寿禅师入寺做住持。在延寿禅师住持的 15 年间，慧日永明院获得了较大的发展，弟子达到了 1700 多人。延寿禅师著有《宗镜录》一百卷，对当时慈恩、贤首、天台各宗派宗旨进行分析、归纳、综合，并将各派分歧加以调和，以论证自己的理论，对后世各派佛学思想的发展产生了深远影响。其声名亦远播到海外，高丽国王曾派遣使者向他赠送礼品，并派 36 名高丽僧人向他学法。

北宋太平兴国二年（977 年），宋太祖赐慧日永明院为"寿宁禅院"。及至南宋建炎二年（1128 年），宋高宗赵构下旨改寿宁禅院为"净慈禅寺"。后寺毁，赵构又命湖州佛智寺道容来杭主持重建，五年而成。净慈寺随时代变迁几经沉浮，屡毁屡建，恢弘不减当年，自清以来更成为众僧仰慕的东南名刹。

（2）梵天寺

梵天寺在凤凰山南麓，唐天祐元年（904 年）钱镠所造，初名南塔寺，寺中曾有高达目塔一座。《吴越备史》卷二“武肃王下”载，梁贞明二年（916 年），钱王命“惠州防御使弟铧率官吏僧众，诣明州（鄮）县阿育王寺，迎释迦舍利塔，归于府城，仍建浮图于城南以致之”。相传木塔建到第三层时，出现摇晃，工匠们无法解决这个问题，只好求助于当时著名的营造大师喻皓。《梦溪笔谈》卷一八“技艺”详细记载了这件事：

> 钱氏据两浙时，于杭州梵天寺建一木塔，方两三级，钱帅登之，患其塔动。匠师云：“未布瓦，上轻，故如此。”方以瓦布之，而动如初。无可奈何，密使其妻见喻皓之妻，赂以金钗，问塔动之因。皓笑曰：“此易耳。但逐层布板讫，便实钉之，则不动矣。”匠师如其言，塔遂定。盖钉板上下弥束，六幕相联如胠箧。人履其板，六幕相持，自不能动。人皆伏其精练。

现净慈寺尚存经幢一对，左右幢身分别刻有《大佛顶陀罗尼经》和《大随求即得大自在陀罗尼神咒经》，并皆有建幢记，是当时佛教艺术的代表作之一。

（3）昭庆寺

昭庆寺在钱塘门外溜水桥西，后晋天福三年（938 年）建成。据《西湖游览志》卷八“北山胜迹”载，太平兴国三年（978 年）寺中建有戒坛，每年三月初三，海内僧人云集此地，接受戒礼。

吴越国建造的寺院“日增月益，不可速数”[1]。比如天竺山有天竺观音看经院（上天竺寺），慈云岭南有天龙寺，五云山有云栖寺、真际院，北山灵峰有灵峰寺，北山有净空院，孤山有智果观音院，葛岭有寿星院、宝云寺、招贤寺，宝月山有宝月寺，吴山有海会寺，方家峪有西林法惠院，龙山有天真寺，宝莲山有宝成寺，南屏山有兴教寺、广教院，盐桥有七宝寺，太子湾有法因寺、修吉寺，钱粮司岭有甘露寺，六和塔有开化寺，今临安一带还有净土禅寺、太平万寿禅院、兴教院、开化禅院等。

[1]（宋）施谔：《淳祐临安志辑逸》卷二“寺”，上海书店出版社 1994 年影印本。

3. 佛塔

塔是佛教产物，相传释迦牟尼涅槃后，他的弟子建起覆钵体坟墓分别埋葬他的舍利子。这种建筑在东晋人的翻译中被译为“塔”。吴越国建造佛塔之多，为当时南方诸国之首。吴越国时期，建塔水平很高，出现了一位著名的建筑工匠喻皓，人称“喻都料”。著有《木经》三卷，为后来宋李诫编《营造法式》的主要依据之一，可惜现已散失。

吴越国所建佛塔中目前尚存的有六和塔、雷峰塔、宝石塔、白塔四座。

六和塔，在钱塘江月轮山南侧。北宋开宝三年（970 年）为吴越王钱弘俶所建，以镇钱塘潮。塔高 9 级，50 余丈，塔顶装有塔灯。吴越国时期，钱塘江上船只往来频繁，夜航有赖于塔灯照明导航。“六和”取意天、地、东、南、西、北之意。北宋宣和三年，塔被毁，南宋绍兴二十三年（1153年）重建。塔中空，八月十八钱江潮，可登塔观潮。

雷峰塔，位于南屏山回峰上。太平兴国三年，钱弘俶进京谒拜北宋皇帝，其妃黄氏为祈求他平安归来建此塔，因此，此塔又名“黄妃塔”。《咸淳临安志》卷八二“佛塔”引《吴越王钱俶记》说：“始以千尺十三层为率，爰以事力未充，姑从七级。”塔身以砖石为心，外有木构围廊。1924年9月25日下午，雷峰塔倒塌。因其附会上白蛇传传说，更广为世人传诵。

宝石塔，在杭州宝石山上，又命保俶塔、应天塔、宝所塔，初建于钱弘俶为王后。传说，宋太祖宣召吴越王进京，其母舅吴延爽建此塔祈求其平安归来，故初名“应天塔”。

白塔，位于钱塘江闸口的白塔岭上，建于吴越国末期。塔身以白石堆砌，八面九层，仿木构楼阁式，刻有“乾德三年乙丑岁六月庚子朔十五日甲寅日天下大元帅吴越王钱协建”29字。此塔造型美观、雕刻工艺精细，为当时难得的建筑艺术精品。

除了砖结构、砖木混合结构、石结构的塔外，五代吴越国还有铁铸塔，以及一种“宝箧印经塔”。“宝箧印经塔”以铁或铜铸造塔心，外表涂金，俗称“金涂塔”。《佛祖统纪》卷四三说：“吴越王钱俶，天性敬佛，慕阿育王造塔之事，用金铜金钢造八万四千塔，中藏宝箧印心咒经，布散部内，凡十年而讫功。”

（二）石窟造像及其传说

五代吴越时期，杭州佛教盛极一时，以石窟造像为代表的佛教艺术也达到了前所未有的高度，其中又以烟霞洞和慈云岭两处造像最为著名。

烟霞洞在南高峰西侧翁家山山腰，是由石灰岩溶蚀而成的天然洞穴，为西湖最古老的洞壑之一，与东面的水乐洞、石屋洞并称“烟霞三洞”。洞口高7米，宽3米，深20米外宽内窄，由外向里逐渐收缩，洞壑幽深，形状怪异。相传因顶上密布玉乳，如映阳光，则呈五彩朝霞，故名“烟霞此处多”。

据《咸淳临安志》卷七八“清修院”条载：

> 广顺三年吴越王建旧额烟霞，治平二年改今额。有烟霞洞，大如屋，窈深莫见其极。后晋开运元年，僧弥洪遇异人指示其处中有石刻罗汉六尊，钱氏别刻十二尊，足成之。洞有岩，曰象鼻，有石垂下若手，曰佛手岩。

五代后周广顺三年（953年），吴越王在烟霞洞处建寺，初名“烟霞”。宋治平二年（1065年）改名为“清修院”。烟霞洞内有十六罗汉造像。据佛经记载十六罗汉是佛祖的弟子，受佛祖之命，不入涅槃，常住人间，受人间供奉而造福万民。

关于罗汉像的由来有个美丽的传说，说后晋开运元年（944 年），僧人弥洪遇到神人指点，发现洞内石壁上有石刻罗汉六尊。后来，吴越王又命人刻成十二尊，补齐十六罗汉。

这个传说在《淳祐临安志》卷九中也有记载：

> 吴越王钱氏，忽梦僧告云："吾有兄弟一十八人，今方有六，王可聚之。"梦觉，访得烟霞洞有六罗汉，遂别刻一十二尊，以符所梦。

将两者结合，传说的轮廓显得更加清楚。僧人弥洪托梦给吴越王，吴越王醒来，访得烟霞洞有罗汉六尊，于是为应梦而增刻十二尊。

烟霞洞十六尊罗汉像旁都有造像题记，其中有一尊刻有"□□都指挥使银青光禄大夫右仆射□海县开国男食邑……吴延爽舍三千造罗汉……"之语。吴延爽是吴越王钱弘俶的舅舅。根据传说以及石刻题记，可以推知十六罗汉是在后晋开运年间（944—946 年）建成的，吴延爽当是其中一个主要的出资者。

烟霞洞内造像因势而异，各具姿态。有的淡定沉思，有的抬头仰视，有的俯身轻语，有的怒目圆睁，有的手执拂尘，还有玩狮、伏虎的。造像雕刻技法娴熟，线条简洁明快，时过境迁，罗汉造像依旧栩栩如生。

另一处慈云岭造像在上城区玉皇山慈云岭南麓，有大小两龛。为后晋天福七年（942 年）吴越王在此建资延寺时所建。大龛左侧刻有"新建镇国资延遐龄石像之记"十二字篆书题额。另《咸淳临安志》卷八三记载："上石龙永寿寺，在慈云岭下，天福七年（942 年）吴越王建。旧名资贤，大中祥符元年（1008 年）改今额。"如今寺已不在，石像犹在。

大龛坐东朝西，宽 10 米，高 5.8 米，内有造像 7 尊。阿弥陀佛像居中，左侧是观世音菩萨像，右侧是大势至菩萨像，合称"弥陀三尊"。三座佛像均作跏趺坐式，端坐于仰莲须弥座上，身后有宝珠形背光，内雕缠枝牡丹，边缘饰火焰纹。阿弥陀佛像高 2.45 米，宽额高髻，两耳垂肩，体态圆润，仪态端庄；造像身披袈裟，右胸半袒，双手作"禅定印"，置于脐下。观世音菩萨像宝冠上饰化佛，宝缯垂肩，右手执柳枝，左手放于脐前。大势至菩萨头戴宝冠，面容温和，嘴角挂笑。

"弥陀三尊"两侧有菩萨和金刚力士像各两尊。菩萨为立像，高 2.72 米，薄纱长裙、璎珞宝钏、跣足露趾。金刚力士像高 2.92 米，穿盔戴甲，右手执长杆钺，左臂上曲、作无畏手印。龛内上部左右有浮雕飞天和伽陵频迦鸟像各两尊，伽陵频迦半人半鸟，展翅高飞，四周祥云萦绕，作散花状。龛楣呈拱弧形，正中横列七佛，左右两端分别有浮雕骑狮文殊菩萨和骑象普贤菩萨。

大龛北侧又有一小龛，龛高 2.6 米，宽 2.38 米，顶呈弧拱形，内雕地藏菩萨像和左右胁侍。地藏菩萨高 1.96 米，光头大耳，外披袈裟，袒露胸腹，作和尚打扮，半跏趺坐式，左脚下垂踏莲座上。两侧胁侍持物恭立，一为老者，另一为年轻人，均束发，上穿交领衫，外罩右衽短衫，下着长裙。龛左侧引出一道云气，盘绕上升于龛外上方，云际间有浮雕"六道轮回"。所谓六道即为天道、人道、阿修罗道、地狱道、饿鬼道、畜生道。众生不求解脱，永世在"六道"中生死相续。

地藏菩萨为八大菩萨之一，其造像左右各有两人，左道明，右闵老。关于慈云岭地藏龛造像，还流传着一个传说。传说地藏菩萨俗名金乔觉，是新罗国王子。他相貌奇特，顶骨耸出，臂力过人，心地慈善，颖悟异常。唐永徽四年（653 年），24 岁时出家为僧。金乔觉出家后，便带着白犬善听航海来到安徽九华山。在山中择地而居，潜心修炼。当地民众受其感化，提议修建寺庙，弘扬佛法。当时九华山为闵让和所有，建寺须请他施舍山地。闵老是个虔诚的佛教信徒，乐善好施，听闻此事，十分乐意捐助山地。闵老让金乔觉任意取地，金乔觉只要一袈裟之地，闵老应允。哪知金乔觉袈裟一展，照遍九峰。闵老十分高兴，不仅捐地为金乔觉大建道场，还让他的儿子出家，法号道明。后来，闵老也舍弃尘世，拜道明为师。现今所见地藏龛三像，便以此故事为依据。

慈云岭西面的天龙寺还有一组吴越国造像，为乾德三年（965 年）吴越王钱弘俶所建。造像包括本尊阿弥陀佛像、弥勒像、无著像、世亲像、法花林菩萨像、大妙菩萨像以及力士像。将台山和凤凰山间茗帚湾西面吴越圣果寺旧址，有十六罗汉像，阿弥陀佛、观世音、大势至三尊大像。可惜造像大部被毁，但从残存的衣饰、须弥座仍可见线条流畅、精美细腻的雕刻风格。此外，飞来峰青林洞有"西方三圣"像，像高 0.33 米，全跏趺坐式，作禅定印。

杭州现存的古代造像，有确切纪年可考的，始于五代吴越国。当时吴越国宫殿便在凤凰山附近，佛教造像也大多分布在凤凰山到慈云岭一带。这一时期的造像风格上承唐代，下启宋代，承前启后，在石像雕刻史上具有重要的过渡地位。吴越国石窟造像不仅具有艺术欣赏价值，更重要的是它反映了当时佛教信仰与文化在杭州一带的深刻影响，由此也产生了一些生动的传说，至今还流传在人们口头。

（三）投龙祈雨

投龙祈雨是杭州民间一种祈雨的古老习俗。我们的祖先在长期的农业生产实践中逐渐积累起一整套宝贵的知识和经验。但是，当他们面对突如其来的干旱、洪水等人力不可抗拒的自然灾害，而自己终究手足无措时，又不得不祈求神灵的保佑，试图用巫术、占卜等手段来帮助他们摆脱困境，上至帝王下至平民百姓，无一例外。

西湖，古称钱唐湖，古人认为有钱唐湖龙君掌管这一方风水，并建有嘉泽庙，祀奉钱唐湖龙君。据田汝成《西湖游览志》卷八载，庙在宝石山麓，文曰："嘉泽庙，即水仙祠，梁大同间建，以奉钱唐湖龙君。钱镠碑记。宋时，移建于苏堤。"春秋两季都有隆重的祭祀，以求保佑风调雨顺，五谷丰登。五代吴越国时具表赐封钱塘湖龙君为广泽龙王。每逢大旱之时，国王都要亲临嘉泽庙举行隆重的"投龙祈雨"仪式，敬献三牲，宣读祭文，然后向钱唐湖龙君跪拜，掷"投龙简"。

新中国成立后，疏浚西湖时曾发现吴越国王钱镠、钱弘佐、钱弘俶在位时投入西湖的五枚"投龙简"。这种投龙简，银质，上刻祈雨祭文及皇帝年号、时间。吴越国投简形制基本承袭唐代，清代张燕昌撰《金石契》（清乾隆四十三年刻本）对武肃王钱镠77岁时告太湖银简描写得颇为详细：

> 右钱肃王告太湖水府龙简，嘉庆壬戌冬，乍浦刘粹之淳以拓本见，贻云：顺治初出水，其质白金重二十两，以今布帛尺度之，高五寸六分，广三寸七分，周刻一龙，上云下水，中刻正书……

按照今天的尺度大约长20厘米、宽13.1厘米，简面有龙纹、云水组合的图案，十分珍贵。

吴越国时，投龙简告文的文字一般比较多，少则150余字，大多200字以上。内容也更加广泛，不再专为一事祈求保佑，范围扩展到祈求国泰民安、国运昌盛、开疆拓土、禳灾求吉等方面，代表了君王治理国家的愿望。《蕉廊脞录》卷六录有钱镠投太湖龙简告文，其文曰：

> 顺治元年夏，吴中大旱，太湖龟坼，简村居民于湖底得钱武肃王龙简，盖投水府之告文也。其文一百七十九字，其质白金，重四十两，长五寸四分，广三寸七分。……今录其文，曰："大道弟子、天下都元帅、尚文、守中书令、吴越国王钱镠，年七十七岁，二月十六日生。自统制山河，主临吴越，民安俗阜，道泰时康，市物平和，遐尔清晏。仰自苍昊降佑，大道垂恩。今则特诣洞府名山，遍投龙简，恭陈醮谢，上答玄恩。伏愿合具告祈，兼乞镠壬申行年四时履历，寿龄遐远，眼目光明，家国兴隆，子孙繁盛。志祈玄祝，允协投诚。谨诣太湖水府金龙驿传于吴越国苏州府吴县洞庭乡东皋里太湖水府告文。宝正二年岁在戊子，三月丁未朔二十六日壬申投。"

浙江博物馆还珍藏着一枚吴越王钱元瓘于己亥年（939年）二月二十七日投入水府的银简，银简上钱元瓘自称年五十三岁，十二月十一日生。简上告文也提及感谢上苍保佑，今后治国一定减轻刑罚、赋税，抚恤老人孤儿，关心民间疾苦，希望神灵继续佑护国家安定、人民安康、永无战火等内容。

值得注意的是，吴越国时期的银简告文已经形成了固定的行文格式，多有固定的“金龙驿传”、“水府告文”等语。“金龙驿传”之语，在唐玄宗银简中已然出现，到五代吴越国，君王则将投简与投龙一并实行，简上告文是祈求的内容，金龙则是工具。

古人将龙视为来往于天地人神之间的神兽，可以充当沟通二者的信使。道书《太上黄箓斋仪》卷五五文曰：“龙者，乘运气御阴阳，合则成体，散则成章，变化不测，入地升天。故三十六天极阳之境，可以驿传信命、通达玄灵者，其惟龙乎！五金之最，坚刚不渝，天地所宝，通灵合神，故以上金铸之，取法龙形，投之洞府，高盟三元也。”[1]20 世纪 50 年代，疏浚西湖时，曾出土过一尊吴越国时期的铜制金龙，小巧玲珑，龙嘴尖，呈鸟喙状。[2]可见，吴越国君将金龙视为传递银简的信使，由它们向西湖、太湖等水府龙君传递告文。

[1]（明）邵以正：《正统道藏》第 16 册，台湾艺文印书馆 1981 年影印本。

[2] 杭州市文物考古所、临安市文物馆：《浙江临安五代吴越国康陵发掘简报》，《文物》2000 年第 2 期。

“水府告文”则把投掷的神府名称、神灵对象确定下来了。在钱弘俶的投龙简上，有这样一段祭文：

> 今以时怕秋仲，遍诣灵踪，展投龙设醮之恒规；申行潦潢污之薄礼。

国君举行祭祀仪式，把“投龙简”投入西湖，向龙君递交一份言辞恳切的告文，希望他能够降雨救旱。

这种风俗可以追溯到更为久远。田汝成《西湖游览志》卷四载：

> 皇明正统十三年，中贵李德驻龙井，属旱，令力士淘之，初得铁牌二十面，玉佛一枚，金银各一锭，凿大宋元丰年号，次得兹石，以八十人搜出之上，有神运二字，旁多款识，漶漫不可读，不知何代所镌也，继得铁牌十五面，银二条，上凿吴赤乌年号，盖皆投龙以祈雨者。其日黑云四匝，泉头汹涌，德惧而止。

《西湖寻梦》卷四也有类似的记载。其中提到吴赤乌年号的铁牌，说明早在三国时代，西湖龙井就已经有投龙祈雨的风俗了。铁牌与投龙简在形制上固然不同，但其中表达的信仰内容和民俗内涵却是一脉相承的。

祈雨在历史上实在是一件十分隆重的事，“投龙祈雨”是其中一种颇为盛行的方法。《西湖游览志余》卷二四有一段关于宋代祈雨的记载：

> 西湖虽有山泉，而大旱之岁，亦尝龟圻。宋嘉熙庚子，西湖水涸，茂草生焉，官司祈雨无应。李霜涯戏作一词云：“平湖千顷生芳草，芙蓉不照红颠倒。东坡道，波光潋滟晴偏好。”逻者廉捕之，遁不知所在。

南宋临安祈雨的记载更多，周密《齐东野语》卷一“孝宗圣政”载：

尝秋旱，上问执政：“祷雨于天地宗庙社稷，合用牲否?”周益公奏：“止用酒脯、币帛。”上曰：“《云汉》诗云：‘靡神不举，靡爱斯牲。’则是合用牲矣。可更与礼官等考订之。”

可见祈雨是件大事，仪式中用不用牛羊一类的牲礼，皇帝和大臣们也要好好讨论一番，丝毫马虎不得。

洪迈《夷坚乙志》卷一三有“法慧燃目”一则，记录了南宋时流传在杭州一带关于祈雨的一则民间故事，情节十分离奇：

绍兴五年夏大旱，朝廷遍祷山川祠庙，不应。遣临安守往上天竺迎灵感观音于法惠寺，建道场，满三七日，又弗应，时六月过半矣。苦行头陀潘法慧者，默祷于佛，乞焚右目以施，即取铁弹投诸火，煅令通红，置眼中，燃香其上。香焰才起，行云满空，大雨倾注，阖境霑足。法慧眼即枯，深中洞赤，望之可畏，然所愿既谐，殊自喜也。

依照书中所载，后来法慧遇上一白衣女子，眼睛重见光明。从故事中，我们依旧可以感受到当时祈雨场面的宏大，官府出面遍祷山川祠庙，最后只好把观音抬出来，大做道场。为了感动神灵，故事中的和尚甚至不惜弄瞎自己的右眼。

类似于祈雨，许多古老的信仰习俗无不如此。当我们的祖先无力与大自然抗衡时，便会不得不转而依靠巫术、占卜、符咒等迷信的手段，祈求神灵的保护。尽管缺乏科学依据，这一切却是杭州社会生活史上确实发生过的事实，其中包含的文化信息依然值得今天的人们做进一步研究。

二　钱塘江与民众生活

（一）钱王射潮与捍海石塘

杭州地处钱塘江下游，“八月十八钱塘潮”自古以来声名远播，成为一大奇观，但同时这一带又饱受江潮涌溢之患。钱江潮水患自秦汉时已见于史书。东汉章帝元和年间（84—87 年），郡吏华信在钱塘县东筑成第一条“防海大塘”。《水经注》记载：“防海大塘在县东一里许，郡议曹华信家议立此塘，以防海水。始开募有能致一斛土者，即与钱一千，旬日之间来者云集。塘未成而不复取，于是载土者皆弃而去，塘以之成，故改名钱塘焉。”这条用泥石混合堆叠而成的江堤长达数里，有效地阻挡了钱塘江咸潮的涌入，保护了江边的农田与居民财产的安全，华信也被后人称为杭州“第一功臣”。古代学者对于这个传说的真实性有过怀疑。不过至少我们可以认为，在钱塘江出海口修筑堤岸很早就成为大家所关心的话题了。

据《新唐书》等史书记载，唐代大历八年（773 年）、咸通元年（860 年）、光化二年（900 年）均有较严重的潮水灾害发生。白居易为杭州刺史时曾作《祭浙江文》，文曰：

> 谨以清酌少牢之奠，敢昭告于浙江神：滔滔大江，南国之纪，安波则为利，洚流则为害，故我上帝，命神司之。今属潮涛失常，奔激西北，水无知也，如有凭焉，浸淫郊廛，坏败庐舍，人坠垫溺，吁天无辜。居易祗奉玺书，兴利除害，守土守水，职与神同，是用备物致诚，躬自虔祷，庶俾水反归壑，谷迁为陵，土不骞崩，人无荡析。敢以醴币羊豕，沉奠于江，惟神裁之，无忝祀典。[1]

[1]（清）董皓等：《全唐文》卷六二五，上海古籍出版社 2007 年版。

可见当时潮患之甚，身为一地刺史的白居易也不得不求助于神灵来帮助平息水患。唐咸通二年（861 年）杭州太守崔彦曾率众在城东南修筑了一条 5 里长的沙河塘，但规模比较小，并不能有效地阻挡潮水的冲击。

吴越国建都杭州后，曾“海飓大作，怒涛掀簸，堤岸冲啮殆尽。自秦望山东南十八堡，数千万亩田地，悉成江面，民不堪命”[2]。杭州处于钱塘江入海口，风急浪大，潮汐力强，因而使钱塘江岸受到严重的冲刷破坏，威胁都城。为了保护杭州城不受潮汐的侵袭，天宝三年（910 年）八月，钱镠发动民工 20 余万人筑塘。钱镠政权所筑的这座捍海塘，地点在当时的杭州城候潮门、通江门外，即今六和塔到艮山门一带。

[2]钱文选：《钱氏家乘》卷八《武肃王筑塘疏》，上海书店出版社 1996 年版。

关于海塘的修筑过程，《吴越备史》卷二“武肃王下”有详细记载：

> 八月，始筑捍海塘。王因江涛冲激，命强弩以射涛头，遂定其基，复建候潮、通江等城门。……初定其基，而江涛昼夜冲激，沙岸板筑不能就。王命强弩五百，以射涛头，又亲筑胥山祠，仍为诗一章，函钥置于海门。其略曰：“为报龙神并水府，钱塘借取筑钱城。”既而潮头遂趋西陵。王乃命运巨石，盛以竹笼，植巨材捍之，城基始定。其重濠累堑，通衢广陌，亦由是而成焉。

起初，钱镠沿用唐代修土塘的旧法，然而“版筑不就”，经不起潮头的冲击而失败。钱镠怒而射潮，并作诗一首，置于小铁箱内，放在海门山以达龙神水府，虔诚地祈求天地神灵的保佑，终于逼退潮水。最后改用竹笼填石，并用木料固定的施工方法，即“竹笼石塘”，终获成功。

这里所提到的钱王射潮传说，颇有气势，至今仍在民间流传。传说讲的是钱镠筑捍海塘，钱塘江潮水汹涌，海塘屡筑屡毁。农历八月十八日是潮神生日，钱王在江边搭了一座大王台，聚集万名弓箭手齐射潮神，逼得潮神弯弯曲曲向西南逃走了。据说正因为当年钱王用箭逼走了潮神，直到今天，钱塘潮水一到六和塔就平伏了，江水弯弯曲曲像个“之”字，钱塘江也被称为“之江”。这个传说较早记载在《吴越备史》、《钱塘遗事》等典籍之中。《宋史·河渠志》记载：“浙江通大海，日授两潮，梁开平中，钱武肃王始筑捍海塘在候潮门外。潮水昼夜冲激，版筑不就，因命强弩数百以射潮头，又致祷胥山祠。既而潮避钱塘，东击西陵，遂造竹器，积巨石，植以大木，堤岸既固，居民乃奠。”明田汝成《西湖游览志》又多次提到此事，并说杭州有铁箭巷，“相传为钱王射潮之所”。而那条江堤，又叫做“钱王堤”。

浙江先民在杭州湾一带修筑海塘以抵御海潮，是他们为了生存而不得不抗争自然的头等大事。几千年来，这种艰苦卓绝的抗争一直也没有停止过。而钱镠下令射潮，试图用普通的弓箭来驱退潮水，虽不足以取信，却表达了人民群众抗争自然的普遍愿望，因而获得了他们的拥护。

钱镠所筑捍海塘由唐代的土塘进入竹笼石塘的阶段，在我国海塘史上具有很重要的意义，它起了承前启后的历史作用，标志着我国筑塘技术进入了一个新的历史阶段。

竹笼石塘的技术设计和施工，《吴越备史·杂考·铁箭考》有比较详细的记载：“以大竹破之为笼，长数十丈，中实巨石，取罗山大木长数丈植之横为塘，依匠人为防之制，又以木立于水际，去岸二九尺立九木，作六重，像‘易既未济’卦。于是潮不能攻，沙土渐渍，岸益固也”。为了能够在松软的海底淤泥上修筑稳固的地基，钱镠用竹条编成长数十丈的大笼子，里面装上巨石，沉入塘基，再用长数丈的大木头垂直穿过竹笼，插入塘基底部。同时在离岸两尺九的海滩上横向打 9 根木桩，共作 6 层。54 根木桩，排列成长方形，对前来的潮涌浪打，既减弱了潮水的冲击力，又能使随潮带来的泥沙沉积下来，填实塘岸，加宽塘基。

同时，钱镠还采用“置幢”的方法对海塘的基脚作进一步的加固。《吴越备史·杂考·铁幢考》载：“初置幢时，塘犹未成，虑潮荡幢，用铁轮护幢趾，而以铁絙贯幢干，且引维于塘上下之石键，然后实土筑塘。”幢，就是石柱子。用铁轮固定脚基，用铁索把石柱串在一起，系于塘上下的石键上，再用土充填。经过以上一系列技术处理，海塘固若金汤。

这条海塘被世人称为“钱氏捍海塘”或“钱氏石塘”。1983 年 7—8 月，杭州江城路立交桥工程北引道工地上发现了一段钱氏捍海塘遗迹。发现塘堤基础宽约 25 米，残高约 5 米，有前后两部分，前面是几排滉柱，直接承受潮头的冲击，以便减弱潮势；后面就是堤坝的外侧，有横宽 1200 毫米的木框架，中间叠置长竹笼，笼内填塞石块。堤的内侧也建一道木框架，其外挡以竹编。在前后木框架之间填筑泥土。捍海塘的构造与文献记载相符。[1]

[1] 杭州市地方志编纂委员会：《杭州市志》第二卷第三章《古遗址、古窑址》，中华书局 1999 年版。

捍海塘修筑成功，不仅保护了杭州城市的安全，而且还遏制了钱塘江水倒灌，减轻了钱塘江咸潮对市民生活的影响，杭州居民逐渐从盐卤之苦中解脱出来，促进了杭州地区的繁荣。史称“吴越王镠筑捍海石塘，广杭州城，大修台馆。由是钱塘富庶盛于东南”[1]。

[1]（宋）司马光：《资治通鉴》卷二六八“后梁纪二”，中华书局2009年版。

（二）钱王井与咸潮淡化

杭州原本为江滨故地，西湖以东大部分地区是潮汐出没、土地斥卤的海滩，先民们只有在西北的冲积平原上生存。“潮水避钱塘，而东击西陵，所从来远矣。沮洳斥卤，化为桑麻之区，而久乃为城邑聚落，凡今州之平陆，皆江之故地。其水苦恶，惟负山凿井，乃得甘泉，而所及不广。”[2]城内地下水咸苦不能饮用，加之当时钱塘江咸潮倒灌内河，居民只能在近山处凿井获取淡水，但并不能满足日常生活之需，民众饱受盐卤之苦。

[2]（宋）苏轼：《钱塘六井记》收于《苏东坡全集》第二卷“记”，中国书店1992年影印本。

唐代杭州刺史李泌为解决杭州饮水之难，在城内开凿六井。《武林坊巷志》说：“盖当隋时杭地苦卤，水咸难饮，自唐邺侯李泌开六井，引西湖水入城外，钱王又凿九十九眼以泽民。”李泌“自涌金门至钱塘门分置水闸，掘地为沟，甃瓦石为筒，引西湖水到城内各地，并置六个出水口，即西井、金牛池、方井、白龟池、小方井、相国井，俗称六井。后五井逐渐湮没，仅相国井遗址尚存”[3]。相国井即位于解放路北侧浣纱路口西北角。这六口井的井水直接来自西湖，水质较好，极大地缓解了杭城市民生活饮用水的紧张状态。后来白居易任杭州刺史时，于长庆二年（822年），又对上述六井作了疏浚，并在钱塘门外石函桥附近（今少年宫一带），修筑湖堤，增加西湖蓄水，进一步保证六井的水源。

[3]杭州市地方志编纂委员会：《杭州市志》卷三《文物篇》，中华书局1999年版。

吴越盛时，杭城人口激增，达十余万家，用水成为一个亟待解决的问题。钱镠和他的继任者继续在杭州各地凿井，以利民汲。不少坊巷直接以古井名字命名，成为杭州一道独特的文化景观。当时开凿的井，尤以下述几个最为著名：

钱王井。《梦粱录》卷一一载：“祥符寺中，向吴越王于寺内开井九百九十眼，后改创军器所湮没，仅存数井耳。”《西湖游览志》卷二一载：“祥符寺内有钱王所凿九十九眼井。金人南寇，毁于兵；南渡初，斥为兵器所。”井附近的巷就被称为“百井坊巷”。如今仅存一眼井，在延安路北段西侧，称为“钱王井”。

大井。被称为钱塘第一井，旧名寒泉、吴山井。位于吴山北大井巷22号天井内，为吴越国师德韶所凿。《西湖游览志》卷一三载：“吴山坊，内有大井，周四丈，吴越时，韶国师所凿。宋淳祐丁未大旱，城井皆涸，独此井日下万绠，不减不盈，都人神之。安抚赵忞立祠其畔。洪武初，参政徐本立石，刻‘吴山第一泉’五字，记宋事于碑阴。”所在坊巷名为大井巷，南起中山中路南段，北至河坊街东段。《咸淳临安志》卷三七载：“在吴山之北，钱氏时有韶国师者始开此井。品其水味为钱塘第一。盖山脉融液独源所锺，不杂江湖之味，故泓深莹洁异于众泉。淳祐丁未大旱，城中诸井皆涸，独此日下万绠如常。时都人神之，赵安抚忞奏立祠以旌异焉，又为亭覆井上。”

天井。《西湖游览志》卷一三载：“城中之井，自相国而下，有名者六十。自吴山而下，有名者三十一。初无天井之名，独于黑龙潭云：‘在宝月山，一名天井山，天晴则潭水碧色，雨则先期变黑。’盖指黑龙潭为天井也。嘉泰二年清河坊大火，郡守丁常任行视火场，得潭井于御史台西小巷中，深五十余尺，广十余尺，淘甃清洁，甘泉迸盈，得建炎钱数十枚，其湮塞必在建炎后也。”《梦粱录》卷一一载：“潭者，宝月山宝月寺之西，曰黑龙潭，其潭莫测深浅，亢旱不竭，一名天井，山下有天井巷，晴则潭水碧色可爱，将雨则水黑，郡民于此候晴雨多验。”《说杭州》则提到，天井也叫小井，巷以井而得名“小井巷”，北起河坊街中段，南向西折到管米山。

后唐清泰三年（936 年），钱镠第七子钱元瓘下令曹杲引西湖水入城，以便居民汲取，并于西城门内凿池，即为“涌金池”。《梦粱录》卷一一载：“涌金池，在丰豫门里，引西湖水为池，吴越王元瓘大书‘涌金池’三字，刻石识之，其旁书‘清泰三年丙午之岁，建午之月，特开此池’。”初开掘此池是为了“引湖水入城，以便舟楫”[1]。后来，其蓄积湖水，供给市民的民生作用日益显现。苏轼《钱塘六井记》载：“疏涌金池为上中下，使澣衣浴马，不及于上池。而列二闸于门外，其一赴三池而决之河，其一纳之石槛，比竹为五管以出之，并河而东，绝三桥以入千石沟，注于南井。水之所从来高，则南井常厌水矣。”[2]可见到了北宋，涌金池不仅引西湖水入南井，供市民饮用，还承担日常洗涤清洁之用，至南宋依然如故。

除上述措施外，钱镠另置龙山、浙江二闸，隔绝江水。“龙山浑水闸、清水闸，在龙山。浙江清水、浑水二闸，在便门外。”[3]据《西湖游览志》卷一载：“五代以前，江潮直入运河，无复避捍。钱氏有国，乃置龙山、浙江二闸，故泥水不入，启闭以时，宋初崩废，遂至淤塞，频年挑浚。苏轼重修堰闸，阻截江潮，不放入城。”然而宋时，两闸淤塞的现象还是时有发生，对此，《咸淳临安志》卷三五“志二十”分析如下：

> 问其所以频开屡塞之由，皆云龙山浙江两闸，日纳潮水沙泥浑浊，一汛一淤，积日稍久便及四五尺，其势当然不足怪也。父老又言钱氏有国时，郡城之东有小堰门。既云小堰，则容有大者。昔人以大小二堰隔截江水，不放入城，则城中诸河专用西湖水，水既清澈无由淤塞。而余杭门外地名半道红，昔亦有堰名为清湖，意亦爱惜湖水不令走下自。

[1]（明）田汝成：《西湖游览志》卷一六，上海古籍出版社 1998 年版。

[2]（宋）苏轼：《钱塘六井记》收于《苏东坡全集》卷二“记”，中国书店 1992 年影印本。

[3]（宋）吴自牧：《梦粱录》卷一一“堰闸渡”，浙江人民出版社 1980 年版。

可见当时钱氏家族为解决杭城居民生活饮用水问题，费尽心思，采取了各种有效的措施。延续前代做法，广凿水井，开掘涌金池，为日后蓄水之用，并设置闸门，抵御咸潮倒灌，保持内河水源清洁。其中一些做法，对于今天的内河整治保护还有借鉴意义。

（三）钱塘江航道与对外贸易

吴越国地处东南沿海，国土狭窄，一面临海，三面有吴国、南唐虎视眈眈。为了避免被孤立，吴越王钱镠一直向中原王朝贡奉。“自淮南饶、信之间，至虔州，出湖南马氏境入京师”[1]，从现在江西波阳出发，经过上饶市，再到赣州，最后经过当时马殷建的楚国，才能够进入河南开封，绕了一个大圈子。然而到了梁贞明四年（918 年），“淮人据虔州，贡道乃绝”[2]。《新五代史》卷六七“吴越世家第七”也载：“（贞明）四年，杨隆演取虔州，镠始由海路入贡京师。”由陆路北上，不仅路途遥远、费时费力，而且易受到战乱的影响，因此，对吴越国来说，谋求海上通路就显得十分迫切与重要，其中首要任务就是保证钱塘江航道的畅通。

[1]（宋）范坰、林禹：《吴越备史·贡道考》，四部丛刊续编。

[2] 同上。

钱塘江中有大石，威胁到来往船只的安全。《淳祐临安志》卷八“山川”载：“大石崔嵬，横截江涛，商船海舶经此多为倾覆，因呼为罗刹”。大江之中，水石相击，船舶舟楫往来之间，撞击礁石，船覆人亡，时有发生，令人望而生畏。唐代，杭州郡守就曾设祭，祈求船只往来平安。《咸淳临安志》卷二三“山川”载：“近东南有罗刹石，大石崔嵬，横截江涛，商船海舶经此多为风浪倾覆，因呼为罗刹。每岁仲秋、既望，必迎潮设祭，乐工鼓舞其上。李建勋诗曰：‘何年遗禹凿，半里大江中。’白居易诗曰：‘嵌空石面标罗刹，压捺潮头敌子胥。’后改名镇江石，五代开平中，为潮沙涨没。”吴越王钱镠曾率众军士开凿此石，以利于进出船只的安全，保证钱塘江航道畅通。北宋开宝三年（970 年），吴越王钱弘俶又建六和塔，以镇钱江潮。塔的顶部装有塔灯，为往来夜泊的船只照明、导航。

吴越国还拥有一支强大的水师，有战舰数百艘，武器配备精良，战斗力很强，为钱塘江航道以及吴越国南北贸易提供了有力的保障。

钱镠在统治杭州后不久，即于唐乾宁二年（895 年）扩建杭州城，兴建的子城“东眄巨浸，辏闽粤之舟橹。北倚郭邑，通商旅之宝货”[3]。可见，当时吴越都城杭州商旅之多，他们南来北往，行走于中原各地，带去吴越国的茶叶、丝织品、瓷器、米粮等，贩回马匹、皮毛等各地物产，获取丰厚利润。

[3]（清）董浩等：《全唐文》第九部卷八九五《杭州罗城记》，上海古籍出版社 1990 年版。

当时钱塘人孙承祐为忠懿王钱弘俶妻舅，“日凭借亲宠，恣为奢侈，每一燕会，杀物命千数，家食亦数十器方下箸。设十银镬构火，以次荐之常馔客，指其盘曰：‘今日南之蚌蛤，北之红羊，东之鰕鱼，西之嘉粟，无不毕备。可云富有小四海矣。'"[1]生性奢侈的孙承祐款待宾客的佳肴除了东方与南方特有水产品——蝤蛑（即"梭子蟹"）、鰕鱼（即"鰕虎鱼"）外，还有北方的"红羊"，在南方十分难得。由此可见，当时杭州五湖珍馐齐聚，已然成为东南第一大商业城市。

[1]（清）吴任臣：《十国春秋》"孙承祐列传"，中华书局1983年版。

航海贸易，为吴越国带来了可观的收入，航海货运盛极一时，钱塘江航道终日繁忙。

通过钱塘江航道，吴越船舶还远赴海外，与当时朝鲜半岛上的高丽、新罗、百济等国开展政治、宗教、商贸等方面的交流。杭州以及明州（今宁波）是当时吴越著名的海港。当时来往于日中之间著名的商人就有蒋承勋、季盈张、姜兖、俞仁秀、张文过等。这些商人都拥有自己的船队，他们将吴越的香料、丝织物等运往日本，换取金砂等物。高丽、日本等国的手工艺品制作精美，颇受当时人们的喜爱。据《清异录·薰燎门》记载，当时朝鲜商人曾向吴越王进献一尊沉香翁，剜镂若鬼工，十分神奇。另外还有日本的龙蕊簪，市价高达万二千缗。

此外，吴越国和印度、大食等国也有往来。吴越统治者十分重视海运，积极促进与中原地区以及海外诸国的商贸往来，极大地促进了杭州一带手工业和城市商业的发展。杭州在这一时期渐趋繁荣，逐渐赶超苏州、会稽等地，成为东南名郡。欧阳修在《有美堂记》中赞叹道："独钱塘，自五代始时，知尊中国，效臣顺及其亡也。顿首请命，不烦干戈。今其民幸富完安乐。又其俗习工巧。邑屋华丽，盖十馀万家。环以湖山，左右映带。而闽商海贾，风帆浪舶，出入于江涛浩渺、烟云杳霭之间，可谓盛矣。"

三 民间传说与歌谣

吴越王钱镠及其继任者，在保境安民的基本国策下，自立于五代乱世，也为杭州一带百姓创造了暂时的安宁，使他们得以安养生息。这一带百姓对钱王充满了感激与崇敬之情，他的传奇经历在民众口耳间广为流传，有优美动听的歌谣，还有丰富的传说故事，往往以赞颂为主，也有一些涉及讽刺，传达出民众对这个帝王的不同看法。

（一）歌谣

成书于北宋神宗熙宁年间的《湘山野录》卷中记载有《钱镠还乡》，讲的就是钱镠当上吴越王以后，衣锦还乡的热闹场面：

> 开平元年，梁太祖即位，封钱武肃镠为吴越王。时有讽钱拒其命者，钱笑曰："吾岂失为一孙仲谋耶？"拜受之。改其乡临安县为临安衣锦军。是年省茔垄，延故老，旌钺鼓吹振耀山谷。自昔游钓之

所，尽蒙以锦绣，或树石至有封官爵者。旧贸盐肩担，亦裁锦韬之。一邻媪九十余，携壶浆角黍迎于道。镠下车亟拜，媪抚其背，犹以小字呼之，曰："钱婆留，喜汝长成。"盖初生时光怪满室，父惧，将沉于丫溪，此媪酷留之，遂字焉。

为牛酒大陈乡饮，别张蜀锦为广幄，以饮乡妇。凡男女八十已上金樽，百岁已上玉樽。时黄发饮玉者尚不减十余人。镠起，执爵于席，自唱《还乡歌》以娱嫔曰："三节还乡兮挂锦衣，吴越一王驷马归。临安道上列旌旗，碧天明明兮爱日辉。父老远近来相随，家山乡眷兮会时稀，斗牛光起兮天无欺。"时父老虽闻歌进酒，都不之晓，武肃觉其欢意不甚浃洽。再酌酒，高揭吴喉唱山歌以见意，词曰："你辈见侬底欢喜，别是一般滋味子，永在我侬心子里。"歌阕，合声赓赞，叫笑振席，欢感闾里。今山民尚有能歌者。

《西湖寻梦》卷四也记载着这则故事。《咸淳临安志》卷二十五"山川"又称当地有"衣锦山"、"衣锦营"、"衣锦城"，连钱镠幼时游戏的一棵大树，也被封为"衣锦将军"，真是风光之极。袁褧《枫窗小牍》卷上又云："至今狂童游女借为奔期问答之歌，呼其宴处为欢喜地。"上述文献记载所说的是同一件事。当年钱镠回到家乡，宴请乡邻，席间，钱镠先是唱了一首文绉绉的歌，父老乡亲都听不懂，后来又唱了一首"山歌"，用的是当地方言，曲调和歌词都是人们喜闻乐见的，于是引来欢声雷动的场面。事后，这首山歌便成了青年男女谈情说爱时经常要唱的情歌，十分流行。

《西湖游览志余》卷二四"委巷丛谈"记载："吴越王妃，每岁归临安，王以书遗妃云：'陌上花开，可缓缓归矣。'吴人用其语为歌，含思宛转，听之凄然。"说的是这一带民众以此为蓝本，编成山歌传唱，为后来许多诗人提供了丰富的诗歌题材。如苏轼有类乐府体《陌上花》三首并序，称：

游九仙山，闻里中儿歌《陌上花》。父老云：吴越王妃每岁春必归临安，王以书遗妃曰："陌上花开，可缓缓归矣。"吴人用其语为歌，含思宛转，听之凄然，而其词鄙野，为易之云：

陌上花开蝴蝶飞，江山犹是昔人非。
遗民几度垂垂老，游女长歌缓缓归。

陌上山花无数开，路人争看翠骈来。
若为留得堂堂去，且更从教缓缓回。

生前富贵草头露，身后风流陌上花。

已作迟迟君去鲁，犹歌缓缓妾回家。[1]

[1]（宋）苏轼：《苏轼诗集》卷十，中华书局1982年版。

吴越王钱镠从社会最底层登上宝座，熟知民间生活，善于自编自唱乡土味很浓的歌谣。他即兴创作了《还乡歌》，为《陌上花开》奠定了凄婉的基调，后来他又为筑城士兵的《没了期》续写了后两句。《西湖游览志余》卷二四“委巷丛谈”载：

武肃王开国，日频役士卒，怨讟兴焉，或夜书其门曰：没了期，没了期，修城才了又开池。王出见之，命书其傍云：没了期，没了期，春衣才罢又冬衣。嗟怨顿息，盖以恩典发其感激之心也，亦应变之智云。

可见钱镠不仅熟谙民间歌谣韵律，而且才思敏捷，所作歌谣颇具吴越地方特色。

（二）传说

有关钱镠的传说涉及的内容更加丰富、广泛，勾勒出一个英雄人物的各个侧面，形象立体生动。

钱王年少时，因家境贫困，不得不靠贩卖私盐为生，以他的贩盐经历为基础，民众将许多神奇的故事附会到他的身上，很值得一提。清乾隆《浙江通志》卷一九有《担盐山》传说：

《严陵志》：在县西北一百一十里。相传钱镠微时，常贩盐经此，因苦渴，以拄杖触岩，泉忽涌出。后人因名其山。（卷一九《山川·严州府·建德县》）

类似的传说又见于明嘉靖《淳安县志》，称“担盐山”、“拄杖泉”，说钱镠用拄杖向岩石上一戳，就涌出了泉水。这是古代十分常见的一种传说类型，艾伯华《中国民间故事类型》将其列为“69·泉的来历”。类似的传说，魏晋南北朝时就已出现，诸如慧皎《高僧传·慧远杖泉》、盛弘之《荆州记·三泉》，以及五代杜光庭《录异记·马跑泉》等，都属此类型。浙江民众又把这个传说附会到钱镠身上，可见他们对钱镠的崇敬之情。

《西湖游览志余》卷二四“委巷丛谈”记载了一段钱镠纳谏如流的佳话：“钱氏时，西湖渔者日纳鱼数斤，谓之使宅鱼，其捕不及者，必市以供，颇为民害，一日罗隐侍坐，壁间有蟠溪垂钓图，武肃王索诗，隐应声曰：‘吕望当年展庙谟，直钩钓国更谁如，若教生在西湖上，也是须供使宅鱼。’武肃王大笑，遂蠲其征。”

当然也并非所有的传说都在赞扬钱镠。民众的眼睛十分明亮，对于帝王的错误也决不姑息，当时又有《临安县土地》一则，就毫不留情地揭露出他专横残暴的一面：

> 杂志：吴育春卿为临安宰，三日，谒庙，廨后土地，称属国侯者，视之，乃十余岁小儿。故老云：钱尚父所用小史，一挥扇误触臂，一于睡时以水添沸汤使无声，悉令诛之。挥扇者甘死；止沸者称冤。乃赦挥扇者，曰："吾睡，方欲以水添沸汤使无声，此史已先知之矣。不可赦。"后忽见形于前。钱叹曰："我戮人无数，此小儿乃敢现身！封汝为属国侯，永为临安土地，受彼血食。"遂不见。（《咸淳临安志》卷八八《祥异》）

这个传说又见于明田汝成《西湖游览志余》卷二十四。传说中添水止沸的侍童就因为太聪明，才被钱镠无辜杀害。死后，他的灵魂还要跟钱镠争辩，钱镠斗不过他，不得不封了个"临安土地神"。传说中当然有不少虚构的成分，但还是表达了民众对这一历史人物的基本评价。

《湘山野录》续录又有《贯休投诗不改》一则，也提到了钱镠刚愎自用的性格特征。传说诗僧贯休曾经写了一首诗送给钱镠，希望能得到重用。诗中有"一剑光寒十四州"之句，钱镠很喜欢，又觉得不解渴，就派人对贯休说，改十四为四十，就可以接见。谁知道贯休也是个倔脾气，坚决不改，一气之下，到四川去了，后来果然在那里得到重用。这个传说很是发人深省。贯休坚持不改，表现出诗人的品格气节，而从另一方面也可以说是对钱镠的一次讽嘲。此传说又见《全唐诗话》、《七修类稿》、《西湖游览志余》，影响比《临安土地神》更大。

钱镠传说自宋元起便在民间广为流传。宋元笔记中的宋文莹《湘山野录》，范坰、林禹《吴越备史》，毕仲询《幕府燕闲录》，袁褧《枫窗小牍》；元盛如梓《庶斋老学丛谈》，刘一清《钱塘遗事》等，地方志中的宋潜说友《咸淳临安志》等，都有所记载。到了明代，有的话本小说又将有关钱镠的传说加以综合。这时候出现了冯梦龙《古今小说》卷二十一"临安里钱婆留发迹"和周清源《西湖二集》卷一"吴越王再世索江山"，这些话本和当时的说话艺人有密切关系，对于后世的影响就更大。直至当代，浙北一带仍有大量的钱镠传说在民间口耳相传。《浙江省民间文学集成杭州市故事卷》收有《钱王出世》、《钱王背娘》、《钱王妙计治钱塘》、《钱王射潮》四则，生活气息更浓，所涉及的社会生活也更为广阔。

第三章　宋代杭州社会生活

宋代，浙江的经济十分发达，“两浙之富，国用所恃，岁漕都下米百五十万石，其他财赋供馈不可悉数”[1]。杭州处于浙江经济中心，城市的经济地位大大提高。陶谷《清异录》卷上“地理门”赞美杭州为人间天堂：“轻清富庶，东南为甲。富兼华夷，余杭为甲。百事繁庶，地上天宫也。”特别是南宋定都杭州以后，杭州一跃而成为全国政治、经济、文化中心，“绍兴间，辇毂驻跸，衣冠纷集，民物阜蕃，尤非昔比”[2]。

[1]（宋）苏东坡：《苏轼文集》卷三二“进单锷吴中水利节状”，中华书局1986年版。

[2]（宋）吴自牧：《梦粱录》卷一二“西湖”，浙江人民出版社1980年版。

宋代杭州城市的发展、商品经济的繁荣以及南北交流的加强，对民众日常生活也产生了影响，促使社会生活民俗发生巨大变化。整个社会风气一改宋初的简朴，而趋于好新慕异。吴自牧《梦粱录》卷一“正月”载：“杭城风俗，畴昔侈靡之习，至今不改也。”卷四“观潮”亦载：“临安风俗，四时奢侈，赏玩殆无虚日。”民众日常衣食住行、游赏玩乐、商贾买卖、百戏杂艺无一不是如此。

第一节　衣食住行

一　饮食

宋室南迁，北方人大量移居临安，对当时临安的风俗习惯和生活方式产生了巨大的影响。在饮食风俗上表现为以稻米为主，面食丰富，辅以菜肴，杂以各类小吃、干果、蜜饯的结构特征。

（一）日常饮食

1. 稻米

日常饮食中，稻米仍然是临安民众的主食。据《梦粱录》卷十六“米铺”条记载：“杭州人烟稠密，城内外不下数十万户，百十万口。每日街市食米，除府第、官舍、宅舍、富室，及诸司有该俸人外，细民所食，每日城内外不下一二千余石，皆需之铺家。”当时临安居民日常所需的米多来自苏、湖、常、秀、淮、广等地，米船纷至沓来，络绎不绝。米的种类十分丰富，有早米、晚米、新破砻、冬春、红莲子、黄芒、糯米、蒸米、红米、陈米等十数种。米饭通常由蒸、煮而成。又有头羹、石髓饭、大骨饭、泡饭、软羊、浙米饭等。

当时有一种“衢州饭”，《都城纪胜》“食店”载：“衢州饭店又谓之闷饭店，盖卖盦饭也。专卖家常。欲求粗饱者可往，惟不宜尊贵人。”其后作者又加注，所谓家常诸如“虾鱼、粉羹、鱼面、蝴蝶之属”。“盦”是古代的一种盛食物的容器，所谓盦饭，类似于今天蒸饭的做法，将米放在容器中，加上水，焖煮烧成干饭，再铺上些菜蔬。这是一种比较粗糙的吃法，不求精致，但求速饱。

林洪在《山家清供》中还记载了一种“蟠桃饭”的做法：“采山桃，用米泔煮熟，漉置水中。去核，候饭涌，同煮顷之，如盦饭法。”[1]这里讲，将采来的鲜桃用淘米水煮熟，去核，倒进扑腾的米饭中，同煮，最后像烧干饭一样焖熟。食用起来清香入脾，十分可口。可见当时除了白米饭以外，还将米饭与各种菜蔬、果类同煮，追求花样翻新，讲究养生之道。

另外，粥也是米食的一种，颇受临安居民欢迎。《武林旧事》卷六“粥”篇记载了当时临安居民经常食用的粥品，有七宝素粥、五味粥、粟米粥、糖豆粥、糖粥、糕粥、绿豆粥、肉盦饭、馓米粥等。

2. 面食

宋室南迁，大量北人来到临安，也带来北方的烹饪方法和饮食习惯。不少北人在临安经营饭馆，从事饮食业，“都城食店，多是旧京师人开张，如羊饭店兼卖酒”[2]。临安的饮食品种随之发生变化，面食类食品大量增加，呈现南北融合的特征。《梦粱录》卷十六“面食店”条载：“向者汴京开南食面店，川饭分茶，以备江南往来士夫，谓其不便北食故耳。南渡以来，几二百余年，则水土既惯，饮食混淆，无南北之分矣。”面食类食品主要有面、馒头、包子、饼、馄饨、饺子等，其中尤以面的种类和做法最为突出。

宋代时，面条已经相当普遍，做法除了水煮以外，还出现了炒、焖、煎等方式。孟元老在《东京梦华录》中记载，北宋都城汴梁食店中的面条种类有生软羊面、桐皮面、姜泼刀、回刀、冷淘、棋子、桐皮熟脍面等。南宋临安面条的种类又增加了许多，有“猪羊庵生面、丝鸡面、三鲜

[1]（宋）林洪撰：《山家清供》，中国商业出版社1985年版，第13页。

[2]（宋）灌圃耐得翁：《都城纪胜》“食店”，中国商业出版社1982年版。

面、鱼桐皮面、盐煎面、笋泼肉面、炒鸡面、大熬面、子料浇虾臊面、熬汁米子、诸色造羹、糊羹、三鲜棋子、虾臊棋子、虾鱼棋子、丝鸡棋子、七宝棋子、抹肉、银丝冷淘、笋燥齑淘、丝鸡淘、耍鱼面”[1]等。另据钟儒、徐吉军考证，当时面条的种类不下四五十种。[2]不仅有热面，还有冷面，南来北往，各种口味俱全，适应不同人的需要。

面食不仅品目繁多，而且做法也日臻成熟，非常考究。比如有一种叫“槐叶淘”的凉拌面，需“于夏季采槐叶之高秀者，汤少瀹，研细滤清，和面做淘，乃以醯、酱为熟齑，簇细茵以盘行之，取其碧鲜可爱也”[3]。制作这种冷面，要在夏天采摘槐树新鲜的嫩叶，用水汆过，细细研磨滤出汁水，拌入面条，再配上用醋、酱腌制的熟腌菜，装盘之后，显得碧绿鲜嫩，才可上桌食用。

此外，诸如馒头、饼、馄饨、饺子之类面食品种也非常丰富。仅馒头一项，就有四色馒头、生馅馒头、杂色煎花馒头、糖肉馒头、羊肉馒头、太学馒头、笋肉馒头、鱼肉馒头、蟹肉馒头、肉酸假馅馒头、笋丝馒头、裹蒸馒头、菠菜果子馒头、辣馅糖馅馒头等数十种。饼的花色品种绝不逊于馒头，有三四十种之多，大多以小麦为原料，拌上各类荤素馅料，蒸、煎、炸、烤等方式制成。馄饨，在临安又称“餶飿”，与饺子一起，非常受市民欢迎。

当时杭城饮食还留有不少北方的影响。如《都城纪胜》“食店”载：“如酪面，亦只后市街卖酥贺家一分，每个五百贯，以新样油饼两枚夹而食之，此北食也。”当然北食南渡，也发生了一些变化，《都城纪胜》“食店”篇又有记载：“市食有名存而实亡者，如瓠羹是也；亦有名亡而实存者，如瓮羹，今号齑面是也；又有误之名者，如呼熟肉为白肉是也，盖白肉别是砧压去油者。”

3. 菜肴

菜肴是临安市民“下饭”的辅食，各家食店都有下饭菜出售，“更有专卖诸色羹汤、川饭、并诸煎鱼下饭”[4]。从原料上看，有水产、禽肉、蔬菜三类，其中水产品在临安居民日常饮食中占有很重要的地位。

临安人喜食水产鱼虾，宋代李之仪曾说过：“（杭）人喜食鲜，多细碎水类，日不下千万。”[5]马可波罗在他的游记中也对杭人食鱼的习俗做了详细生动的描绘。鱼类在水产中占首位，据《梦粱录》、《武林旧事》、《都城纪胜》、《西湖老人繁胜录》等典籍记载，当时鱼类菜肴有鲈鱼、鲤鱼、酿鱼、白鱼、时鱼、春鱼、鲂鱼、鲟鱼、石首、鳝鱼等不下百种之多。做法有清蒸、煎炸、爆炒、酒酿、羹汤等，有整条鱼下锅，也有鱼片、鱼丝、鱼茸等方式。

此外，以虾、蟹、螺、蛎、决明、蛤蜊、江瑶、蚶子等为原料烹制的菜式，也十分平常。

禽肉类菜种类丰富，深受临安人喜爱。《梦粱录·肉铺》载：“杭城

[1]（宋）吴自牧：《梦粱录》卷一六“面食店”，浙江人民出版社1980年版。

[2]钟儒、徐吉军：《论南宋临安市民的饮食生活》，《南宋史研究论丛下》，杭州出版社2008年版，第365—382页。

[3]（宋）林洪：《山家清供》，中国商业出版社1985年版，第18页。

[4]（宋）吴自牧：《梦粱录》卷一六“面食店”，浙江人民出版社1980年版。

[5]（宋）李之仪撰：《姑溪居士文集·后集》卷一九“胡公行状”，台湾商务印书馆1982年版。

内外，肉铺不知其几，皆装饰肉案，动器新丽。每日各铺悬挂边猪，不下十余边。”日常菜式中，猪肉是比较常见的肉食。根据顾客不同的需要，卖家听其分寸，当时有“细抹落索儿精、钝刀丁头肉、条撺精、窜燥子肉、烧猪煎肝肉”等，“骨头亦有数名件”。由于临安人口稠密，食者众多，“至饭前，所挂之肉骨已尽矣”。当时在“坝北修义坊，名曰‘肉市’，巷内两街，皆是屠宰之家，每日不下宰数百口，皆成边及头蹄等肉……自三更开行上市，至晓方罢市”[1]，其繁华程度可见一斑。

[1]（宋）吴自牧：《梦粱录》卷一六“肉铺”，浙江人民出版社1980年版。

羊肉在当时是比较珍贵的食物，有专门宰杀绵羊、山羊的肉铺。平日里只供富贵人家之需。以羊肉为原料的菜式有蒸软羊、鼎煮羊、羊四软、羊头元鱼等20多种，品种丰富，远胜于北宋汴梁。此外，鸡、鸭、鹅等也是市民餐桌上常见的菜肴，消费量巨大。《咸淳临安志》卷八九“纪事”载：“钱塘人喜杀，日屠百鹅。”獐肉、鹿肉、狸肉、鸠子、鹌子、黄雀等野味也非常丰富。

蔬菜的品种不下百种，周密《武林旧事》卷六“菜蔬”中记载了辣瓜儿、糟黄芽、醋姜、盐芥、拌生菜等20种。《梦粱录》卷一六中更有莴苣、生菜、四时细色菜蔬、辣菜等品目，令人目不暇接。仅“分茶酒店”一节，就开列了当年的饮食品种近四百种，当年盛况，由此可见。值得一提的是，临安素食之风尤盛，有专卖素食点心、菜肴的店铺。以素食为原料制成的菜肴有假羊事件、假驴事件、鼎煮羊麸、乳水龙麸等。

（二）节令食品

临安居民十分重视节日饮食，自新年正月起，月月有饮宴，各类荤素菜蔬、果脯小食、诸般水名，琳琅满目，丰富多彩。其中也产生了一些特定的节令食品，举例如下：

粽子：也叫“角黍”、“巧粽”。端午节这一天，“葵榴争艳，栀艾争香，角黍色金，菖蒲切玉，以酬佳景”[2]。粽子的做法、摆放也十分精巧。《武林旧事》卷三“端午”载：“巧粽之品不一，至结为楼台舫辂。”《西湖老人繁胜录》“端午节”又云：“角黍，天下惟有是都城将粽揍成楼阁、亭子、车儿诸般巧样儿。开铺卖酒，多作劝酒，各位巧粽。”

[2]（宋）吴自牧：《梦粱录》卷四“五月”，浙江人民出版社1980年版。

重阳糕：农历九月初九重阳节，临安居民喜登高，饮菊花、茱萸酒，吃“重阳糕”。这是一种糖面蒸糕，据《武林旧事》卷三“重九”载：“以糖肉秫面杂糅为之，上缕肉丝鸭饼，缀以榴颗，标以彩旗。”还有一种“狮蛮栗糕”也颇为有趣，样式做法和“重阳糕”差不多。用五色米粉捏成狮子状，插上彩旗，“下以熟栗子肉杵为细末，入麝香糖蜜和之，捏为饼糕小段，或如五色弹儿，皆入韵果糖霜”[3]。

[3]（宋）吴自牧：《梦粱录》卷五“九月”，浙江人民出版社1980年版。

馄饨：冬至是临安居民最注重的节日之一，馄饨是必备的节令食品。《武林旧事》卷三“冬至”说，“三日之内，店肆皆罢市，垂帘饮博，谓之‘做节’。享先则以馄饨，有‘冬馄饨，年馎饦’之谚。贵家求奇，一器凡十余色，谓之‘百味馄饨’。”

腊八粥：农历十二月初八，是腊八节，临安城内外寺院以及居民纷纷开煮“腊八粥”，据《武林旧事》卷三《岁晚节物》载，“寺院及人家用胡桃、松子、乳蕈、柿栗之类作粥，谓之‘腊八粥’”。

临安饮食在自有的基础上，融合北方饮食一些的特点，自成一体，至宋代时达到了高峰，在中国饮食发展史上具有举足轻重的地位。其总体特征可用“侈甚”二字概括。这一时期，北宋末年因战乱而造成的物质匮乏已得到了极大缓解，临安市民极力追求食品的丰富，讲究精美可口。“食不肯蔬食、菜羹、粗粝、豆麦、黍稷、菲薄、清淡，必欲精凿稻粱、三蒸九折、鲜白软媚，肉必要珍馐嘉旨、脍炙蒸炮、爽口快意，水路之品，人为之巧，缕簋雕盘，方丈罗列。”[1]各种时新鲜货，蔬菜野味、果脯蜜饯，一概不缺。不仅富贵人家如此，一般酒肆、面食店中，杭人“百端呼索取覆，或热、或冷、或温、或绝冷，精浇熬烧，呼客随意索唤”[2]。即便贫者已不能免，纷纷仿效。

[1]（宋）阳枋：《字溪集》卷九“杂著·辨惑”，台湾商务印书馆1986年版。

[2]（宋）吴自牧：《梦粱录》卷一六“面食店”，浙江人民出版社1980年版。

二　服饰

（一）等级与逾越

宋代官府对普通百姓的衣物有严格的规定，要求着衣符合礼制。据《宋会要辑稿·舆服》记载，宋太宗太平兴国七年（982年）以前规定百姓只能穿白色衣衫，后来稍些允许着黑。到了端拱二年（989年），又颁布法令，反复强调民间只准着黑白两色，不能着“紫”。但到了至道元年（995年），“以时俗所好，冒法者众，故除其禁”，朝廷终究抵挡不住民间俗好的力量，作出妥协，允许百姓服紫。

除了对服饰的颜色作出规定外，朝廷还颁布“销金令”，规定除了诰命夫人外，民间妇女禁止用黄金制品装饰衣物，也不可用金线、金丝缝制衣物。南宋绍兴五年（1135年），朝廷再次重申北宋旧法。《宋史》卷五三《舆服志》载：“金翠为妇人服饰，不惟靡货害物……尚恐士民之象未能尽革，宜申严禁，仍定销金及采捕金翠罪赏格。”

然而普通人的衣着打扮与日常生活、生产以及整个社会风尚息息相关，有其内在的发展规律，并非朝廷几个简单的禁令就可以框定的。南宋初年，临安一带居民尚有北宋之风，以俭朴为主。宋金议和之后，社会趋于安定，经济富庶、市场繁荣，讲究吃穿、贪图安逸的奢靡之风，不仅弥漫于王孙贵胄和士大夫阶层，也波及庶民阶层。加之临安一带丝织业发达，人们的服饰也逐渐打破陈规，民间奢侈之风日盛。

《梦粱录》卷一八“民俗”载：“自淳祐年来，衣冠更易，有一等晚年后生，不体旧规，裹奇巾异服，三五为群，斗美夸丽，殊令人厌见，非复旧时淳朴矣。”《宋史》卷六五“五行志三”载：“绍兴二十一年，行都豪贵竞为小青盖，饰赤油火珠于盖之顶，出都门之外，传呼于道。珠者，乘舆服御饰升龙焉，臣庶以加于小盖，近服妖，亦僭咎也。二十三年(1153年)，士庶家竞以胎鹿皮制妇人冠，山民采捕胎鹿无需遗。时去宣和未远，妇人服饰尤集翠羽为之，近服妖也。”民间服饰选材奢侈，样式、材质逾越等级的现象比比皆是。

以“服紫”为例，随着时代变迁，民间不得服紫的禁令被逐渐打破，而成为普遍的服饰。王《燕翼诒谋录》卷五载：“中兴以后，驻跸南方，贵贱皆衣黝紫，反以赤紫为御爱紫，亦无敢以为衫袍者，独妇人以为衫尔。”孝宗时期，此风日长。官员李椿上书：“自中兴以来，士大夫服紫以便戎事，不为过也。而四方皂吏士庶服之，不复有上下之别。且一衫之费，贫者亦难办。甲服而乙不服，人情所耻，故虽欲从俭，不可得也。”[1]朱熹也说：“今衣服无章，上下混淆。”[2]南宋末年，叶梦得《石林燕语》卷一〇也说：“数十年来，衣冠诡异，虽故老达官，亦不免俗，与市井喧浮略同，而不以为非。”

杭州一带民众服饰还受到胡服的影响。袁说友《论衣冠制服》云：“今都下年来衣冠服制，习为虏俗。官民士庶浸相效习。……姑以最甚者言之：紫袍紫衫必欲为红赤紫色，谓之顺圣紫。靴鞋常履必欲前尖后高，用皂草，谓之不到头。巾制则辫发低髻，为短统塌顶巾。棹篦则虽武夫力士皆插巾侧。如此等等，不一而足。岂特习以为仪略无愧色。”[3]可见，当时不仅衣服的颜色、款式，就连靴鞋的样式，头巾的长短皆以胡俗为时尚。甚至到了南宋后期，仍可见其影响。

[1]（宋）李椿：《论非命官军兵朝省人不得服紫衫》，（明）黄淮、杨士奇编《历代名臣奏议》卷一一七，上海古籍出版社影印本1989年版。

[2]（宋）黎靖德编：《朱子语类》卷九一“礼八·杂仪”，中华书局2004年版。

[3]（明）黄淮、杨士奇编：《历代名臣奏议》卷一二〇，上海古籍出版社影印本1989年版。

（二）衣冠样式

南宋时，临安一带男子普遍戴头巾，服紫衫。赵彦卫文曰：“国朝帽而不巾，燕居虽披袄，亦帽，否则小冠。宣、政间，人君始巾。在元祐间，独司马温公、伊川先生以孱弱恶风，始裁皂绸包首，当时只谓之‘温公帽’、‘伊川帽’，亦未有巾之名。至渡江方著紫衫，号为窄衫，尽巾，公卿皂隶下至闾阎贱夫，皆一律矣。”[4]

紫衫原本是下层官吏服饰，后来逐渐进入士大夫阶层，而成为当时社会时尚。“今之紫衫，下吏之服也。自南渡以前，士大夫燕服止是冠、带，惟下吏便于趋走，则服紫衫。既而金人南下，兵革扰攘，以冠、带不甚轻便，士大夫亦尽服紫衫，且欲便事，不以为非也。”[5]下吏多为官府的办事人员，平日里往来穿梭于衙门之间，紫衫裁减合体，穿着轻便，行动便捷。金人入侵，宋室难逃，沉重、讲究的峨冠博带显然不适于长途跋涉，这种轻便的服饰遂而成为社会普遍的选择，并且在临安一带流行开来。

宋代初年，头巾是下层百姓的服饰，“头巾，贱者不冠之服耳”[6]。随着时代的推移，逐渐得到士族阶层的认同，只是在头巾的形制、样式上稍作区别。当时“举人始以紫纱罗为长顶头巾，垂至背，以别庶人、黔

[4]（宋）赵彦卫：《云麓漫钞》卷四，中华书局1998年版。

[5]（宋）袁文：《瓮牖闲评》卷六，上海古籍出版社1985年版。

[6]（宋）叶梦得：《石林燕语》卷十，中华书局1984年版。

首。今则士人皆戴庶人花顶头巾，稍作幅巾、逍遥巾”[1]。南宋临安市井，“士农工商、诸行百户，衣巾装著，皆有等差。香铺人顶帽披背子，质库掌事裹巾著皂衫角带，街市买卖人，各有服色头巾，各可辨认是何名目人”[2]。吴自牧认为杭城风俗系仿效汴京，此时期头巾颜色更加丰富、款式更加多样，亦成为辨别不同行业的标志。

从吴自牧的记录看，当时市井之中还流行穿着背子。宋代高承在《事物纪原》中记载：“隋大业中，内官多服半臂，除却长袖也。唐高祖减其袖，谓之半臂，今背子也。” “背子者，状如单襦、袷袄，特其裾加长，直垂至足焉耳。”[3]背子，大体自北宋后期开始流行，合领对襟，前襟平行不缝合，两侧缝开长衩，窄长袖，直身形。有两种样式，一种在两腋背后都垂有带子，穿着时腰间有勒帛束缚。另一种不垂带子，不勒帛，任由左右两襟敞开，显得更加潇洒、随意。一般又有短袖、无袖之分，款式更加多样。

背子形制美观，穿着方便，深受临安一带男女喜爱。南宋孝宗淳熙年间，朝廷颁布了一套服饰礼仪，规定“妇人则假髻、大衣、长裙。女子在室者冠子、背子。众妾则假、背子”。[4]与男子背子相比，女子背子的下摆与裙长度相等，袖子比衫略宽，一般穿在外，作为常服甚至礼服。当时临安每至清明，城内外诸酒库都要择吉日举行“开煮迎酒”仪式，场面颇为热闹。“每库有行首二人，戴特髻，着干红大袖，选像生有颜色者三四十人，戴冠子、花朵，着艳色衫子，稍年高者，都着红背子、特髻。”在一片人群喧闹之中，年长的妓女身着大红背子，格外鲜艳。

南宋时期，临安妇女服饰不再沿袭北宋旧制，以宽长为主的款式，而呈现出短衫长裙为主的多种形制。临安妇女不论贵贱都着长裙。材料有布、绸、纱、罗等，其中以罗裙居多，样式有细布麻裙、多幅罗裙、黄罗银泥裙、大红纱裙等。还有一种前后开胯的短裙，称为旋裙，本来是妓女所穿。“妇人不服宽与至旋裙，必前后开胯，以便乘驴，其风始于都下妓女，而士大夫家反慕之，曾不知耻辱如此。”[5]

南宋临安女子对于穿着打扮颇为讲究，即便是贫家女子也要置办几件罗裙、几样头饰。周密在《武林旧事》中提到：“都民士女，罗绮如云，盖无夕不然也。”里巷妇女以琉璃为首饰。都人以碾玉为首饰。有诗云：“京师禁珠翠，天下尽琉璃。”[6]

临安妇女中十分流行的一种头饰是盖头。周辉《清波杂志》卷二载：“士大夫于马上披凉衫，妇女步通衢，以方幅紫罗障蔽半身，俗谓之盖头。盖唐帷帽之制也。”妇女外出时，多戴盖头，既可遮风蔽日，也可覆盖面容。

此外，当时妇女佩戴的首饰花样更多，新奇美观。“如官巷之花行，所聚花朵、冠梳、钗环、领抹，极其工巧，古所无也。”[7] “元夕节物，妇人皆戴珠翠、闹蛾、玉梅、雪柳、菩提叶、灯球、销金合、蝉貂袖、项

[1]（宋）米芾：《画史》，中华书局1985年版。

[2]（宋）吴自牧：《梦粱录》卷一八，浙江人民出版社1980年版。

[3]（宋）程大昌：《演繁露》卷三“背子中禅”，中华书局1991年版。

[4]《宋史》卷一五三“舆服志”，中华书局1985年版。

[5]（宋）司马光：《嘉祐杂志》，四库全书本。

[6]《宋史》卷六五“五行志”，中华书局1985年版。

[7]（宋）灌圃耐得翁：《都城纪胜》，中国商业出版社1982年版。

帕，而衣多尚白，盖月下所宜也。”[1]甚至在元宵灯会结束，人群散去以后，还有“持小灯照路拾遗者，谓之‘扫街’。遗钿坠珥，往往得之”[2]。可见当时女子所戴首饰之多。据《梦粱录》载，贵族妇女之间还有珠光宝气互相攀比的“斗宝会”。

[1]（宋）周密：《武林旧事》卷二“元夕”，中国商业出版社1982年版。

[2]同上。

南宋临安妇女追赶时髦，服饰追求新异奇特，服饰变换速度非常快。“女妇装束，数岁即一变，况乎数十百年前，样制自应不同。如高冠长梳，犹及见之，当时名大梳裹，非盛礼不用。若施于今日，未必不夸为新奇。”[3]

[3]（宋）周辉：《清波杂志》卷八，中华书局1997年版。

服饰是一个时代社会风气、审美意识最直接的体现。宋代杭城富庶繁华，商品经济十分活跃，市民阶层得到空前的壮大，形成了独特的市井文化和意识形态。在服饰上，人们更加重视美观、便利、多元、时尚，敢于在一定程度上打破传统壁垒森严的礼制束缚，而回归于服饰本身对日常生活以及审美表达的满足。

三　居住建筑

（一）建筑等级

唐代，城市中实行“里坊制”。居民聚集居住在各个坊内，四周有厚厚的坊墙，并设坊门2—4个。坊内有东西横向街道或者十字小巷，将全坊划成小块，通往住户家门。作为住宅区的“坊”与商业区“市”分立，都有严格的管理制度，坊门、市门按时开启、关闭。到了宋代，随着商业活动的频繁，里坊制度受到了冲击。住宅区与商业区日渐融合，打破了旧时封闭式的坊、市，形成了新的城市街坊格局。宋代临安城中设有八厢，以御街为界，左右相对，此外最南端设一个宫城厢。以厢为单位，用坊来具体命名各条从大道进入厢的道路，也称为巷子。坊巷之中，居民住宅与商铺混杂，十分热闹。

当然，宋代建筑也讲究礼制，朝廷对住宅建筑在规模、色彩、体制等方面都有明确的等级规定，当时的杭州居民住宅如同其他地方一样，表现出明显的等级特征。随着居住者身份、地位的不同，住宅名称也有所差别。《宋史》卷一五四“舆服志·臣庶室屋制度”记载：“私居，执政、亲王曰府，余官曰宅，庶民曰家。诸道府公门得施戟，若私门则爵位穷显经恩赐者许之。”

朝廷还颁布了不少法令，对居民住宅的建筑体制、装饰格制作出详细、明确的限定。宋真宗太中祥符元年，朝廷颁布法令禁止在房屋前插彩旗、罗幡、绢帛等物件为装饰，“勿以五彩为饰，禁用罗制幡胜，缣帛为假花”[4]。景祐三年（1036年），宋仁宗诏告：“天下士庶家，屋宇非邸店、楼阁临街市，毋得为四铺作及斗八；非品官，毋得起门屋；非宫室、寺观，毋得彩绘栋宇及间朱黑漆梁柱、窗牖，雕镂柱础。”“四铺作”指

[4]《续资治通鉴长编》卷六九，中华书局1980年版。

的是房屋四面立柱和横梁交接处的斗拱。“斗八”也就是藻井，《梦溪笔谈》卷一九记载“屋上覆橑，古人谓之‘绮井’，亦曰‘藻井’，又谓之‘覆海’，今令文中谓之‘斗八’”，即屋顶上刻画花鸟图案等纹饰。可见，当时一般居民住宅禁止使用藻井、斗拱等装饰，不能建门屋，不能出现五彩颜色，也就更加谈不上雕梁画栋了。《宋史》卷一五四《舆服志·臣庶室屋制度》也有类似的规定，“凡庶民家，不得施重栱、藻井及五色文彩为饰，仍不得四铺飞檐。庶人舍屋许五架，间一间两厦而已”。

但是在实际生活中，逾越礼制的现象屡见不鲜。民众往往根据自身的喜好以及财力情况，精心选择住宅样式、装饰品。

（二）居住样式

宋代杭州一带民居呈现典型的江南水乡建筑面貌，依山傍水，布置灵活，布局以院落式居多。南宋山水画家刘松年《四景山水图》，多取材于当时临安一带楼宇院落形制，细致地描绘了当时幽居于山水楼阁中的士大夫闲适的生活。其中《冬景图》中，住宅分成前后两院，前门为随墙门，较为简单。中门为悬山顶，左右各有一座屋顶较低的歇山顶耳房。门后有卷棚顶的抱厦，院落用廊庑围成。画中未见正房，只见左右厢房各三间。

当时，院落式住宅主要是官吏、富商等的宅第，《梦粱录》卷一“元宵”提到：“及新开门里牛羊司前，有内侍蒋苑使家，虽曰小小宅院，然装点亭台，悬挂玉栅。”门楼、廊庑等构件也成为常见的建筑格式，如当时临安城中瓦子武林园“店门首彩画欢门，设红绿杈子，绯绿帘幕，贴金红纱栀子灯，装饰厅院廊庑，花木森茂，酒座潇洒。但此店入其门，一直主廊，约一二十步，分南北两廊，皆济楚阁儿，稳便坐席”[1]。“欢门”即是酒食店为招徕顾客，在店门口用彩帛、彩纸扎起的门楼。入门之后，有主廊、南北两廊围成院落。

[1]（宋）吴自牧：《梦粱录》卷一六“酒肆”，浙江人民出版社 1980 年版。

就住宅单体而言，宋时临安民居以三间两椽平房为主，一椽深约 1—1.5 米，两椽进深 3 米左右。南宋陆游在任大理寺司直时，曾在临安居住过，其在《烟艇记》提到自己居住的三开间小屋：“陆子寓居得屋二楹。甚隘而深，若小舟然。名之曰烟艇。客曰：‘异哉。屋之非舟，然舟之非屋也。以为似欤。舟固有高明奥丽逾于宫室者矣。遂谓之屋。可不可邪？’”[2]“三间小屋”格局为一堂二内，厅与二房合一。房屋一般坐北朝南，北、东、西三向开窗。陆游在《渭南文集》卷二〇“居田记”中描述得更为详细：“治室于所居堂之北，其南北二十有八尺，东西十有七尺，东、西、北皆为窗，窗皆设帘障，视晦明寒燠为舒卷起闭之节。南为大门，西南为小门，冬则折堂与室为二，而通其小门以为奥室，夏则合为一。”

[2]（宋）陆游：《渭南文集》卷一七，吉林出版社 2005 年版。

宋代，临安城内民居瓦房、茅屋并存，且茅屋数量众多。张仲文《白獭髓》说：“绍兴初年，行都童谣曰：‘洞洞张河爷娘，一似六军之教

[1]（明）陶宗仪：《说郛》卷三八上，中国书店出版社 1980 年版。

场。'忽民间遗火，自大瓦子至新街约数里。是时皆苇席屋。"[1]茅草屋极易引起不少火灾，这一点也引起了朝廷的忧虑。尚书省在绍兴二年（1132年）十二月给高宗的一份奏议中提请限期拆除旧茅屋，改建瓦房：

> 临安府近来累经遗火，至焚烧官司舍屋，间有存在，皆是瓦屋。今措置朝天门以南，除诸军营寨外，应官司舍屋旧用茅草搭盖者，限十日改造瓦屋，限满差官点检。

这道奏议得到了高宗皇帝的同意，但后来因为种种原因并未执行下去。直到绍兴十年（1140 年）三省六部仓库被大火焚毁后，高宗才痛下决心，限期拆除茅屋，改建瓦房。

（三）风水俗信

宋代，从皇室宫廷、权贵显要到民间都盛行风水之术，普遍的观点认为风水之气关系到子孙的命运、家族的兴衰，因此大家都认为房屋的选址十分重要。周密《齐东野语》卷四记载了南宋偏安杭州，将领杨和王引西湖水入宅，转避风水的事：

> 杨和王居殿岩日，建第清湖洪福桥，规制甚广。自居其中，旁列诸子四舍，皆极宏丽。落成之日，纵外人游观。一僧善相宅，云："此龟形也，得水则吉，失水则凶。"时和王方被殊眷，从容闻奏，欲引湖水以环其居。思陵首肯曰："朕无不可，第恐外庭有语，宜密速为之。"退即督濠寨兵数百，且多募民夫，夜以继昼。入自五房院，出自惠利井，蜿蜒萦绕，凡数。百丈，三昼夜即竣事。

就因和尚的一句话，杨和王不惜滥用民力，引西湖水入私宅改善其风水，而皇帝对此也十分相信，竟然没有异议，除了感叹权臣胆大妄为，皇帝愚昧之外，也反映了当时风水学说影响之深。

风水在汉代成形，唐代趋于成熟，至宋走向鼎盛。包括阴阳、五行、八卦三大分类，它们彼此之间又互相融合交织。风水说用"气"作为解说的原点，气分阴阳，二者依五行循环，生出诸多变化，浊者沉于下为地，清者浮于上为天。宅地受到当地地势之气的影响，进而影响到其中人的活动。当时风水说著书颇丰，比如《宅经》、《管氏地理指蒙》等，在民间流传颇广。

随着风水说不断深入人心，民间普遍开始营建风水，即开始讲究房屋建筑、家具等物件的尺寸，来迎合风水的阴阳五行。据南宋末陈元靓《事林广记》介绍，人们已经运用"压白"的方法和鲁班尺来测定尺寸了。《事林广记》卷六"用尺定法"还记录了鲁班尺使用的口诀：

一寸合白星与财，六寸合白又含义，
一尺六寸合白财，二尺一寸合白义，
二尺八寸合白吉，三尺六寸合白义，
五尺六寸合白吉，七尺一寸合白吉，
七尺八寸合白义，八尺八寸合白吉，
一丈一寸合白财，推而上之算一同。

房屋的各个部分都要讲究尺寸，求取吉祥。

宋代民居营建过程中有三个重要的仪式——下基、上梁、合脊。下基，是在开始营建时，在地基中埋些宝贝，达到驱邪的目的，祈求建造过程的顺利。宋时，上梁仪式十分热闹，主人除了要念唱上梁文，还有设宴、以饼钱抛梁等习俗。合脊是在房屋全部完工时举行，是营建过程的最后一个步骤。

综上所述，宋代临安城实行厢坊制，坊市混同一体。民居样式以一堂二室、厅堂合一的“三间起”最为典型，构成院落式结构。随着城市人口的密集和经济的繁荣，宋代临安民居处于由茅草材料向砖瓦材料过渡的阶段。居民住宅选址、营建过程中种种禁忌与仪式，从一个侧面反映了当时民间信仰情况。

四 游船与海运

（一）游船

“西湖天下景，朝昏晴雨，四序总宜。杭人亦无时而不游，而春游特盛焉。”[1]泛舟湖上，饱览湖光山色，是宋时杭城居民较为普遍的休闲方式。西湖上，游船如织，穿梭往来，热闹非凡。

“湖中大小船只，不下数百舫。有一千料者，约长二十余丈，可容百人。五百料者，约长十余丈，亦可容三五十人。亦有二三百料者，亦长数丈，可容三二十人。”[2]湖上游船数量众多，大小不一，可容纳数百人到几十人不等，“皆精巧创造，雕栏画，行如平地”。并且各有其名，诸如“百花、十样锦、七宝、戗金、金狮子、何船、劣马儿、罗船、金胜、黄船、董船、刘船，其名甚多，姑言一二”[3]。还有一种车船颇为别致，“船棚上无人撑驾，但用车轮脚踏而行，其速如飞”[4]。

根据船的承载能力，游船可分为“头船、第二船、第三船、第四船、第五船、槛船、摇船、脚船、瓜皮船、小船”等。头船是这些湖船中最大的一种，当时西湖上光是头船就达数百种，名称也各不相同。周密《武林旧事》卷三“西湖游幸”载：“承平时，头船如大绿、间绿、十样锦、百花、宝胜、明玉之类，何翅百余。其次则不计其数，皆华丽雅靓，夸奇竞

[1]（宋）周密：《武林旧事》卷三“西湖游幸”，中国商业出版社 1982 年版。

[2]（宋）吴自牧：《梦粱录》卷一二“湖船”，浙江人民出版社 1980 年版。

[3]同上。

[4]同上。

好。”大船中又有“贵府富室自造者，又特精致”[1]，也有官府建造的，比如“淳熙间，寿皇以天下养，每奉德寿三殿，游幸湖山，御大龙舟。宰执从官，以至大珰应奉诸司，及京府弹压等，各乘大舫，无虑数百”[2]。

[1]（宋）灌圃耐得翁：《都城纪胜》“舟船”，中国商业出版社 1982 年版。

[2]（宋）周密：《武林旧事》卷三“西湖游幸”，中国商业出版社 1982 年版。

湖中小船更加不计其数，这些小船有的转为运载游客，有的为撇网鸣榔渔船，有的专供游人垂钓，还有载着龟、鳖、螺、蚌供人放生的放生船。不少小船运载商品，在湖面上往来买卖。《梦粱录》卷一二“湖船”载：

> 湖中南北搬载小船甚夥，如撑船卖买羹汤、时果；掇酒瓶，如青碧香、思堂春、宣赐、小思、龙游新煮酒俱有。及供菜蔬、水果、船扑、时花带朵、糖狮儿，诸色千千，小段儿、糖小儿、家事儿等船。更有卖鸡儿、湖、海蛰、螺头，及点茶、供茶果、婆嫂船、点花茶、拨糊盆、泼水棍小船，渔庄岸小钓鱼船。

小船上不乏百戏表演，精彩刺激，俨然成了水上舞台，表演的项目有：“吹弹、舞拍、杂剧、杂扮、撮弄、胜花、泥丸、鼓板、投壶、花弹、蹴鞠、分茶、弄水、踏混木、拨盆、杂艺、散耍、讴唱、息器、教水族飞禽、水傀儡、鬻水道术、烟火、起轮、走线、流星、水爆、风筝，不可指数，总谓之‘赶趁人’，盖耳目不暇给焉。”[3]

[3] 同上。

还有一种小脚船，“专载贾客妓女、荒鼓板、烧香婆嫂、扑青器、唱耍令缠曲，及投壶打弹百艺等船，多不呼而自来，须是出着发放支犒，不被哂笑”[4]。

[4]（宋）吴自牧：《梦粱录》卷一二“湖船”，浙江人民出版社 1980 年版。

平日里，这些游船供市民租赁，以作赏湖之用。“若四时游玩，大小船支，雇价无虚日。遇大雪亦有富家玩雪船。”[5]头船等大船通常为富贵人家、官府所租用，寻常百姓只能租用些小船。《西湖老人繁胜录》载：“节日大船，多是王侯节相府第及朝士赁了，余船方赁市户。”到了一些特定节日，游船更是供不应求。《梦粱录》卷一二“湖船”又载：“若四时游玩，大小船支，雇价无虚日。遇大雪亦有富家玩雪船。如二月八及寒食清明，须先指挥船户，雇定船只。若此日分舫船，非二三百券不可雇赁。至日，虽小脚船亦无空闲者。”船上的服务十分周到，一切应用器具，不必自带，船主一一准备周全，游客只需拿犒赏的银钱便足矣。“更有豪家富宅，自造船支游嬉，及贵官内侍，多造采莲船，用青布幕撑起，容一二客坐”，装饰尤其精致。

[5] 同上。

游船中最为精巧、豪华的当属御舟，“四垂珠帘锦幕，悬挂七宝珠翠，龙船、梭子、闹竿、花篮等物。宫姬韶部，俨如神仙，天香浓郁，花柳避妍”[6]。御舟在“安顿小湖园水次，其船皆是精巧雕刻创造，俱有香楠木为之。只是周汉国公主游玩，曾一用耳”[7]。对此，《武林旧事》卷三中有更为详细的记载：“理宗时亦尝制一舟，悉用香楠木抢金为之，亦极华

[6]（宋）周密：《武林旧事》卷三“西湖游幸”，中国商业出版社 1982 年版。

[7]（宋）吴自牧：《梦粱录》卷一二“湖船”，浙江人民出版社 1980 年版。

侈，然终于不用。至景定间，周汉国公主得旨，偕驸马都尉杨镇泛湖，一时文物亦盛，仿佛承平之旧，倾城纵观，都人为之罢市。”

西湖游船风俗之盛，令人叹为观止。寒食前后，探春之时，“西湖内画船布满，头尾相接，有若浮桥”[1]。“都人士女，两堤骈集，几于无置足地。水面画楫，栉比如鱼鳞，亦无行舟之路，歌欢箫鼓之声，振动远近，其盛可以想见。若游之次第，则先南而后北，至午则尽入西泠桥里湖，其外几无一舸矣。”[2]

[1]（宋）西湖老人：《西湖老人繁胜录》，中国商业出版社1982年版。

[2]（宋）周密：《武林旧事》卷三“西湖游幸”，中国商业出版社1982年版。

除大小游船外，西湖春中，更有龙舟可观。《都城纪胜》“舟船”条载：“西湖春中，浙江秋中，皆有龙舟争标，轻捷可观，有金明池之遗风；而东浦河亦然。”《梦粱录》卷一“八日祠山圣诞”详细描述了二月初八西湖中龙舟夺标的精彩场景：

> 初八日，西湖画舫尽开，苏堤游人，来往如蚁。其日，龙舟六只，戏于湖中。其舟俱装十太尉、七圣、二郎神、神鬼、快行、锦体浪子、黄胖，杂以鲜色旗伞、花篮、闹竿、鼓吹之类。其余皆簪大花、卷脚帽子、红绿戏衫，执棹行舟，戏游波中。帅守出城，往一清堂弹压。其龙舟俱呈参州府，令立标竿于湖中，挂其锦彩、银碗、官楮，犒龙舟，快捷者赏之。有一小节级，披黄衫，顶青巾，带大花，插孔雀尾，乘小舟抵湖堂，横节杖，声诺，取指挥，次以舟回，朝诸龙以小彩旗招之，诸舟俱鸣锣击鼓，分两势划棹旋转，而远远排列成行，再以小彩旗引之，龙舟并进者二，又以旗招之，其龙舟远列成行，而先进者得捷取标赏，声喏而退，余者以钱酒犒也。湖山游人，至暮不绝。

（二）海船

赏春游船，杭城风俗，从古而然，至今不改。宋时，杭城游船不仅种类多，而且造船技术高超，工艺精湛。造船技术的发展，同时也反映在航海技术的发展和远洋船只的建造上。《梦粱录》卷一二“江海船舰”载：

> 浙江乃通江渡海之津道，且如海商之舰，大小不等，大者五千料，可载五六百人；中等二千料至一千料，亦可载二三百人；余者谓之“钻风”，大小八橹或六橹，每船可载百余人。此网鱼买卖，亦有名“三板船”。不论此等船，且论舶商之船。自入海门，便是海洋，茫无畔岸，其势诚险。

船体一般以松木、杉木作为原料，“皆以全木巨枋，搀叠而成”[3]。船体一般被分隔成十余舱，各舱之间都是密闭的，即便有一两个船舱漏水，也不至全船沉没。海船船底呈V形，便于在海面破浪前行，并且保持船体平稳。船只主要依靠风力航行，“大樯高十丈，头樯高八丈，风正则

[3]（宋）徐兢：《宣和奉使高丽图经》卷三四“客舟”，上海古籍出版社1987年版。

张布颿五十幅，稍偏则用利篷，左右翼张，以便风势。大樯之巅，更加小颿十幅，谓之野狐，风息则用之”[1]。

通过长期航海实践，舟师们积累了丰富的航海经验，掌握了海洋季风规律，能够准确地观测天气。“舟师观海洋中日出日入，则知阴阳；验云气则知风色顺逆，毫发无差。远见浪花，则知风自彼来；见巨涛拍岸，则知次日当起南风；风电光则云夏风对闪。如此之类，略无少差。”[2]也能够根据水的清浊，判断礁石、山川的远近。“相水之清浑，便知山之近远。大洋之水，碧黑如淀；有山之水，碧而绿；傍山之水，浑而白矣。有鱼所聚，必多礁石，盖石中多藻苔，则鱼所依耳。每月十四、二十八日，谓之‘大等日分’，此两日若风雨不当，则知一旬之内，多有风雨。凡测水之时，必视其底，知是何等沙泥，所以知近山有港。”[3]指南针也在航海中得到广泛应用，“风雨晦冥时，惟凭针盘而行，乃火长掌之，毫厘不敢差误，盖一舟人命所系也”[4]。

在钱塘江浅海水域，还有不少小型轻便的船只活动，主要有魛鱼船、湖底船、三板船、战船、渡船，等等。其中魛鱼船又称刀鱼船，宋李心传《建炎以来系年要录》卷七中说：“浙江民间有钓鱼船，谓之钓漕。其船尾阔可分水，面敞可容兵，底狭尖可以破浪，粮储器仗，置之簧版下，标牌矢石，分之两傍，可容五十卒者，面广丈有二尺，长五丈，率直四百缗。”这种船既可捕鱼，也可用于军事用途，小巧灵便。《梦粱录》卷一二“江海船舰”中记载了一种用于“网鱼买卖”的“三板船”。它由多块木板拼搭成船底和船舷，并依靠横梁使船体联合得更加结实紧密。

当时钱塘江边千帆竞渡，航运繁荣盛极一时。难怪《梦粱录》卷一二提到：“江岸之船甚夥，初非一色：海舶、大舰、网艇、大小船只、公私浙江渔捕等渡船、买卖客船，皆泊于江岸。盖杭城众大之区，客贩最多，兼仕宦往来，皆聚于此耳。”

[1]（宋）徐兢：《宣和奉使高丽图经》卷三四“客舟”，上海古籍出版社1987年版。

[2]（宋）吴自牧：《梦粱录》卷一二“江海船舰”，浙江人民出版社1980年版。

[3]同上。

[4]同上。

第二节　岁时节令

宋代，杭州的岁时节令大多承袭前朝而又有所丰富，特别是元宵、清明、浴佛节、中秋节，更具特色，对后代影响巨大。

一　元宵节

正月十五为元宵节，因这一天以放灯、观灯活动为主，民间又称为灯节。南宋词人辛弃疾有词《青玉案》：“东风夜放花千树。更吹落，星如雨。宝马雕车香满路。凤箫声动，玉壶光转，一夜鱼龙舞。”渲染了南宋时期元夕放灯的一片热闹情景，令人身临其境。《西湖老人繁胜录》“街市点灯”载：“庆元间，油钱每斤不过一百会，巷陌爪札，欢门挂灯，南至龙山，北至北新桥，四十里灯光不绝。城内外有百万人家，前街后巷，僻巷亦然，挂灯或用玉栅，或用罗帛，或纸灯，或装故事，你我相赛。州府札山棚三狱放灯，公厅设醮，亲王府第、中贵宅院，奇巧异样细灯，教人睹看。”可见，南宋时期，临安元宵灯会规模之宏大、景观之绮丽、气氛之热烈。

（一）灯市

据《武林旧事》载，从上一年九月赏菊灯之后，临安城内就开始试灯，称为“预赏”。此时，中瓦南北茶坊之内张挂诸般巧灯，清河坊至众安桥，灯火盈市。天街茶肆、店铺，渐渐有灯笼出售，“一入新正，灯火日盛，皆修内司诸珰分主之，竞出新意，年异而岁不同”[1]。

南宋宫廷往往在复古、膺福、清燕、明华等殿前挂灯，举办大型灯展。北宋汴梁宫廷灯展还只是扎“山棚”，到了南宋的临安则发展为“鳌山”，所谓“鳌山”，就是将彩灯堆叠成山，好比传说中巨鳌的形状，当时宫廷常在宣德门、梅堂、三闲台等处，起立“鳌山”。据载其中有座琉璃灯山，高五丈，人物都有机关控制，可随意活动，需要搭建彩楼贮藏。山灯种类“凡数千百种，极其新巧，怪怪奇奇，无所不有”，甚至有用五色玉栅围成“皇帝万岁”四个字，又有乐官在上演奏，灯山下有大露台，“百艺群工，竞呈奇伎”。

元宵夜，皇帝乘辇至宣德门观灯，“擎辇者皆倒行，以便观赏”[2]，至丽正门，登楼设宴，与民同乐。皇帝也会宣唤市井的民间戏班和小贩，京城府尹便会预先选择一些衣着鲜亮、整洁且善于歌唱叫卖的人侍候在外。到了深夜，宫中“放烟火百余架，于是乐声四起，烛影纵横”[3]，精美绝伦。

除了宫廷灯展外，城中富贵人家也有放灯之举，“如清河张府、蒋御药家，闲设雅戏烟火，花边水际，灯烛灿然，游人士女纵观，则迎门酌酒而去”[4]。又有“深坊小巷，绣额珠簾，巧制新装，竞夸华丽”[5]。西湖诸寺院中，三竺灯市最为兴盛，由于是宫廷赐灯，规格颇高，常常吸引市民前去观看。

（二）灯品

灯品数量繁多，无法一一详述，有羊皮灯、罗帛灯、日月灯、水灯、龙灯、凤灯、琉璃灯、珠子灯、竹灯、戏影灯等。其中尤以苏州、福州、新安出产的灯品最为细致精巧。苏州产的灯“圈片大者经三四尺，皆五色琉璃所成，山水人物，花竹翎毛，种种奇妙，俨然著色便面也。其后福州所进，则纯用白玉，晃耀夺目，如清冰玉壶，爽彻心目。近岁新安所进益奇，虽圈骨悉皆琉璃所为，号‘无骨灯’”。此灯采用透明琉璃作为骨架，

[1]（宋）周密：《武林旧事》卷二“元夕”，中国商业出版社1982年版。

[2] 同上。

[3] 同上。

[4] 同上。

[5]（宋）吴自牧：《梦粱录》卷一“元宵”，浙江人民出版社1980年版。

亮灯时，则无暗影，看似无骨。

灯品花样迭出，制作奇巧、奢华，前无其比。有一种大屏灯，“灌水转机，百物活动”；鱼骨灯，饰有镂空的金珀玳瑁；珠子灯，用五色珠串网，下垂流苏；羊皮灯，精雕细刻，色彩斑斓，好比影戏之法；还有“万眼罗”灯，在罗帛之上“或为百花，或为细眼，间以红白”[1]，最为神奇。又如上文提到的琉璃灯山，装饰有精美壁画，各种故事传说图案，龙凤蜿蜒缠绕，口中喷水，再配以伶官演奏，新曲迭出，恍然如月宫，成为诸灯之冠。

[1]（宋）周密：《武林旧事》卷二“灯品”，中国商业出版社1982年版。

（三）舞队与猜谜

元宵之夜，尚有诸多民间杂耍戏班，穿梭于灯市、茶肆、酒楼之间，表演异彩纷呈，热闹非凡。据《武林旧事》载，当时表演全棚傀儡戏的戏班就有69队之多，如十斋郎、耍和尚、乔迎酒、快活三娘、夹棒、瞎判官、村田乐、地仙等。舞队的名称或反映了表演者的某个特征，或来自表演的戏目，许多今天已无从考证了。总的来说，沿袭了奢华之风，其“首饰衣装，相矜侈靡，珠翠锦绮，眩耀华丽”[2]。

临安自上一年冬季开始，已有民间戏班表演，如“乘肩小女、鼓吹舞绾者数十队，以供贵邸豪家幕次之玩”[3]，官府亦会“支散钱酒犒之”。元宵期间，“自十四为始，对支犒钱酒。十五夜，帅臣出街弹压，遇舞队照例特犒”[4]。三桥等处，客舍、茶馆、酒肆聚集，舞者往来最多，“每夕楼灯初上，则箫鼓已纷然自献于下，酒边一笑，所费殊不多，往往至四鼓乃还”[5]。到了元宵第五夜，“京尹乘小提轿，诸舞队次第簇拥前后，连亘十余里，锦绣填委，箫鼓振作，耳目不暇给”[6]。最后，京尹在市西坊繁华热闹处，搭台观灯，灯烛照耀如同白昼。这种热闹的情形往往要持续相当长的一段时间。元宵节后，仍有舞队不断来到临安，多至数十百队，“天府每夕差官点视，各给钱酒油烛，多寡有差”，天街之上鼓乐吹奏不断，男女老少罗绮如云，“盖无夕不然也”[7]。

除观灯、看表演之外，临安市民另一项元宵重要活动是猜灯谜。据《武林旧事》卷二“灯品”载，“又有以绢灯翦写诗词，时寓讥笑，及画人物，藏头隐语，及旧京诨语，戏弄行人”。一开始，人们还只是在灯上题写一些通俗易懂的诗词，供游人玩乐。后来就将要表达的意思隐藏在所写的东西中，又加入了一些北宋故都汴梁的俗语趣话，让人去猜，增添了不少乐趣。

随着猜谜活动的兴起，临安还出现了不少谜社，《都城纪胜》“社会”条载，当时“隐语则有南北斋西斋，皆依江右。迷法、习诗之流，萃而为斋”。谜社成员大都是文人，所作谜语多以诗词为面，成员之间，以谜相酬、品谜玩隐、研习谜法，出现了不少制谜、猜谜的高手。

[2]（宋）周密：《武林旧事》卷二“舞队”，中国商业出版社1982年版。

[3]（宋）周密：《武林旧事》卷二“元夕”，中国商业出版社1982年版。

[4]（宋）吴自牧：《梦粱录》卷一“元宵”，浙江人民出版社1980年版。

[5]（宋）周密：《武林旧事》卷二“元夕”，中国商业出版社1982年版。

[6]同上。

[7]同上。

（四）节物

据《武林旧事》记载，当时临安元宵节物颇具特色。元宵之夜，临安妇女盛装出游，头饰有珠翠、闹蛾、玉梅、雪柳、菩提叶、灯球，衣着多为白色，有蝉貂袖、项帕等。

市井小贩“皆用镂鍮装花盘驾车儿，簇插飞蛾，红灯彩盝，歌叫喧阗”[1]，镂刻有各种花纹并用黄铜镶嵌的售货车中装满了各色节令食品，有乳糖、圆子、科斗粉、滴酥鲍螺、酪面、玉消膏、并皂儿膏、澄沙团子、蜜煎、蜜裹糖、七宝姜豉、十般糖等20余种。商贩吆喝叫卖之声更成为当时风尚，京尹“往往使之吟叫，倍酬其直”。

[1]（宋）周密：《武林旧事》卷二，“元夕”，中国商业出版社1982年版。

街市观灯的队伍中“夜蛾”颇为流行，“夜蛾”实际上就是将白纸剪成大蝉形状，任其在灯火中飘动，仿佛轻轻振动翅膀的飞蛾。宋末元初陈元靓《岁时广记》卷一一载：“都人上元以白纸为飞蛾，长竹梗标之，命从卒插头上，昼日视之殊非佳物，至夜，稠人列火炬中，纸轻竹弱，纷纷若飞焉。”

在所有节日中，宋代临安城元宵之夜最为热闹，各类笔记中对此均有不少记载，在文人诗词曲赋、戏剧小说中也屡有表现，其中以周密《武林旧事》记载最为详尽，足见当时繁华热闹的情形。

二　清明踏青

清明与寒食相连，《梦粱录》“清明节”条载：“清明交三月，节前两日谓之‘寒食’，京师人从冬至后数起至一百五日，便是此日。”《武林旧事》“祭扫”条也有“清明前三日为寒食节”的说法。可见，寒食在冬至后一百零五天，清明则在寒食节的第三天。南宋时期，临安市民清明时期主要的活动有插柳、取火、祭扫、踏青等。

（一）插柳

南宋诗人陆游《春日绝句》云：“忽见家家插杨柳，始知今日是清明。”清明前后，临安城内家家都将柳条或柳枝插在门上，据《梦粱录》“清明节”载，自寒食节起，“家家以柳条插于门上，名曰‘明眼’。凡官民不论小大家，子女未冠笄者，以此日上头”。《武林旧事》也云：“都城人家，皆插柳满檐，虽小坊幽曲，亦青青可爱。大家则加枣于柳上。然多取之湖堤，有诗云：‘莫把青青都折尽，明朝更有出城人。’”

清明插柳之风在唐代已起。当时皇帝在清明节时赐给臣子“细柳圈”，戴在头上可免虿毒。五代时，衍变为清明折柳条插在门上的风俗。宋代临安，此风尤盛，并绵延至后代。如《西湖游览志余》记载明代杭城清明风俗也说：“人家插柳满檐，青茜可爱，男女亦咸戴之。谚云：

‘清明不戴柳，红颜变皓首’。”

“枣”，即枣饼，临安市民以柳条为串，悬挂在屋檐下，主要为了纪念春秋时，不肯出山为官，火烧至死的介子推。据《东京梦华录》卷七载：“清明节，寻常京师以冬至后一百五日为大寒食，前一日谓之‘炊熟’，用面造枣飞燕，柳条串之，插于门楣，谓之‘子推燕’。”由此可见，此风在北宋的汴梁就已十分普遍。

（二）取火

据《梦粱录》载，清明南宋宫廷有取火习俗：“寒食第三日，即清明节，每岁禁中命小内侍于阁门用榆木钻火，先进者赐金碗、绢三匹。宣赐臣僚巨烛，正所谓‘钻燧改火’者，即此时也。”寒食禁绝烟火，清明“钻燧改火”是一种古老的风俗，至唐代已逐渐衰落。至宋，则在宫中有象征性的仪式，一般称为“赐新火”。

（三）祭扫

清明扫墓，在南宋时的临安已成惯例，宗室朝廷亦然。《梦粱录》载：“禁中前五日，发宫人往绍兴攒宫朝陵。宗室南班，亦分遣诸陵，行朝享礼。向者从人官给紫衫、白绢、三角儿青行缠，今亦遵例支给。至日，亦有车马诣赤山诸攒，并诸宫妃王子坟堂，行享祀礼。”朝廷派遣宗室子弟、大臣、宫人赶往各处陵庙上供、祭拜，所带祭品多用“麦糕稠饧”[1]。临安市民亦成群结队，外出扫拜祖先坟冢。《梦粱录》亦载：“官员士庶，俱出郊省坟，以尽思时之敬。车马往来繁盛，填塞都门。”当时车马喧阗之景可见一斑。一般人家祭品以枣、姜豉为主。在野外祭奠者，称为“野祭”。据《武林旧事》卷三《祭扫》载：“南北两山之间，车马纷然，而野祭者尤多：如大昭庆、九曲等处，妇人泪妆素衣，提携儿女，酒壶肴罍，村店山家，分馂游息；至暮，则花柳土宜，随车而归。”

（四）踏青

临安市民多借扫墓而踏青游戏。“宴于郊者，则就名园芳圃，奇花异木之处；宴于湖者，则彩舟画舫，款款撑驾，随处行乐。”[2]城内外以至于余杭一带，游人遍至。据《武林旧事》记载，当时“若玉津、富景御园，包家山之桃，关东、青门之菜市，东西马塍，尼庵道院，寻芳讨胜，极意纵游，随处各有买卖赶趁等人。野果山花别有幽趣”[3]。南北高峰，杭城大小寺院僧堂佛殿，游人俱满。市民们胜日寻芳，留恋于春日大好风光，更有各种游艺活动和商贩叫卖，穿插其中，气氛喧阗。

另据《西湖老人繁胜录》载：“寒食前后，西湖内画船布满，头尾相接，有若浮桥。头船、第二船、第三船、第四船、第五船、槛船、摇船、脚船、瓜皮船、小船自有五百余只。”节日中大船，多是王侯官府人家租

[1]（宋）周密：《武林旧事》卷三“祭扫”，中国商业出版社1982年版。

[2]（宋）吴自牧：《梦粱录》卷二“清明节”，浙江人民出版社1980年版。

[3]（宋）周密：《武林旧事》卷三“祭扫”，中国商业出版社1982年版。

赁，寻常百姓也可租船游湖。“岸上游人，客舍盈满。路边搭盖浮棚，卖酒食也无坐处，又于赏茶处借坐饮酒。”[1]

清明当日还有龙舟表演，吸引了大批市民前去观赏。《梦粱录》载：“此日又有龙舟可观，都人不论贫富，倾城而出，笙歌鼎沸，鼓吹喧天，虽东京金明池未必如此之佳。”龙舟竞渡之间，不乏精彩的杂要表演，如“沓浑木、拨湖盆，他郡皆无”[2]。湖船上，市民饮宴赏乐，不觉日晚，一片喧嚣热闹。

市民们踏青游乐，夜幕降临而不觉。“红霞映水，月挂柳梢，歌韵清圆，乐声嘹亮，此时尚犹未绝。男跨雕鞍，女乘花轿，次第入城。又使童仆挑著木鱼、龙船、花篮、闹竿等物归家，以馈亲朋邻里。”[3]直至深夜，游人车马走尽，街市、园囿恢复一片宁静，城门才关闭。

临安风俗奢靡，元宵、清明一干节令，大抵相似。周密《武林旧事》中也不由感叹：“盖辇下骄民，无日不在春风鼓舞中，而游手末技为尤盛也。”

[1]（宋）西湖老人：《西湖老人繁胜录》，中国商业出版社1982年版。

[2]同上。

[3]（宋）吴自牧：《梦粱录》卷二“清明节”，浙江人民出版社1980年版。

三　浴佛节

农历四月初八为“浴佛节”，又称“灌佛节”，是宋时临安重要的佛教节日。据《后汉书》记载，释迦牟尼诞生时有九龙吐水为其沐浴。“九龙吐清圣水浴佛”的传说后来被记载进《大正藏》卷三“过去现在因果经”中。民间则相沿成习，传承而有“浴佛”会。

汉族地区浴佛的习俗最晚不迟于三国，《吴书》卷四“刘繇传”中对此已有记载。浴佛仪式早先主要流传于宫廷、寺庙僧院之中，魏晋以后，各地广为流传，逐渐演变成为大众化的民间节日。

浴佛的时间，代有变化，北宋前期北方为农历腊月初八，南方为农历四月初八，北宋中后期直至南宋才逐渐统一为农历四月初八，如《武林旧事》卷三“浴佛”载，“四月八日为佛诞日，诸寺院各有浴佛会”。

宋时，临安浴佛节主要内容有浴佛与放生。

（一）浴佛

《武林旧事》卷三“浴佛”记载了宋时杭城寺院浴佛的过程：“僧尼辈竞以小盆贮铜像，浸以糖水，覆以花棚，铙钹交迎，遍往邸第富室，以小杓浇灌，以求施利。”另据《西湖老人繁胜录》载：“诸尼寺僧门卓上札花亭子并花屋，内以沙罗盛金佛一尊，坐于沙罗内香水中，扛抬于市中。”

僧人们首先在盆中注入浴佛所用的香水，继而将佛像浸入水中，又以花棚之类花架子覆盖，小杓盛水，从佛像顶浇下。其中，浴佛所用的水颇为讲究，有“糖水”、“香水”、“浴佛水”各种不同的说法，需要用多种香料、中草药熬制而成。孟元老《东京梦华录》卷八载："浴佛斋会，煎香药糖水相遗，名曰浴佛水。"陈元靓《岁时广记》卷二〇"煎香水"引《高僧传》云："四月八日浴佛，以都梁香为青色水，郁金香为赤色水，邱隆香为白色水，附子香为黄色水，安息香为黑色水，以灌顶。"即用五种香料，制成蓝、红、白、黄、黑五色香水，从佛像头顶浇下。临安浴佛仪式沿袭了制香药水的传统，民间一般认为浴佛水有强身健体的作用，因此，浴佛仪式完毕，多有市民要求浴佛水饮漱。

浴佛节也成为僧尼行走化缘、祈求施舍的好机会，僧尼们抬着佛像，一路敲敲打打，"宅院铺席诸人浴佛求化"[1]。

[1]（宋）西湖老人：《西湖老人繁胜录》"佛生日"，中国商业出版社1982年版。

（二）放生

宋代，杭城每年浴佛节都要举办西湖"放生会"。北宋天禧年间，有王钦若奏请以西湖为放生池，禁止捕采，为皇帝祈福，这个奏议后来获得了皇帝的批准。当时的郡守王随为此作记，勒石立碑。清人赵翼《陔余丛考》卷三三道："自是以来，每岁四月八日，郡人数万会于湖上。所沽羽毛鳞介以百万数，皆西北向，稽首仰祝千万岁寿。"此风由来已久，到南宋已蔚为大观。

《武林旧事》卷三"浴佛"记载了南宋时杭城放生习俗："是日西湖作放生会，舟楫甚盛，略如春时，小舟竞卖龟鱼螺蚌放生。"当时，放生地点多集中在西湖一带。《西湖老人繁胜录》亦有记载："府主在西湖上放生亭设醮祝延。圣寿作放生会，士民放生亦会在湖中。船内看经、判斛、放生；游人湖峰上买飞禽、乌龟、螺蛳放生。"

佛教以不杀生为善举，民众在佛诞日赎买龟、鱼、螺、蚌等小生物放生，为自己积累功德。杭城市民还建立了专门的放生会，"顷者此会所集数万人"[2]，可见规模之大。

[2]（宋）吴自牧：《梦粱录》卷一九"社会"，浙江人民出版社1980年版。

放生的风俗一直延续至后代，到了清末，这种习俗依旧十分盛行。范祖述《杭俗遗风》云："四月八日，四大丛林，均有放生物之聚集，水族尤多。亦有马、牛、猪、羊、鸡、鹅、鸭、鸟之类，均汇放于江干云栖，寺系莲池大师创建之道场。亦有放于城内东园之小云栖。羊市街灵芝寺亦有所放生。若水族，放于三潭印月者居多。是日南北两山，大小船只，往来不绝。"说明当时放生的种类增多，地点除了西湖外，还增加了许多场所。

宋代杭城节日很多，除了元宵、清明和浴佛节外，还有元旦、立春、社日、端午、七夕、中秋、重阳、冬至、除夕等，同时节日文化也趋于成熟，形成了比较稳定的节序、节物以及节庆活动。其中蕴涵的各种民间信仰习俗早已深入人心，渗透于生活的方方面面，同时娱乐、休闲的特征更加突出，表现出与市民文化相一致的发展趋势。每逢节日到来，市民们尽情赏玩、游乐，各类表演、游艺、竞技异彩纷呈，并且带动节日商贸市场的一片繁荣。

第三节　市井风貌

宋代，杭州商品经济的发展明显超过前代，“越之俗好贾”[1]，而南宋杭州尤甚。与之相应，形成了一系列新颖的商业民俗，以适应新兴市民阶层的崛起。

[1]（宋）韩元吉：《南涧甲乙稿》卷一七“贾说”，中华书局1985年版。

一　街市贸易

宋时，杭城商业有了较大发展，街市贸易兴盛，成为一个繁华的商业城市。《梦粱录》卷一三“两赤县市镇”载：“杭为行都二百余年，户口蕃盛，商贾买卖者十倍于昔，往来辐辏，非他郡比也。”“杭城之外城，南西东北各数十里，人烟生聚，民物阜蕃，市井坊陌，铺席骈盛，数日经行不尽，各可比外路一州郡，足见杭城繁盛矣。”[2]

[2]（宋）吴自牧：《梦粱录》卷一三“塌房”，浙江人民出版社1980年版。

（一）商业布局

宋代，杭城街市贸易的格局打破了唐代以来的城市布局。唐代中期以前，城市内实行严格的坊市制度，商铺经营只能在专门的“市”中进行。唐末至北宋，随着城市商业的进一步繁荣，这种制度逐渐被打破。至南宋的杭城，商业活动进一步活跃，杭城内外商铺林立，临街而市，“自大街及诸坊巷，大小铺席，连门俱是，即无虚空之屋”[3]。

[3]（宋）吴自牧：《梦粱录》卷一三“铺席”，浙江人民出版社1980年版。

御街中端，自朝天门到众安桥，是当时杭城繁华的中心商业街。《都城纪胜》“市井”载：“自大内和宁门外，新路南北，早间珠玉、珍异及花果、时新、海鲜、野味、奇器、天下所无者，悉集于此；以至朝天门、清河坊、中瓦前、灞头、官巷口、棚心、众安桥，食物店铺，人烟浩穰。”《梦粱录》卷一三“团行”也记载道：“大抵杭城是行都之处，万物所聚，诸行百市，自和宁门杈子外至观桥下，无一家不买卖者。”

其中后市街中瓦子前一段称为“五花儿中心”，这里汇集了众多金银交引、盐钞铺，属于核心商业圈。《梦粱录》卷一三“铺席”载：“自五间楼北，至官巷南街，两行多是金银盐钞引交易，铺前列金银器皿及现钱，谓之‘看垛钱’，此钱备准榷货务算清盐钞引，并诸作分打炉鞴，纷纭无数。自融和坊北，至市南坊，谓之‘珠子市’，如遇买卖，动以万数。”并据《梦粱录》卷一三“铺席”统计，南宋时这一带“市肆名家有名者”就有一百二十余家。

南宋杭城的商业布局已经完全突破了传统的坊市制度，店铺遍布大街小巷，深入居民密集的住宅区。“盖杭城乃四方辐辏之地，即与外郡不同。

所以客贩往来，旁午于道，曾无虚日。至于故楮羽毛，皆有铺席发客，其他铺可知矣。其余坊巷桥道，院落纵横，城内外数十万户口，莫知其数。处处各有茶坊、酒肆、面店、果子、彩帛、绒线、香烛、油酱、食米、下饭鱼肉鲞腊等铺。”[1]

[1]（宋）吴自牧：《梦粱录》卷一三“铺席”，浙江人民出版社1980年版。

（二）店铺类型

南宋时，杭城店铺的类型十分丰富，经营门类齐全。仅饮食店就有茶店、面食店、羊饭店、羹店、南食店、素食店、衢州饭店、荤素从食店、馒头店、粉食店、饼店等十几种。此外还有凉水店、专售时鲜水果以及果脯的果子店，以及油铺、汤店、药店、书铺、衣料店、乐器店、胭脂铺、扇铺、漆器铺、瓷器铺、香药铺，等等。

除去这些固定店铺外，城市中还有不少货郎担着货架走街串巷，沿街叫卖。他们的货架中挂满了各种家用杂货、笔墨文具、小儿戏耍玩具以及零食、糖果、鲜果等商品，“沿街吟叫扑卖”。若是市民需修补锅碗、箍桶、磨剪刀、磨镜子、修鞋等日常小修小补，亦“时时有盘街者者，便可唤之”[2]，十分方便。

[2]（宋）吴自牧：《梦粱录》卷一三“诸色杂货”，浙江人民出版社1980年版。

如遇节令庆典，亦有小经纪人穿行于人群中，叫卖应节小物件。《武林旧事》卷二“元夕”载：元宵之夜，杭城地方官员乘轿出游，“吏魁以大囊贮楮券，凡遇小经纪人，必犒数千宋刻‘数十’，谓之‘买市’。至有黠者，以小盘贮梨藕数片，腾身迭出于稠人之中，支请官钱数次者，亦不禁也”。更有兜售元宵点心者“皆用镂鍮装花盘架车儿，簇插飞蛾红灯彩盏，歌叫喧阗。幕次往往使之吟叫倍酬其直”。当时人有诗云：“贵客钩帘看御街，市中珍品一时来。帘前花架无行路，不得金钱不肯回。”

（三）市场分类

当时杭城，商业市场极其繁华，不仅有日市，还有早市、夜市、专业性市场等不同的市场类型。

1. 日市

日市指早上营业、晚上关门，整个白天都经营的店铺。《梦粱录》卷一三“铺席”载：“自大街及诸坊巷，大小铺席，连门俱是，即无虚空之屋。每日清晨，两街巷门，浮铺上行，百市买卖，热闹至饭前，市罢而收。”

2. 早市

早市一般自四更天开市。《梦粱录》卷一三“天晓诸人出市”中说：“每日交四更，诸山寺观已鸣钟，庵舍行者头陀，打铁板儿或木鱼儿沿街报晓，各分地方”，“御街铺店，闻钟而起，卖早市点心”。这一类早市，“自内后门至观桥下，大街小巷，在在有之，不论晴雨霜雪皆然也”。[3]

[3]（宋）吴自牧：《梦粱录》卷一三“天晓诸人出市”，浙江人民出版社1980年版。

早市点心颇为丰富。“如煎白肠、羊鹅事件、糕、粥、血脏羹、羊血、粉羹之类。冬天卖五味肉粥、七宝素粥，夏月卖义粥、馓子、豆子粥。又有浴堂门卖面汤者，有浮铺早卖汤药二陈汤，及调气降气并丸剂安养元气者。有卖烧饼、蒸饼、糍糕、雪糕等点心者。以赶早市，直至饭前方罢。及诸行铺席，皆往都处，侵晨行贩。和宁门红杈子前买卖细色异品菜蔬，诸般嗄饭，及酒醋时新果子，进纳海鲜品件等物，填塞街市，吟叫百端，如汴京气象，殊可人意。孝仁坊口，水晶红白烧酒，曾经宣唤，其味香软，入口便消。六部前丁香馄饨，此味精细尤佳。早市供膳诸色物件甚多，不能尽举。"[1]

3. 夜市

夜市从太阳落山开始，一般到三四更才结束。《梦粱录》卷一三"夜市"载："杭城大街，买卖昼夜不绝，夜交三四鼓，游人始稀；五鼓钟鸣，卖早市者又开店矣。大街关扑，如糖蜜糕、灌藕、时新果子、像生花果、鱼鲜猪羊蹄肉，及细画绢扇、细色纸扇、漏尘扇柄、异色影花扇、销金裙、缎背心、缎小儿、销金帽儿、逍遥巾、四时玩具、沙戏儿。……其余桥道坊巷，亦有夜市扑卖果子糖等物，亦有卖卦人盘街叫卖，如顶盘担架卖市食，至三更不绝。冬月虽大雨雪，亦有夜市盘卖。至三更后，方有提瓶卖茶。冬间，担架子卖茶，馓子慈茶始过。盖都人公私营干，深夜方归故也。"

夜市商品随季节变化，以适应市民不同时期的需要。"春冬扑卖玉栅小球灯、奇巧玉栅屏风、捧灯球、快行胡女儿沙戏、走马灯、闹蛾儿、玉梅花、元子槌拍、金橘数珠、糖水、鱼龙船儿、梭球、香鼓儿等物。夏秋多扑青纱、黄草帐子、挑金纱、异巧香袋儿、木犀香数珠、梧桐数珠、藏香、细扇、茉莉盛盆儿、带朵茉莉花朵、挑纱荷花、满池娇、背心儿、细巧笼仗、促织笼儿、金桃、陈公梨、炒栗子、诸般果子及四时景物，预行扑卖，以为赏心乐事之需耳。"[2]

夜市之中还有不少卖卦之人。"大街更有夜市卖卦：蒋星堂、玉莲相、花字青、霄三命、玉壶五星、草窗五星、沈南天五星、简堂石鼓、野庵五星、泰来心、鉴三命。中瓦子浮铺有西山神女卖卦，灌肺岭曹德明易课。又有盘街卖卦人，如心鉴及甘罗次、北算子者。更有叫'时运来时，买庄田，取老婆'卖卦者。有在新街融和坊卖卦，名'桃花三月放'者。"[3]

"其夜市除大内前外，诸处亦然，惟中瓦前最胜，扑卖奇巧器皿百色物件，与日间无异。其余坊巷市井，买卖关扑，酒楼歌馆，直至四鼓后方静；而五鼓朝马将动，其有趁卖早市者，复起开张。无论四时皆然。如遇元宵犹盛，排门和买，民居作观玩，幕次不可胜纪。"[4]《西湖老人繁胜录》"瓦市"亦载："夜市扑卖狼头帽、小头巾抹头子、细柳箱、花环钗朵篋儿头、销金帽儿、罗木桶杖、诸般藤作、琉璃炮灯、银丝合子、时文书集、猪胰胡饼、挂屏头屋儿、乌木花动使、行灯、香圆、查子、画烛、鱼鲜、头、炸藕、红边糍、蜂糖饼。"夜市之繁华热闹可见一斑。

[1]（宋）吴自牧：《梦粱录》卷一三"天晓诸人出市"，浙江人民出版社1980年版。

[2]（宋）吴自牧：《梦粱录》卷一三"夜市"，浙江人民出版社1980年版。

[3]同上。

[4]（宋）灌圃耐得翁：《都城纪胜》"市井"，中国商业出版社1982年版。

4. 专业性市场

当时杭城许多行业分布相对集中，逐渐形成了一些专业性市场，如坝北修义坊为肉市，“巷内两街，皆是屠宰之家，每日不下宰数百口”[1]，“城南浑水闸，有团招客旅，鲞鱼聚集于此”[2]。

据《武林旧事》卷六“诸市”记载，药市在炭桥，花市在官巷，珠子市在融和坊南官巷，米市在北关外黑桥头，肉市在大瓦修义坊，菜市在新门东青门霸子头，鲜鱼行在候潮门外，鱼行在北关外水冰桥，南猪行在候潮门外，北猪行在打猪巷，布市在便门外横河头，蟹行在新门外南上门，花团在官巷口钱塘门内，青果团在候潮门内泥路，柑子团在后市街，鲞团在便门外浑水闸，还有书房在橘园亭。

市场中商品丰富，“皆四方物货所聚”[3]，交易活跃。据《梦粱录》卷一三“团行”载，当时杭城“万物所聚，诸行百市，自和宁门杈子外至观桥下，无一家不买卖者，行分最多，且言其一二，最是官巷花作，所聚奇异飞鸾走凤，七宝珠翠，首饰花朵，冠梳及锦绣罗帛，销金衣裙，描画领抹，极其工巧，前所罕有者悉皆有之”。又如米市，“杭州人烟稠密，城内外不下数十万户，百十万口，每日街市食米，除府第、官舍、宅舍、富室，及诸司有该俸人外，细民所食，每日城内外不下一二千余石，皆需之铺家。然本州所赖苏、湖、常、秀、淮、广等处客米到来，湖州市米市桥、黑桥，俱是米行，接客出粜，其米有数等，如早米、晚米、新破砻、冬舂、上色白米、中色白米、红莲子、黄芒、上秆、粳米、糯米、箭子米、黄籼米、蒸米、红米、黄米、陈米”[4]。

宋时杭城街市商贸发展呈现出许多新的变化，例如：商业布局打破了传统的坊市制度，商业区与居民住宅区交融；店铺、市场经营多元化、专业化程度提高，服务更加细致周到，以满足日益壮大的市民阶层各方面需求。“盖经纪市井之家，往往多于店舍，旋买见成饮食，此为快便耳。”[5]市民在生活上对市场依赖程度日益加深，客观上促进了以服务为目的的街市贸易深化发展；商人们为了追求更大的利益，也往往会根据市场的需要增加经营品种、延长营业时间、提高服务质量。街市贸易的繁荣从一个侧面反映了城市经济的发展和市民生活方式的演变。

二　商贸风俗

宋代，杭城商业贸易十分活跃，各种各样的商贸交易十分活跃，出现了“诸市百户”的繁荣局面。同时，随着商贸实践活动的深入，逐渐形成了一些约定俗成的行规、行俗，其中既有对前代的继承，也有新产生的，共同构成了颇具特色的宋代杭城商贸风俗。

（一）衣着打扮各有规格

宋代，杭城工商业从业者，各行各业，衣着装束各有规格，绝不会混

[1]（宋）吴自牧：《梦粱录》卷一六“肉铺”，浙江人民出版社1980年版。

[2]（宋）吴自牧：《梦粱录》卷一六“鲞铺”，浙江人民出版社1980年版。

[3]《咸淳临安志》卷一九，四库全书本。

[4]（宋）吴自牧：《梦粱录》卷一六“米铺”，浙江人民出版社1980年版。

[5]（宋）吴自牧：《梦粱录》卷一三“天晓诸人出市”，浙江人民出版社1980年版。

淆，令过往市民一目了然，马上能分辨出他们所从事的职业。《梦粱录》卷一八“民俗”记载：“且如士农工商诸行百户衣巾装著，皆有等差。香铺人顶帽披背子。质库掌事，裹巾著皂衫角带。街市买卖人，各有服色头巾，各可辨认是何名目。”吴自牧认为杭城此种风俗是仿效汴京，“杭城风俗，凡百货卖食之人，多是装饰车盖担儿，盘合器皿新洁精巧，以炫耀人耳目，盖效学汴京气象”[1]。另据孟元老《东京梦华录》记录的北宋汴梁风俗，称当时城市从商者中存在严格的“规格”，贩夫走卒衣着各有等差，各行各业都有明显的标志，即便乞丐也不例外，但凡出现逾越，都会受到一定的惩戒。此种风俗绵延至南宋杭城，兴盛不衰。

[1]（宋）吴自牧：《梦粱录》卷一八“民俗”，浙江人民出版社1980年版。

这类行业内部独特的行规，需要行业内部人员自觉遵守。统一衣着，既是对行业内部服务经营行为的规范，更从一个侧面反映了当时杭城商业、服务业繁荣的局面。商业，自古以来被知识阶层视为末流，“士农工商”排名最末，宋代自然也不例外。然而随着当时杭城城市经济的发展，人们在生活方式、消费方式、娱乐方式等诸多方面，对商业、服务业的依赖日益加深，商品经济进入一个迅速繁荣期。这必然要求商业从业者协调内部关系，增加整体运作实力。规定衣着打扮规格，目的在于通过增强市民对从业人员的辨识度，吸引大量消费者，方便商业活动顺利开展，从而提升其在社会生活中的影响力。

（二）团行

“团行”是宋时杭城商人自发组成的行业性组织。日益激烈的市场竞争，要求行业内部、行业之间更深层次的协调运作，行业组织“团行”便应运而生了。

关于“团行”的由来，《都城纪胜》“诸行”条目作如下解释：“市肆谓之行者，因官府科索而得此名，不以其物小大，但合充用者，皆置为行，虽医卜亦有职。医克择之差占，则与市肆当行同也。”可见，“团行”最初是为了应付官府“科索”，即采办、税收而设立的。《梦粱录》卷一三“团行”亦载：“市肆谓之‘团行’者，盖因官府回买而立此名，不以物之大小，皆置为团行，虽医卜工役，亦有差使，则与当行同也。”官府采办某种商品，往往数量比较大，零散的商户很难应付，势必要求同行业者联合起来，共同完成采办任务。官府征召大量工匠、医者、仆役，也需要通过“团行”进行组织。遇到这种情况，“虽差役，如官司和雇支给钱米，反胜于民间雇请工钱，而工役之辈，则欢乐而往也”[2]。

[2]（宋）吴自牧：《梦粱录》卷一三“团行”，浙江人民出版社1980年版。

宋时，“团行”名称颇多，一般有“市”、“团”、“行”、“作”、“肆”等称谓。据《都城纪胜》、《梦粱录》、《武林旧事》等书记载，名为“行”的有方梳行、销金行、冠子行、鱼行、蟹行、菱行、北猪行、猪行、菜行、鲜鱼行、布行、鸡鹅行等；称为“团”的有花团、清果团、柑子团、鲞鱼团等。“团行”头领称为“行头”。

仅从上文列举的“团行”名称即可看出，杭城内这类民间商会遍及各商业领域，“不以物之大小，皆置团行”。柴米油盐、鸡鸭鱼肉、岁令时鲜、布料衣饰、珠宝首饰、居住行旅等一应俱全。

从市场交易来看，团行已经成为各自经营领域中的批发机构，以行头为首，同行业的零售商集合起来，形成一个完整的批发营销网络。来自全国各地的货物在专门的“团行”聚集后，再由分布在街市中的铺席销售到市民手中。以米市为例，来自苏、湖、常、秀、淮、广等处米商将米运到杭城米市，“城内外诸铺户，每户专凭行头于米市做价，径发米到各铺出粜。铺家约定日子，支打米钱，其米市小牙子亲到各铺支打发客。又有新开门外草桥下南街，亦开米市三四十家，接客打发，分表铺家”[1]。米市统一接货后，各家米铺按照行头规定的当日米价进货。

[1]（宋）吴自牧：《梦粱录》卷一六“米铺”，浙江人民出版社1980年版。

再看肉铺，《梦粱录》卷一六“肉铺”载：

> 坝北修义坊，名曰“肉市”，巷内两街，皆是屠宰之家，每日不下宰数百口，皆成边及头蹄等肉，俱系城内外诸面店、分茶店、酒店、□店及盘街卖肉等人，自三更开行上市，至晓方罢市。其街坊肉铺，各自作坊，屠宰货卖矣。或遇婚姻日，及府第富家大席，华筵数十处，欲收市腰肚，顷刻并皆办集，从不劳力。

修义坊是当时最大的肉类批发市场，店铺众多、交易量巨大，担负着供给杭城内各个零售商铺以及流动商贩的责任。在团行的管理下，整个市场井井有条，交易便捷活跃。

不但市场上的商品交易由团行管理，就连市场中搬运、运输等工作，也由各自团行统一管理，“叉袋自有赁户，肩驼脚夫亦有甲头管领，船只各有受载舟户，虽米市搬运混杂，皆无争差，故铺家不劳余力而米径自到铺矣”[2]。随着商业贸易的发展，团行由其初创期应付官府采办、税收的职能，逐步发展为担负起一定的经济职能，统一市场价格，协调各部门运作，避免各商户间恶性竞争，达到督促行业自律和协作的目的。

[2]同上。

（三）塌房

塌房，是宋时为了方便商旅往来、货物存放而建造的库房。《梦粱录》卷一九“塌房”载：

> 城郭内北关水门里，有水路周回数里，自梅家桥至白洋湖、方家桥直到法物库市舶前，有慈元殿及富豪内侍诸司等人家于水次起造塌房数十所，为屋数千间，专以假赁与市郭间铺席宅舍，及客旅寄藏物货，并动具等物，四面皆水，不惟可避风烛，亦可免偷盗，极为利便。盖置塌房家，月月取索假赁者管巡廊钱会，顾养人力，遇夜巡

警，不致疏虞。其他州郡，如荆南、沙市、太平州、黄池皆客商所聚，虽云浩繁，亦恐无此等稳当房屋矣。

由于塌房建造在一片湖塘、溪水之间，四面皆水，水路迂回，不仅可避免风烛火灾，还可防盗，安全性比较高，故深受客商喜爱。塌房的出现不仅有利于保护商旅的货物财产安全，而且也为商业活动的开展提供了便利条件。

(四) 四司六局筵会假赁

南宋时期，杭城之内从官府到普通市民饮宴成风，官府设四司六局，专门为盛大宴会提供各项服务。其中“四司”指帐设司、厨司、茶酒司、台盘司，“六局”指果子局、蜜煎局、菜蔬局、油烛局、香药局、排办局。四司六局各司其职，相互配合。《梦粱录》卷一九“四司六局筵会假”中对它们的分工作了详细的描述：

> 且谓四司六局所掌何职役，开列于后，如帐设司，专掌仰尘、录压、桌帏、搭席、帘幕、缴额、罘、屏风、书画、簇子、画帐等；如茶酒司，官府所用名“宾客司”，专掌客过茶汤、斟酒、上食、喝揖而已……厨司，掌筵席生熟看食、□、合食，前后筵几盏食，品坐歇坐，泛劝品件，放料批切，调和精细美味羹汤，精巧簇花龙凤劝盘等事；台盘司，掌把盘、打送、赍擎、劝盘、出食、碗碟等；果子局，掌装簇□盘看果、时新水果、南北京果、海腊肥脯、脔切、像生花果、劝酒品件；蜜煎局，掌簇□看盘果套山子、蜜煎像生窠儿；菜蔬局，掌筵上簇看盘菜蔬，供筵泛供异品菜蔬、时新品味、糟藏像生件段等；油烛局，掌灯火照耀、上烛、修烛、点照、压灯、办席、立台、手把、豆台、竹笼、灯台、装火、簇炭；香药局，掌管龙涎、沈脑、清和、清福异香、香垒、香炉、香球、装香簇烬细灰，效事听候换香，酒后索唤异品醒酒汤药饼儿；排办局，掌椅桌、交椅、桌凳、书桌，及洒扫、打渲、拭抹、供过之职。

杭城街市之中也有此行业，以供市民随时租赁。“茶酒司”在民间各类宴请中，“掌管筵席，合用金银器具及暖荡，请坐、谘席、开话、斟酒、上食、喝揖、喝坐席，迎送亲姻，吉筵庆寿，邀宾筵会，丧葬斋筵，修设僧道斋供，传语取覆，上书请客，送聘礼合，成姻礼仪，先次迎请等事”[1]。

四司六局主要提供宴会的服务，无论何种宴会，宴会设在何处，都能在很短时间内将一切准备停当，大大方便了市民的生活。难怪俗语说：“烧香点茶，挂画插花，四般闲事，不宜累家。”[2]

[1] (宋) 吴自牧：《梦粱录》卷一九“四司六局筵会假赁”，浙江人民出版社 1980 年版。

[2] 同上。

三　瓦舍勾栏与民间说唱

瓦舍，又称瓦子、瓦肆，是宋时杭城较为固定的演艺娱乐场所，一般都设在比较空阔的空地或者广场上。至于“瓦舍”二字的含义，《都城纪胜》“瓦舍众伎”载：“瓦者，野合易散之意也，不知起于何时。”《梦粱录》卷一九“瓦舍”亦载：“瓦舍者，谓其‘来时瓦合，去时瓦解’之义，易聚易散也。不知起于何时。”

“瓦舍”在北宋汴京城就已十分兴盛，“在京城时，甚为士庶放荡不羁之所，亦为子弟流连破坏之地”[1]。南渡之后，商人仿照汴京的形制在临安开设市肆店铺，民间艺人们也仿照汴京之制设立瓦舍。南宋时临安城中设立瓦舍的另一个原因则是为了迎合驻军的需要。《梦粱录》卷一九“瓦舍”载：“杭城绍兴间驻跸于此，殿岩杨和王因军士多西北人，是以城内外创立瓦舍，招集妓乐，以为军卒暇日娱戏之地。今贵家子弟郎君，因此荡游，破坏尤甚于汴都也。”宋室南渡以后，大批军人涌入临安，瓦舍最初只是为了给他们提供娱乐场所，后来又有富家子弟涉足，最后扩展至市井，这样瓦舍就在临安兴盛起来了。

[1]（宋）灌圃耐得翁：《都城纪胜》“瓦舍众伎”，中国商业出版社1982年版。

“勾栏”指的是瓦舍中的演出棚。瓦舍内用绳索或者刻有花纹、动物图案的栏杆围成一个个专门的表演棚，各个勾栏表演节目不尽相同。大多数瓦舍都有多个勾栏，每个瓦舍中勾栏数量不等。最大的北瓦有十三处，但也有独勾栏瓦舍存在，只是这一类瓦舍“稍远于茶，中作夜场”[2]。勾栏一般有门，观众需要付费入场。勾栏内专供演员演出的，称为“戏台”，又称为“乐棚”。演员化妆、休息的地方，称为“戏房”，也叫“后房”。观众一般都在前台“看席”内观看表演，看席中间是一块平地，观众站立观看。四周设有雅座，其中正对戏台的称为“神楼”，两侧为“腰棚”，有座椅。瓦舍中还有不少食店、酒肆、茶肆、杂货铺等，十分热闹。杂技、戏曲、傀儡戏、说书等各种民间表演形式在里面表演。观众按各自喜好尽情地观赏娱乐。表演一般从早至晚，全年无歇，无怪乎临安市民“深冬冷月无社火看，却于瓦市中消遣”[3]。

[2]（宋）西湖老人：《西湖老人繁胜录》“瓦市”，中国商业出版社1982年版。

[3]（宋）西湖老人：《西湖老人繁胜录》，中国商业出版社1982年版。

（一）瓦舍分布

南宋时，临安的瓦舍，无论在数量上，还是在表演节目的丰富程度上都达到了空前的规模。宋人对临安城内外瓦舍数量的记载不一，如《梦粱录》记有17处：

> 其杭之瓦舍，城内外合计有十七处，如清泠桥西熙春楼下，谓之南瓦子；市南坊北三元楼前谓之中瓦子；市西坊内三桥巷名大瓦子，旧呼上瓦子；众安桥南羊棚楼前名下瓦子，旧呼北瓦子；盐桥下蒲桥

> 东谓之蒲桥瓦子，又名东瓦子，今废为民居；东青门外菜市桥侧名菜市瓦子；崇新门外章家桥南名荐桥门瓦子；新开门外南名新门瓦子，旧呼四通馆；保安门外名小堰门瓦子；候潮门外北首名候潮门瓦子，便门外北谓之便门瓦子；钱湖门外南首省马院前名钱湖门瓦子；亦废为民居；后军寨前谓之赤山瓦子；灵隐天竺路行春桥侧曰行春瓦子；北郭税务曰北郭瓦子，又名大通店；米市桥下米市桥瓦子；石碑头北麻线巷内则曰旧瓦子。

《武林旧事》和《西湖老人繁胜录》对临安内外的瓦舍数量亦有不同记载，前者为23处，后者为25处，可见当时的繁盛景况。现在学者比较统一的意见认为临安城内外有瓦舍共23处，其中城内6处，城外17处。城外17处分布在各郭城城门附近，具体来讲，有嘉会门外的嘉会门瓦，便门外的便门瓦，候潮门外的候潮瓦，保安门（俗称小堰门）外的小堰门瓦，新开门外的新门瓦，门内的南瓦，崇新门外的荐桥门瓦，门内的中瓦，东青门外的菜市桥瓦，钱塘门外的王家桥瓦、羊坊桥瓦，艮山门内的艮山门瓦，余杭门外的北关门瓦，沿运河北上又有北郭瓦、旧瓦、米市桥瓦，还有钱湖门外的钱湖门瓦。[1]

[1] 林正秋：《南宋都城临安》"南宋临安（今杭州）瓦子分布图"，西泠印社1986年版。

（二）北瓦以及其他

众多瓦舍之中，以北瓦规模最大。北瓦又称下瓦，《咸淳临安志》载："北瓦在众安桥之南，亦名下瓦，有羊棚楼。"《梦粱录》亦载："众安桥南羊棚楼前名下瓦子，旧呼北瓦子。"北瓦以众安桥为中心，西出弼脚坊，东出枝头巷。瓦舍中有勾栏十三座，百戏纷呈，十分精彩。《西湖老人繁胜录》"瓦市"详细记载了北瓦十三座勾栏的表演名目以及著名艺人：

> 惟北瓦大，有勾栏一十三座。常是两座勾栏，专说史书，乔万卷、许贡士、张解元。背做蓬花棚，常是御前杂剧，赵泰、王侥喜、《宋邦宁河岩》、清锄头、假子贵。弟子散乐，作场相扑，王侥大、撞倒山、刘子路、铁板踏、宋金刚、倒提山、赛板踏、金重旺、曹铁凛，人人好汉。说经，长啸和尚、彭道安、陆妙慧、陆妙净。小说，蔡和、李公佐。女流，史慧英。小张四郎，一世只在北瓦，占一座勾栏说话，不曾去别瓦作场，人叫做小张四郎勾栏。合生，双秀才。覆射，女郎中。踢瓶弄碗，张宝歌。杖头傀儡，陈中喜。悬丝傀儡，炉金线。使棒作场，朱来儿。打硬，孙七郎。杂班，铁刷汤、江鱼头、兔儿头，菖蒲头。背商谜，胡六郎。教飞禽，赵十七郎。装神鬼，谢兴歌。舞番乐，张遇喜。水傀儡，刘小仆射。影戏，尚保仪、贾雄。卖嘌唱，樊华。唱赚，濮三郎、扇李二郎、郭四郎。说唱诸宫调，高

郎妇、黄淑卿。乔相扑，鼋鱼头、鹤儿头、鸳鸯头、一条黑、斗门桥、白条儿。踢弄，吴全脚、耍大头。谈诨话，蛮张四郎。散耍，杨宝兴、陆行、小关西。装秀才，陈斋郎。学乡谈，方斋郎。分数甚多，十三应勾栏不闲，终日团圆。

这些艺人长年累月在勾栏中表演，形成了一支专业化的表演队伍。比如上文提到的一位叫做"小张四郎"的说书人，一生只在北瓦中，占着一座勾栏说唱献艺，足可见其功力之深厚，书路之宽广，表演之引人入胜。在商业化竞争中，各类表演的专业性、艺术欣赏性不断增强，表演技巧日益精湛。各种曲艺表演形式在长期的艺术实践中，相互竞争，相互借鉴，逐渐成熟、定型，形成了各自特有的艺术风格。

北瓦之中还有食店、酒肆等可供人消遣。"大店每日使猪十口，只不用头蹄血脏。遇晚烧晃灯拨刀，饶皮骨，壮汉只吃得三十八钱，起吃不了，皮骨饶荷叶裹归，缘物贱之故。……大酒店用银器，楼上用台盘洗子银箸篆菜糟藏甚多。三盏后换菜，有三十般，支分不少。"[1]

[1]（宋）西湖老人：《西湖老人繁胜录》"瓦市"，中国商业出版社1982年版。

除此之外，临安城上瓦、中瓦、南瓦也都是颇具规模的瓦舍。上瓦又称大瓦，在市西坊内三桥街，就是现在的积善坊巷，表演以傀儡戏为代表。中瓦在市南坊北三元楼前，相当于现在的木瓜弄、上后市街一带。每年元宵，这一带彩灯飘扬，是临安城中规模最大的灯市。南瓦在清泠桥西熙春桥下，也十分热闹。

（三）民间说唱

瓦舍之中，各类民间表演异彩纷呈，尤以说话艺人最为活跃，颇受观众欢迎。"说话者，谓之'舌辩'，虽有四家数，各有门庭。"[2]南宋罗烨在《醉翁谈录》中这样形容说话艺人："只凭三寸舌，褒贬是非；略咽万余言，讲论今古。说收拾寻常有百万套，谈话头动辄是数千回。"南宋郑樵在《通志·乐略》中说："（说话）其理只在唇舌间，而其事亦有记载。虞舜之父，杞梁之妻，于经传所言者不过数十言耳，彼则演成千万言。东方朔三山之求，诸葛亮九曲之势，于史籍无其事，彼则肆为出入。"一个优秀的说话艺人，不仅要有高超的表演技巧，更要博闻强记、思维敏捷、善于察言观色，根据听众的反应，不断调整表演的内容、方式，等等。

[2]（宋）吴自牧：《梦粱录》卷二〇"小说讲经史"，浙江人民出版社1980年版。

当时临安城中说话有四家，小说、讲经、讲史和讲诨话。

1. 小说

"且小说名'银字儿'，如烟粉、灵怪、传奇、公案朴刀杆棒发发踪参之事……谈论古今，如水之流。"[3]表演时，艺人以银字笙、银字觱篥等伴奏，音色哀怨婉转，内容丰富，涉及生活各个方面，具有浓郁的市井气息。

[3]同上。

不少话本以歌颂爱情为主题，肯定、赞扬青年男女对自由爱情的向往和追求，比如《碾玉观音》后来被收入《警世通言》第八卷，题目改为《崔待诏生死冤案》。有些小说也讲朝代故事，《都城纪胜》“瓦舍众伎”云：“最为畏小说人，盖小说者能以一朝一代故事，顷刻间提破。”公案类小说中有不少英雄人物，深得民众的喜爱。当时著名的小说艺人有谭淡子、翁三郎、雍燕、王保义、陈良甫、陈郎妇、枣儿余二郎等。

2. 讲经

又名“谈经”，讲的都是些佛经故事。《梦粱录》卷二〇《小说讲经史》说：“谈经者，谓演说佛书。说参请者，谓宾主参禅悟道等事”。艺人有宝庵、管庵、喜然和尚等。

3. 讲史

“讲史书者，谓讲说《通鉴》、汉唐历代书史文传，兴废争战之事”[1]，即主要讲前代兴亡的历史故事。“说黄巢拨乱天下，也说赵正激恼京师；说征战，有刘项争雄；论机谋，有孙庞斗智。新说话张韩刘岳，史书讲晋宋齐梁，《三国志》诸葛亮雄才，收西夏狄青大略。”[2]可见，讲史的内容既承袭前朝，又能取材当朝重大政治、军事事件，不断创新，吸引观众。

当时有名的说史艺人有戴书生、周进士、张小娘子、宋小娘子、丘机山、徐宣教、王六大夫等。这些艺人们自幼“习读《太平广记》，长攻历代书史”，有广博的历史知识和文学修养，他们凭着三寸不烂之舌，谈论古今，褒贬人物，将历史知识通俗化，在一定程度上塑造了民众的历史观。

4. 说诨话

又称为“十七字诗”，北宋中期即在民间流传，到南宋已进入宫廷演出。“其词虽俚，然多颖脱，含讽刺，所至皆畏其口。”[3]诨话的特点是多用俚语、俗语，针对当时社会生活中的不良现象，针砭时弊，蕴涵讽刺之意。南宋时，临安著名的说诨话艺人有张四郎等。

南宋临安瓦舍中的民间说唱，除了四种说话以外，还有不少曲艺表演，主要有小唱、嘌唱、唱赚、诸宫调和崖词等。

小唱，是为浅斟低唱，词曲短小，音色清婉。当时艺人多为沿街卖唱。元宵、清明等重大节日，茶肆、酒楼、游船等处，都可听闻他们的浅斟低唱，十分动听。《都城纪胜》“瓦舍众伎”说：“唱叫小唱，谓执板唱慢曲、曲破，大率重起轻杀，故曰浅斟低唱，与四十大曲舞旋为一体，今瓦市中绝无。”可见到了南宋中后期，小唱已不在瓦舍中表演了。

嘌唱，“谓上鼓面唱令曲小词，驱驾虚声，纵弄宫调，与叫果子、唱耍曲儿为一体，本只街市，今宅院往往有之”[4]。南宋中期后，有“如路岐人、王双莲、吕大夫唱得音律端正耳”[5]。

唱赚，就是因事而歌，演说故事。据传绍兴年间杭城中个叫张五牛的民间艺人，他表演时“因听动鼓板中，又有四片太平令，或赚鼓板（即

[1]（宋）吴自牧：《梦粱录》卷二〇“小说讲经史”，浙江人民出版社1980年版。

[2]（宋）罗烨：《醉翁谈录》“小说开辟”，海古典文学出版社1957年版。

[3]（宋）王辟之：《渑水燕谈录》卷一〇“戏谑”，中华书局1997年版。

[4]（宋）灌圃耐得翁：《都城纪胜》“瓦舍众伎”，中国商业出版社1982年版。

[5]（宋）吴自牧：《梦粱录》卷二〇“妓乐”，浙江人民出版社1980年版。

今拍板大筛扬处是也），遂撰为‘赚’。赚者，误赚之义也，令人正堪美听，不觉已至尾声，是不宜为片序也”[1]。唱赚由此得名。

唱赚的音乐有较多的变化，内容也比较复杂，对艺人的要求也比较高。南宋唱赚艺人很多，较有名的有窦四官人、离七官人、周竹窗、东西两陈九郎、包都事、香沈二郎、雕花杨一郎、招六郎、沈妈妈等。

此外，诸宫调多韵白相间，铺唱长篇故事，入曲说唱。南宋杭城有“女流熊保保及后辈女童皆效此，说唱亦精，于上鼓板无二也”[2]。崖词，也叫涯词，文辞雅致，说唱相间。南宋时傀儡戏多采用崖词话本。

南宋临安商业繁华，伴随着商业的发展，各类娱乐场所也应运而生，其中最具代表性的就是瓦舍勾栏。它是南宋商品经济和市民社会发展的产物。瓦舍中以说唱曲艺为代表的各类民间艺术、游艺表演项目，不仅丰富了当时市民的生活，也为后来我国的戏曲、小说、杂技等的发展奠定了雄厚的基础。

四 集会与结社

在我国古代，“社”与“会”是两个单独使用的词。“社”指的是土地神、社神。祭祀社神的节日被称为社日。祭祀社神的场所也叫做“社”。“社”又是对古代民众联合体的称呼，指的是相邻地区共同举行祭社仪式的居民。后来，“社”的用法扩大了，一些志同道合的人所结合起来的民间团体也叫做“社”。“会”，原是聚会、会合的意思，民间团体也叫做“会”。

（一）结社

据典籍记载，宋时杭城集会、结社现象颇为普遍，特别是南宋时期，更是蔚为壮观。其中有一类主要是文人雅士聚集在一起谈诗论艺的，比如“西湖诗社”。《梦粱录》卷一九“社会”载：“文士，有西湖诗社，此乃行都，绅之士及四方流寓儒人，寄兴适情赋咏，脍炙人口，流传四方，非其他社集之比。”

还有一类以某种武艺、竞技等共同爱好为纽带，聚集起一些志同道合的人。“武士有射弓踏弩社，皆能攀弓射弩，武艺精熟。射放娴习，方可入此社耳。更有蹴鞠、打球、射水弩社，则非仕宦者为之，盖一等富室郎君、风流子弟与闲人所习也。”[3]可见当时有射弓踏弩社、蹴鞠社、打球社、射水弩社等，这类社团专业性比较强，参加者多为富家子弟。他们精于个中奥妙，经常聚集在一起，互相切磋。

在神灵诞辰举行迎神赛会时，各行各业为了在神灵前呈献自己的精彩表演，特地成立起各种名目的社，如“香药社、相扑社、川弩社、遏云社、同文社、同声社、律华社、锦体社”[4]，等等。《梦粱录》卷一九

[1]（宋）灌圃耐得翁：《都城纪胜》“瓦舍众伎”，中国商业出版社1982年版。

[2]（宋）吴自牧：《梦粱录》卷二〇“妓乐”，浙江人民出版社1980年版。

[3]（宋）吴自牧：《梦粱录》卷一九“社会”，浙江人民出版社1980年版。

[4]（宋）西湖老人：《西湖老人繁胜录》“七宝社”，中国商业出版社1982年版。

“社会”对此有过一段描述：

> 每遇神圣诞日，诸行市户，俱有社会迎献不一。如府第内官，以马为社。七宝行献七宝玩具为社。又有锦体社、台阁社、穷富赌钱社、遏云社、女童清音社、苏家巷傀儡社、青果行献时果社、东西马塍献异松怪桧奇花社。鱼儿活行以异样龟鱼呈献豪富。子弟绯绿清音社、十闲等社。有内官府第以精巧雕镂笱笼，养畜奇异飞禽迎献者，谓为可观。

其中有一类以表演戏曲、曲艺、歌舞、杂技为主，比如绯绿社（杂剧）、遏云社（唱赚）、同文社（要词）、角抵社（相扑）、清音社（清乐）、英略社（使棒）、雄辩社（小说）、绘革社（影戏）、傀儡社（木偶）等。当时仅清音社便有“数社，每社不下百人：鞑靼舞老番人、耍和尚”，又有“斗鼓社：大敦儿、瞎判官、神杖儿、扑蝴蝶、耍师姨、池仙子、女杵歌、旱龙船。福建鲍老一社，有三百余人；川鲍老亦有一百余人”[1]，这些社团皆有一技之长。

还有的社则以呈献奇珍异宝为主。如七宝社，有“珊瑚树数十株内有三尺者、玉带、玉碗、玉花瓶、玉束带、玉劝盘、玉轸芝、玉环、玻璃碗、菜玉、水晶、猫睛、马价珠。奇宝甚多”[2]。东岳庙会时，有“钱燔社、重囚枷锁社也”[3]，“社陌朝拜，钱幡社至日开正阳门，献钱幡三五十首，高者有二丈长，献物在外”[4]。

《西湖老人繁胜录》中对当时霍山行祠庙会描写得颇为精彩，其中各类社火表演异彩纷呈、夺人眼球：

> 霍山行祠，正赛长生马社是诸王府第娇马，或用金鞍、银鞍、绣鞍、养鞍、金勒、与勒、乌银勒、玉作子、玛瑙作子、箱嵌作子、透犀作子、七宝作子、玉作子、玳瑁作子。沿路迎引到庙上露台上相扑，捧正殿妓乐社火酌献。庙前拥挨，轿马盈路。多有后生于霍山之侧，放五色烟火，放爆竹，庙东大教场内，走马、打球、射弓、飞放鹰鹞、赌赛叫、老鸦打线，告天子、番吃咣、青菜、画眉；赛诸般花虫蚁；鹅黄百舌、白鹅子、白金翅、白画眉、白青菜、白角全眉、白青头、芦花角全、芦花画眉、鹅黄相思、紫鹅绣眼、金肚钿瓮、秦吉了、倒挂儿、刘春莺、宠尤非细。社火内有鱼儿活檐，上有：金龟、金鳝、金虾、金鳅、玳瑁龟、玳瑁虾、白龟、金鲹、金田螺之类。

社火之中，不乏千奇百怪的新奇玩意儿，就连各种花鸟鱼虫，杂耍表演也都有相应的会社组织。

[1]（宋）西湖老人：《西湖老人繁胜录》“街市点灯”，中国商业出版社1982年版。

[2]（宋）西湖老人：《西湖老人繁胜录》“七宝社”，中国商业出版社1982年版。

[3]（宋）吴自牧：《梦粱录》卷一九“社会”，浙江人民出版社1980年版。

[4]（宋）西湖老人：《西湖老人繁胜录》“东岳生辰”，中国商业出版社1982年版。

除此之外，还必须提到一类宗教结社，其中代表社团便是被誉为千古美谈的“西湖白莲社”。宋太宗淳化初年（990 年），昭庆寺僧人省常发起成立净行社，又称白莲社。除僧侣外，当时朝廷公卿大夫及著名文士亦纷纷寄诗入社。到天禧末年（1021 年），历经三十载，先后入社的竟达 123 人之多。

《咸淳临安志》卷七九有孙何的《白莲社记》详细记载白莲社其事：

> 西湖者，余杭之胜游；《净行》者，《华严》之妙品。境与心契，人将法俱。浮图省常结社于此，举白莲以喻其洁，依止水以方其清。栋梁飞动于溪光，云木参差乎山翠。追道安之故事，则我在圣朝；蹑惠远之遗踪，则彼无公辅。尔乃镂香为玉毫之状，洒血缮金口之文。八十高僧，一千大众，受持正觉，劝导迷途。……

据宋白（936—1012 年）在《大宋杭州西湖昭庆寺结社碑铭并序》中记载，白莲社成立之初，只有僧人参加，后来才把范围扩大了，朝野上下、达官贵人、社会名流纷纷参加。因此白莲社不仅是一个民间宗教社团，它还带有文学性质，参加者中不乏当时一些著名作家。孙何作《白莲社记》，记述了参社主要公卿大夫的名字，除苏贰卿、宋尚书外，还有：

> 以王、谢之名位，慕宗、雷之风猷者，则有相国河内向公、贰卿长城钱公在密地日，参政太原王公、夕拜东平吕公在纶阁日，密谏颖川陈公、度支安定梁公任省倅日，尚书琅琊王公、夕拜清河张公在余杭日，侍读学士东平吕公任司谏日，工部侍郎致仕沛国朱公在翰林日，大谏始平冯公任翊善日，紫微郎赵郡李公、安定梁公、弘农梁公在史馆日，故邓帅陇西李公在秘阁日，故副枢广平宋公在翰林日，故阁老太原王公在扬州日，皆文为国华，望作人杰，仰止师行，发为声诗。

唐宋以来文人、士大夫们常常以诗入禅，以禅述志，禅学与诗学的相互渗透、相互融合，诗僧论交，诗词唱酬往来，成为一种时尚。上述共十九人，按照“闻法随喜之岁月，寄诗入社之先后”排列，多数人可由《宋史》考知。据《咸淳临安志》卷七九记杭州大昭庆寺载，寺中有白莲堂，结社诗曾刻于堂中，有《白莲堂诗》、《莲社诗》、《文殊颂》、《入社诗》、《菩提寺记》等，可惜皆毁于火。

（二）集会

除了结社之外，集会也是宋时杭城民间较为常见的现象。南宋时的“会”在习惯上有两种解释。一种指在特定日期，比如神灵诞辰等，举行的特定宗教仪式、法事。比如“奉道者有灵宝会，每月富室当供持诵正一经卷。如正月初九日玉皇上帝诞日，杭城行香诸富室，就承天观阁上建会。北极佑圣真君圣降及诞辰，士庶与羽流建会于宫观或于舍庭。诞辰日，佑圣观奉上旨建醮，士庶炷香纷然，诸寨建立圣殿者，俱有社会，诸行亦有献供之社。遇三元日，诸琳宫建普度会，广度幽冥。二月初三日梓潼帝君诞辰，川蜀仕宦之人就观建会。三月二十八日，东岳诞辰。四月初六日，城隍诞辰。二月初八日，霍山张真君圣诞。四月初八日，诸社朝五显王庆佛会。九月二十九日，五王诞辰”[1]。

[1]（宋）吴自牧：《梦粱录》卷一九“社会”，浙江人民出版社1980年版。

此外，“宝叔塔寺每岁春季，建受生寄库大斋会。诸寺院清明建供天会。七月十五日，建盂兰盆会。二月十五日，长明寺及诸教院建涅会。四月八日，西湖放生池建放生会，顷者此会所集数万人。太平兴国传法寺向者建净业会，每月十七日集善男信人，十八日集善女信人，入寺诵经，设斋听法，年终以所收赀金，建药师道场七昼夜，以终其会，今废之久矣。其余白莲、行法、三坛等会，各有所分也”[2]。特别是七月十五盂兰盆会，盛况空前，《梦粱录》、《武林旧事》中对此都有记载。

[2]同上。

“会”的另一种解释指的实际上就是民间结社，即由专门参加某种宗教仪式的善男信女所组成的一种组织。庙会举行时，会众们聚集起来，共同承担一定的责任，庙会结束后，便自行解散。

当时比较有名的有上天竺寺的光明会。《梦粱录》卷一九“社会”载：“奉佛者有上天竺寺光明会，俱是富豪之家，及大街铺席施以大烛巨香，助以斋赀供米，广设胜会，斋僧礼忏三日，作大福田。”《西湖老人繁胜录》也记：“递年浙江诸富家舍钱作会，烧大烛数条如柱，大小烛一二千条，香纸不计数目。米面、碗碟、匙箸、扇子、蒲鞋、条帚、灯心，油盏之类俱备，斋僧数日，满三出山。”

“又有善女人，皆府室宅舍内司之府第娘子夫人等，建庚申会，诵《圆觉经》，俱带珠翠珍宝首饰赴会，人呼曰‘斗宝会’。更有城东城北善友道者，建茶汤会，遇诸山寺院建会设斋，又神圣诞日，助缘设茶汤供众。四月初八日，六和塔寺集童男童女善信人建朝塔会。九月初一日，湖州市遇土神崇善王诞日，亦有童男童女迎献茶果，以还心愫。每月遇庚申或八日，诸寺庵舍，集善信人诵经设斋，或建西归会。”[3]

[3]同上。

这种以烧香礼拜为主要内容的民间结社也称之为“会”，在这个意义上，“会”与“社”其实也没有什么大的区别。集会与结社的风俗一直延续到后代，影响久远。

第四节　赏玩游冶

宋代，杭城市民喜好赏玩游冶，四时不辍。饮茶、饮酒、游艺百戏以及游园蔚然成风。这种风气对后世的影响十分深远，历来受到重视。

一　斗茶与茶俗

宋时，杭城饮茶之风已普及于社会各个阶层，渗入市民日常生活的方方面面。北宋李觏曰："茶非古也，源于江左，流于天下，浸淫于近代，君子小人靡不嗜也，富贵贫贱靡不用也。"[1]可见，当时不论贫贱富贵，官宦之家抑或寻常百姓，都以饮茶为尚。从皇宫欢宴、文人斗茶、茗战到民间市井茶肆品茗休憩，从各种场合的迎来送往、交际应酬到人生喜庆，无一不洋溢着茶之清香。

[1]（宋）李觏：《盱江集》卷一六"富国策一〇"，四库全书本。

据《梦粱录》卷一八"物产"记载，当时杭州一带盛产名茶，主要有"宝云茶，香林茶，白云茶。又宝严院垂云亭亦产。东坡以诗戏云：'妙供来香积，珍烹具大官。拣芽分雀舌，赐茗出龙团。'盖南北两山、七邑诸山皆产。径山采谷雨前茗，以小缶贮馈之"。《咸淳临安志·物产》也有记载，宝云茶产于宝云庵，香林茶产于下天竺香林洞，白云茶产于上天竺白云峰。

径山茶，因产于余杭径山寺而得名。据康熙《余杭县志·纪异》载，唐代径山寺开山祖师法钦"手植茶树数株，采以供佛，逾年，蔓延山谷，其味鲜芳，特异他产"，径山茶从此声名远播。直至现代，这一带还流传着《佛指园》的传说，讲述径山茶园的神奇来历。北宋时，因径山寺内有龙井泉，径山茶又被称为"龙井茶"。欧阳修曾作《送龙茶与许道人》，诗云：

> 我有龙团古苍璧，九龙泉深一百尺。
> 凭君汲井试烹之，不是人间香味色。

此外，宋代分水县（今属桐庐）出产的天尊岩和产自睦州鸠坑（今属淳安）的鸠坑茶也一度成为贡茶而名噪一时。

宋代冲茶的方法与唐代略同而有变化，时人称之为"点茶"。"点茶"与唐代的煎茶最大的不同在于煎水不煎茶，茶叶不再投入釜内煮，而是沸水在茶盏内点冲。根据蔡襄《茶录》上篇记载，主要有炙茶、碾茶、罗茶、候汤、熁盏、点茶几个步骤：

> 炙茶　茶或经年，则香色味皆陈。于净器中以沸汤渍之，刮去膏油一两重乃止，以钤钳之，微火炙干，然后碎碾。若当年新茶，则不用此说。
>
> 碾茶　碾茶先以净纸密裹捶碎，然后熟碾。其大要，旋碾则色白，或经宿则色已昏矣。
>
> 罗茶　罗细则茶浮，粗则水浮。
>
> 候汤　候汤最难。未熟则沫浮，过熟则茶沉，前世谓之蟹眼者，

过熟汤也。沉瓶中煮之不可辨，故曰候汤最难。

熁盏　凡欲点茶。先须熁盏令热。冷则茶不浮。

点茶　茶少汤多，则云脚散；汤少茶多，则粥面聚。钞茶一钱七，先注汤调令极匀，又添注入环回击拂。汤上盏可四分则止，视其面色鲜白，著盏无水痕为绝佳。建安斗试，以水痕先者为负，耐久者为胜，故较胜负之说，曰相去一水两水。

冲泡茶饼，要先将其碾碎，茶末过筛。静候汤水达到最适宜温度，再用热水冲涤杯盏，有利于杯盏散发茶香，最后点茶。这也是最关键、技艺要求最高的一个环节。点茶第一步是调膏，将茶末放入茶碗之中，加入开水，调成极均匀的茶膏，要有胶质感。然后再往茶盏里注入煎好的沸水，一边加水，一边用茶筅搅拌，茶末与水混为一体。注水和搅拌时要注意缓急、轻重和落点的不同，适时变化。

点茶的茶具有茶焙、茶笼、砧椎、茶钤、茶碾、茶罗、茶盏、茶匙、汤瓶等。

宋时临安还盛行一种独特的烹茶游戏——分茶。分茶的产生与当时茶饼的冲泡方式有关。搅拌茶汤之后，往往会在茶面上出现各式各样的白色汤花，形状各异，变化无穷，须臾即散，十分有趣。

“分茶”始于北宋，当时被称为“茶百戏”。北宋初年陶谷在《清异录·荈茗录》载：“茶至唐始盛。近世有下汤运匕，别施妙诀，使汤纹水脉成物象者，禽兽虫鱼花草之属，纤巧如画。但须臾即就散灭。此茶之变也，时人谓之茶百戏。”南宋临安尤为盛行，诗词中吟诵到分茶的颇多。如陆游《临安春雨初霁》有两句：“矮纸斜行闲作草，晴窗细乳戏分茶。”杨万里《澹庵坐上观显上人分茶》，描写了他看上人玩分茶时的情景，十分详尽生动。诗云：

分茶何以煮茶好，煎茶不似分茶巧。
蒸水老禅弄泉手，隆兴元春新玉爪。
二者相遭兔瓯面，怪怪奇奇真善幻。
纷如劈絮行太空，影落寒江能万变。
银瓶首下仍尻高，注汤作势字嫖姚。
不须更师屋漏法，只问此瓶当响答。
紫薇仙人乌角巾，唤我起看清风生。
京尘满袖思一洗，病眼生花得再明。
汉鼎难调要公理，策勋茗碗非公事。
不如回施与寒儒，归续《茶经》传衲子。

元、明仍有分茶余韵流传。比如关汉卿《一枝花·不服老》：“花中消遣，酒内忘忧。分茶，擫竹；打马，藏阄。通五音六律滑熟。甚闲愁到我心头。”董解元《西厢记》卷一亦云：“选甚嘲风咏月，擘阮分茶。”

宋时，茶已经成为家家户户不能缺少的生活必需品。如王安石所言：“茶之为民用，等于米盐，不可一日无。”[1]刘弇亦曰“百年以来，极于嗜好，略与饮食埒者”[2]。《梦粱录》也有“人家每日不可缺者，柴、米、油、盐、酒、酱、醋、茶”的说法。[3]

当时人们走访亲朋、朋友相聚，皆煮茗品饮，并仿效沿袭，蔚然成风。“巷陌街坊，自有提茶瓶沿门点茶，或朔望日，如遇吉凶二事，点送邻里茶水，倩其往来传语。又有一等街司衙兵百司人，以茶水点送门面铺席，乞觅钱物，谓之‘龊茶’。僧道头陀欲行题注，先以茶水沿门点送，以为进身之阶。”[4]就连和尚道士也以送茶水为借口，要求人们多多施舍钱财。临安市民婚嫁之时，也以茶饼为聘礼。周密《齐东野语》卷一九还有这样的记载：

> 凡居丧者，举茶不用托，虽曰俗礼，然莫晓其义。或谓昔人托必有朱，故有所嫌而然，要必有所据。宋景文《杂记》云：“夏侍中薨于京师，子安期他日至馆中，同舍谒见，举茶托如平日，众颇讶之。”又平园《思陵记》，载阜陵居高宗丧，宣坐、赐茶，亦不用托。始知此事流传已久矣。

可见，饮茶习俗已渐渐渗入婚丧嫁娶、人生礼仪之中。

宋代临安茶风兴盛的另一个标志是茶肆林立，种类丰富，以满足不同阶层的需要。《梦粱录》卷一六“茶肆”载有“浮铺”、“人情茶肆”、“花茶坊”等名目：

> 夜市于大街有车担设浮铺，点茶汤以便游观之人。大凡茶楼多有富室子弟、诸司下直等人会聚，习学乐器、上教曲赚之类，谓之“挂牌儿”。人情茶肆，本非以点茶汤为业，但将此为由，多觅茶金耳。又有茶肆专是五奴打聚处，亦有诸行借工卖伎人会聚行老，谓之“市头”。大街有三五家开茶肆，楼上专安着妓女，名曰“花茶坊”，如市西坊南潘节干、俞七郎茶坊，保佑坊北朱骷髅茶坊，太平坊郭四郎茶坊，太平坊北首张七相干茶坊，盖此五处多有炒闹，非君子驻足之地也。更有张卖面店隔壁黄尖嘴蹴球茶坊，又中瓦内王妈妈家茶肆名一窟鬼茶坊，大街车儿茶肆、蒋检阅茶肆，皆士大夫期朋约友会聚之处。

当时，茶肆为了吸引顾客，在竞争中脱颖而出，便灵活运用各种经营手段，十分重视店铺装饰。临安茶肆大多“插四时花，挂名人画”，“列花架，安顿奇松异桧等物于其上，装饰店面，敲打响盏歌卖，止用瓷盏漆

[1]（宋）王安石：《临川先生文集》卷七〇“议茶法”，国家图书馆出版社2004年版。

[2]（宋）刘弇：《龙云集》卷二八“策问中”，《豫章丛书集部三》，江西教育出版社2004年版。

[3]（宋）吴自牧：《梦粱录》卷一六“鲞铺”，浙江人民出版社1980年版。

[4]（宋）吴自牧：《梦粱录》卷一六“茶肆”，浙江人民出版社1980年版。

托供卖，则无银盂物也”[1]。随着季节不同，随时变换营业品种，“四时卖奇茶异汤，冬月添卖七宝擂茶、馓子、葱茶，或卖盐豉汤，暑天添卖雪泡梅花酒，或缩脾饮暑药之属”[2]。有的茶肆还请乐师鼓乐吹奏，招徕顾客，如“卖梅花酒之肆，以鼓乐吹《梅花引》曲破卖之，用银盂杓盏子，亦如酒肆论一角二角”[3]。

随着饮茶在社会生活中所处地位的日益重要，宋代还出现了多部茶书，其中不少都成了流传至今的经典，有关茶的诗文、杂著、书画也空前增多。

[1]（宋）吴自牧：《梦粱录》卷一六“茶肆”，浙江人民出版社1980年版。

[2]同上。

[3]同上。

二　饮酒风俗

宋时杭城饮酒之风十分浓厚。一方面酿酒工艺臻于成熟，另一方面城市内酒肆林立，经营多元化，进一步促进了市民中饮酒之风的发展。

（一）酿酒工艺

唐宋时期是我国黄酒酿造技术发展的高峰时期，经过上千年的实践，传统黄酒酿造工艺流程、技艺以及工艺设备在宋代基本定型。宋代关于酿酒工艺的理论著作大大增加，特别是成书于北宋徽宗政和五年（1115年）前后的《北山酒经》，比较系统、全面地介绍和总结了当时以及前代的酿酒工艺，具有较强的实践指导意义。其作者朱翼中曾在杭州开设酒坊，有丰富的酿酒经验，书中着重记录了我国南方，包括杭州一带的制曲酿酒工艺。

首先淘米须净。原料选择十分严格，讲究“造酒，治糯为先，须令拣择。不可有粳米。若旋拣实为费力，要须自种糯谷，即全无粳米，免更拣择”。强调要捡去杂质，“凡米，不从淘中取净。从拣择中取净。缘水只去得尘土，不能去砂石、鼠粪之类”[4]。

酿酒主要经过卧浆、淘米、煎浆、汤米、蒸醋糜、用曲、合酵、酴米、蒸甜糜、投醹、上槽、收酒、煮酒等十几道工序方可成。宋代，黄酒酿造中普遍使用酸浆，“酒以浆为祖”，“造酒最在浆”，“浆不酸即不可酿酒”[5]。酸浆用小麦煮粥而成，效果最好。当时人们在酿酒中，用汤米浸泡米粒，使米粒充分吸收酸水，膨胀疏松，便于煮烂糊化，也可防止细菌繁殖。同时也通过酒曲的大量使用来保持酸度。

[4]（宋）朱翼中：《北山酒经》卷中“淘米”，四库全书本。

[5]（宋）朱翼中：《北山酒经》卷中“卧浆”，四库全书本。

黄酒的压榨工艺在宋时基本成熟，有效地提高了黄酒质量。《北山酒经》有“上槽”一节专门对压榨工艺进行阐释。在不同季节，酒的成熟度不同，要应时而变，如在天寒时，酒须过熟；温凉并热时，须是合熟便压。

随着酿造技术的不断改善，加之杭城“人物浩繁，饮之者众故”，酒肆之内酒牌名目繁多，令人目不暇接。《武林旧事》卷六“诸色酒名”记载有蔷薇露、流香、宣赐碧香、凤泉、玉练槌、有美堂、中和堂、雪醅、真珠泉、常酒、和酒、皇华堂、爰咨堂、琼花露、六客堂、齐云清露、双瑞、爱山堂、得江、留都春等54种之多。

（二）官库与迎煮

宋时，官府专设官库，垄断酿酒业，官库兴办的酒肆，隶属户部点检所。东库有太和楼，西库有西楼，南库有和乐楼，北库有春风楼，武林园南上库有和丰楼，此外还有太平楼、丰乐楼、南外库、北外库和西溪库。“每库设官妓数十人，各有金银酒器千两，以供饮客之用。每库有祗直者数人，名曰‘下番’。饮客登楼，则以名牌点唤侑樽，谓之‘点花牌’。元夕诸妓皆并番互移他库。”[1]官营酒肆主要为士大夫阶层服务，普通市民少有涉足。

[1]（宋）周密：《武林旧事》卷六“酒楼”，中国商业出版社1982年版。

每年寒食节、中秋前后，各库开沽煮酒，场面十分热闹，是杭州城内一件盛事。开沽煮酒之前，各个官库都会张贴告示，通告市民，同时各库官私妓女、社队鼓乐也积极准备，参加开沽新酒典礼的迎引。那一日清晨，各库队伍前往校场，等候官府检阅。各队“首以三丈余高白布写‘某库选到有名高手酒匠，酝造一色上等辣无比高酒，呈中第一’。谓之‘布牌’，以大长竹挂起，三五人扶之而行。次以大鼓及乐官数辈，后以所呈样酒数担，次八仙道人、诸行社队，如鱼儿活担、糖糕、面食、诸般市食、车架、异桧奇松、赌钱行、渔父、出猎、台阁等社。又有小女童子，执琴瑟；妓家伏役婆嫂，乔妆绣体浪儿，手擎花篮、精巧笼仗”[2]。其后是打扮得花枝招展的妓女队伍，妓女又分三等，衣着装扮各不相同，“上马先以顶冠花衫子裆，次择秀丽有名者，带珠翠朵玉冠儿，销金衫儿、裙儿，各执花斗鼓儿，或捧龙阮琴瑟，后十余辈，着红大衣，带皂时髻，名之‘行首’，各雇赁银鞍闹妆马匹，借倩宅院及诸司人家虞候押番，及唤集闲仆浪子，引马随逐，各青绢白扇马兀供值”[3]。妓女之后，“专知大公，皆新巾紫衫，乘马随之”。

[2]（宋）吴自牧：《梦粱录》卷二“诸库迎煮”，浙江人民出版社1980年版。

[3]同上。

各库迎引出大街，“直至鹅鸭桥北酒库，或俞家园都钱库，纳牌放散”。队伍所到之处，一片欢腾，“风流少年，沿途劝酒，或送点心。间有年尊人，不识羞耻，亦复为之，旁观哂笑。诸酒肆结彩欢门，游人随处品尝。追欢买笑，倍于常时”[4]。

[4]同上。

（三）私人酒肆

除官库酒肆外，还有一类“市楼”，即民办酒肆。这一类酒肆不仅数量众多，而且装潢考究，酒菜丰富，服务周到，颇受市民欢迎。

据《武林旧事》记载，当时“市楼之表表者”有29处，多分布于瓦舍勾栏等人流聚集之所。“中瓦子前武林园，向是三元楼康、沈家在此开沽”，“次有南瓦子熙春楼王厨开沽，新街巷口花月楼施厨开沽，融和坊嘉庆楼、聚景楼，俱康、沈脚店，金波桥风月楼严厨开沽，灵椒巷口赏新楼沈厨开沽，坝头西市坊双凤楼施厨开沽，下瓦子前日新楼郑厨开沽”[1]。其余不知名的小酒店更是不计其数。

[1]（宋）吴自牧：《梦粱录》卷一六“酒肆”，浙江人民出版社1980年版。

这些酒肆装饰精美，“店门首彩画欢门，设红绿杈子，绯绿帘幕，贴金红纱栀子灯，装饰厅院廊庑，花木森茂，酒座潇洒。但此店入其门，一直主廊，约一二十步，分南北两廊，皆济楚阁儿，稳便坐席，向晚灯烛荧煌，上下相照，浓妆妓女数十，聚于主廊面上，以待酒客呼唤，望之宛如神仙”[2]。杭城酒肆装潢保留了一些汴京遗风，比如酒肆门口设“欢门”、“红绿杈子”、“红纱栀子灯”等装饰物。这种装饰习俗源于五代，“盖因五代时郭高祖游幸汴京，茶楼酒肆俱如此装饰，故至今店家仿效成俗也”[3]。当时百姓为了迎接后周皇帝郭威临幸汴京，特意将酒肆装饰一新，营造喜庆的气氛。这种风俗后来为店家、市民普遍接受，就一直延续下来了。

[2]同上。

[3]同上。

酒楼之内，又分十余间小阁，相当于现在的雅座包厢，食具酒器都用银制，相当奢华。饮酒之地鱼龙混杂，各色人等各有所职，经年累月，形成了各自特定的称谓，十分有趣。“每处各有私名妓数十辈，皆时妆袨服，巧笑争妍。……凭槛招邀，谓之‘卖客’。又有小鬟，不呼自至，歌吟强聒，以求支分，谓之‘擦坐’。又有吹箫、弹阮、息气、锣板、歌唱、散耍等人，谓之‘赶趁’。及有老妪以小炉炷香为供者，谓之‘香婆’。”[4]小商小贩担着食架穿梭于饮客之中，叫卖吆喝之声不断。“有以法制青皮、杏仁、半夏、缩砂、豆蔻、小蜡茶、香药、韵姜、砌香、橄榄、薄荷，至酒阁分俵得钱，谓之‘撒’。又有卖玉面狸、鹿肉、糟决明、糟蟹、糟羊蹄、酒哈蜊、柔鱼、虾茸、干者，谓之‘家风’。又有卖酒浸江鳐、章举蛎肉、龟脚、锁管、蜜丁、脆螺、鲎酱、法虾、子鱼、鱼诸海味者，谓之‘醒酒口味’。”[5]下酒羹汤小食十分丰富，随客人“任意索唤，虽十客各欲一味，亦自不妨”。

[4]（宋）周密：《武林旧事》卷六“酒楼”，中国商业出版社1982年版。

[5]（宋）周密：《武林旧事》卷六“酒楼”，中国商业出版社1982年版。

饮客入店，“酒力高美者，牌额卖过山之名，其言一山、二山、三山之类是也”[6]。若是酒力不高，便不能轻易上楼。“如买酒不多，只坐楼下散坐，谓之‘门床马道’。”客人刚入座，店家会摆上一些“看菜”，待饮客点酒后，再换好菜蔬。若是“有一等外郡士夫，未曾谙识者，便下箸吃，被酒家人哂笑”[7]。

[6]（宋）吴自牧：《梦粱录》卷一六“酒肆”，浙江人民出版社1980年版。

[7]同上。

为了招徕客人，酒家人服务热情、周到。“过卖铛头，记忆数十百品，不劳再四传喝。如流便即制造供应，不许少有违误。酒未至，则先设看菜数碟；及举杯，则又换细菜，如此屡易，愈出愈奇，极意奉承。或少忤客意，及食次少迟，则主人随逐去之。”[8]为了能够多挣钱，酒家人有时也会要些小聪明。比如“店肆饮酒，在人出著，且如下酒品件，其钱数不多，谓之‘分茶’，小分下酒，或命妓者，被此辈索唤珍品、下细食次，使其高抬价数”，而那些常客往往能一眼看穿其中的小伎俩。

[8]（宋）周密：《武林旧事》卷六“酒楼”，中国商业出版社1982年版。

杭城酒肆种类颇多，能够适应不同阶层人群的需要。这里既有大型酒楼供达官贵人消费，也有为数不少的酒肆满足普通市民的需求，这一类酒肆装饰比较简单，统称为“拍户”。“大抵酒肆除官库、子库、脚店之外，其余谓之‘拍户’，兼卖诸般下酒，食次随意索唤。酒家亦自有食牌，从便点供。”其余还有包子酒店、宅子酒店、花园酒店、散酒店、庵酒店、罗酒店等，《都城纪胜·酒肆》对此有详细描述：

> 包子酒店，谓卖鹅鸭包子、四色兜子、肠血粉羹、鱼子、鱼白之类，此处易为支费。宅子酒店，谓外门面装饰如仕宦宅舍，或是旧仕宦宅子改作者。花园酒店，城外多有之，或城中效学园馆装折。直卖店，谓不卖食次也。散酒店，谓零卖百单四、七十七、五十二、三十八，并折卖外坊酒。门首亦不设油漆杈子，多是竹栅布幕，谓之打碗，遂言只一杯也。却不甚尊贵，非高人所往。庵酒店，谓有娼妓在内，可以就欢，而于酒阁内暗藏卧床也。门首红栀子灯上，不以晴雨，必用箬盖之，以为记认。其他大酒店，娼妓只伴坐而已。欲买欢，则多往其居。罗酒店，在山东、河北有之，今借名以卖浑头，遂不贵重也。

当时坊巷流传着一句俗语，“欲得官，杀人放火受招安；欲得富，赶著行在卖酒醋”[1]。这里所说的“行在”就是临安。可见，当时在杭城经营酒肆收益颇丰。酒肆，伴随着杭城娱乐市场、商业经营的蓬勃发展而兴盛起来。它迎合了杭城市民浓厚的饮酒之风，反过来酒宴风俗又进一步促进了酒肆的发展。

[1]（宋）庄绰：《鸡肋篇》卷中，中华书局1983年版。

三　民间游艺

宋代，杭城游艺活动丰富多彩，名目繁多，据《都城纪胜》、《梦粱录》、《武林旧事》等典籍记载，当时民间游艺活动多达二十余种。其中影响较大的有相扑、商谜、斗蟋蟀、蹴鞠等。

（一）相扑

宋时杭城繁盛的“百戏伎艺”中，规模最大的要数相扑。《梦粱录》卷二〇载：“角觝者，相扑之异名也，又谓之‘争交’。”《都城纪胜·瓦舍众伎》也说：“相扑争交，谓之角觝之戏。”《武林旧事》卷六“诸色伎艺”记录的南宋时杭城专业相扑艺人有64人之多，其中包括赛貌多、侥六娘、后辈侥、女急快、韩春春、锦勒帛、绣勒帛等7名“女飐”，即女相扑手。

民间相扑艺人多在瓦市中比赛，以膂力决胜负。相扑手们首先在瓦市中寻得一块空阔场地，聚集观众，“以图摽手之资”。表演时，“先以女数对打套子，令人观睹，然后以膂力者争交”[2]。在护国寺南高峰露台上还

[2]（宋）吴自牧：《梦粱录》卷二〇“角觝”，浙江人民出版社1980年版。

有全国性质的相扑比赛，选手来自全国各地，经过层层选拔，“须择诸道州郡膂力高强、天下无对者，方可夺其赏”。头赏者的赏赐有“旗帐、银杯、彩缎、锦袄、官会、马匹”等。宋理宗景定年间，有温州人韩福夺得头赏，除获得赏赐的财物外，还获得军佑之职，补入军中。当时，杭城有名的相扑手有“周急快、董急快、王急快、赛关索、赤毛朱超、周忙憧、郑伯大、铁稍工韩通住、杨长脚等，及女占赛关索、嚣三娘、黑四姐女众，俱瓦市诸郡争胜，以为雄伟耳”[1]。

除瓦子勾栏内专业性、商业性的相扑表演外，有的相扑艺人则在空阔处，随意搭个场子，临街献艺，比如在“十三军大教场、教奕军教场、后军教场、南仓内、前杈子里、贡院前、佑圣观前宽阔所在，扑卖并路岐人在内作场”[2]。大大小小的庙会、节庆活动中也不乏相扑手的身影。每年农历二月初八桐川张大帝生辰，霍山行宫都要举行盛大的庙会，“朝拜极盛，百戏竞集”。其中有角觝社于庙会露台表演相扑。此外，“三月三日殿司真武会，三月二十八日东岳生辰社会之盛，大率类此”[3]。

还有一种别致的相扑表演形式，称为“乔相扑”。乔，即为假扮，乔相扑，就是假扮相扑，带有戏谑、诙谐、幽默的特点。《武林旧事》卷六“诸色伎艺人”专门记载了“乔相扑”艺人九人，他们的名字颇为有趣，有元鱼头、鹤儿头、鸳鸯头、一条黑、一条白、斗门乔、白玉贵、何白鱼、夜明珠。

相扑在民间开展得如火如荼，连军队中也盛行相扑，并且颇具规模。《梦粱录》卷二〇“角觝”载：“朝廷大朝会、圣节、御宴第九盏，例用左右军相扑，非市井之徒，名曰‘内等子’，隶御前忠佐军头引见司所管，元于殿步诸军选膂力者充应名额，即虎贲郎将耳。每遇拜郊、明堂大礼、四孟车驾亲飨，驾前有顶帽，鬓发蓬松，握拳左右行者是也。”南宋时，设内等子120名，“内有管押人员十将各二名，上中等各五对，下等八对，剑棒手五对，余皆额里额外，准备祗应”。每三年，选拔一次入额内等子，额内人员三年一次由皇帝殿试，晋升等级，“谢恩赏赐银绢外，出职管押人员”。管押人员即教头，也可由“本司牒发诸州道郡军府，充管营军头”[4]。可见，相扑业已成为晋升军职的途径，殿试场面十分宏大，参加过的朝官曾作诗云：“虎贲三百总威狞，急旗催叠鼓声。疑是啸风吟雨处，怒龙彪虎角亏盈。”

（二）商谜

“商谜，旧用鼓板吹《贺圣朝》，聚人猜诗谜、字谜、戾谜、社谜，本是隐语。”[5]商谜，即猜谜，进入瓦子勾栏后，成为商业性游艺活动。表演时，艺人用敲鼓板吹“贺圣朝”乐曲，吸引观众。谜的种类有诗谜、字谜、戾谜、社谜等。“诗谜”谜面是一首诗；“字谜”谜底是一个或者几个字；“戾谜”指瓦市中娼优、艺人自己不能作谜，只能背商谜，《西

[1]（宋）吴自牧：《梦粱录》卷二〇“角觝”，浙江人民出版社1980年版。

[2]（宋）西湖老人：《西湖老人繁胜录》，中国商业出版社1982年版。

[3]（宋）周密：《武林旧事》卷三“社会”，中国商业出版社1982年版。

[4]（宋）吴自牧：《梦粱录》卷二〇“角觝”，浙江人民出版社1980年版。

[5]（宋）灌圃耐得翁：《都城纪胜》“瓦舍众伎”，中国商业出版社1982年版。

湖老人繁胜录》"瓦市"中有"背商谜，胡六郎"之语。北宋时，杭城已有猜商谜这种娱乐活动，流行于文人雅士之中。《东坡问答录》中记载了苏东坡任杭州通判时发生的一则趣事：

> 东坡即拾一片纸，画一和尚，右手把一柄扇，左手把长柄笊篱，与佛印云："可商此谜?"佛印沉吟良久："莫不是《关雎》序中之语欤?"东坡曰："何谓也?"佛印答曰："风以动之，教以化之。非此意乎?"东坡曰："吾师本事也。"相与大笑而已。

明代杨慎的《丹铅杂录》记载了另一个佛印与苏东坡猜谜的故事："佛印持二百五十钱，示东坡云：'与你商此一个谜。'东坡思之，少顷，谓佛印曰：'一钱有四字，二百五十钱，乃一千个字，莫非《千字文谜》乎?'佛印笑而不答。"

南宋时，杭城商谜盛行，有胡六郎、魏大林、张振、周月岩、蛮明和尚、东吴秀才、陈宾、张月斋、捷机和尚、魏智海、小胡六、马定斋、王心斋[1]等商谜艺人，博闻广识，颇受市民欢迎。又"如有归和尚及马定斋，记问博洽，厥名传久矣"[2]。

瓦子勾栏之中，猜谜还形成了一定的方法和套路。《都城纪胜》"瓦舍众伎"载："有道谜、正猜、下套、贴套、走智、横下、问因、调爽。"《梦粱录》卷二〇"小说讲经史"介绍得更加详细："道谜，来客念思司语讥谜，又名'打谜'。走智，改物类以困猜者。正猜，来客索猜。下套，商者以物类相似者讥之，又名'对智'。贴套，贴智思索。横下，许旁人猜。问因，商者喝问句头。调爽，假作难猜，以走其智。"猜谜过程中，"商者"与"猜者"有问有答，相互斗智。"商者"有时会讥笑"猜者"，"猜者"也假作犯难状，调侃之中，整个过程显得幽默诙谐。

南宋时，商谜艺人中还出现了专门的行业组织——谜社，共同研习谜法，如南垢斋、北垢嘉、西斋等。

（三）斗蟋蟀

蟋蟀，又称为"促织"，此风始于唐代。南宋杭城，上至达官贵人，下至平民百姓，俱以此为乐。两宋之交，苏汉臣所绘《百子图》中宋人斗蟋蟀的场景栩栩如生。

杭城市民好养蟋蟀，"或用银丝为笼，或作楼台为笼，或黑退光笼，或瓦盆竹笼，或金漆笼，板笼甚多"[3]。每天早晨，在官巷南北设场开斗，常有三五十人聚集参与或是围观。城中有所好，也令周边乡民看到有利可图，于是"乡民争捉入城货卖，斗赢三两个，便望卖一两贯钱。苕生得大，更会斗，便有一两银卖。每日如此。九月尽，天寒方休"[4]。

[1]（宋）周密：《武林旧事》卷六"诸色伎艺人"，中国商业出版社1982年版。

[2]（宋）吴自牧：《梦粱录》卷二〇"小说讲经史"，浙江人民出版社1980年版。

[3]（宋）西湖老人：《西湖老人繁胜录》，中国商业出版社1982年版。

[4]同上。

（四）蹴鞠

“蹴鞠”一词见载于《史记·苏秦列传》，苏秦游说齐宣王时说到临菑的富庶繁华：“临菑甚富而实，其民无不吹竽鼓瑟，弹琴击筑，斗鸡走狗，六博蹋鞠者。”“蹋”即为“蹴”，踢的意思。“鞠”，就是球，古代的足球。至唐代，蹴鞠已经成为一项很普遍的运动。杜甫有诗曰：“十年瞰鞠将雏远，万里秋千风俗同。”

宋代，蹴鞠游戏进入鼎盛时期。宋江少虞《宋朝事实类苑》卷五二“书画伎艺”说：“蹴鞠，以皮为之，中实以物；蹴（踢）蹋为戏乐也，亦谓为球焉。今所作牛彘胞，纳气而张之。则喜跳跃，然或俚俗数少年簇围而蹴之，终无坠地，以失蹴为耻，久不坠为乐，亦谓为‘筑球鞠’也。”当时的蹴球由皮质外层，动物（牛）尿胞内衬构成，内衬充气，蹴球膨胀，有较好的弹性。

南宋的杭城，蹴鞠已不再仅仅是一种体育竞技项目，更是带有表演、娱乐性质的群体游艺项目。《武林旧事》卷六“诸色伎艺人”载有黄如意、范老儿、小孙、张明、蔡润5位蹴鞠高手。杭城上下各处都可见蹴鞠的身影，除了不少瓦市辟有专门的球场外，其他如先贤堂、三贤堂、四圣观、蒋苑等繁华热闹之处也有蹴鞠活动，如蒋苑使家有小圃，每到放春之日，“且立标竿射垛，及秋千、梭门、斗鸡、蹴鞠诸戏事，以娱游客”[1]。就连宫廷御宴也有蹴鞠表演。《梦粱录》卷三“宰执亲王南班百官入内上寿赐宴”中有载：“第六盏再坐，斟御酒，笙起慢曲子。宰臣酒，龙笛起慢曲子。百官酒，舞三台，蹴球人争胜负。且谓：‘乐送流星度彩门，乐西胜负各分番。胜赐银碗并彩缎，负击麻鞭又抹枪。’”

[1]（宋）周密：《武林旧事》卷三“放春”，中国商业出版社1982年版。

《武林旧事》卷四“乾淳教坊乐部”记录了南宋时一支专业蹴鞠队球员的名单，分成“左军”与“右军”两队，每队16人，共计32人。其中“左军”有“球头张俊、跷球王怜、正挟朱选、头挟施泽、左竿网丁诠、右竿网张林、散立胡椿等”；“右军”有“球头李正、跷球朱珍、正挟朱选、副挟张宁、左竿网徐宾、右竿网王用、散立陈俊等”。从这份名单中可以发现，比赛时各队成员间分工细致，各人各司其职，专业化程度相当高。

南宋时，杭城蹴鞠游戏盛行“白打”。与传统蹴鞠比赛设球门，以射门为主直接对抗的竞赛方式不同，“白打”主要指无球门的散踢。较之射门比准，“白打”更加强调球员对球的控制力，讲究运球、带球以及击球的花样和技巧，球员须灵活运用头、肩、背、胸、膝、腿、脚等各部位，使球终日不坠地。“白打”比赛形式灵活，有“一人场户”到“十人场户”十种不同的形式。“白打”的技巧各有名目，富于变化，有肩、背、拍、拽、捺、控、膝、拐、搭、欣等“十踢法”。南宋陈元靓在《事林广记·戊集》卷二记载了一首总结各种踢法的《总决》：

肩如手中持重物，用背慢下快回头。
拐要控膝蹲腰取，搭用伸腰不起头。
控时须用双睛顾，捺用肩尖微指高。
拽时且用身先倒，右膝左手略微高。
胸拍使了低头觑，何必频频问绿杨。

随着南宋杭城蹴鞠活动的兴盛，还出现了专门的蹴鞠社团组织——齐云社。《武林旧事》卷三《社会》载：“二月八日为桐川张王生辰，霍山行宫朝拜极盛，百戏竞集，如绯绿社杂剧、齐云社蹴球、遏云社唱赚……”陈元靓《事林广记·戊集》卷二详细记录了齐云社规、蹴鞠技术及比赛方法等。其中“齐云社规”曰：“才下场，他人打论（蹴球），来复接住气球，为同踢人，曰‘断带挟’。”又“下脚”文曰：“论来得高，使花肩、和肩、偷北肩；论来得低，使虚蹬、蹑蹬；论来得浅，使魃搭、么搭、招头搭；论来得深，使正骑、背骑、斜飞骑；论踢时四厢不背，论打后远着人。”最后称赞齐云社：“四海齐云社，当场蹴气球。作家偏著所，圆社最风流。”

齐云社有严格的社规，入社会员必须遵守。社规中对球员的修身养性、蹴鞠运动中应注意的保健、卫生等方面都提出了明确要求，促使蹴鞠运动向规范化、专业化、组织化方向发展。

四　城市园囿

杭城湖光山色、风景秀丽，市民多好游冶玩赏，风俗绮靡，园囿在当时杭城民众的生活中占有重要地位。北宋时期，杭人造园之风已然十分流行。欧阳修《有美堂记》写道：

若乃四方之所聚，百货之所交，物盛人众，为一都会，而又能兼有山水之美以资富贵之娱者，惟金陵、钱塘。……独钱塘自五代时知尊中国，效臣顺。及其亡也，顿首请命，不烦干戈，今其民幸富完安乐。又其俗习工巧，邑屋华丽，盖十余万家。环以湖山，左右映带，而闽商海贾，风帆浪舶，出入于江涛浩渺、烟云杳霭之间，可谓盛矣！而临是邦者，必皆朝廷公卿大臣，若天子之侍从，又有四方游士为之宾客，故喜占形胜，治亭榭，相与极游览之娱。

南宋偏安一隅，此风日盛。《西湖游览志》载：“至绍兴建都，生齿日富，湖山表里，点饰浸繁，离宫别墅，梵宇仙居，舞榭歌楼，彤碧辉列，丰媚极矣。”[1]西湖俨然成了销金窝儿，最显著的代表就是园囿房舍、水榭楼台。周密《武林旧事》、西湖老人《西湖老人繁胜录》和吴自牧

[1]（明）田汝成：《西湖游览志》卷一“西湖总叙”，上海古籍出版社1998年版。

《梦粱录》等古籍中都花了大量笔墨描写当时的造园盛况。《梦粱录》卷一九“园囿”文曰：“杭州苑囿，俯瞰西湖，高挹两峰，亭馆台榭，藏歌贮舞，四时之景不同，而乐亦无穷矣。”周密在《齐东野语》卷一九评价这种风气时，也不无感慨：“园囿一也，有藏歌贮舞，流连光景者；有旷志怡神，蜉蝣尘外者；有澄想遐观，运量宇宙，而游特其寄焉者。嘻！使园囿常兴而无废，天下常治而无乱，非后天下之乐而乐者其谁能？”

南宋时，杭城内外俱有上佳园囿，与山水胜景相得益彰，美不胜收。《都城纪胜》“园苑”篇对当时杭城园囿分布介绍得十分详细：

> 在城则有万松岭、内贵王氏富览园、三茅观、东山、梅亭、庆寿庵、褚家塘、御东园（系琼华园）、清湖北慈明殿园、杨府秀芳园、张府北园、杨府风云庆会阁。城东新开门外，则有东御园（今名富景园）、五柳御园。城西清波钱湖门外聚景御园（旧名西园）、张府七位曹园。南山长桥则西有庆乐御园（旧名南园）。净慈寺前屏山御园、云峰塔前张府真珠园（内有高寒堂，极华丽）。寺园、霍家园、方家峪、刘园。北山则有集芳御园、四圣延祥御园（西湖胜地，惟此为最）、下竺寺御园。钱塘门外则有柳巷、杨府云洞园西园、刘府玉壶园四并亭园、杨府水阁。又具美园、又饮绿亭、裴府山涛园、赵秀王府水月园、张府凝碧园。孤山路口，内贵张氏总宜园、德生堂、放生亭、新建公竹阁（袁枢尹天府就寺重建）。沿苏堤新建先贤堂园（本裴氏园，袁枢新建），又有三贤堂园（本新亭子，袁枢于水仙王庙移像新建），九里松嬉游园（大府酒库）。
>
> 涌金门外则有显应观、西斋堂、张府泳泽园、慈明殿环碧园（旧是清晖御园）。大小渔庄，其余贵府富室大小园馆，犹有不知其名者。城南嘉会门外，则有玉津御园（虏使时射弓所），又有就包山作园以植桃花，都人春时最为胜赏，惟内贵张侯壮观园为最。城北北关门外，则有赵郭家园。东西马城诸园，乃都城种植奇异花木处。

当时，西湖一带园囿最为集中，“里湖内诸内侍园囿楼台森然，亭馆花木，艳色夺锦，白公竹阁，潇洒清爽”[1]。湖堤两岸，园林茂盛，装点湖山。“湖边园囿，如钱塘玉壶、丰豫渔庄、清波聚景、长桥庆乐、大佛、雷峰塔下小湖斋宫、甘园、南山、南屏，皆台榭亭阁，花木奇石，影映湖山，兼之贵宅宦舍，列亭馆于木堤；梵刹琳宫，布殿阁于湖山，周围胜景，言之难尽。东坡诗云：‘若把西湖比西子，淡妆浓抹总相宜。’正谓是也。”[2]此外，西林桥、包山、桃花关、万松岭、九里松、涌金门外等处亭台楼阁星罗棋布，园内奇花异草，风景怡人。包山还所有桃花园，春暖花开，游人如织。

杭城园囿可分为皇家园囿、私家园囿和寺院园囿三种。

[1]（宋）吴自牧：《梦粱录》卷一九“园囿”，浙江人民出版社 1980 年版。

[2]（宋）吴自牧：《梦粱录》卷一二“西湖”，浙江人民出版社 1980 年版。

（一）皇家园囿

南宋时，临安城中皇家园林主要有德寿宫后苑、玉津园、聚景园、延祥园、庆乐园、集芳园、玉壶园、下竺御园、屏山园等，其中又以德寿宫最为典型。

德寿宫在望仙桥东侧，原是秦桧府邸。绍兴三十二年（1162 年）六月，宋高宗退位后，居德寿宫，并建园囿，以迎合太上皇四时游兴雅好。后孝宗皇帝又对此进行改建和拓展，规模进一步扩大。

《梦粱录》、《武林旧事》等典籍对德寿宫后苑均做了细致的描述，令今人犹可想见当时皇家园林精美的布局、巧夺天工的建造技艺。德寿宫后苑布局以冷泉亭、飞来峰为中心。“高庙雅爱湖山之胜，于宫中凿一池沼，引水注入，叠石为山，以象飞来峰之景，有堂扁曰‘冷泉’。”[1] 此处有聚远楼，是德寿宫后苑最为巍峨的建筑。“聚远楼”得名于苏东坡诗：“赖有高楼能聚远，一时收拾付闲人。”淳熙十年（1184 年）六月，太上皇与孝宗一同登楼观赏后苑美景，周益公作《太上皇后阁》诗云：“聚远楼高面面风，冷泉亭下水溶溶。人间炎热何由到，真是瑶台第一重。”《梦粱录》中还记载了孝宗皇帝御制《冷泉堂诗》，传高宗和韵，可惜今已不存。

[1]（宋）吴自牧：《梦粱录》卷八“德寿宫”，浙江人民出版社 1980 年版。

后苑四面皆有游玩庭馆，花木森然，一馆一景，情趣盎然。“东有梅堂，扁曰‘香远’。栽菊，间芙蕖、修竹处有榭，扁曰‘梅坡’、‘松菊三径’。酴亭扁曰‘新妍’。木香堂扁曰‘清新’。芙蕖冈南御宴大堂，扁曰‘载忻’。荷花亭扁曰‘射厅’、‘临赋’。金林檎亭扁曰‘灿锦’。池上扁曰‘至乐’。郁李花亭扁曰‘半绽红’。木樨堂扁曰‘清旷’。金鱼池扁曰‘泻碧’。西有古梅，扁曰‘冷香’。牡丹馆扁曰‘文杏’，又名‘静乐’。海棠大楼子，扁曰‘浣溪’。北有椤木亭，扁曰‘绛叶’。清香亭前，栽春桃，扁曰“倚翠”。又有一亭，扁曰‘盘松’。”[2]

[2] 同上。

德寿宫后苑殿庑雄丽、宫囿花木，靡不荣茂，令人叹为观止。

（二）私家园囿

南宋时，王侯贵胄、官吏富商纷纷建园，杭城内外私家园囿不计其数。据《武林旧事》卷五《湖山胜概》记载，当时南山路一带有丰乐楼、南园、真珠园、甘园、包家山桃花关、华津洞，小麦岭有梅坡园，大麦岭有卢园，西湖三堤一带有杨园、裴园、乔园、史园，北山路一带有环碧园、谢府园、择胜园、水丘园、张氏园、王氏园、万花小隐、云洞园、鲍家田，葛岭路有大小吴园、养乐园、半春园等。总数不小百余所。这些私家园囿，依山傍水，其中不乏风光旖旎、建筑精美的名园，南园就是代表之一。

南园，又称长庆园，在南山长桥之西。据陆游《南园记》载，这里本是皇家园林，庆元三年（1197 年），德福皇后将之赐给平原郡王韩侂胄。嘉泰年间（1201—1204 年），韩侂胄大兴土木，拓展南园，极湖山之美。陆游在《南园记》中说："自绍兴（1131—1162年）以来，王公将相之园林相望，莫能及南园之仿佛者。"

《梦粱录》卷一九"园囿"载："南山长桥庆乐园，旧名南园，隶赐福邸园内，有十样亭榭，工巧无二，俗云：'鲁班造者。'射圃、走马廊、流杯池、山洞，堂宇宏丽，野店村庄，装点时景，观者不倦。"园内有宝莲山，山上有阅古泉，泉水曲曲折折，经十二道折坡，汇于玛瑙砌成的月牙形水池中。泉边奇石层叠，形态各异，别有洞天。园内还有竹篱茅舍山野村庄，鸡犬相闻，意趣盎然。其园建制宏大，有许闲堂、和容射厅、寒碧台、藏春门、凌风阁、西湖洞天、归耕庄、清芬堂、岁寒堂，又有夹芳、豁望、矜春、鲜霞、忘机、照香、堆锦、幽翠亭等亭台馆榭。

园中不乏奇花异草，其中有一种木犀，十分珍贵。《梦粱录》卷一八"物产"载："木犀，有红黄白色者，甚至且韵。顷天竺山甚多，又长桥庆乐园有数十株，士夫尝往赏此奇香。"

又有内侍蒋苑使家园囿，也十分别致。园囿在蒋府住宅一侧，其中"亭台花木，最为富盛，每岁春月，放人游玩"[1]。《武林旧事》卷三"放春"对此记载得颇为详细：

> 蒋苑使有小圃，不满二亩，而花木匼匝，亭榭奇巧。春时悉以所有书画、玩器、冠花、器弄之物，罗列满前，戏效关扑。有珠翠冠，仅大如钱者；闹竿花篮之类。悉皆缕丝金玉为之，极其精妙。且立标竿射垛，及秋千、梭门、斗鸡、蹴鞠诸戏事，以娱游客。衣冠士女，至者招邀杯酒。往往过禁烟乃已。盖效禁苑具体而微者也。

[1]（宋）吴自牧：《梦粱录》卷一九"园囿"，浙江人民出版社1980年版。

私家园囿多仿效皇家园囿，亭台楼阁错落有致，草木森然，奇石怪松，精巧别致，比如嘉会门外包家山上有内侍张侯壮观园、王保生园，"山上有关，名桃花关，旧扁'蒸霞'，两带皆植桃花，都人春时游者无数，为城南之胜境也"[2]。城北城西门外赵郭园，钱塘门外溜水桥东西马塍诸圃，"皆植怪松异桧，四时奇花，精巧窠儿，多为龙蟠凤舞、飞禽走兽之状，每日市于都城，好事者多买之，以备观赏也"[3]。

[2]同上。

[3]同上。

（三）寺院园囿

南宋杭城佛教发达，寺院林立，《梦粱录》卷一五"城内外寺院"对此有过统计：

> 城内寺院，如自七宝山开宝仁王寺以下，大小寺院五十有七。倚郭尼寺，自妙净福全慈光地藏寺以下，三十有一。又两赤县大小梵宫，自景德灵隐禅寺、三天竺、演福上下、圆觉、净慈、光孝、报恩禅寺以下，寺院凡三百八十有五。更七县寺院，自余杭县径山能仁禅

寺以下，一百八十有五。都城内外庵舍，自保宁庵之次，共一十有三。诸录官下僧庵，及白衣社会道场奉佛，不可胜纪。

当时杭城内外的寺院大略有670余座。不少寺院都建有精美的寺园，如下竺寺园、广化寺园、崇寿寺园、西林法惠院，广化院等。

除了以上三种园囿以外，杭城一些大酒楼也随俗建起园囿，以提高酒楼档次，吸引顾客，最有名的当属丰乐楼。丰乐楼在丰豫门外，“旧名耸翠楼，据西湖之会，千峰连环，一碧万顷，柳汀花坞，历历栏槛间，而游桡画舫，棹讴堤唱，往往会于楼下，为游览最”。淳祐年间，再次拓建，“瑰丽宏特，高接云霄，为湖山壮观，花木亭榭，映带参错，气象尤奇”[1]。杭城客商团拜，举行宴会，多在此处。《都城纪胜》“酒肆”还记载了有一些小酒店为招揽生意，纷纷仿效大酒楼的做法，也开辟花园，名为“花园酒店”。

[1]（宋）吴自牧：《梦粱录》卷一二“西湖”，浙江人民出版社1980年版。

宋时，杭城园囿多有专人管理。除了一些皇家园囿严禁外人进入外，多数园囿定期开放，共市民游赏。如“仲春十五日为花朝节，浙间风俗，以为春序正中，百花争放之时，最堪游赏，都人皆往钱塘门外玉壶、古柳林、杨府、云洞，钱湖门外庆乐、小湖等园，嘉会门外包家山王保生、张太尉等园，玩赏奇花异木。最是包家山桃开浑如锦障，极为可爱”[2]。可见，当时游园已然成为市民重要的休闲活动之一。

[2]（宋）吴自牧：《梦粱录》卷一“二月望”，浙江人民出版社1980年版。

宋代，杭城已然成为当时最繁华的国际性大都市之一，商品经济的发展促进了市民阶层的兴起，从而赋予城市文化新的内涵。满足市民休闲娱乐需要，富于市井生活特征的民俗事象得到了迅速发展。杭城绮靡、赏玩之风日盛，其中不少绵延至后代，影响深远。

第四章　元代杭州社会生活

公元1276年，元朝铁骑踏入临安（今杭州），南宋统治基本结束。蒙古贵族作为少数民族统治者入主中原，它统治的主要是人数众多、有悠久历史文化和发达封建经济的汉族，维持其统治主要是靠军事镇压和政治压迫。为了维护其统治特权，根据民族的不同、生活方式的区别以及归附蒙古统治的先后，把全国居民分为蒙古、色目、汉人和南人四个等级。其中蒙古人地位最高，色目人次之，汉人又次之，南人地位最低。民族等级的差别，在政治、经济和社会生活的各个方面都有所反映。元朝廷推行的民族分化政策，对当时处于“南人”地位的杭州人的社会生活带来了一系列影响。

元朝建立后，杭州作为全国政治中心的地位已不复存在，政治地位一落千丈。杭州从国都沦为江浙行省的治所，不仅是“南人”居住的地区，而且远离京都，是需要严加防范的前朝故土，元朝廷因而在杭州驻有重兵。元代政治生活中还普遍存在吏治腐败、管理混乱的局面，在杭州也是如此。在政治压迫和吏治腐败下，当时“南人”的生活，正如元末诗人王冕所说：“江南民，诚可怜，疫疠更兼烽火然。军旅屯驻数百万，米粟斗直三十千。去年奔走不种田，今年选丁差戍边。老羸饥饿转沟壑，贫富徭役穷熬煎。”[1]

[1]（元）王冕：《竹斋集》卷下“江南民”，长洲顾氏秀野草堂清康熙四十一年（1702年）刊本。

由于杭州拥有优越的自然环境、深厚的地域文化积淀，加上元朝政府经济上的重农举措和文化上的宽容政策，勤劳智慧的杭州人在政治受压抑的境遇下，把自己的注意力转向了经济和文化方面的建设，从而取得了经济与文化方面的相对繁荣。杭州在元代仍然保持了经济上和文化上的中心地位，在文化领域中更是创造了前所未有的辉煌。

从南宋过渡到元朝，杭州处在了一个外族强权统治的时代。杭州人的社会生活也因政治、经济、文化的变动出现了若干嬗变，一方面融入了许多少数民族异质文化特征，另一方面也继承了传统汉族的主流文化。

第一节　都市经济与移民

杭州在宋代就是经济相当发达的地区，在元军占领杭州的过程中，当时的社会经济曾遭到一定程度的破坏，但并不严重。元代初年来访的意大利旅行家马可波罗，曾赞美杭州是“世界上最美丽最华贵的天城”。元代的杭州在经济上仍居全国的前列。只是到元末的战乱年代，杭州城的都市经济遭到了破坏。

一　城市基本生活设施

意大利人马可波罗在1275年从意大利到达中国后，在华的17年间，游遍中国各地，并口述成书《马可波罗行纪》。《马可波罗行纪》对于当时杭州城的情况作了较为详细的记述，尽管《马可波罗行纪》一书记述杭州的情况有某些夸大失实的地方，但总体来说，还是一部研究元代杭州的重要资料。

马可波罗说，杭州城甚大，周围有百英里，城内有1.2万余座石桥，桥甚高。他还进一步分析出，这是由于杭州建在水上，并且四周有水环绕，所以才建如此多的桥以通往来。[1]

街道和街区是城市内部最基本的交通和居住设施。杭州城市的主要街道纵横竖直，互相交错；相对的城门之间，都有宽广平直的大道。按照马可波罗的说法，杭州城主要街道“道宽四十步，自城此端达于彼端，经过桥梁甚众”。“赖此河渠与夫街道，行人可以通行城中各地。街渠宽广，车船甚易往来，运载居民必需之食粮。”[2]由于市区街道十分宽阔，运送各种货物的车辆可以畅通无阻地往来其间。

在马可波罗的描述中，杭州的交通、生活设施在当时已经非常科学。杭州城市街道两旁都铺有砖石，各宽十步，中道则铺细砂，下有拱形的排水沟以便宣泄雨水，流到诸渠中，所以中道永远干燥，通行非常容易，泥土不会沾足。但由于骑马在石头路面上疾驰容易滑倒，因而又特别在道路的一边留有沙土路，以供骑马使用。[3]

据马可波罗介绍，当时城中还有浴所三千，人民常乐浴其中，有时足容百余人同浴而有余。[4]在包围市场的街道中有若干街道还有不少冷浴浴场，有男女仆役为来客服务，在这些浴场中，也设有专供热水的浴室，为不适应冷水浴的外国人服务。按照马可波罗的记述，中原人一星期至少洗三次热水澡，有条件的甚至一日一浴。江南人习惯冷水浴，每日一次。而且说“士人每日早起非浴后不进食”[5]。当然这只是家境比较好的人家才

[1] 马可波罗著：《马可波罗行纪》，冯承钧译，上海书店出版社2001年版，第353页。

[2] 同上书，第358页。

[3] 同上书，第361页。

[4] 同上书，第354页。

[5] 同上书，第359页。

可以为之，多数人不可能为之，甚至有人指出“妇女颇不洁，盖杭人常习也”[1]。

由于杭州城市土木建筑比较多，容易失火，为了保护城中居民的财产，又设立了防火和报警措施。杭州城每一街市建立石塔，遇有火灾，居民可藏物于其中。此外设有专门的消防队伍，并在每座桥上设了日夜轮班的看守人以防止骚动和造反。每桥十人，分为两班，夜间五人，日间五人，轮流看守。每桥置木梆一具，铜锣一具，及用作计时的沙漏一具。夜中第一时过，看守者中之一人击梆、锣一下，邻近诸户知为一时，二时以后则击二下，由是每逾一时多击一下，看守者终夜不眠。日出之后，重由第一时击起，每时加增，与夜间同。

还有一部分看守之人巡行城区，监视在夜间禁时有无点灯生火的人家，如有某家灯火未熄，则留符记于门，翌晨传屋主于法官所讯之，若无词可藉，则处罚。若在夜间禁时以后有人行走街中，则加拘捕，翌晨送到法庭。日间若在街市见有残废穷苦不能工作之人，送至养济院中收容。

看守人巡行街市，“若见一家发火，便击梆警告，由是其他诸桥之守夜人奔赴火场救火，将商人及其他被害人之物，或藏之于上述之石塔中，或运至湖岛。纵在此情况中，任何城民皆不能离家外出进至火场。只见运物之人及救火之人往来其间，救火者其数至少有一二千人”[2]。尽管这些防火和报警措施在一定程度上减少了火灾的发生及损失，但火灾还是难以避免。从至元十六年（1279 年）到顺帝至正八年（1348 年），共发生火灾 14 次，分别是元贞二年、大德三年、大德八年、至大二年、泰定二年、泰定三年、泰定四年、天历元年、至顺元年、至顺二年、至顺三年、元统元年、至正元年、至正二年。[3]特别是至正元年（1341 年）四月，杭州发生特大火灾，“毁官民房屋公廨寺观一万五千七百五十五间，烧死七十四人”。次年四月，杭州又发生大火灾，“数百年来浩繁之地，日就凋敝”[4]。

流经城市的河流和湖泊，往往是居民取水和洗衣服的主要场所。马可波罗提到了杭州城西有西湖，在杭州城的另一方面，则“有一甚大河流”钱塘江。马可波罗还说道：“河流之水（钱塘江水）流入不少河渠，河渠大小不一，流经城内诸坊，排除一切污秽，然后注入湖中，其水然后流向海洋，是由空气甚洁。”[5]马可波罗已意识到钱塘江净化环境的作用。我们从这则记载中也可推测出，元代杭州的城市空气质量应该是不错的。

二 都市经济与社会生活

“普天下锦绣乡，寰海内风流地。大元朝新附国，亡宋家旧华夷。水秀山奇，一到处堪游戏。这答儿忒富贵，满城乡幕风帘，一哄地人烟凑

[1]（元）孔齐：《至正直记》卷一“松原遗事”，上海古籍出版社 1987 年版。

[2]马可波罗著：《马可波罗行纪》，冯承钧译，上海书店出版社 2001 年版，第 362 页。

[3]根据金普森、陈剩勇主编，桂栖鹏、楼毅生等著《浙江通史·元代卷》，浙江人民出版社 2005 年版，第 39—42 页资料整理。

[4]（明）宋濂、王祎：《元史》卷五〇“五行志一”，江苏书局清同治十三年（1874 年）刊本；（元末明初）陶宗仪：《南村辍耕录》卷九“火灾”，中华书局 1959 年版。

[5]马可波罗著：《马可波罗行纪》，冯承钧译，上海书店出版社 2001 年版，第 358 页。

集。”[1]这是元人对杭州的歌咏，道出了杭州繁华的都市经济。

[1]（元）关汉卿：《【南吕】一枝花·杭州景》。

在元代，杭州是一个工商业非常发达的城市，当时普通杭州人除少数以捕鱼为生的渔户和以耕种为生的农夫外，大多数从事工商业。[2]马可波罗对杭州城内的手工业作过描述，他说杭州城“有十二种职业，各业有一万二千户，每户至少有十人，中有若干户多至二十人、四十人不等。其人非尽主人，然亦有仆役不少，以供主人指使之用”。[3]另据元末徐一夔在《织工对》一文中记载：

[2]周峰主编：《元明清名城杭州》，浙江人民出版社1997年版，第119页。

[3]马可波罗著：《马可波罗行纪》，冯承钧译，上海书店出版社2001年版，第353页。

> 余僦居钱塘之相安里，有饶于财者，率居工以织。每夜至二鼓，一唱众和，其声欢然，盖织工也。余叹曰：“乐哉!”旦过其处，见老屋将压，杼机四五具，南北向列，工十数人，手提足蹴，皆苍然无神色。进而问之曰：“以余观若所为，其劳也亦甚矣，而乐何也?”工对曰：“此在人心。心苟无贪，虽贫，乐也；苟贪，虽日进千金，只戚戚尔。吾业虽贱，日佣为钱二百缗，吾衣食于主人，而以日之所入，养吾父母妻子，虽食无甘美，而亦不甚饥寒。余自度以为常，以故无他思。于凡织作，咸极精致，为时所尚，故主之聚易以售，而佣之直亦易以入。所图如此，是以发乎情者，出口而成声，同然而一音，不自知其为劳也。顷见有业同吾者，佣于他家，受直略相似。”久之乃曰：“吾艺固过于人，而受直与众工等，当求倍直者而为之佣。”已而，他家果倍其直佣之。主者阅其织，果异于人，他工见其艺精，亦颇推之。主者退自喜曰：“得一工，胜十工，倍其直不吝也。”久之，又以吾业织且若此，舍此而他业当亦不在人下。去事大官，善其逢迎之术，竭其奔走之力，贵富可得也，奈之何终为织家佣？其后果事大官，厕在众奴中。[4]

[4]（明）徐一夔：《始丰稿》卷一钱塘丁丙嘉惠堂，清光绪二十三年（1897年）刊本。

马可波罗和徐一夔的叙述，都道出了当时杭州城里已有相当多的手工作坊，雇工人数也不在少数，尤其是丝织作坊中普遍存在着雇佣劳动关系，这是一种较早出现在杭州的新型生产关系。这些都从一个侧面说明当时杭州手工业的发达。

根据生产资料所有制和劳动者身份的不同，手工业可以分为官府手工业和民间私人手工业两大类。

元代杭州私营手工业相对官府手工业来说，规模一般较小，经营范围主要集中在丝绸纺织业、谷麦加工业、制糖业、酿酒业、制药业、漆器制作业、制鞋业、乐器制作业、雕版印刷业、冥器业等，其中丝绸纺织业是杭州最为发达的手工业。另外，由于杭州人口众多，日耗粮食达几千石，粮食加工业也成为一个重要的手工业。时人推算，用来舂米麦的木杵，一天就要磨耗三十丈，因此有俗语说：杭州人一日吃三十丈木头。[5]杭州城里不仅工场作坊较多，而且技艺高，产品种类和数量也相当可观。

[5]周峰主编：《元明清名城杭州》，浙江人民出版社1997年版，第121页。

元代杭州还有规模相当大的官营作坊。官府手工业集中了最优秀的能工巧匠，拥有充足的物力、财力可供支配，所生产的产品数量大，质量精美。官府设有管理制作金银玉器、军工器械的行诸路金玉总管府。至元十七年（1280 年）四月立，下设金玉局、杂造局、军器局，还有专制丝绸织物的织染局、纹锦局。据嘉靖《仁和县志》的记载，元代杭州的纹锦局是在接管南宋武林门外夹城巷官府织局后改建而成。[1] 杭州织染局设“大使、副使、相副官各一员”[2]。织染局从事丝织业生产，以供朝廷之需，规模大，产品的质量精良。当时，大都的皇公贵族常常到杭州来催办上等丝织衣物。可见杭产丝织品已进入蒙古宫廷，成为御用服饰材料。由于丝织品的大量生产，杭人也“多衣丝绸”[3]，并远销外地。

杭州在元代仍然是重要的书刻中心之一。引用近代著名学者王国维的说法：“元时一代著述，如胡氏《通鉴音注》、王氏《玉海》，皆于其乡学刊学。又四部以外，湖之思溪，杭之南山，均有《大藏》全板。元初刊西夏字全《藏》，亦于杭州开局。自古刊板之盛，未有如吾浙者!”[4] 浙江刻书又以杭州为最甚。入元以后，杭州印刷业在全国仍保持着绝对的优势。

此外，制茶业和酿酒业也在全国占重要地位。如酿酒业，在元世祖至元二十九年（1292 年）时，“杭州省酒课一年额办二十七余锭”，同年湖广、江西龙兴等处岁办酒课都只有 9 万锭。[5]

总之，元代杭州地区的手工业生产在以前的基础上达到相当高的水平，纺织业、制瓷业、印刷业、制盐业及造船业都在全国具有举足轻重的地位。

除了发达的手工业外，元代杭州商业繁荣。元人记曰：“杭之为郡，左江海右湖山，内接京畿，外控诸国，潮汐昼夜，一再往返，风驱雨舶瞬息千里，象犀珠玉之珍，杭稻鱼盐之利，常溢于庐市……舟航水塞，车马陆填，百货之委，商贾贸迁，珠玉象犀，南金大贝，侏任雕题，诸番毕萃”[6]，充分反映了杭州商业繁华程度。

元代杭州街坊市井格局，以御街为中轴干道，按市河纵横排列。屋庐之前为街面，设店铺，屋庐之后为河渠，通舟楫。屋庐之间，排比紧密，即所谓“杭郡民庐，比辏如栉”，而最热闹繁华的中心地段是寿安坊（一称花市，即今官巷口）。[7] 马可波罗说过，杭城中有大市十所，沿街小市无数，尚未计焉。沿一宽 40 步的通贯全城的大道（即御街），每隔 4 里即有大市 1 所，方广每面各有半里，周围 2 里。[8]

杭州的商业区一般划出方形地域，每边长 800 米，四周环绕高楼，楼的下层开设店铺，上层存货或住人。采用这种建筑形式的城市，在元代是不太多的。最普遍的是在城市的主要街道两旁排列各种店铺，百货充斥，茶楼酒肆，比比皆是。

日常的粮食和副食品买卖，是杭州商业的大宗。据宋末元初杭人周密

[1] 转引金普森、陈剩勇主编，桂栖鹏、楼毅生等著《浙江通史 · 元代卷》，浙江人民出版社 2005 年版，第 126 页。

[2]（明）宋濂、王祎：《元史》卷八九“百官志五”，江苏书局清同治十三年（1874 年）刊本。

[3] 马可波罗著：《马可波罗行纪》，冯承钧译，第 360 页。

[4] 王国维：《观堂集林》卷二一“两浙古刊本考序”，中华书局 1959 年版。

[5]《元典章》卷二二“户部八 · 课程 · 酒课 · 添办酒课”，转引金普森、陈剩勇主编，桂栖鹏、楼毅生等著：《浙江通史 · 元代卷》，浙江人民出版社 2005 年版，第 139 页。

[6]（元）贡师泰：《玩斋集》卷九“杭州新城碑”，长洲顾氏秀野草堂清康熙三三年（1694 年）刊本。

[7] 周峰主编：《元明清名城杭州》，浙江人民出版社 1997 年版，第 123 页。

推算，“杭城除有米之家，仰籴而食凡十六七万人，人以二升计之，非三四千石不可以支一日之用。而南北外二厢不与焉，客旅之往来又不与焉”[1]。

杭人的副食如肉食、蔬菜、瓜果之类，当时市场供应也比较丰富。杭州设有野味市，和家禽市在一起。马可波罗在他的游记中提到，在市集上有野味如獐鹿、花鹿、野兔、家兔，禽类如鹧鸪、野鸡、家鸡、鸭鹅多且价贱，还有牛羊肉及大李、黄桃、白桃，葡萄酒等。

鱼也是城市生活中不可缺少的食物，尤其在富裕人家。杭州“每日从河之下流二十五哩之海洋，运来鱼类甚众，而湖中所产亦丰，时时皆见有渔人在湖中取鱼。湖鱼各种皆有，视季候而异，赖有城中排除之污秽，鱼甚丰肥。有见市中积鱼之多者，必以为难以脱售，其实只须数小时，鱼市即空，盖城人每餐皆食鱼肉也”[2]。

日用百货、布庄衣铺、中药店、珠宝店等也是当时一些主要的商行，如中药店较著名的就有蒋正斋药室、夏应祥药室、潘氏中和药室等多家。

元代杭州仍旧有夜市店铺经营，据载，“诸江南之地，每夜禁钟以前，市井点灯买卖”[3]。以致篙师船户在夜间也忙得不亦乐乎，“于城埠市镇人烟凑集去处，招聚客旅装载夜行者，谓之夜航船，太平之时，在处有之”。[4]杭人精于谋利，从商者很多，除在本地经营外，亦不惮于辗转他郡，元初有杭人张存，流寓泉州后即起家贩舶，六年以后方始回到家乡。[5]

所以马可波罗提到，杭州居民饮食甚丰，城中之人多穿丝绸，居民举止安静，互相亲密而彼此尊敬。[6]当时杭州城中的商贾甚众，而且富足，家里装饰富丽，用巨资置备饰品、图画、古物。他们的职业必须由子承袭，不允许转承他业。等他们致富以后，可以不必亲手操作，只须雇用工人，执行祖业就可以了。[7]

综上所述，宋元以来杭州服务行业的分工已较为完善，商业市场分工细化，这些都折射出一个社会商品化程度的提高。

元代杭州都市经济的发展，使得农村妇女涌入城市，开始做买卖谋生，正是在这样的情况下，妇女的经济地位发生了一定程度的变化。中国传统“男主外，女主内”的家庭分工，在元代杭州已受到冲击，妇女不仅操持家务，而且也做手工业产品的生产制造及买卖，出现与丈夫平起平坐的现象。有人就提到浙西盛行“妇女各理生计，直欲与夫相抗”的风俗，而且夫妻“乃各设掌事之人，不相同属”；“或其夫与亲戚乡邻往复馈之，而妻亦如之，谓之梯已问信”。在浙东地区也受此影响，“间或若是者盖有之也”。在城镇中，亦经常看到妇女坐在店里做买卖的情景。[8]

都市经济的繁荣还为大众娱乐的继续发展提供了经济支撑。元代虽没有像南宋时有诸多反映杭州城市生活喧嚣繁华景象的记载，但也不乏如《马可波罗行纪》、《伊本·白图泰游记》等外国人的游记及元人对杭州城

[8] 马可波罗著：《马可波罗行纪》，冯承钧译，上海书店出版社 2001 年版，第 358 页。

[1] （宋）周密：《癸辛杂识》续集卷上“杭城食米”，上海博古斋民国十一年(1922 年）刊本。

[2] 马可波罗著：《马可波罗行纪》，冯承钧译，上海书店出版社 1997 年版，第 359 页。

[3] （明）宋濂、王祎：《元史》卷一〇五“刑法四·禁令”，江苏书局清同治十三年(1874 年）刊本。

[4] （元末明初）陶宗仪：《南村辍耕录》卷一一“夜航船”。转引陈华文等著：《浙江民俗史》，杭州出版社 2008 年版，第 271 页。

[5] （元末明初）陶宗仪：《南村辍耕录》卷二三“圣铁”。转引陈华文等著：《浙江民俗史》，杭州出版社 2008 年版，第 271 页。

[6] 马可波罗著：《马可波罗行纪》，冯承钧译，上海书店出版社 2001 年版，第 360 页。

[7] 同上书，第 353、360 页。

市的生活描述。据《伊本·白图泰游记》记载，当时杭州城里活跃着一支可用波斯语、汉语和阿拉伯语三种文字演唱的中西合璧乐队。[1]这无疑是杭州城市大众娱乐发展到相当水平的明证。此外，杭州城中的酒馆、茶楼等，不但为市民娱乐提供了便利，也造就了独特风格的城市风貌。

随着都市经济的发展，市场变得必不可少。城市居民不但能从市场上买进生活必需品和各类食品，还可以在市场上卖出部分自己生产的手工业品，市场在调剂城市居民生活方面起着相当重要的作用。至正十九年(1359年)，杭州城被乱军包围三个月，“各路粮道不通，城中米价涌贵，一斗直二十五缗。越数日，米既尽，乃以油车家糠饼捣屑啖之。老幼妇女，三五为群，行乞于市，虽姿色艳丽而衣裳济楚，不暇自惭也。至有合家父子、夫妇、兄弟结袂把臂，共沉于水，亦可怜已。一城之人，饿死者十六七”[2]。可见，一旦遇到突发事故，商品尤其粮食来源断绝时，市民就会无法生存。

三 户籍与移民

南宋末期的咸淳年间（1265—1274年），临安府（包括仁和、钱塘、富阳、盐官、余杭、临安、於潜、新城、昌化九县）的总户数达378259户，人口达1241156，其中杭城所在的钱塘、仁和两县为186330户，人口为432046。其余七县共计191929户，人口809110。[3]

元代杭州设路，辖县与南宋基本一致，唯盐官县改为海宁州。元代，关于杭州人口的统计数字据《元史·地理志》以及元代方志资料，可知至元二十七年（1290年），杭州路户360850，人口1834710。同咸淳期间相比，16年间杭州户数减17409，而人口数却增加593554。这个差额产生的原因有三：一是南宋统计户口，注重男丁而轻妇孺，户平均人数仅二三人，故而户多口少；二是元代户籍制度复杂多样，有军户、站户、匠户、灶（盐）户、僧、道、也里可温[4]、答失蛮户[5]、儒户、民户等，其中载入户册的主要是既要纳税又要承担差役的民户。因此，有可能使户数低于实际户数；三是元初随元军南下的西域各族，往往随地而居，一户之家往往役使几个至几十个不等的家仆，从而使人口数大大增长。[6]

元代全国大一统的政治局面，为人口迁徙和民族交往，特别是边疆民族内迁提供了便利条件。中国境内各民族大杂居、小聚居的格局在元朝时就已经基本形成。在南北频繁的交往中，一些北方人口包括北方汉人、蒙古人以及西北地区的色目人迁往江南，他们中不少定居在杭州境内。元人王礼当时称“四海为家，无此疆彼界”，“适千里者如在户庭，之万里者如出邻家”[7]。

元代杭州的百万人口中不仅有原居当地的南人（原南宋统治区居民），有来自北方的汉人以及边疆地区的蒙古、女真、党项等族人，还有

[8]（元）孔齐：《至正直记》卷二“浙西风俗”、“屠刽报应”，上海古籍出版社1987年版。

[1] 马金鹏译：《伊本·白图泰游记》，宁夏人民出版社2000年版，第558页。

[2]（元末明初）陶宗仪：《南村辍耕录》卷一一“杭人遭难”，中华书局1959年版。

[3]（宋）潜说友：《咸淳临安志》卷五八“户口”，钱塘汪氏振绮堂清道光十年（1830年）刊本；（明）宋濂、王祎：《元史》卷六二“地理”，江苏书局清同治十三年(1874年）刊本。

[4] 在当时指基督教教士。

[5] 指该户为伊斯兰教教士。

[6] 周峰主编：《元明清名城杭州》，浙江人民出版社1997年版，第119页。

[7]（元）王礼：《麟原文集》卷六“义冢记”，台湾商务印书馆1984年版。

大批西域各族人。他们或随军屯戍，或因官因商而寓居杭州，形成了一个各族杂居的局面。马可波罗就说，杭州外来商贾的人数和财富，多得难以正确估计。鄂多立克则说，杭州有撒剌逊人、基督教徒和外商。[1]伊本·白图泰认为，杭州的第二城区的居民，全是犹太人、基督教人、土耳其人、埃及人。[2]陶宗仪说："杭州荐桥侧首有高楼八间，俗称八间楼，皆富实回回所居。"南宋奸臣贾似道的故居养乐园，在元代是"西域人居之"。杭州砂糖局的"糖官皆主鹘回回富商也"。有客居于杭的"木八剌，字西瑛"者，系"西域人，其躯干魁伟，故人咸曰长西瑛云"。杭城东，亦有伟吾氏（即畏吾儿）。[3]杭州女僧朱氏，"深奸大滑"，"侍从皆异类之人"。[4]杭城各族杂居之盛，由此可见一斑。

杭州境内各民族在共同生活中不仅进行文化交流，在生活方式上也产生了相互的影响，尤其是汉族道德观念对蒙古统治者及其他民族产生了影响。元朝政府从一开始就强调"蒙古、色目人各从本俗"[5]，强调蒙古、色目人应遵从自己的风俗习惯。在婚姻上，元朝廷在至元七年（1270年）规定："诸色人同类自相婚姻者各从本俗法，递相婚姻者以男为主。蒙古人不在此限。"[6]蒙古、色目人允许继续实行收继婚，而"诸汉人、南人父没子收其庶母，兄没弟收其嫂者，禁之"。[7]在丧葬上，面对畏吾儿人内迁后不少人仿效汉族丧葬制度的情况，元朝政府明令禁止："从今已后，丧事里，自己畏吾儿体例落后了，汉儿体例随呵，宰杀呵，那畏吾儿底家缘一半断了者。"[8]但是，不管元朝政府禁止也好，反复强调蒙古、色目人要保持自己的风俗也好，在蒙古、色目人与汉族及其他民族长期交叉居住、交往日益增多的态势下，法规禁令已经阻止不了风俗习惯上的互相影响。到了元朝末年，蒙古、色目在婚姻、丧葬等方面推行汉族习俗已是屡见不鲜，改用汉名、汉姓者也为数不少。元朝政府在生活习俗方面实行的民族隔离政策受到了很大的冲击，在多数场合已名存实亡。

受蒙古族和其他民族风俗的影响，杭州及浙江地区有些行为则已经逐渐背离传统伦理道德，开始出现一些新的风尚。如"浙间妇女，虽有夫在，亦如无夫，有子亦如无子，非理处事，习以成风"；原来家中"谨门户"、"严内外"的习俗也被打破。"浙西富家，多以母妻之党中表子弟使之入室混淆"；"乡中大家皆用刀镊者入内院，虽妇人、女子，咸令其梳剃"。[9]针对这些所谓"伤风败俗"的现象，元代人发过不少议论，我们则从中看到了风俗的变迁。[10]

第二节　宗教与民间信仰

元朝统治者严于武力防范，而在思想文化政策上却一直较为宽容。元朝统治者对各种宗教都采取保护的政策，虽然厚薄有所不同，但这种兼容

[1] 何高济译：《鄂多立克东游录》，中华书局1981年版，第67—68页。

[2] 马金鹏译：《伊本·白图泰游记》，宁夏人民出版社2000年版，第556—560页。

[3]（元末明初）陶宗仪：《南村辍耕录》卷二八"嘲回回"、"山居新语"；卷一一"女奴义烈"，中华书局1959年版。

[4]（元）孔齐：《至正直记》卷三"朱氏所短"，上海古籍出版社1987年版。

[5]《元典章》卷三〇"礼部三·丧礼·禁治居丧饮宴"，台湾故宫博物院1972年影印，元刻本。

[6]《元典章》卷一九"户部四·婚礼·嫁娶聘财体例"，台湾故宫博物院1972年影印，元刻本。

[7]（明）宋濂、王祎：《元史》卷一〇二"刑法志二·户婚"，江苏书局清同治十三年（1874年）刊本。

并蓄的宗教政策使得元朝的宗教发展出现了前所未有的活跃，各种宗教都得到了发展。多种宗教信仰并存，是元代宗教生活的一大特色。

元统治者大力提倡儒家学说，在宗教上尊崇佛教，尤其是藏传佛教，“元兴，崇尚释氏，而帝师之盛，尤不可与古昔同语”[1]。这是元代宗教生活的又一大特色。对其他宗教，如道教、伊斯兰教、基督教等，朝廷也颇为礼遇，不但经常举行盛大的宗教活动，而且规定各宗教的寺院庙观不得随意受到骚扰，免除各教人士的差发赋税。

佛教僧人，元代统称为和尚；道教的道士，则称为先生；基督教教士，称也里可温；伊斯兰教教士，称答失蛮。

一 杭州行宣政院和僧寺经济

在元代的多种宗教中，佛教、道教的地位最为重要。佛教在汉族聚居区有禅宗、华严宗、天台宗、律宗、净土宗等，以禅宗的势力最盛。道教的教派有全真、太一、大道、正一等，以全真道的影响最大。在元代，僧寺和道观在全国的分布都是很多的。元代学者袁桷文曰：“吴越旧俗，敬事鬼神，后千余年，争崇尚浮屠、老子学，栋甍遍郡县。”[2]

元代中央政府内特设宣政院，主管全国佛教事务和藏族地区军政大事。据文献记载，宣政院也如中书省、枢密院、御史台，可设分院或行院于外地，这种派出机构有两类：一类设在西北西南宣政院所辖的藏族地区，带有军事镇抚使命者；另一类则设立在杭州，也名“行宣政院”，主管江浙佛教事务。

《至正金陵新志》卷六“官守志”云：“行宣政院，从二品衙门。管理江南诸省地在僧寺功德词讼等事……至元二十八年于建康水西门赏心亭上开设，系托托大卿为头院使，三十年迁院杭州。”据《两浙金石志》卷一四，由杭州飞来峰摩崖至元二十九年（1292 年）闰六月行宣政院使脱脱夫人造像题名，可知行宣政院成立后在建康时间应不足一年即迁至杭州。[3]

“行宣政院”的设立对江南佛教的发展起到了推动作用。杭州行宣政院的主要职责就是保持寺院僧众的利益，尤其是经济利益。所以，元成宗元贞元年（1295 年）朝廷宣布：对于江浙寺院在前宋时已有田地及入元后世祖赏赐的田地，一概不征收税粮；但对于寺院的扩张新收的田产，则必须依额纳税并出差役。[4]当时，中书省、御史台以及接受儒家思想较多的官员，为了增加岁入，弥补国库的空虚，对于江南寺院经济之膨胀，一直主张抑制，而帝师、宣政院、行宣政院则采取纵容的态度，至少在寺院经商所得该不该纳税的问题上争执相当激烈。[5]

到元代后期，江南僧寺经济的迅速增长，在一定程度上已对政府的政策产生了相当大的影响。在元代，江南是国家财政收入的主要来源，元末

[8]《元典章》卷三〇“礼部六·丧礼·畏吾儿丧事体例”，台湾故宫博物院 1972 年影印，元刻本。

[9]（元）孔齐：《至正直记》卷二、卷三“浙西风俗”、“郑氏义门”、“乡中大家”、“娶妻苟慕”，上海古籍出版社 1987 年版。

[10] 史卫民著：《元代社会生活史》，中国社会科学出版社 1996 年版，第 278 页。

[1]（明）宋濂、王祎：《元史》卷二〇二“释老传”，江苏书局清同治十三年（1874 年）刊本。

[2]（元）袁桷：《清容居士集》卷一九“陈氏舍田记”，中华书局 1985 年版。

[3] 周峰主编：《元明清名城杭州》，浙江人民出版社 1997 年版，第 401—402 页。

[4]《元典章》卷二四（户部）元贞元年闰四月颁“僧道租税条例”，《通制条格》卷三（户令）皇庆元年四月十七日中书省奏。

[5] 周峰主编：《元明清名城杭州》，浙江人民出版社1997年版，第413页。

时，江南寺院已拥有大量的田地、作坊、商店当铺并进行海外贸易，从而在社会上形成了一个拥有经济实力的地主集团，其声势可以左右地方当局的意志，故不得不使政府对江南寺僧更加积极地拉拢与优待。正是在这些因素影响下，江南寺院库藏丰厚，高级僧侣生活闲逸，入寺为僧成为当时青年知识分子谋生的途径之一。[1]

在此背景下，元代杭州佛教继续兴盛，新建了数十所寺庙，藏传佛教一度传入杭州，有寺庙3处。[2]并且在飞来峰、吴山宝成寺等处留下一批有蒙藏技法特色的摩崖石刻佛像，造型生动，艺术价值之高为国内罕见。

杭州佛、道二教的信徒人数无法统计，但占人口的大多数是毫无疑问的。据马可波罗所见，当时杭州城中居民多为佛教信仰者，且当地长官范福儿还在佛教庆日大宴重臣高官和当地的富商。城中虽然居民众多，却只有一座聂思脱里教堂。

二　外来宗教的传播[3]

元朝政府对各种宗教的支持和推崇加上杭州的经济繁荣和对外开放，促使外来宗教在杭州不断得到传播。当时，杭州主要有伊斯兰教、也里可温教、犹太教等外来宗教。

（一）伊斯兰教

元代，许多西域移民因官因商而聚居杭州，其中有大量回回人，故而伊斯兰教的影响随之扩大。元朝政府曾设立回回哈的司来管理伊斯兰教事务。江南地区是回回人最多的地区。随着杭州、宁波等沿海城市的开放，回回人更是日益增多，尤其以杭州为甚。明田汝成《西湖游览志》卷一八云："宋室徙跸，西域夷人安插中原者，多从驾而南。元时内附者，又往往编管江、浙、闽、广之间，而杭州尤夥，号色目种。"[4]这些色目人主要是伊斯兰教徒。这些信仰伊斯兰教的人聚集在今清泰门内荐桥以西，羊坝头的礼拜寺（今凤凰寺），形成一个回回居住区。西方旅行家鄂多立克也说杭州有四火撒剌逊人（即穆斯林），每火由10家或者12家组成。[5]由于元朝时居住在杭州的穆斯林人数众多，杭州清波门外聚景园还有专门的穆斯林冢墓。

回回人对伊斯兰教大都有着坚定的信仰，不会改信他教，这在1326年天主教士安德烈写给罗马教廷的信中所言就可以印证："犹太人和撒拉森人无改宗信基督教者。"[6]在杭的回回人还擅长经商，因而大多回回商人家资殷实。陶宗仪在《南村辍耕录》中提道："杭州荐桥侧首有高楼八间，俗谓八间楼，皆富实回回所居。"[7]

元代杭州不乏清真寺建筑，这是伊斯兰教在杭州传播与发展的反映。清真寺建筑名称有真教寺、凤凰寺、回回堂、礼拜寺等。田汝成在

[1] 周峰主编：《元明清名城杭州》，浙江人民出版社1997年版，第413—414页。

[2] 任振泰主编：《杭州市志》第九卷，中华书局出版1997年版，第404页。

[3] 参见金普森、陈剩勇主编，桂栖鹏、楼毅生等著：《浙江通史·元代卷》，浙江人民出版社2005年版，第327—337页。

[4] （明）田汝成：《西湖游览志》卷一八"南山分脉城内胜迹"，中华书局2008年版。

[5] 何高济译：《鄂多立克东游录》，中华书局1981年版，第68页。

[6] 苏鲁格、宋长红：《中国元代宗教史》，人民出版社1993年版，第91页。

[7] （元末明初）陶宗仪：《南村辍耕录》卷二八"嘲回回"，中华书局1959年版。

《西湖游览志》中说："真教寺，在文锦坊南。元延祐间回回大师阿老丁所建。"这座由阿老丁重建的保佑坊清真寺，其中无梁殿经历代修缮，至今规制尚存。《伊本·白图泰游记》里说："……行十七日抵达汉沙城（今杭州）……第三日进第三城，穆斯林们住在此城内，城市美丽，市街布局如伊斯兰地区一样。内有清真寺和宣礼员，进城时正当为晌午宣礼时，声闻远近。"[1]《伊本·白图泰游记》里还记录了当时伊本·白图泰就住在杭州一个穆斯林巨商欧斯曼·伊本·安法尼之子孙家中，这位富商不仅修建了一座"欧斯曼尼亚道堂"，还修建了一座清真大寺，并且"捐赠该寺和道堂大量慈善基金，该城的穆斯林很多"。

[1] 马金鹏译：《伊本·白图泰游记》，宁夏人民出版社 2000 年版，第 551—552 页。

可以说，在元代，伊斯兰文化在杭州得到了广泛传播，这对杭州当地的天文历算、医药、建筑等方面的发展都产生了深远的影响。元人的笔记小说里，记载了不少回回医生和回回药物治病有奇效的故事。元人王沂为在江浙之地卖药的回回医生作有一诗，谓："西域贾胡年八十，一生技能人不及。神农百草旧知名，久客江南是乡邑。朝来街北暮街东，闻掷铜铃竞来集。"[2]

[2]（元）王沂：《伊滨集》卷五"老胡卖药歌"，台湾商务印书馆 1984 年版。

尽管在元代，杭州的伊斯兰教得到了长足的发展，但由于当时的穆斯林中没有出现翻译经典、阐扬教义的人，婚姻、丧葬又不与中国传统习俗相通，所以当时的伊斯兰教主要为穆斯林内部信奉，没有出现如基督教和佛教般众多的信徒。

（二）也里可温

杭州是我国基督教传播较早的地区之一。大约在元代初年，基督教就在杭州传播。

元朝人把基督教各宗派，统称为"十字教"，也称为"也里可温"，意为有福之人，有时也称为迭屑。刘文琪在《至顺镇江志校勘记》中，根据《至顺镇江志》中记述侨寓的户口，第一个指出也里可温是西洋人，并在卷九"大兴国寺"条中最先指出，也里可温即天主教。洪钧在《〈元史〉译文证补·元世各教名考》卷二九中说："也里可温之为天主教，有镇江北固山下残碑可证。自唐时景教入中国，支裔流传，历久未绝。也里可温，当即景教之遗绪。"所以，元代的也里可温既指基督教（包括景教和天主教），也指信仰基督教的教徒（包括景教教徒和天主教徒）。

元代的也里可温，到至顺元年（1330 年），人数已逾 3 万，主要分布在统治中心大都以及宁夏各地，还有西安、泉州、扬州、杭州、镇江、温州等城市。也里可温遍及各路，为此，元政府在中央设立了崇福司，"掌领马儿哈昔、列班、也里可温、十字寺祭享等事"[3]。在地方设立了掌教司，对其进行管理。"马儿哈昔"是音译，指主教，"列班"也是音译，是指长老，"十字寺"就是基督教的教堂。

[3]（明）宋濂、王祎：《元史》卷八九"百官志五"，江苏书局清同治十三年（1874 年）刊本。

至元二十一年（1284 年），中亚薛述思干（今乌兹别克撒马尔罕）的马薛里吉思来杭州荐桥门建造大普兴寺。这是基督教的远东支派景教传入杭州的最早记录，[1]可以印证元朝时基督教已经在杭州传播，并且建有教堂。

[1] 任振泰主编：《杭州市志》第九卷，中华书局出版1997年版，第404页。

元初，马可波罗游杭州时，也见到一座聂思脱里教堂，并在《马可波罗行纪》中曾有记载："京师城（即杭州）有聂思脱里派基督教堂一处。"这应当是大普寺。后该寺在明朝废。又据明田汝成《西湖游览志》卷一六的"三太子傅祠"条中记载："三太傅祠，在荐桥东旧十方（字）寺基，当熙春桥西，元僧也里可温建，久废。嘉靖二十一年，吏部侍郎谢丕建祠，以奉晋赠太傅谢安、宋赠太傅谢深甫、明赠太傅谢迁。"[2]这一记载与马可波罗的记载相符，也印证了这座元朝建的基督教堂在明朝废弃。

[2] （明）田汝成：《西湖游览志》卷一六"祠庙"，中华书局2008年版。

元大德八年（1304年），在杭州的温州路还曾有也里可温掌教司衙门（掌教司衙门就是主教或总主教驻所）。元泰定三年（1326年），世界著名旅行家，意大利方济各会修士和德利也曾从福建泉州抵达杭州，居住在一位信奉天主教的蒙古官员家中。他写的游记给我们留下了杭州最早关于天主教友的资料。[3]

[3] 任振泰主编：《杭州市志》第九卷，中华书局1997年版，第458页。

元末，杭州的也里可温走向衰落。杭州乃至全国也里可温的衰落，主要与元朝的灭亡有关。基督教是由元统治者在西征后带入中原，并得到扶植的。也里可温除在兵役、徭役、赋税等方面享有特权外，有时还能得到政府的资助。当时的西方传教士被列入"色目人"的等级，社会政治地位仅次于蒙古人，受到元朝的尊重，一些传教士还做了元朝的官。在元朝颁布的法令中，也里可温常处僧、道之后，答失蛮之前，也里可温的地位仅次于佛、道，超过穆斯林。所以一旦它所依靠的元朝灭亡，一时得宠的外来宗教便成了众矢之的，结果是教堂被废，传教士出走，天主教也就迅速衰亡。

虽然元代杭州出现了也里可温，并有了一定程度的发展，但当时基督教传播对象主要限于皇室等上层统治者和一些少数民族，很少有汉人信仰的记载。其传播的详细情况均无从考证，估计当时在社会上的影响并不大。

（三）犹太教

犹太教至迟在唐代已进入中国。至元代由于蒙古西征和东西方交通的开拓，大批的犹太人来华。除了开封、大都等是犹太人集中区外，杭州、宁波也出现了犹太人活动的零星记载。

术忽和斡脱是犹太民族在元朝汉文史料中的主要名称，另外还有"主吾"、"主鹘"、"术忽回回"等称呼。

犹太人善于经商，在元代，杭州都市经济发达，陆海交通通畅，并且有距离其数十里的澉浦港，已成为杭州与其他国家发展海上贸易的重要港口。这无疑吸引了犹太人前来杭州，并且由于种种原因在经济、政治上占据着一定的优势。

元代的犹太人在杭州从事经商或者制糖、行医行业，有着自己的宗教生活。他们受到统治者的优待，享有很多南人所没有的特权，政治地位高，而且由于犹太人善于经商，所以经常有不懂理财的蒙古统治者将金银交给犹太人，由他们代理经营商业或者进行银钱借贷，自己坐收利息。但当时的犹太人很少与外国人通婚，很少改用外姓，所以当地人对他们的了解是不多的。

当时杭州保留有犹太人活动的记载。《元典章》卷二二“户部·杂课”中提到，元廷下令江浙行省、杭州税课提举司向斡脱征收货物税钱。穆斯林旅行家伊本·白图泰在其《伊本·白图泰游记》中曾说杭州有一座城门，称为犹太人的门，城内住着犹太人、基督教徒和拜太阳的土耳其人，人数众多。元代杨瑀所著的《山居新话》中，有一段叙述提到当时丽水地区的荻蔗，都供给杭州的砂糖局，说里面“糖官皆主鹘、回回富商”。可见，杭州的砂糖局被犹太人和回回人所领导。[1]

由于犹太人经济、政治上的优势以及元朝政府对宗教的宽容政策，加之犹太教所具有的独特的民族单一性，不难判定，生活在杭州的犹太教活动也应该是不少的。在所查阅的资料中虽然没有看到关于杭州犹太教活动的具体记载，但据一些间接材料还是可以窥见一斑。阿·克·穆尔在《一五五〇年前的中国基督教史》一书的导论里特别提到，当时一个姓艾的犹太人说，在浙江的省会杭州，信仰他们宗教的人很多，并有一所礼拜堂。[2]虽然记载的时间已为明朝，但当时生活于杭州的犹太教徒可能就是元朝犹太人的后裔。[3]

杭州犹太人享有一定的政治地位，经济上富有，人数也不少，但由于其过多地牵涉到当时的政治之中，故当元王朝最终走向灭亡时，他们也和当时其他地区的犹太人一样，很快销声匿迹了。

总之，元代杭州的宗教都相当活跃，出现前代所不能比的外来宗教并存发展的繁荣景象。元代杭州的外来宗教的兴衰与元朝的统治者紧密相连。

元代社会复杂多变，杭州地区作为“南人”区域，在政治压抑和吏治腐败的情况下，很多人相信宗教，一是想从宗教中寻求解脱，二是以为宗教有禳灾驱邪的功能，并可以为他们这些信徒解决疑难，预示休咎。各种宗教信徒因信仰而产生的行为规范，尽管与寺院的严格教规不同，更多的是道德和舆论的约束，但这些行为规范影响大，又比较稳定，故而成为信徒的宗教信仰习俗。[4]

三　民间信仰中对于预兆的迷信

明田汝成《西湖游览志余》卷二五有过这样的记载：“元至正辛巳暮

[1] 金普森、陈剩勇主编，桂栖鹏、楼毅生等著：《浙江通史·元代卷》，浙江人民出版社2005年版，第334—335页。

[2] ［英］阿·克·穆尔著：《一五五〇年前的中国基督教史》，郝镇华译，中华书局1984年版，第4页。

[3] 金普森、陈剩勇主编，桂栖鹏、楼毅生等著：《浙江通史·元代卷》，浙江人民出版社2005年版，第335页。

[4] 陈高华、史卫民著：《中国风俗通史·元代卷》，上海文艺出版社2001年版，第346—350页。

春，江浙行省平章政事执理瓦台，衣红服入城之任。儿童谣曰：'火殃来矣。'明年壬午四月一日，大火，自昔所未闻也。数百年浩繁之地，一旦凋敝矣。"从记载中，我们可以知道元朝杭州人中存在着这样的迷信：当官的人穿红衣服上任，会引起火灾。

元朝杭州人还盛行算命、相面、占卜。相面是根据人的相貌推断其祸福，从事这种职业的人称为相士。如李国用就是当时享有盛誉的相士，《南村辍耕录》曾记载："国初有李国用者，自北来杭，能望气占休咎，能相人。其人厓岸倨傲，而时贵咸敬之。谢后诸孙字退乐者，设早馔延致。至即据中位，省幕官皆坐下坐，不得其一言以及祸福。时赵文敏公谓之七司户，与谢姻戚，同饭。文敏公风疮满面，李遥见，即起迎，谓坐客曰：'我过江仅见此人耳。疮愈即面君，公辈记取，异日官至一品，名闻四海。'"[1]"谢后"指南宋亡国时的太皇太后谢道清，"文敏公"即大艺术家赵孟頫。又如，杭州"有挟姑布子之术曰鬼眼者，设肆省前，言皆奇中，故门常如市"。有一商人"方坐下方，忽指之曰：'公大富人也，惜乎中秋前后三日内数不可逃'"。但商人行善救人性命，因而得免。[2]"姑布子"姓姑布，字子卿，是春秋时赵国相士，曾给孔子、赵襄子看过相。此人号称"鬼眼"，以眼力就能相人。所以商人没还与他交谈，就能判断他的生死了。除了相面外，在"吴楚之地，村巫、野叟及妇人女子辈，多能卜九姑课"。这种卜课方法是以草作工具，根据一把草的情状判断吉凶。凡此种种，无不说明元代杭州人所盛行的预兆迷信。

[1]（元末明初）陶宗仪：《南村辍耕录》卷四"相术"，中华书局1959年版。

[2]陶宗仪：《南村辍耕录》卷一二"阴德延寿"，中华书局1959年版。

第三节　游艺与家庭器物

元代杭州，以竞赛体力、技巧、技艺为内容的活动，以表演歌舞杂技为内容的活动，以观景、踏青、赏游为内容的游览活动等都有所发展。

一　游览

南宋灭亡时，杭州城并没有遭到严重的破坏，西湖的湖山胜景与建筑物大多得以保存。尽管元代杭州西湖的游赏胜事没有南宋时期繁盛，但也相差不多。意大利人马可波罗来杭州游览，就说到了杭州城中有一个大湖，周围广有30英里，沿湖有极美之宫殿，湖中有两岛，各岛上均有一个壮丽的宫室，城中居民遇有大庆之事，则在此宫举行。[3]他还对所看到当时人们的湖上游赏盛况有所述及：

湖上有大小船只甚众，以供游乐。每舟容十人、十五人或二十人以上。舟长十五至二十步，底平宽，常保持其位置平稳。凡欲携其亲

[3]马可波罗著：《马可波罗行纪》，冯承钧译，上海书店出版社2001年版，第353页。

友游乐者，只须选择一舟可矣，舟中饶有桌椅及应接必需之一切器皿。舟顶用平板构成，操舟者在其上执篙撑舟湖底以行舟（盖湖深不过两步），拟赴何处，随意所欲。舟顶以下，与夫四壁，悬挂各色画图。两旁有窗可随意启闭，由是舟中席上之人，可观四面种种风景。地上之赏心乐事，诚无有过于此游湖之事者也，盖在舟中可瞩城中全景，无数宫殿、庙观、园囿、树木，一览无余。湖中并见其他游船，载游人往来，盖城民操作既毕，常携其妇女或娼妓乘舟游湖，或乘车游城。其车游亦有足言者，城民亦以此为游乐之举，与游湖同也。[1]

在元代，杭州官府虽不曾对西湖作大规模的治理与开发，但随着西湖旅游的需要，以西湖为中心的景观景点也在不断增多，游览区域随之不断扩大。到元代末年，在宋人“西湖十景”的基础上，又出现了元代“钱塘十景”：六桥烟柳、九里云松、灵石樵歌、冷泉猿啸、葛岭朝暾、西湖夜月、孤山霁雪、两峰白云、北关夜市、浙江秋涛。[2]与宋代十景相比较，元人十景中增加了诸如“九里云松”、“灵石樵歌”、“冷泉猿啸”、“葛岭朝暾”、“孤山霁雪”等著名景观景点，游赏的景区从西湖扩大至杭州城郊。如著名的“北关夜市”，就在城北武林门外，“浙江秋涛”，则在城东南的钱塘江边一带。除了景点增多，浏览区域扩大外，在游览景观的艺术欣赏角度与艺术趣味上也有所拓展与深化，如“六桥烟柳”与“苏堤春晓”虽同在西湖苏堤，“两峰白云”与“双峰插云”虽同指西湖上之南北两高峰，“西湖夜月”与“平湖秋月”虽均属同一景区景观，但细加品味，元人所指与宋人并不完全一致，各异其趣，游赏艺术有了进一步的发展。[3]

二 竞技与游戏

（一）马球[4]和角抵

马球兴起于唐代，历宋、辽、金，到元代仍然相当流行。马球的打法是采用两队对抗的办法，参赛者骑在马上，手执木制的球杖往来奔驰，能用球杖将木球打入球门，就赢得胜利。球亦作毬。当时常把打马球称为打毬或击鞠。

打马球在北方依附蒙古的汉人诸侯及其子弟以及进入中原以后的蒙古人中深受欢迎，并在南方也有流行。有记载提到杭州桐庐人徐舫，“故簪缨家，自幼有侠气，好驰马试剑，兼善攻球鞠之戏”。[5]这个“好驰马”的人，“善攻球鞠”，显然是打马球。但总地来说，打马球要有经过训练的马匹和其他装备，又要有经过平整的球场，因而主要是上层社会的竞技活动。徐舫应是南宋世家的后裔，所以还具备打马球的条件。下层社会的成员，是没有条件从事这项活动的。

[1] 马可波罗著：《马可波罗行纪》，冯承钧译，上海书店出版社 2001 年版，第 361 页。

[2] （明）郎瑛：《七修类稿》，上海书店出版社 2001 年版。

[3] 周峰主编：《元明清名城杭州》，浙江人民出版社 1997 年版，第 229 页。

[4] 参见陈高华《宋元和明初的马球》，《元史研究论稿》，中华书局 1991 年版，第 408—415 页。

[5] （明）宋濂：《宋文宪公全集》卷二四“故诗人徐方舟墓铭”，上海中华书局民国二十五年（1936 年）刊本。

角抵又称相扑，犹如现代的摔跤。这项运动在中国由来已久，到元代时，角抵可以分为两种，一种是蒙古角抵（相扑），一种是汉族角抵（相扑）。元代，汉族角抵在汉族民间一直盛行。如皇庆元年（1312 年），元朝政府曾在江南“拘刷”“相扑人”，说明南方这类活动普遍存在，“相扑人”应是专业的角抵士。民间的角抵比赛常在庙会上举行。

（二）禽戏

禽戏就是禽类动物的各种表演，在杭州有悠久的历史。南宋时，禽戏已经达到相当高的艺术水平，表演形式也是灵活多变。元代时，乌龟、虾蟆、蚂蚁等动物的表演在杭州十分流行。

明田汝成《西湖游览志余》卷一九有这样的记载：

> 陶九成言，在杭州尝见为禽戏者，蓄龟七枚，大小凡七等，置龟几上，以鼓以喻之，则第一等大者先至几心，伏定。第二等者从而登其背，直至第七等小者登六等之背，乃竖身直伸其尾向上，宛如小塔状，谓之乌龟叠塔。又见蓄虾蟆九枚，先置一小墩于席中，其最大者乃踞坐之，余八小者左右对列，大者作一声，众亦作一声，大者作数声，众亦作数声。既而小者一一至大者前，点首作声，如作礼状而退，谓之虾蟆说法。余近见杭州禽戏，有曰蚂蚁角武者，其法，练细蚁黄、黑二种，各有大者为之将领，插旗为号，一鼓对垒，再鼓交战，三鼓分兵，四鼓偃旗归穴矣。有曰灵禽演剧者，其法以蜡嘴鸟作傀儡，唱戏曲以导之，拜跪起立，俨若人状。或使之衔旗而舞，或写八卦名帖，指使衔之，纵横不差。或抛弹空中，飞腾逐取。此虽小技，殆有神术焉。

陶九成即陶宗仪（字九成），生活在元末明初，他所见到的禽戏在元代杭州肯定是存在并流行的。田汝成的这段记载把当时杭州精彩的禽类表演活灵活现地展现在我们的眼前，并且展现了当时人们看禽戏时热闹的场景。

（三）荡秋千

荡秋千是一项传统游戏。每年春天，特别是寒食、清明前后，人们热衷的游戏就是荡秋千，参加者以女性居多。在杭州“恰寒食有二百处秋千架”[1]。

荡秋千有单人，也有双人。“四时惟有春无价，尊日月富年华。垂杨影里人如画。锦一攒，绣一堆，在秋千下。语笑忻恰，炒闹喧哗。软红乡，簇定个小宫娃。彩绳款拈，画板轻踏，微着力，身慢举，曳轻纱。众矜夸，是交加，彩云飞上日边霞，体态轻盈那闲雅，精神羞落树头花。”[2]

[1]（元）马致远：《【双调】新水令·题西湖》。

[2] 无名氏：《【南吕】骂玉郎过感皇恩采茶歌》。

这是描写女性聚会时一名少女荡秋千的情景。“静悄悄幽庭小院，近花圃相连着翠轩，仕女王孙戏秋千。……见金莲紧间金莲，胸前紧贴胸前，香肩齐并玉肩，宝钏压着金钏。那两个云游在半天，恰便似平地上登仙。”[1]这便是两名少女同荡秋千的景象。

[1] 无名氏：《【正宫】货郎儿》。

三 戏曲

元代戏曲主要有杂剧、南戏。杂剧先在北方形成，元朝统一后逐步向南方发展。南戏自宋代起就在江浙一带流行，杂剧向南方发展后，推动了南戏的进步。题材的广泛，加上表现手段的成熟，使得戏曲成为当时风行城乡、雅俗共赏的一种艺术表演形式。时人记述戏曲演出的盛况时说：“河东张生翥尝为余言，翥居钱塘，人为俳优，日聚观至数百人，或千人。其传为慈孝、为节义事者，长幼无不慷慨长叹至流涕，或恸哭不能终观。有是哉，感于人心非小补，岂尽鄙事也。”[2]可见戏曲表演感人至深。观赏戏曲成为元代杭州的社会风尚。

戏曲之外还有说话。元朝末年，“胡仲彬乃杭州构栏中演说野史者，其妹亦能之”[3]。“演说野史”就是讲史。宋代说话人大多在“构栏”（或“勾栏”）中演出，元代延续了这种做法。元末名诗人杨维桢说：

> 丙午春二月，予荡舟娱春，过濯渡，一姝淡妆素服，貌娴雅，呼长年舣棹，敛衽而前，称：朱氏名桂英，家在钱塘，世为衣冠旧族，善记稗官小说，演史于三国、五季。因延至舟中，为予说道君艮岳及秦太师事，座客倾耳，知其腹笥有文史，无烟花脂粉。予奇之曰：使英遇思陵太平之朝，如张、宋、陈、陆、史辈，谈通典故，入登禁壶，岂久居瓦市间耶！[4]

[2]（元）李存：《俟庵集》卷一二“杂说”，台湾商务印书馆1984年版。

[3]（元末明初）陶宗仪：《南村辍耕录》卷二七“胡仲彬聚众”，中华书局1959年版。

[4]（元）杨维桢：《东维子文集》卷六“送朱女士桂英演史序”，商务印书馆民国二十五年（1936年）版。

在杨维桢的文章里，我们可以看到，西湖是游人集中之地，女艺人们乘舟往来湖中，随时应召演出。说话通俗易懂，情节曲折，容易为群众接受，因而在城乡也较为流行。

四 住房与家庭器物

元代杭州城市居民的住房，因居住者贵贱贫富的不同而有很大的差别。有人在武宗至大三年（1310年）指出：“江南三省所辖之地，民多豪富兼并之家，第宅、居室、衣服、器用僭越过分，逞其私欲，靡所不至。”[5]在城市中居住的手工业者、小商贩、小官吏以及各衙门的仆役、儒士等，住房不但不能与达官贵人相比，而且相差甚远。因为城市住房受到城区、街区和城市人口的影响，加上豪富的兼并，城市地价和租房费用就

[5]《元典章》卷五七“刑部十九·禁豪霸”，台湾故宫博物院1972年影印，元刻本。

跟着上涨，杭州城市这一问题尤其突出，杭州城内，“万余家楼阁参差，并无半答儿闲田地”[1]。

城乡居民的家里往往需要备有专用物品。从元代民间使用的一些生活用具，我们可以看出杭州传统习俗的种种影响。

民间使用的餐具主要是碗和盘。碗一般是白瓷碗和青瓷碗。富户人家还有银盘等用具，并在盘底刻上家族名氏。[2]食盒也很流行，食盒多为“红漆四方盒，有替者盛诸般果子，仍以方盘铺设案上。官员、士庶、妇人、女子，作往复人情，随意买送，以此方盘不分远近送去。此盒可以蔽风沙，并可收拾”[3]。

城乡居民家里贮米、存水、装菜等还往往备有专用物品。当时贮米用的米囤，无底圈，用荆条编成；量米、盛米的斗升和“撮米斗”，用柳条扭编成器。取水用的井桶、担水斗，也有用柳条制成的。存水用瓮或罐。盛放蔬菜的有挑菜筐、瓜篮、车箕筐等。[4]

城乡居民家中，还要摆设一些家具。南方家具与北方家具大致相同，有大小木柜、橱、矮桌、镫檠（灯架）、椛架（花架）等。[5]在江南富家的正厅内，经常摆置匡床、胡椅、圆炉、台桌等家具。[6]

花瓶是室内装饰的重要摆设品，在客厅或者书房有了花瓶的陪衬，可以凸显典雅、清幽。制瓷业历来是浙江传统的手工业，元代时，浙江的制瓷业在全国占有举足轻重的地位，龙泉窑十分兴盛，并有新的创造。为适应水陆交通和对外贸易的发展，元代龙泉窑迅速由交通不便的大窑和溪口向瓯江和松溪两岸发展。从考古发现元代龙泉窑系统的窑址来看，总数已达200处以上，分布在龙泉、云和、丽水、永嘉、武义数县。作为江浙行省治所所在的杭州，作为手工业制造和贸易发达的大城市，不难判定当时这里不乏精美花瓶。在浙江杭州出土的孔雀釉内府铭带梅瓶就可印证，此花瓶通高35厘米，口径6厘米，瓷胎呈土黄色，粗松厚重，胎上施白色化妆土，外施孔雀蓝釉，近底足无釉，上有覆钵形盖，肩部釉下书“内府”二字。

取火和照明的用具在元代有所发展。在元代，杭州就已有了“发烛”的使用。“杭人削松木为小片，其薄如纸，熔硫黄鎏木片顶分许，名曰‘发烛’，又曰‘粹儿’，盖以发火以代灯烛用也。”[7]发烛的发明，是在后周时期，在民间广泛使用则在宋元时期。

祭祀所用的器物，从纯粹用于祭祀，到元代逐渐演变成为家庭的摆设，《元史》卷七四记载：“中统以来，杂金、宋祭器而用之。至治初，如建新器于江浙行省，其旧器悉置几阁。”

当时杭州人喜欢的器物颜色是黄和黑，这可能与当地的陶器制品有关系，元蒋祈《陶记》载：“若夫浙之东西，器尚黄黑，出于湖田之窑者也。”可见，杭州人的器物与当时的审美情趣是分不开的。[8]

[1]（元）关汉卿：《【南吕】一枝花·杭州景》。

[2]（元）孔齐：《至正直记》卷一“袁氏报应”，上海古籍出版社1987年版。

[3]《析津志辑佚·风俗》。转引史卫民著《元代社会生活史》，中国社会科学出版社1996年版，第209页。

[4]陈高华、史卫民著：《中国风俗通史·元代卷》，上海文艺出版社2001年版，上海文艺出版社2001年版，第166页。

[5]《析津志辑佚·物产》。转引陈高华、史卫民著《中国风俗通史·元代卷》，上海文艺出版社2001年版，第166页。

[6]（明）叶子奇：《草木子》卷三下“克谨篇”，台湾商务印书馆1984年版。

[7]（元末明初）陶宗仪：《南村辍耕录》卷五“发烛”，中华书局1959年版。

[8]陈华文等著：《浙江民俗史》，杭州出版社2008年版，第276页。

第四节 生活风俗

元代是外族统治的强权时代，杭州在继承汉族传统的主流文化和自己地域文化的基础上，势必融入了一些少数民族的异质文化。就其民俗形态而言，元代的风俗习惯是异常丰富多彩的；就其民俗发展而言，此时期则是承上启下文化链中的一个重要环节，许多方面独具一格，具有非常鲜明的时代特色。[1]

[1] 陈华文等著：《浙江民俗史》，杭州出版社 2008 年版，第 267 页。

一 饮食

从南宋到元代，杭州人的饮食发生了三个方面的主要变化：一是随着元人的南下，蒙古民族的饮食文化开始融入杭州。元代忽思慧，是元仁宗爱育黎拔力八达的饮膳太医，也是集饮食大成的专家，著有《饮膳正要》一书。在此书中，他介绍了 7 个品类的食品，共 200 余种，其中有日常的猪、牛、羊、马、鸡、兔、鱼、雁等 90 多种，但 80% 以上是以羊肉（或羊的内脏）为主料的菜点，此食谱对杭州也产生了影响。二是阿拉伯商人大量来到杭州，随之带来了阿拉伯饮食文化。崇新门（清泰门）内荐桥以西（今之清泰门直街），为当时阿拉伯人聚集的区域，回教馆子应运而生，供应牛羊肉等菜肴，食品、小吃，应有尽有。阿拉伯的饮食文化开始渗入杭州的饮食市场，一改南宋时都城市肆只有“冻波斯姜豉”、“猪胰胡饼”等少数几种外来菜肴、食品的情况。将回教菜肴、食品与蒙古菜肴、食品相结合，同时继承南宋各种丰富的羊肉菜点，就产生了杭州后世流传的清真馆子和羊汤饭店经营的数以百计的、美味多样的牛羊肉菜点，丰富着杭州传统的饮食文化。三是素食店的兴盛。元世祖至元二十二年至二十四年，江南释教总统永福杨琏真伽，下令恢复杭州佛寺 20 余所，王元章诗写当时之情况：“白石皆成佛，苍头半是僧。”[2] 佛教的兴旺，使素肴制作，较前有了很大发展，除了满足本寺本院僧尼的需要外，还公开向善男信女们及居寺做佛事的施主们开放斋堂，天竺三寺、灵隐寺、净慈寺的素斋，历史上都是有名的。当时通往天竺、灵隐的九里松一条街极为热闹，素食店甚多，奠定了杭州素食精致、独具特色而闻名全国的基础。另据元代倪瓒《云林堂饮食制度集》一书记载，当时江浙一带的“烧鹅”、“蜜酿蝤蛑”、“煮麸干”（即烧面筋）、“雪盦菜”等菜，都是做得比较精美的，在烹饪史上颇有影响。[3]

[2] （明）田汝成：《西湖游览志余》卷二五，中华书局 2008 年版。

[3] 饮食变化参见周峰主编：《元明清名城杭州》，浙江人民出版社 1997 年版，第 173—174 页。

在杭州，人们除了喜欢饮茶之外，到了元朝又时兴一种饮料叫舍里别。舍里别是阿拉伯语、波斯语 sherbet 的音译，又有舍儿别、舍利别等同名异译。有的文献中意译为渴水、解渴水，是将各种果品的果子压榨后流出汁来饮用的。常用的果品有宜母子（柠檬）、木瓜、橙、杨梅、葡萄、樱桃、石榴等。舍里别是在蒙古人征服中亚时接触到的，后来元统治者派人专门负责制作舍里别，先后到云南、福建、江浙等处制作舍里别，供进贡之用，同时也就将舍里别的制作方法传播到这些地区，后来民间也有制作。民间日用百科类书有诸种渴水的制作方法，并称“渴水番名摄里白”，就是舍里别的又一异译。[1]一直生活在浙东的朱亨震在《格致余论》一书里说：舍里别“皆取时果之液，煎熬如汤而饮之。稠之甚者，调以沸汤，南人因名之曰煎。味虽甘美，性非中和。且如金樱煎之缩小便，杏煎、杨梅煎、蒲桃煎之发胃火，积而久之，湿热之祸有不可胜言者。仅有桑椹煎无毒，可以解渴”。朱亨震认为舍里别也有副作用，从医学角度提出劝告。他的说法是否正确有待研究，但却可以透露出江浙民间也已流行此种饮料。

另外，葡萄酒是当时宫廷宴会中必备的饮料，主要是宫廷和王公贵族饮用，民间并不普遍。据马可波罗的记载，由于杭州不产葡萄，也不产葡萄酒，故干葡萄及葡萄酒均由他国输入，但当地人习惯饮的还是米酒，不喜欢喝葡萄酒，而且当时米酒的酿造非常多，所以价格很低。[2]

二 服饰

大一统的政治局面促进了各民族之间的文化交流，各民族服饰的相互影响，在元代颇为明显。蒙古族的服饰具有自己的特色，但进入中原之后，蒙古人的服装受中原传统服饰的因素，有了较大的变化，同时中原乃至江南的服装，也因蒙古统治者的强令干预和受蒙古人进入中原及江南地区交叉居住的影响，发生了一些变化。

除了蒙古族外，其他民族的服饰习俗对汉人同样有不小的影响，如元朝末年，“宫衣新尚高丽样，方领过腰半臂裁”[3]，高丽服式风靡一时。不仅京师达官贵人，甚至江南地区也受到影响。陶宗仪曾记下了这样一则趣事：“杜清碧先生本应如次钱唐，诸儒争趋其门。燕孟初作诗嘲之，有‘紫藤帽子高丽靴，处士门前当怯薛’之句，闻者传以为笑。用紫色椶藤缚帽，而制靴作高丽国样，皆一时所尚。”[4]

元朝时，一般庶人只准用暗花纻丝、丝绸绫罗、毛毳制作服装。民间流行的服装，有上盖、布袍、团衫、唐裙、裙腰、背子、汗塌、裹肚等。[5]在元代，在社会上出头露面的人，穿着较正式的服装就是上盖。所谓上盖，是比较体面的男子外衣。上盖既可以是袄子一类的上衣，也可以是袍子。“俗谓男子布衫曰布袍，则凡上盖之服或可概曰袍。”[6]当时并不是所有人都能穿袍，只有家境比较好的才能做到。如江南的一位“博学能诗文”的隐士，平时只是“露顶短褐，布袜草履”，[7]连布袍也没有。又如滕州邹县人李仲谦，他任浙西按察司书吏的时候，“而教训之俸薄，奉

[1] 元代无名氏：《居家必用事类全集》己集，《北京图书馆古籍珍本丛刊》本。

[2] 马可波罗著：《马可波罗行纪》，冯承钧译，上海书店出版社 2001 年版，第 359 页。

[3] （元）张昱：《宫中词》，《张光弼诗集》卷三，《四部丛刊》续编影印明抄本，上海商务印书馆民国二十三年（1934 年）版。

[4] （元末明初）陶宗仪：《南村辍耕录》卷二八“处士门前怯薛”，中华书局 1959 年版。

[5] 陈高华、史卫民著：《中国风俗通史·元代卷》，上海文艺出版社 2001 年版，第 102 页。

[6] （元末明初）陶宗仪：《南村辍耕录》卷一一“孝贤”，中华书局 1959 年版。

[7] （元末明初）陶宗仪：《南村辍耕录》卷八“隐逸”，中华书局 1959 年版。

养不给，妇躬纺绩以益薪水之费。仲谦止有一布衫，或须浣涤补纫，必俟休假日。至是，若宾客见访，则俾小子致谢曰：‘家君治衣，弗可出’”[1]。团衫和大衣是妇女的礼服，女子出嫁往往必备团衫。而妇女流行的服饰则是唐裙和裙腰儿。褙褡又称搭背、搭膊等，是民间流行的无袖短衣，是一种便服。裹肚、抹胸是胸衣，汗塌、汗替或汗衫，是内衣，男女皆穿。

江浙等地从宋元开始，就是盛产棉花和棉布的地区。正是由于棉花种植的发展，从元代开始穿着棉布的人也就多了起来。元贞元年（1295年），元朝政府开始在杭州折收木棉。大德七年（1303年），元朝政府又派人“前往杭州、泉州等处，催办胖袄”[2]。胖袄就是棉袄。这说明元朝初年杭州等地的棉纺织生产已有一定发展，以至于朝廷都要到杭州来筹办冬天的衣服。[3]

在衣着颜色上，元朝廷明文规定，平民之人不得用赭黄色，不许使用各种鲜明色彩，要着深暗色服装。因此，染工特别发展了由银灰到黝黑数十种深暗色的织染方法。陶宗仪在《南村辍耕录》中列举的褐色名目就有20种，包括砖褐、荆褐、艾褐、鹰背褐、银褐、珠子褐、藕丝褐、露褐、茶褐、麝香褐、檀褐、山谷褐、枯竹褐、湖水褐、葱白褐、棠梨褐、秋茶褐、鼠毛褐、葡萄褐、丁香褐等。[4]

在装饰上，元朝廷规定帽、笠不许用金、玉装饰。妇女首饰准许用翠花和金钗锦各一件，耳环可用金珠碧甸，其他首饰皆用银制成。[5]

元朝时，因受朝廷禁止民间滥用珠玉、宝石等规定的限制，江南等地流行用玛瑙做装饰品。孔齐《元正直记》卷三《玛瑙缠丝》载：“玛瑙惟缠丝者为贵，又求其红丝间五色者为高品。谚云‘玛瑙无红一世穷’，言其不直（值）钱也；又言‘玛瑙红多不直（值）钱’，言全红者反贱。惟取红丝与黄白青丝纹相间，直透过底面一色者佳。浙西好事者往往竞置，以为美玩。或酒杯，或系腰，或刀靶，不下数十，定价过于玉。盖以玉为禁器不敢置，所以玛瑙之作也。……今燕京士大夫往往不尚玛瑙，惟倡优之徒所饰佩，又以为贱品，与江南不同也。”

受北方习俗的影响，元代杭州地区还用“减铁”作为装饰品。所谓减铁，是北方民族所特有的用具，到了江南，人们将其生活化了，成为江浙一带女性必佩的饰品。[6]当时有人评论道：“近世尚减铁，为佩带、刀靶之饰，而余干及钱塘、松江竞市之，非美玩也，此乃女真遗制，惟刀靶、鞍辔或施之可也，若置之佩带，既重且易生锈。”[7]从这可知“减铁”是女真遗制，原为马上文化的一部分，后演化成了妇女的一种装饰，并传到杭州等地。

当时杭州人不喜欢佩戴翠玉、珍珠、金等的制品，而喜欢银子制成的装饰品。孔齐《至正直记》卷三《首饰用翠》记：“首饰用翠，最为无补之物。买时以价十倍，及无用时不值一文。珍珠虽贵，亦是无用。……民

[1]（元末明初）陶宗仪：《南村辍耕录》卷五“廉介”，中华书局1959年版。

[2]《元典章》卷三七“兵部·铺马不搬运诸物”，台湾故宫博物院1972年影印，元刻本。

[3]陈华文等著：《浙江民俗史》，杭州出版社2008年版，第272页。

[4]（元末明初）陶宗仪：《南村辍耕录》卷一一“写像诀”，中华书局1959年版。

[5]《元典章》卷二九“礼部二·服色·贵贱服色等第”，台湾故宫博物院1972年影印，元刻本。

[6]陈华文等著：《浙江民俗史》，杭州出版社2008年版，第274页。

[7]（元）孔齐：《至正直记》卷四“减铁为佩”，上海古籍出版社1987年版。

有谣曰‘活银病金死珠子’，犹不言翠也。盖银为诸家所尚，金遇主渐少，珠子则无有问及者，犹死物也。世之承平时，人人皆自以为百世无虑，以致穷奢极侈，以金银珠玉之外，又置翠毛。殊不知人生不可保一旦，异于昔则无用之物皆成委弃。”

其实，一般民众，谈不上用金、银、珠、玉、翠，当时妇女的首饰、头面一般都很简单。杂剧《后庭花》中，要妇人准备的只是“买取一付蜡打成的铜钗子，更和那金描来的枣木梳”，就是一个很好的例子。[1]

[1] 陈高华、史卫民著：《中国风俗通史·元代卷》，上海文艺出版社2001年版，第110页。

三　人生仪礼

蒙古统治者对各民族的婚姻习俗采取的是认可与保护的态度。忽必烈就曾规定：诸色人同类自相婚姻者，各从本俗法；递相婚姻者，以男为主，蒙古人不在此限。这就是说当时在本民族内的通婚可以完全按照本民族的传统婚俗，不同民族的通婚，应服从男子民族的传统习惯，蒙古人不受此限制，如其他民族的男子与蒙古女子成婚，不必以男方民族的婚礼习俗为主。这为不同民族间通婚的礼俗问题做出了明确的规定。[2]

[2]《通制条格》卷三“户令·婚姻礼制”，上海古籍出版社1995年版。

元代汉族家庭多为一夫一妻制，以纳妾作为补充婚姻形式，基本承袭了前代的婚姻形态，不同于蒙古族的多妻制。但受蒙古人和色目人的影响，当时的汉族婚姻形式也有一些变化。

受女真、蒙古乃至色目人的影响，收继婚在汉族中也流行起来。元朝政府对汉族的收继婚加以限制，禁止了子收父妾、侄收婶母的异辈收继，对同辈收继的兄收弟妇也给予禁止，所以只有“弟收兄嫂”是元代唯一合法的汉人收继婚形式。在当时的杭州，哥哥死了，弟弟可以将守寡的嫂嫂娶回家来。

汉族的收继婚往往发生在下层贫民之中，一般的汉人士大夫则将此视为“乱伦”行为，加以抨击。杭州所处的江南地区受理学影响较深，妇女的贞节观和伦理观重于北方，所以收继婚现象较少。

值得关注的是，当时的婚姻形态中还出现了试婚。“试婚”的习俗在南方民族中表现比较突出，在元代的杭州同样存在，与少数民族地区流行的试婚有许多相似之处。孔齐《至正直记》卷一“娶妻苟慕”记：“浙西风俗之薄者，莫甚于以女质于人，年满归，又质而之他，或至再三，然后嫁。其俗之弊，以为不若是，则众诮之曰无人要者，盖多质则得物多也，苏杭尤甚。”从某种程度上来说，这就是一种试婚行为。试婚从一定程度上说，是“不重处女”的表现，人们关心的是女子的生育能力。

元代，江南是回回人最多的地区，杭州尤甚。回回人的婚姻习俗与汉族有很大的差异，所以当其结婚时，邻近的汉人常来围观。杭州就曾发生过因围观回回人举行婚礼而房倒压死人的事故。陶宗仪《南村辍耕录》记载：

杭州荐桥侧首，有高楼八间，俗谓八间楼，皆富实回回所居。一日娶妇，其婚礼绝与中国殊，虽伯叔姊妹，有所不顾。街巷之人，肩摩踵接，咸来窥视，至有攀缘檐阑窗牖者，踏翻楼屋，宾主婿妇咸死。[1]

对于这样一件因观看婚礼而引发一场灾难的新闻，田汝成《西湖游览志余》也有一段文字，文云：

郡人王梅谷戏作《下火文》曰："宾主满堂欢，闾里盈门看。洞房忽崩摧，喜乐成祸患。压落瓦碎兮倒落沙泥，别都丁折兮木屑飞扬。玉山摧坦腹之郎，金谷坠落花之相。难以乘龙兮魄散魂消，不能跨凤兮筋断骨折。毯丝脱兮尘土昏，头袖碎兮珠翠黯。压倒象鼻塌，不见猫睛亮。呜呼！守白头未及一朝，赏黄花却在半饷。移厨聚景园中，歇马飞来峰上。阿剌一声绝无闻，哀哉树倒胡孙散。"阿老瓦、倒剌沙、别都丁、木楔非，皆回回小名，故借音及之。象鼻、猫睛，其貌也；毯丝、头袖，其服色也；阿剌，其语也；聚景园，回回冢在焉；飞来峰，猿猴往来之处也。[2]

说明回族婚俗与汉族有着巨大的差异，否则也就不会在当年造成如此惨剧。

马可波罗还说到当时杭州人在婴儿出生后，马上记下其出生时辰和生肖，以备外出旅行时，尤其是长大成人举行婚礼时，持此纸向星者卜其吉凶。未经星者预卜，绝不举行婚礼。[3]

在元代，妇女地位仍然非常低下。曾发生过这样一件事情：杭州路谢阿徐告夫偷盗、品德败坏，提出离婚。官府不准，并且认为妻告夫败坏人伦，有伤风化，因此不准离异。[4]即为一明证。甚至有的妇女人身安全都不能得到保证，有的妇女还往往会被丈夫作为赚钱的工具。"杭州路钱万二将妻狄四娘用拳强行打勒，沿身刁刺青绣，于背上两腿刁刺龙鬼，租与莫一史在街上露体呈绣迎社以赚钱，致使该妇女终身废弃"[5]，即为一例。关汉卿在《救风尘》剧中借周舍的嘴就这样说过："丈夫打杀老婆，不该偿命。"

在丧葬方面，杭州一带的达官贵人、豪绅富户人家，当时都有厚葬的习俗。武宗至大元年（1308 年），江西行省转给中书省的一份公文指出："江南流俗，以侈靡为孝。凡有丧葬，大其棺椁，厚其衣衾，广其宅兆，备存珍宝、偶人、马车之器物，亦有将宝钞藉尸殓葬，习以成风，非惟甚失古制，于法似有未应。每见厚葬之家，不发掘于不肖子孙，则开凿于强切盗贼，令死者暴骸露尸，良可痛哉。如蒙备申上司禁治，今后丧葬之

[1]（元末明初）陶宗仪：《南村辍耕录》卷二八"嘲回回"，中华书局 1959 年版。

[2]（明）田汝成：《西湖游览志余》卷二五，中华书局 2008 年版。

[3] 马可波罗著：《马可波罗行纪》，冯承钧译，上海书店出版社 2001 年版，第 361 页。

[4]《元典章》卷四九"刑部十一"，台湾故宫博物院 1972 年影印，元刻本。

[5]《元典章》卷四一"刑部三"，台湾故宫博物院 1972 年影印，元刻本。

家，除衣衾棺椁依礼举葬外，不许辄用金银、宝玉、器玩装殓，违者以不孝坐罪，似望无起盗心，少全孝道。”在此之前的至元七年（1270年），朝廷就已经规定“除纸钱外，据纸糊房子、金钱、人马并彩帛、衣服、帐幕等物”尽行禁断。[1]中书省就参照至元七年的规定，再次重申禁约厚葬之令。[2]但朝廷的约束没有起到改变风俗的作用，厚葬之风，依然盛行如故。

另外，居丧期间的宴饮之风，也是长盛不衰，正如江南行御史台官员所说：“近年以来，江南尤甚。父母之丧，小殓未毕，茹荤饮酒，略无顾忌。至于送殡，管弦歌舞导引，循柩焚葬之际，张筵排宴，不醉不已。”针对这些现象，朝廷亦曾做出规定：“居丧送殡，不得饮宴动乐，违者诸人首告得实，示众断罪；所在官司申禁不严，罪亦及之。”[3]

马可波罗也说，杭州人对于丧葬异乎寻常地重视，人死焚尸时，一切亲属男女要服大丧，衣麻，随遗体赴焚尸之所，行时作乐，在偶像前唱丧歌，高声祷告，并取纸制马匹、甲胄、金锦等物同尸体一同焚烧。焚尸既毕，复作乐，诸人皆唱言。[4]从马可波罗这则记载，我们可以看出杭州当时已有火葬，也可看到杭州当时的厚葬习俗。

[1]《元典章》卷三〇“礼部三·丧礼”，台湾故宫博物院1972年影印，元刻本。

[2]《元典章》卷三〇“礼部三·葬礼”，台湾故宫博物院1972年影印，元刻本。

[3]同上。

[4]马可波罗著：《马可波罗行纪》，冯承钧译，上海书店出版社2001年版，第355、362页。

第五章　明代杭州社会生活

明朝开国皇帝朱元璋，在推翻蒙古贵族统治，恢复汉族正统后，就将“礼”作为教化治理天下、统治人民的有效手段，通令全国官民恢复汉唐衣冠和中华礼俗，禁止一切胡服、胡语、胡姓、胡俗，着手重振因元朝定鼎中原而遭废弃的中华礼教，纠正和肃清因元朝百余年统治而形成的“胡风”、“夷俗”。为此，他对社会各阶层的日常生活及其行为方式都做出了一系列严格规定，不得逾越，他还要建立“贵贱之别，望而知之”的等级社会，企图人为地控制人们的生活方式和社会风俗的演变和发展。自洪武以后的100多年间，社会秩序相对稳定，物质生活富足而不失俭朴，士农工商各习其业，官民臣子恪守礼法，循规蹈矩。[1]

[1] 金普森、陈剩勇主编，陈剩勇著：《浙江通史·明代卷》，浙江人民出版社2005年版，第149页。

但到明嘉靖（1522—1566年）以后，从官绅富商到下层百姓，人们“华侈相高”，互相攀比，从日常生活、人生礼仪到岁时节日等风俗文化领域，都形成了一股竞奇斗异、浮靡奢侈的社会风气。陈禹谟在《万历钱塘志》序中感叹地说：“观知东南之士风民力，有盛衰之感。”

客观上讲，明朝是一个商品经济空前发展的朝代，在东南沿海地区甚至出现了资本主义生产关系的萌芽。商品经济繁荣，导致了人们思想观念上的变化。明中叶后，重本轻末观念受到冲击，工商皆本的思想逐渐发展，引发了人们追求豪华、享乐的奢侈之风和趋新心理。

另外，明朝中后期朝廷在内外交困中，把注意力主要放在威胁最大的东北边患以及陕西、河南的农民军身上，东南沿海曾遭倭寇之祸但持续时间不长，总体上看，杭州离战乱之地较远，因而处于一个相对安定而宽松的环境之中，这也正是杭州地区在有明一代臻于繁华并在社会生活上出现诸多变异的又一个原因。

中央集权统治到晚明时期呈“土崩瓦解”之势，也对晚明杭州社会生活的变化带来了深刻的影响。因为极端的中央集权统治对地方的严密控制日趋削弱后，地方发展就获得了一定的自由空间，经济方式、社会观念、生活趋尚的多元化取向和消费风气的越礼逾制也因此有了可能，传统的礼法等级制度受到冲击而趋于解体。[1]

[1] 陈江著：《明代中后期的江南社会与社会生活》，上海社会科学院出版社2006年版，第17页。

明代杭州的社会生活，就这样大致经历了明初的敦厚俭朴，中叶的趋新慕异到晚明的浮靡奢侈三个阶段。

第一节　岁时节日

节日风俗，在长期的演进中既有较强的凝聚力和相对的稳定性，又有一定的包容性。明代杭州城市商品经济繁荣，农村经济文化水平也较前代有所提高，生活环境和社会状况的变化影响了岁时习俗发生一些变异，呈现出新的风貌。明代杭州岁时风俗重又恢复了汉族传统，并已形成了地域特色。

明朝杭州一年四季的岁时节俗，明代田汝成《西湖游览志余》卷二〇有比较详细的记载：

> 正月朔日，官府望阙遥贺，礼毕，即盛服诣衙门，往来交庆。民间则设奠于祠堂，次拜家长，为椒柏之酒，以待亲戚邻里。以春饼为上供，爇栗炭于堂中，谓之旺相。贴青龙于左壁，谓之行春。插芝麻梗于檐头，谓之节节高。签柏枝于柿饼，以大橘承之，谓之百事大吉。自此少年游冶，翩翩征逐，随意所之，演习歌吹。或投琼买快，斗九翻牌，博成赌闲，舞棍踢球，唱说平话，无论昼夜，谓之放魂。至十八日收灯，然后学子攻书，工人返肆，农商各执其业，谓之收魂。
>
> 立春之仪，附郭两县，轮年递办。仁和县于仙林寺，钱唐县于灵芝寺。前期十日，县官督委坊甲，整办什物，选集优人、戏子、小妓、装扮社伙，如昭君出塞、学士登瀛、张仙打弹、西施采莲之类，种种变态，竞巧争华，教习数日，谓之演春。至日，郡守率僚属往迎，前列社伙，殿以春牛。士女纵观，阗塞市街，竞以麻、麦、米、豆，抛打春牛。其优人之长，假以冠带，骑驴叫跃，隶卒围从，谓之街道士。过官府豪门，各有赞扬致语，以献利市。遇褴褛猥汉，冲其节级，则搋而杖之，亦有谑浪判语，不敢与较。至府中，举燕鞭牛而碎之，随以彩鞭土牛，分送上官乡达。而民间妇女，各以春幡春胜，镂金簇彩，为燕蝶之属，问遗亲戚，缀之钗头。举酒则缕切粉皮，杂以七种生菜，供奉筵间，盖古人幸盘之遗意也。
>
> 正月十五日为上元节，前后张灯五夜。相传宋时止三夜，钱王纳土，献钱买添两夜。先是，腊后春前，寿安坊而下至众安桥，谓之灯

市，出售各色华灯。其像生人物，则有老子、美人、钟馗捉鬼、月明度妓、刘海戏蟾之属。花草则有栀子、葡萄、杨梅、柿橘之属。禽虫则有鹿、鹤、鱼、虾走马之属。其奇巧则琉璃球、云母屏、水晶帘、万眼罗、玻璃瓶之属。而豪家富室，则有料丝、鱼魫、彩珠、明角、镂画羊皮、流苏宝带，品目岁殊，难以枚举。好事者或为藏头诗句，任人商揣，谓之猜灯。或祭赛神庙，则有社伙鳌山，台阁戏剧，滚灯烟火，无论通衢委巷，星布珠悬，皎如白日，喧阗彻旦。市食则糖、粽、粉团、荷梗、孛娄、瓜子，诸品果蓏。爇灯交易，识辨银钱真伪，纤毫莫欺。人家妇女，则召帚姑、针姑、苇姑、箕箕姑，以卜问一岁吉凶。乡间则有祈蚕之祭。俗子以上元为天官赐福之辰，亦有诵经持斋，不御荤酒者。

正月是一年之始，展示人们对一年的企盼，因而节日风俗格外隆重。就立春而言，当时的仁和县、钱塘县，要轮流承办立春祭祀活动。在正月十五日的上元节，张灯极盛，还有歌咏赋诗的习俗。

二月朔日，唐、宋时谓之中和节，今虽不举，而民间犹以青囊盛五谷瓜果之种相遗，谓之献生子。自是城中士女，已有出郭探青，扫墓设奠者。湖中游舫，赁价日增矣。二日，士女皆戴蓬叶，谚云："蓬开先百草，戴了春不老。"

……

二月十五日为花朝节。盖花朝月夕，世俗恒言二、八两月为春、秋之中，故以二月半为花朝，八月半为月夕也。是日，宋时有扑蝶之戏，今虽不举，而寺院启涅槃会，谈《孔雀经》，拈香者麕至，犹其遗俗也。十九日，上天竺建观音会，倾城士女皆往。其时，马塍园丁，竞以名花荷担叫鬻，音中律吕。……

三月三日，俗传为北极佑圣真君生辰。佑圣观中，修崇醮事，士女拈香，亦有就家启醮，酌水献花者。是日，观中有雀竿之戏。其法，树长竿于庭，高可三丈。一人攀缘而上，舞蹈其颠，盘旋上下，有鹞子翻身、金鸡独立、钟馗抹额、玉兔捣药之类，变态多方。观者目瞪神惊，汗流浃背，而为此技者，如蝶拍鸦翻，蘧蘧然自若也。是日，男女皆戴荠花，谚云："三春戴荠花，桃李羞繁华。"

清明，从冬至数至一百五日，即其节也。前两日谓之寒食，人家插柳满檐，青蒨可爱，男女亦咸戴之。谚云："清明不戴柳，红颜成皓首。"是日，倾城上冢，南北两山之间，车马阗集，而酒尊食罍，山家村店，享馂遨游，或张幕藉草，并舫随波，日暮忘返。苏堤一带，桃柳阴浓，红翠间错，走索、骠骑、飞钱、抛钹、踢木、撒沙、吞刀、吐火、跃圈、觔斗、舞盘及诸色禽虫之戏，纷然丛集。而外方优妓，歌吹觅钱者，水陆有之，接踵承应。又有买卖赶趁，香茶细果，酒中所需。而彩妆傀儡，莲船、战马，饧笙、鼗鼓，琐碎戏具，以诱悦童曹者，在在成市。是夜，人家贴“清明嫁九娘，一去不还乡”之句于楹壁间，谓如此，则夏月无青虫扑灯之扰。僧道采杨桐叶染饭，谓之青精饭，以馈施主。

在这些春季的节俗中，杭州二月花朝节和清明踏青成风。在杭州历有野外踏青探春之俗，到了明代，这一风俗仍得以流行并发扬光大。

立夏之日，人家各烹新茶，配以诸色细果，馈送亲戚比邻，谓之七家茶。富室竞侈，果皆雕刻，饰以金箔，而香汤名目，若茉莉、林禽、蔷薇、桂蕊、丁檀、苏杏，盛以哥、汝瓷瓯，仅供一啜而已。

四月八日，俗传为释迦佛生辰，僧尼各建龙华会。以小盆坐铜佛，浸以糖水，覆以花亭，铙鼓迎往富家，以小杓浇佛，提唱偈诵，布施财物。有高峰和尚偈云：“呱声未绝便称尊，搅得三千海岳昏。恶水一年浇一度，知他雪屈是酬恩。”

端午为天中节，人家包黍秫以为粽，束以五色彩丝。或以菖蒲通草，雕刻天师驭虎像于盘中，围以五色蒲丝，剪皮金为百虫之象，铺其上。却以葵榴艾叶，攒簇华丽。或以彩绒杂金线缠结经筒符袋，互相馈遗。僧道以经筒轮子，辟恶灵符，分送檀越。而医家亦以香囊、雄黄、乌发油香，送于常所往来者。家家买葵榴蒲艾，植之堂中，标以五色花纸，贴画虎蝎或天师之象。或朱书“五月五日天中节，赤口白舌尽消灭”之句，揭之楹间。或采百草以制药品，觅虾蟇以取蟾酥，书“仪方”两字，倒贴于楹，以辟蛇虺。

六月六日，宋时作会于显应观，因以避暑，今会废，而观亦不存。自此游湖者多于夜间停泊湖心，月饮达旦，而市中敲铜盏卖冰雪者，铿聒远近。是日，郡人舁猫狗浴之河中，致有汩没淤泥，踉跄就毙者，其取义竟不可晓也。

在这些夏时的节俗中，浴佛节已趋向汉化。浴佛节本是佛教传入中国后兴起的一个宗教节日，到了明代，浴佛节被改造成了符合汉族文化心理的民俗节日，如其中的浴佛、斋会、结缘、放生和求子的风尚已充满汉化的特色，因而在民间广为流行。[1]

[1] 徐杰舜主编，周耀明著：《明代·清代前期汉族风俗》，学林出版社 2004 年版，第 169 页。

七夕，人家盛设瓜果酒殽于庭心或楼台之上，谈牛女渡河事。妇女对月穿针，谓之乞巧。或以小盒盛蜘蛛，次早观其结网疏密，以为得巧多寡。市中以土木雕塑孩儿，衣以彩服而卖之，号为摩睺罗。

七月十五日为中元节，俗传地官赦罪之辰，人家多持斋诵经，荐奠祖考，摄孤判斛。屠门罢市。僧家建盂兰盆会，放灯西湖及塔上、河中，谓之照冥。官府亦祭郡厉邑厉坛。

……

八月十五日谓之中秋，民间以月饼相遗，取团圆之义。是夕，人家有赏月之燕，或携榼湖船，沿游彻晓。苏堤之上，联袂踏歌，无异白日。

……

重九日，人家糜栗粉和糯米伴蜜蒸糕，铺以肉缕，标以彩旗，问遗亲戚。其登高饮燕者，必簪菊泛萸，犹古人之遗俗也。又以苏子微渍梅卤，杂和蔗霜梨橙玉榴小颗，名曰春兰秋菊。

……

十月朔日，人家祭奠于祖考，或有举扫松、浇墓之礼者，八日则以白米和胡桃、榛松、乳蕈、枣栗之类作粥。谓之腊八粥。十五日为下元节，俗传水官解厄之辰，亦有持斋诵经者。

立冬日，以各色香草及菊花、金银花煎汤沐浴，谓之扫疥。

冬至，谓之亚岁，官府、民间，各相庆贺，一如元日之仪。吴中最盛，故有肥冬瘦年之说。舂粢糕以祀先祖，妇女献鞋袜于尊长，亦古人履长之义也。

十二月二十四日，谓之交年，民间祀灶，以胶牙饧、糯米花糖、豆粉团为献。丐者涂抹变形，装成鬼判，叫跳驱傩，索乞利物。人家各换桃符、门神、春帖、钟馗、福禄、虎头、和合诸图，粘贴房壁。买苍术、贯众、辟瘟丹、柏枝、彩花，以为除夕之用。自此街坊箫鼓之声，铿訇不绝矣。僧道作交年疏、仙朮汤，以送檀越，医人亦馈屠苏袋、同心结及诸品汤剂于常所往来者。

除夕，人家祀先及百神，架松柴齐屋，举火焚之，谓之糁盆，烟焰烛天，烂如霞布，爆竹鼓吹之声，远近聒耳。家庭举燕，则长幼咸集，儿女终夜博戏藏钩，谓之守岁。燃灯床下，谓之照虚耗。以赤豆作粥，虽猫犬亦食之。更深人静，或有祷灶请方，抱镜出门，窥听市人无意之言，以卜来岁休咎。是日，官府封印，不复佥押，至新正三日始开。而诸行亦皆罢市，往来邀饮。盖杭人奢靡，不论贫富，俱竞市什物，以庆嘉节。而光饰门户，涂泽妇女，衣服钗环之属，更造一新，皆故都遗俗也。

《西湖游览志余》中的这些记载把当时杭州一年的岁时风俗全面地展现在我们的面前。透过这些记载，我们可以看到，明代杭州地区岁时节日从参与主体来看，已具有官民同乐的特点；从内容上看，宗教的色彩渐趋淡化，怡情娱乐的成分越来越高，具有娱乐为主的特点了。从田汝成的记载来看，明代元旦喜庆特色就有所增加。元旦日有“旺相”、“行春”、“节节高”、

"百事大吉"等讨彩祝愿活动。立春日举行的"迎春之仪"，这一源于农事祭祀仪式的节日习俗，在明代已发展成为一项盛大的歌舞庆贺活动，这些活动除了表达人们的美好祝愿，同时也是借此在农忙开始之前娱乐一番，原先的巫术祭祀成分，实际上已不多了。又如放爆竹，原是一种驱鬼巫术，明时已演变成一种欢庆节日的节目。中秋节的祭月，明时也已演变成一种赏月活动。另外，杭州的年节习俗文化到明代呈现出了空前的丰富性。尤其到了明朝中后期，随着经济的发展，市民阶层的壮大，市民阶层喜好欢快热闹的生活情趣不断渗入节日习俗，而经济发展以及城市化进程导致的人口相对集中，也为人们举行大型的节日活动提供了必要的条件。[1]明代杭州的岁时节俗是丰富多样和奢华的，除了田汝成对节俗的详细记载之外，从当时的地方志如万历《杭州府志》、万历《钱塘县志》对节日的详细记述以及张瀚的详细记载也都足以看出节俗活动的丰富多样。

万历《杭州府志》载：二月初二，"戴蓬草，并以和米粉作煎饼，或只取所余年糕煎食，以应节物。自是西湖探春赏花之会日以增盛。儿女辈则于家园作斗草之戏。是月内，民间轮年作会首，醵金具牲酒祀土谷神，祀毕为社会饮"。三月初三，"戴荠菜花，亦多出游西湖，盖亦古上巳祓除之意"。立夏日，"以诸果杂置茗碗，亲戚彼此馈遗，名曰立夏茶"。[2]

张瀚说："今海内士庶，咸重岁首，而庆拜往还，举酒相祝，惟吾杭最盛。谚曰：'老子回头，不觉重添一岁；孩童拍手，喜得又遇新年。'见老幼咸乐也。元旦诵之，愉然一快。""元宵赏灯，始于汉祠太乙。今上元观灯，是其遗风。……若民俗，最盛于杭，以皮绢纱纸之灯，皆产于此。而南北贵重如闽中珠灯、白下角灯、滇南料丝灯，皆萃焉。民间跨街构木为坊，饰以彩绘。至暮，灯火相望，金鼓相闻，一时男女塞途，竞相追逐。他省所无。""七月望祀，释家谓之盂兰斋，俗云鬼节，谓地狱放假五日，则矫饰甚矣。时民间剪纸为花，燃硝磺为灯，以木板泛于湖上，多至数百，夜望如星，亦足娱目。"[3]

除了节日的日益丰富多彩外，有些节日风俗在细节上也有所变化，一些内容到了明代已经少有痕迹，有的则发生了很大的变异。如："二月朔日，唐、宋时谓之中和节，今虽不举，而民间犹以青囊盛五谷瓜果之种相遗，谓之献生子。""中和节"是唐宋时代的民俗，明代人依然在过这样的节日，只是内容有了变化，成为"献生子"习俗，并且延续了"青囊盛五谷瓜果"的祭祀方法。[4]

另外节日程序中礼仪性、社交性的社会功能有所增强。杭州于元旦日，"五鼓而兴，盛陈花彩、糕果于各神并祠堂影堂前。……炳烛炷香拜各神、祖先讫，家众序立中堂，卑幼拜贺尊长如《家礼》仪，男子出拜宗党、亲友，各致祝语，谓之'贺节'。家设延客酒，三五行即辞出"[5]。在前引田汝成《西湖游览志余》对杭州节日的记述中，也可以看出这种趋势。

[1] 陈江著：《明代中后期的江南社会与社会生活》，上海社会科学院出版社2006年版，第231页。

[2] 万历《杭州府志》卷一九"风俗"，中华书局2005年版。

[3] （明）张瀚：《松窗梦语》卷七"时序纪"，上海古籍出版社1995年版。

[4] 陈华文等著：《浙江民俗史》，杭州出版社2008年版，第283页。

[5] 万历《杭州府志》卷一九"风俗"，中华书局2005年版。

第二节 衣食住行

衣食住行是人民生活中的日常消费，从日常消费的延续和变化中，更能折射出一定的观念和时代的变迁。

明朝建立后，朝廷就对全国官民的饮食内容、消费标准、餐具等次、饮宴规格和筵席礼仪作出明确规定与限制，对衣冠服饰、车舆住宅的规模和样式等方面也都作出周详完备的规定，如有违者，一经发现，官府就严加惩处。明太祖朱元璋亲自编撰的三编《大诰》，即对臣民僭越的行为有严厉的惩处规定，如《大诰续编》称："民有不安分者，僭用居处、器皿、服色、首饰之类毋得僭分，敢有违者，用银而用金，本用布绢而用绫锦纻丝纱罗，房舍栋梁不应彩色而彩色，不应金饰而金饰；民之寝床船只不应彩色而彩色，不应金饰而金饰，民床毋敢有暖阁而雕镂者，违诰而为之，事发到官，工技之人与物主各各坐以重罪。"[1]明代前，杭州等江南地区原本以俗尚奢华著称，明初因明朝政权的强力抑制，一度归于俭朴，从官僚乡绅到士农工商，在衣食住行上大抵都能遵循朝廷制定的礼法制度，社会各个阶层之间贵贱有等、尊卑有序。不过，到了中后期，杭州人在衣食住行上竞相奢靡，兴起了越礼逾制、追新慕异的风尚。

[1]朱元璋：《大诰续编·居处僭分第七十》。

一 饮食和民居

杭州的饮食习俗在明代初期，由于受明朝的明令限制，基本崇尚简朴，各阶层的日常饮宴生活，基本上遵循明王朝礼制的严格规定和限制，很少有违礼逾制的事情发生。然而必须指出，明代是我国历史上农业文明高度发达的一个朝代，杭州更是因其自然条件、地理环境及其他因素的作用，物产极其丰富。所以当时的杭州人在饮食上尽管崇尚简朴，但品种是丰富的。

（一）主食与菜肴的日益丰富

明代杭州日常主食仍然是米，只是食品样式较前代更为丰富，有饭、粥、糕、团等。值得一提的是，在明代正德、嘉靖年间，玉米开始传入中国，嘉靖、万历年间，番薯传入我国东南沿海地区，玉米、番薯在杭州得以传播与推广种植。因此在明朝时，玉米、番薯开始成为人们桌上的食粮，到清代成为主食之一。钱塘人田艺蘅在《留青日札·御麦》中对玉米作了详细记载："御麦，干叶类蜀黍而肥矮，亦拟薏苡，苗高三四尺，六七月开花。穗苞如拳而长，须如红绒，粒如芡实，大而莹白。花开于顶，实结于节，真异谷也。""吾乡传得此种，多有种之者。"

菜肴的品种也丰富多样。当时杭州著名饮食专家高濂著有《遵生服食笺》，介绍了以杭州口味为主的各种主食菜点、吃法等，内有茶泉类专论十三则，汤品类三十二种，熟水类十二种，粥糜类三十八种，粉面类十八种，脯鲊类五十种，治病有方专论一则；又家蔬类五十五种，野蔬类九十一种，酿造类二十八种，甜食类五十八种，法制食疗药品二十四种，神秘服食类四十五种，等等，足以说明当时主食和菜品的丰富。

杭州人喜欢吃鱼。明田汝成《西湖游览志余》卷二四载："杭人最重江鱼，鱼首有白石二枚，又名石首鱼，每岁孟夏，来自海洋，绵亘数里，其声如雷，若有神物驱押之者。渔人以竹莆探水底，闻其声，乃下网截流取之，有一网而举千头者。泼以淡水，则鱼皆圉圉无力，或鱼多而力不能举，惧覆舟者，则截网使去。头水取者甚佳，二水、三水，则鱼渐小，而味渐减矣。"瞿宗吉《竹枝词》云："荻芽抽笋楝花开，不见河豚石首来。早起腥风满城市，郎从海口贩鲜回。"高濂的《遵生服食笺》记有鲈鱼脍法："吴郡鲈脍，八九月霜下时，收鲈三尺以下劈作脍，浸洗，布包沥水令尽，散置盘内。取香柔花叶相间细切，和鲙拌令匀。霜鲈肉白如雪，且不作腥，谓之金齑玉脍，东南佳味。"

杭州人还喜欢吃鹅，将鹅视为不可多得的佳肴。明田汝成《西湖游览志余》卷二五载："东坡《仇池笔记》云：'杭人喜食鹅，日屠百鹅。予自湖上夜归，屠者之门，百鹅皆号，若有所诉。鹅能警盗，亦能却蛇，有二能而不能免死，又有祈雨之厄，悲夫！'嘉靖十五年，侍御张景按浙中，令巡官日报屠鹅之数，大约日屠一千三百有奇，而官府民家公私燕会，皆不与焉。较之宋时，又加十倍矣。"从这则记载里，可以看出杭州人是非常喜欢吃鹅的。

杭州人也爱吃笋。明时杭州人高濂就曾到西溪专门去吃笋，说："西溪竹林最多，笋产极盛。但笋味之美，少得其真。每于春中，笋抽正肥，就彼竹下，扫叶煨笋，至熟，刀截剥食，竹林清味，鲜美莫比，人世俗肠，岂容知此真味。"[1]

莼菜、莲子和藕是杭州特产，也是明时杭州人所爱吃的东西。田汝成曰："杭州莼菜，来自萧山，惟湘湖第一。四月初生者，嫩而无叶，名雉尾莼，叶舒长，名丝莼，至秋则无人采矣。"刘士亨《寄魏文靖公》诗有云："当代推公独擅场，李唐诗句汉文章。湘湖春晚多风味莼菜樱桃次第尝。"[2]高濂还去湖心亭采莼，并记录了当时的情景：

> 旧闻莼生越之湘湖，初夏思莼，每每往彼采食。今西湖三塔基傍，莼生既多且美。菱之小者，俗谓野菱，亦生基畔，夏日剖食，鲜甘异常，人少知其味者。余每采莼剥菱，作野人芹荐，此诚金波玉液、青精碧荻之味，岂与世之羔烹兔炙较椒馨哉！供以水蔌，啜以松醪，咏思莼之诗，歌采菱之曲，更得呜呜牧笛数声，渔舟欸乃相答，

[1]（明）高濂：《四时幽赏录·西溪楼啖煨笋》，武林丁氏嘉惠堂清光绪九年（1883年）刊本。

[2]（明）田汝成：《西湖游览志余》卷二四，中华书局2008年版。

使的狂态陡作，两腋风生。若彼饱膏腴者，应笑我辈寒淡。[1]

对于莲子和藕的美味，高濂也作了记载：

> 莲实之味，美在清晨，水气夜浮，斯时正足，若日出露晞，鲜美已去过半。当夜宿岳王祠侧，湖莲最多。晓剖百房，饱啖足味。藕以出水为佳，色绿为美。旋抱西子一弯，起我中山久渴，快赏旨哉。口之于味何甘哉？况莲德中通外直，藕洁秽不可污，此正幽人素心，能不日茹佳味？[2]

除了物产丰富的优势外，杭州的饮食在食品的选料、加工、烹饪上也不厌其精，注重技艺，注重食品的色香味形以及品尝时的雅致。张岱就曾说道："蟹至十月与稻粱俱肥，壳如盘大，坟起，……掀其壳，膏腻堆积，如玉脂珀屑，团结不散，甘腴虽八珍不及。一到十月，余与友人兄弟辈立蟹会，期于午后至，煮蟹食之，人六只，恐冷腥，迭番煮之。从以肥腊鸭、牛乳酪。醉蚶如琥珀，以鸭汁煮白菜如玉版。果蓏以谢橘、以风栗、以风菱。饮以玉壶冰，蔬以兵坑笋，饭以新余杭白，漱以兰雪茶。由今思之，真如天厨仙供，酒醉饭饱，惭愧惭愧！"[3]

当时，杭州还组织了社团进行饮食文化方面的探讨。如张岱的祖父张汝霖在杭州组织"饮食社"，罗致各种美味佳肴进行品尝和研究，写成《饔史》，张岱编纂各种食谱，总结历代烹饪经验，修订《饔史》而成《老饕集》。[4]

（二）民居

明初，在住宅建造上曾有定制，洪武二十四年六月，定官民房屋，"不许盖造九五间数及歇山转角、重檐重拱、绘画藻井，朱门红窗"。并规定"一品、二品厅堂各七间，屋脊许用瓦兽，梁栋斗拱檐角青碧绘饰，门屋三间，门用绿油、兽面摆锡环"；"三品至五品与二品同，但门用黑油摆锡环"；"六品至九品厅堂各三间，梁栋止用粉青刷饰，正门一间，用黑油铁环"；"庶民房屋不过三间五架，不许用斗拱及彩色装饰；其余从屋虽十所二十所随宜盖造，但不得过三间"[5]。也就是说，一般庶民百姓，庐舍不得超过三间，不许用斗拱、饰彩色。那些没有功名和官爵的庶民地主、大商人或富豪之家，有钱尽可以建造房屋数十百所，但每栋房子不得超过三间。受此约束，在浙江境内，官宦之家在明代初期建造宅第，一般都能遵守王朝礼制，不敢超越朝廷规定的规模和样式；那些富有的庶民地主和商人家庭，建造的房屋也都能遵守官府的规定，"居室无厅事，高广惟式"。然而到了明代中叶以后，随着东南沿海地区经济的发展，商业的繁盛，官绅富户的深宅大院早已突破明初礼制的限制，纷纷违礼逾

[1]（明）高濂：《四时幽赏录·湖心亭采莼》，武林丁氏嘉惠堂清光绪九年（1883年）刊本。

[2]同上。

[3]（明）张岱：《陶庵梦忆》卷八"蟹会"，中华书局1985年版。

[4]陈华文等著：《浙江民俗史》，杭州出版社2008年版，第293页。

[5]（清）张廷玉等撰：《明史·舆服志》，湖北崇文书局清光绪三年（1877）刊本。

制，追求起宽敞豪华来了。

从现存明代建筑物看，明代杭州的民居，在宅院布局和房屋结构方面均有其特点。杭州等地的明代民居，房屋构架都是木构架，构架大抵有抬梁式、穿斗式两类。厅堂一般采用抬梁式，以加大建筑的空间，使之显得空旷高敞；次间、梢间多为穿斗式。民居的出际都比较深远，长度一般在1米左右；室内壁面大多为板壁，即使是檐下的坎塘也很少用砖壁。厅堂和楼屋的前部往往附有轩廊，既增大了房屋的空间，又使室内空间变化有致。明代的建筑构件，一般朴实无华，少有雕饰，与清代以后木构件的雕饰繁缛华丽的风格迥异其趣。[1]

杭州现存建造于明代的大型民居吴宅，其主体建筑始建于万历年间，房主为当时的学官（司训）吴氏兄弟。吴宅建筑群中属于明代建筑的道福堂，为一平屋厅堂，面阔三间：明间抬梁式，内四界，前有卷棚轩，后有廊；次间穿斗式，但减去金檩下两根落地通柱，用短柱代替，短柱立在穿梁上，以节省木材。梁的形制均为月梁，断面呈矩形，梁上的龙须纹呈椭圆形；鼓墩最大直径位于腹部；整座建筑的木构架朴素而少有雕饰。道福堂边上左前方的载德堂，面阔也是三间，前为卷棚轩，该堂建筑的用材粗壮考究，柱用楠木，是吴宅中最考究的一座厅堂。[2]

二　杭儿风及其他

社会生活与人们的观念密切相关。人们的日常生活，除了受到他们本身所具有的经济条件制约之外，人们的内心观念也在很大程度上指引着他们的生活。

（一）杭儿风

在明代的杭州，出现了“杭儿风”的俚语，田汝成《西湖游览志余》卷二五记载：

> 外方人嘲杭人，则曰杭州风，盖杭俗浮诞，轻誉而苟毁，道听途说，无复裁量。如某所有异物，某家有怪事，某人有丑行，一人倡之，百人和之，身质其疑，皎若目睹，譬之风焉，起无头而过无影，不可踪迹。故谚云：“杭州风，会撮空，好和歹，立一宗。”又云：“杭州风，一把葱，花簇簇，里头空。”又其俗喜作伪，以邀利目前，不顾身后，如酒搀灰，鸡塞沙，鹅羊吹气，鱼肉贯水，织作刷油粉，自宋时已然，载于《癸辛杂识》者可考也。[3]

“杭儿风”这一名词，大致上反映出两层意思：一是讹言、谣传传播速度之快，这是民间舆论空间扩大的证据；二是城市风尚的虚伪，甚至作

[1] 金普森、陈剩勇主编，陈剩勇著：《浙江通史·明代卷》，浙江人民出版社2005年版，第182页。

[2] 高念华：《杭州明代民居初论》，《浙江学刊》1997年第3期，总第104期，第101—105页。

[3] （明）田汝成：《西湖游览志余》卷二五，中华书局2008年版。

假。[1]这表明，杭州是一个城市化进程比较早的地区，与其他地方相比，有许多不同，特别是相对于农村文化来说，更是有较大差距。因而杭州人也就成了被议论的对象。

杭儿风这个名词，一来反映了杭州飞速发展的社会生活，二来也反映了杭州风尚的新动向，并且此后一直成了杭州人贪图安逸，作风不踏实，爱做表面文章的代名词。直至民国年间，徐志摩、郁达夫、鲁迅都曾对杭州人的这种“杭儿风”作过批评。

（二）奢侈之风的蔓延

明代中叶以后，随着社会经济的发展，江南地区的商品经济日渐繁荣，社会财富逐渐殷实，家财万贯的官僚缙绅、财主富商们的消费欲望不断膨胀；而朝廷中皇帝昏庸、宦官专权、朋党相争，朝政吏治极端腐败，各级官僚醉生梦死、沉迷于声色犬马的生活方式，在引领了社会风气由俭朴向奢侈转变的同时，也导致了专制王朝社会控制力的弱化，促使富商巨贾土财主们越礼逾制，竞相追求高消费的奢靡生活。[2]

时人张岱曾记载：“西湖之船有楼，实包副使涵所创为之。大小三号：头号置酒筵、储歌童；次载书画；再次偫美人。涵老声伎非侍妾比，仿石季伦、宋子京家法，都令见客，常靓妆走马，媻姗勃窣，穿柳过之，以为笑乐。明槛绮疏，曼讴其下，擫钥弹筝，声如莺试。客至，则歌童演剧，队舞鼓吹，无不绝伦。”[3]从这一例中，我们可以窥见当时官绅士大夫阶层意尚奢华，追逐时髦，标新立异，竞相攀比的奢靡生活。

一般老百姓，在生活方式和消费习惯方面，也逐渐趋于享受。时人王士性说：

> 杭俗儇巧繁华，恶拘检而乐游旷，大都渐染南渡盘游余习，而山川又足以鼓舞之，然皆勤劬自食，出其余以乐残日。男女自五岁以上，无无活计者，即缙绅家亦然。城中米珠取于湖，薪桂取于严，本地止以商贾为业，人无担石之储，然亦不以储蓄为意。即舆夫仆隶奔劳终日，夜则归市殽酒，夫妻团醉而后已，明日又别为计。故一日不可有病，不可有饥，不可有兵，有则无自存之策。[4]

明代中叶以后这种社会风气的变化，深刻地体现在人们的日常生活中。

在宅居府第的建造上，随着社会经济的发展和封建礼制废弛，官绅士大夫开始置朝廷法令和传统礼制于不顾，纷纷求田问舍，建造重堂层台的府第，兴建园林和亭台池馆，追求宽敞豪华。而那些家财万贯的巨室富户及商人们，倚仗其雄厚的经济实力，冲破朝廷禁令，效仿高官宅第的样式，建起高楼厅堂。张瀚称：“近者一二巨姓，虽位臻崇秩，后人踵事奢华，增搆室宇园亭，穷极壮丽。”[5]

[1] 陈宝良著：《明代社会生活史》，中国社会科学出版社2004年版，第45页。

[2] 金普森、陈剩勇主编，陈剩勇著：《浙江通史·明代卷》，浙江人民出版社2005年版，第184页。

[3] （明）张岱：《陶庵梦忆》卷三“包涵所”，中华书局1985年版。

[4] （明）王士性：《广志绎》卷四，齐鲁书社1996年版。

[5] （明）张瀚：《松窗梦语》卷七“风俗纪”，上海古籍出版社1995年版。

居住方面的另一变化是建造私家园林的风气兴起。明初，朝廷对百官士庶营造住宅时多占土地、修建园林的举动有严格的禁令，至明代中后期，违制建园则蔚然成风。当时杭州的官僚乡绅、富商财主们纷纷建造园林，据张岱《西湖梦寻》记载，在杭州西湖周围，孤山有西溪别墅，涌金门一带有张氏的寄园，商氏的楼外楼，祁氏的偶居，戴氏别墅、钱氏别墅、余氏别墅、陈氏别墅，以及孝廉黄元辰之池上轩、富春周中翰的芙蓉园等，均以建筑豪华精巧名重一时。[1]所以除北京外，杭州等地已成为当时私家园林最为集中的地方。

从服饰上来看，士人们开始追求绫罗锦绣，服饰的式样也开始突破了朝廷在明朝初的定制，穿戴起华丽鲜艳、新奇怪异的服饰来。如弘治年间，杭州府城里有一个富家子弟，父母早丧，没人拘管，专与那些浮浪子弟往来，这个生得风流俊俏的少年，“头戴一顶时样绉纱巾，身穿着银红吴绫道袍，里绣花白绫袄儿，脚下白绫袜，大红鞋，手中执一柄书画扇子。后面跟一个垂髫标致小厮，叫做清琴，是他的宠童，左臂上挂着一件披风，右手拿着一张弦子，一管紫箫，都是蜀锦制成事囊儿盛裹”[2]。

一些生性妖艳喜欢赶时髦的妇女，开始流行穿一种紧身的长衫，如《警世通言》卷三八说，杭州府武林门外乡村中，一个名叫蒋淑贞的女人，相貌长得甚为标致，描眉画眼，涂脂抹粉，“梳个纵鬓头儿，着件叩身衫子，做张做势，乔模乔样”。这种“叩身衫子”，衣身紧窄，穿在身上，其用意显然在凸显女性那妩媚和性感的身姿。[3]

另外，在服饰的色彩上也有突破。明制规定：“庶民妻女用袍衫止黑、紫、桃花及诸浅淡颜色，其大红、青、黄色悉禁勿用。”[4]万历后，江浙小康之家非大红绣衣不穿，大户婢女以大红里衣为荣。[5]

所以，张瀚在万历年间据所见所闻而发出感叹：“国朝士女服饰，皆有定制。洪武时律令严明，人遵画一之法。代变风移，从皆志于尊崇富侈，不复知有明禁，群相蹈之。如翡翠珠冠、龙凤服饰，惟皇后、王妃始得为服；命妇礼冠四品以上用金事件，五品以下用抹金银事件；衣大袖衫，五品以上用纻丝绫罗，六品以下用绫罗缎绢；皆有限制。今男子服锦绮，女子饰金珠，是皆僭拟无涯，逾国家之禁者也。”[6]钱塘人田艺蘅论及当时妇衣逾制的情况也说：“我朝定制，妇人止服绢布，不许用绫锦绮绣；其色只用蓝、紫、桃花浅色，不许用青、绿、大红深色。农民之家方得服绸纱。今则婢子衣绮罗，娼妇厌锦绣矣。”[7]万历《杭州府志》也载：“今服舍僭侈，拟于王公，妇人妖艳，得为后饰。”[8]

不得不提的是，受传统纲常和等级服制的制约，过去传统服饰的特点是颜色单调，样式呆板，装饰有许多限制。而此时，人们则开始注意到服饰的美学价值，因此，不仅注重质料的精细昂贵，更追求色彩的鲜艳明丽，装饰的精巧华美和样式的丰富变化，讲究服饰的多样化和时尚化。妇

[1] 金普森、陈剩勇主编，陈剩勇著：《浙江通史·明代卷》，浙江人民出版社2005年版，第186—187页。

[2] （明）冯梦龙：《醒世恒言》卷一六“陆五汉硬留合色鞋”，浙江古籍出版社1997年版，第192页。

[3] 转引金普森、陈剩勇主编，陈剩勇著：《浙江通史·明代卷》，浙江人民出版社2005年版，第186页。

[4] （清）叶梦珠：《阅世编》卷八，上海古籍出版社1980年版。

[5] 徐杰舜主编、周耀明著：《明代·清代前期汉族风俗》，学林出版社2004年版，第62页。

[6] （明）张瀚：《松窗梦语》卷七“风俗纪”，上海古籍出版社1995年版。

[7] （明）田艺蘅：《留青日札》卷二〇“妇衣”，齐鲁书社1995年版。

[8] 万历《杭州府志》卷一九“风俗”，中华书局2005年版。

女服饰在这方面表现尤其突出。[1]这不能不说是一种进步。

在饮食方面，伴随着社会财富的不断增多和物产的日益丰富，人们的饮食习尚也竞相奢侈挥霍。在宴饮格局上由俭入奢，饮酒之风盛行。明杭州人郎瑛记述，普通人家设酒也须“每桌五果、五按、五蔬菜，汤食非五则七，酒行无算，另置酒桌于两楹之间，排列壶盏、马盂、及把盏，尊卑行跪礼，但元进爵之时多一半跪耳，此酒之事事同也”。并发出了“风俗溺人，难于变也”[2]的感叹。田汝成曾作《醉乡律令》，称：“醉乡之宜十有一：醉花宜昼，醉雪宜夜，醉月宜楼，醉暑宜舟，醉山宜幽，醉水宜秋，醉佳人宜微酡，醉文士宜妙令酌无苛，醉豪客宜挥觥发浩歌，醉将离宜鸣鼍，醉知音宜乐侑语无它。”他还认为，真正的“酒徒”应具有十二项“酒德”：“款于辞而不佞者、愉于色而不靡者，怯猛饮而惜终欢者，抚物为令而不涉重者，闻令即解而不再问者，善戏谑而不虐者，语便便而不乱者，持屈爵而不分愬者，偕众乐而恶外嚣者，飞爵腾觚而德仪无愆者，坐端凝而神爽逸者，宁酣沉而不倾泼者。”[3]这说明当时不仅饮酒之风盛行，还注重饮酒时的雅趣。

与此同时，城乡赌博之风盛行，在杭州府海宁县，“赌博之事，当初止有市中从人之处，间有不良落此陷中；今乡村旷野，无处无之。其心如蛇蝎，其行如寇虏，不可枚举”[4]。

从城市到乡村，从上层官宦至下层民众，都由循礼趋向违制，由拘谨趋向放达，由俭朴趋向奢靡，在一定程度上也使明朝中后期的社会生活呈现出异彩纷呈的格局。

[1] 陈江著：《明代中后期的江南社会与社会生活》，上海社会科学院出版社2006年版，第129页。

[2]（明）郎瑛：《七修类稿》卷二一“辩证类·酒钱元俗”，上海书店出版社2001年版。

[3] 转引陈江著：《明代中后期的江南社会与社会生活》，上海社会科学院出版社2006年版，第138页。

[4] 许敦俅：《敬所笔记》，见陈学文《中国封建晚期的商品经济》附录，湖南人民出版社1989年版，第320页。

第三节　婚丧仪礼

明洪武年间，根据官方的法律规定，凡是民间嫁娶，一概按朱熹所定《家礼》举行。在婚制方面，对庶民百姓的婚礼以及纳妾、重婚、退婚、改嫁与冥婚、指腹婚等习俗惯例，都有详尽的规定与限定。明代中后期，随着社会商品经济的发展和人们价值观念的变化，社会上出现了追求婚姻自由、追求性满足等时尚，对传统的婚姻礼制和伦理观念构成了挑战。

一　婚俗

明朝廷在婚姻关系的缔结上不允许以下僭上、贵贱混淆，竭力提倡门当户对，严令禁止不问门第，专论聘财以及良贱通婚之类的现象。在明代前期，杭州地区婚姻关系的缔结一般都能遵守这些训令，讲求门当户对，而较少考虑婚姻对象拥有财富之多寡。但明代中期以后，择婚标准发生了很大变化，开始突破了门第观念，而较看重财富多寡。杭州一带“婚娶颇多论财，近年有士大夫嫁娶者穷极靡丽，与嘉、湖敝俗相逐。士论皆以为非，此尤失礼之甚者”[1]。当时的世俗女子们也一改以往与书生才子结交为乐为荣的习尚，而追求拥有金钱的富商巨贾，明代余永麟《北窗琐语》记载，“杭州妇女多嫁盐商”。在“三言”、“二拍”里，也有妓女向富商巨贾献媚，选择商人为从良对象的故事。

除议婚论财之风外，迎娶、送嫁之际也穷奢极侈，铺张排场，互相攀比，大肆炫耀。万历《杭州府志》记载：“五十年前，杭人有积赀巨万而矮屋数椽，终身布衣，今服舍僭侈拟于王公。”万历《钱塘县志》也有载：“有婚娶论财，嫁女竞侈，服舍拟王室者。”[2]

由于婚嫁论财，开销巨大，以致连女方家庭也往往因为置办嫁妆而破产，这又导致溺杀女婴的现象更为加剧，这在地方志中多有记载。萧山等地往往“惜厚嫁以沉女”[3]。在严州府，万历年间“俗人偷薄，富用多媒，因贫反复，论财索奁，因嫁破产，遂……有溺女之俗”[4]。

另外，《大明律》对居丧婚嫁者有严厉的处罚规定：“凡居父母及夫丧而身自嫁娶者，杖一百”；“若居祖父母、伯叔父母、姑、兄、姊丧而嫁娶者，杖八十”。[5]但这个戒令在杭州地区并没有得到遵守，反倒流行起一种“荒亲”之礼来。郎瑛曾有记载：

> 吾杭有荒亲之礼，询之四方皆同。盖以父母死不得成亲，而于垂死之日，即讲亲迎之礼，有至亲没而禁家人举哀以为之者。（予以此必胡元之俗流至于今。）夫父母之死，人子不欲生之时也，而且停哀忍痛，以讲此欢乐之事，此岂有人心者哉！作俑者不特肆诸市朝矣。昨观《所见集》中亦如予论，则知宋以来有之，因仍苟且，多为惜财之小而忘大义，奈何诗礼之家亦如是耶？[6]

郎瑛考证出“荒亲”之举始于宋代，但那时还很少见，到了明代中后期才流行开来。郎瑛还感叹于此“荒亲”不仅一般平民家有，连士大夫家也多有此举。万历《杭州府志》在记载“荒亲”之俗时也发出了类似的感叹：“愚民无知，或不足责，奈何诗礼之家亦复如是？”[7]

有明一代，男娶女嫁的基本原则依然是传统的“父母之命，媒妁之言”，极少有通过自由恋爱而成婚的。如萧山县，“婚礼必用媒妁，采聘必用宝币”[8]。建立婚姻关系的基础是家庭的利益，至于婚姻当事人的意愿，不在考虑之列。但到明朝中后期，在传统婚姻观念的主流中却出现了一些新的变化，萌生出一种新的婚姻爱情观。

郎瑛曾记述吴、楚两地在娶妇要求上的差异：

> 吴人娶妇欲长，美观瞻也；楚人欲矮，善哺佣工也。然地脉相接，而风俗不同，大抵吴奢、楚俭，故致如此。吾友王荫伯戏作《娶

[1] 万历《杭州府志》卷一九“风俗”，中华书局2005年版。

[2] 万历《钱塘县志·纪事·风俗》，钱塘丁氏嘉惠堂清光绪九年(1883年)刊本。

[3] 嘉靖《浙江通志》卷六五“杂志·风俗”，上海书店影印本。

[4] 万历《严州府志》卷二“风俗”，齐鲁书社1996年版。

[5] (明)刘惟谦等撰：《大明律》卷六《户律三·婚姻》“居丧嫁娶”，上海古籍出版社1995年版。

[6] (明)郎瑛：《七修类稿》卷一六“义理类·荒亲”，上海书店出版社2001年版。

[7] 万历《杭州府志》卷一九“风俗”，中华书局2005年版。

[8] 嘉靖《萧山县志》卷一“风俗”，“天一阁藏明代方志选刊续编”第二十九册。

妇辞》嘲之，其辞云：‘楚人娶妇何喧喧，高堂十日排酒筵。亲戚回头小姑起，传道新人短而喜。低小腰身解哺儿，春粮担水不知疲。西家老翁长吴塞，吴人娶妇长者爱。纱笼前引扶入门，新人长大媒人尊。金马丁东步摇转，春风袅袅花枝颤。可怜吴楚地不同，新人长短为枯荣。若使吴人生落楚，一生丑恶何其苦。乃知长短亦有命，不系生身系生土。’噫！可哂也！[1]

这段话折射出一个变化，即在恪守传统的婚姻观念时，吴人娶妇已注重女性的身材，而注重身材只是为了“美观瞻也”，这说明当时已能在一定程度上顾及婚姻当事人的意愿，因为身材美貌更多地与夫妻间的情爱有关，并不完全与家庭的利益直接关联。[2]

另外，在婚姻问题上，尊重女性的意愿与人格，这样一种新的观念，已经在杭州中下层市民中萌生。明代拟话本小说《卖油郎独占花魁》里描写的杭州小商人秦重，由于被名妓“花魁娘子”莘瑶琴的美貌所吸引，便用自己辛苦经营、节衣缩食积蓄下来的十两银子，去亲近她。那天，莘瑶琴陪侍贵人宴饮，半夜方归，又喝得酩酊大醉，见他是个市井之辈，便不屑一顾。忠厚老实的秦重，不以嫖客买来的特权自居，对莘瑶琴百般体贴，为她盖被、送茶、脱鞋，莘瑶琴醉醒呕吐时，秦重怕脏了被褥，不惜用自己的衣袖盛了污物，又为她斟茶倒水，服侍她睡下。睡醒后的莘瑶琴虽然觉得秦重是个难得的好人，但等级门第的观念又使她不愿表白内心的爱慕之情。直到后来受到吴八公子的侮辱欺凌后，莘瑶琴才明白那些“豪华之辈，酒色之徒”，“只知道买笑追欢的乐意，那有怜香惜玉的真心”，最终通过自赎买嫁给卖油郎，夫妻和睦相爱，十分美满。从秦重对妓女爱而不亵、真诚相待、充分尊重女性的人格和意愿的态度中，已依稀可以看到现代情爱观的影子。[3]

与此同时，明初以来深入民间的理学贞节观也受到了一些冲击，在一些地区，寡妇再嫁蔚然成风。郎瑛曾记载：“妇人再醮，有不得已者，亦非也。况吴有妇人，乃缙绅之女，家富而识字，已嫁二夫，其夫复死，将再醮焉。士人耻之，有嘲以一绝以戏之者，诗云：‘辞灵羹饭哭金钱，哭出先天与后天；明日洞房花烛夜，三天门下会神仙。’”[4]从这则记载可以看出，当时寡妇再嫁已非少见，有的为了生计而再嫁，有的则是为了追求爱情而再嫁。

二　性爱之风

明代中后期的杭州，以享受性爱为目的的纵欲之风也刮了起来。

中国儒家传统虽有“食色性也”之说，但这里所谓“性”，大多与香火延续有关，是繁衍后代的性，不是生理的体验及性的享受。在明代，享

[1]（明）郎瑛：《七修类稿》卷四“天地类·吴楚娶妇”，上海书店出版社2001年版。

[2]陈江著：《明代中后期的江南社会与社会生活》，上海社会科学院出版社2006年版，第198页。

[3]金普森、陈剩勇主编，陈剩勇著：《浙江通史·明代卷》，浙江人民出版社2005年版，第90—91页。

[4]（明）郎瑛：《七修类稿》卷四九“奇谑类·三天”，上海书店出版社2001年版。

受性爱之风开始蔓延，春画开始在社会各阶层广泛流行。即使一般的民间百姓家，也有机会看到这些春画。[1]《喻世明言》、《警世通言》、《醒世恒言》、《初刻拍案惊奇》和《二刻拍案惊奇》等流行的著作中也有许多情色的描写。

[1]（明）沈德符：《万历野获编》卷二一“秘方见幸·进药”，中华书局1980年版。

对此，李渔有一段坦率的评论：

> 人生在世，事事可以忘情，只有妻妾之乐、枕席之欢，这是名教中的乐地，比别样嗜好不相同，断断忘情不得。我辈为纲常所束，未免情性索然，不见一毫生趣，所以开天立极的圣人，明开这条道路，放在伦理之中，使人散拘化腐。[2]

[2]（明末明初）李渔：《十二楼·鹤归楼》第一回“安恬退反致高科，忌风流偏来绝色”，上海古籍出版社1990年版。

在当时背景下，一些人通过婚前或婚外的私通、偷情来追求情与性的需要，追求男欢女爱及享受性爱。杭州人田艺蘅曾记载了他与友人聚饮时以偷情为题行酒令的趣闻，他据明人杨大年的一首《闲忙令》戏作一令：“世人何人号最闲？娼家孤老包过年。世人何人号最忙？妇女偷情夫进房。”众人皆大笑称妙。[3]正由于偷情之事常有耳闻目睹，以致人们以此作为行酒令，以资谈笑。私通、偷情的事例在当时的笔记及话本小说、戏曲等文艺作品中也较为常见。在一些作品中还对男女私情表现出了理解和宽容。作于崇祯年间，题名西湖渔隐所著的白话短篇小说集《欢喜冤家》第一回“花二娘巧智认情郎”，就对花二娘与丈夫的结拜兄弟任龙私通深表同情。

[3]（明）田艺蘅：《留青日札》卷二五“酒令”，齐鲁书社1995年版。

当时除了私通、偷情之外，最多的就是狎妓之风。富商巨贾、宦官公子狎妓风行，就是普通市民、小商小贩也受此风影响，前面提及的杭州卖油郎秦重与名妓美娘的故事就是其中典型的一例。狎妓之风的盛行自然也就带来了妓业的兴盛，明代中后期杭州各类妓院娼馆的数量，在全国都是非常突出的。士人与名妓的交往比较重情，精神上的需要占了很大的比重。明代有《嫖经》一书，第一条称：“男女虽异，爱欲相同；男贪女美，女慕男贤。”晚明杭州士人朱元亮为之作注称：“客与妓，非居室之男女也，而情则同。”[4]

[4]陈江著：《明代中后期的江南社会与社会生活》，上海社会科学院出版社2006年版，第210页。

此外，杭州还行“龙阳之好”，就是好男色之风，用今天的话来说，也就是同性恋。从明代专写男色的《龙阳逸史》、《宜春香质》、《弁而钗》都是在杭州刻印出版也可看出当时杭州同性恋之风的蔓延。中国古代的男色之好虽由来已久，但宋末至明初曾遭到抑制，而晚明再次复炽。在明代，同性恋之习，不仅在男子之间，在妇女中同样也存在，但从总体上说，女子同性恋在明代尚未形成一时之风，多以男风为多。张岱自称“好娈童”。[5]田艺蘅也论及男宠之事，称：“今吴俗此风尤盛，甚至有开铺者。”[6]从晚明的许多情色小说中可以看到，男宠之风在杭州等地非常流行。如《金瓶梅》中写安进士的娈童之癖：“原来安进士杭州人，喜尚男

[5]（明）张岱：《琅嬛文集》卷五“自为墓志铭”，岳麓书社1985年版。

[6]（明）田艺蘅：《留青日札》卷三“男娼”，齐鲁书社1995年版。

风，见书童儿唱的好，拉着他手儿，两个一递一口吃酒。”[1]《龙阳逸史》写杭州“小官之风”（注：小官即男娼）：“原来那杭州，正是作兴小官的地方。那些大老，真叫是眼孔里看不得垃圾，见了个小官，只要未戴网巾，便是竹竿样的身子，笋尖样的脸皮，身上有几件华丽衣服，走去就是一把现钞。”[2]冯梦龙所编《情史》有专述男色的“情外类”，对于此男色之好，他是这样来评价的：“饮食男女，人之大欲。破舌破老，戒于二美，内宠外宠，辛伯谂之，男女并称，所由来矣。其偏嗜者，亦交讥而未见胜也。……呜呼！世固有癖好若此者，情岂独在内哉?”在他看来，同性恋与异性恋仅为钟情于外和钟情于内的区别，谈不上正常与不正常，这种思想与现代同性恋性爱观念已非常接近。[3]

三　丧俗

明代中后期，杭州地区在丧礼上出现了违背规制，大肆铺张的现象。万历《杭州府志》就记载：“亲死则延僧道作斋醮”；“古者，妇人迎送不逾域，吊死送丧，男子事也。杭俗妇人有所谓‘陪吊’、‘陪殡’者。五服之内，义不可绝，固宜往送，其服外之亲，夫主往焉，足矣。妇人继之，亲邻又从陪之，转相连引，数十为群，衣饰靡丽，舆从簇拥，俨然与卿贰命妇等。丧事既毕，其所陪之家，盛为供具，富者过侈，贫者效尤，此不知于义可当也”[4]。治丧过程中使用优伶、鼓吹，请僧道作道场等，也是蔚然成风。如余杭县，自嘉靖以后，“俗渐奢侈……亲死则延僧道作水陆斋醮，疾病罕知医药，多事祈祷”[5]；“居丧多用浮屠，动鼓乐且盛酒馔以客”[6]。张瀚就曾感叹：“余所见富室王举父丧，丧仪繁盛，至倩优侏绚装前导，识者叹之。”[7]

对于此类丧礼违制现象，时人有抨击。田艺蘅说：“今俗，疾病则用僧道作斋醮，丧死则用僧道作道场，送葬则用僧道为引导。不惟愚民之家，虽士宦亦有为之者。间为正人君子之所讥笑，则托名曰：‘我固知其非礼，奈何先人遗命，不敢违也。’呜呼！君子从治命，不从乱命，何惑于异端如此哉！”[8]张瀚则用正面举例方式表达了对当时流行的违制丧礼的无声指责，他夸其友胡纯为父治丧“一遵《家礼》，所列惟方相、香亭、神亭、旌亭、包筲、银瓶、把花、雪柳而已。鼓乐陈而不作，尽削杭城繁缛之习”[9]，认为这才是应该提倡的丧礼形式。

另外，在明代杭州，由于信仰、经济等原因，火葬之风又重新抬头。中国传统的安葬方式是土葬，宋代以来，在一些地区尤其是江南一带开始流行火葬的习俗。元代杭州火葬仍然流行，这从马可波罗的记载中可以看到。由于火葬习俗严重背离汉族传统的伦理观念和礼仪制度，因而，明太祖朱元璋在即位之初，开始予以严禁：“禁止浙江等处水葬、火葬。中书礼部议，以民间死丧，必须埋葬。如无地，官司设为义冢，以便安葬，并

[1]（明）兰陵笑笑生：《金瓶梅》第三六回“翟管家寄书寻女子，蔡状元留饮借盘缠”，陈湘记书局发行，第333页。

[2]（明）京江醉竹居士：《龙阳逸史》第七回“扯嘴皮人前撇假清，赌手段当场打死虎”，《中国历代禁毁小说海内外珍藏秘本集粹》第6辑第3册，（台北）双笛国际事业出版公司1996年版。

[3]陈江著：《明代中后期的江南社会与社会生活》，上海社会科学院出版社2006年版，第208—209页。

[4]万历《杭州府志》卷一九“风俗”，中华书局2005年版。

[5]万历《余杭县志》卷二“风俗”，齐鲁书社1996年版。

[6]同上。

[7]（明）张瀚：《松窗梦语》卷七“风俗纪”，上海古籍出版社1995年版。

[8]（明）田艺蘅：《留青日札》卷二七“丧葬用僧乐”，齐鲁书社1995年版。

不得火化。违者，坐以重罪。”[1]但到明代中后期，随着中央政权的削弱，火葬又在杭州一带盛行起来，并且由明入清后，态势仍旧不减。明朝顾炎武和明末清初的黄宗羲都曾对江浙地区的火葬习俗作过自己的考察和论述，黄宗羲说：“胡有非天所为，自作其孽而以亲骸付之一炬乎！然三吴之区，习以成俗，名曰‘火葬’。自数家巨族外，未有不出于此者，真大惑不解也。”“自明太祖以张士诚之故，特重其赋相沿至今，有增无损，故一亩之输，尽身力、竭地财不足以供上，又安有隙地焉以自藏其躯骼乎？是故朝生为人，暮死为烬，岂其性与人殊哉，势不得不然也。……三吴之民益可悲矣。”[2]

除火葬外，在杭州又有停葬多年而不入葬的习俗。杭州附近的余杭县，自嘉靖以后，“或溺堪舆家言，停柩不举，各乡有一室数棺百年无抔土者”[3]。杭州民间非常重视风水，讲究墓地的坐落、朝向等，相信祖先的风水好，子孙就可以受到庇护，也能受泽吉福，反之就要遇到凶祸。所以有时一时找不到满意的风水宝地，丧家宁可拖着不安葬，暂厝以待。张瀚就指出过：“贪求吉地，不独愚昧细民，即缙绅士大夫亦惑于此。未葬，谋求不遗余力，甚至搆讼结雠。各谋利己，暴露迟久，迁徙再三。呜呼，惑之甚矣！”[4]当然还有人是因安葬费用大，然家境贫寒，无力购地置坟而采取“浮厝”的做法。陈确记述寓居杭州的友人祝渊，为父母治丧“竭力供事，丧礼之盛为诸家最”；所觅葬地，“费不翅万金”；至其父忌日，“尝以数十金乞云栖（寺）僧设水陆忏”[5]。这样的花费，不是一般老百姓承受得起的，所以“侈于殡埋之饰，而民遂至于不葬其亲”[6]。正是由于这些原因，明代杭城停葬之风日盛。[7]

第四节 宗教与民间信仰

宗教与民间信仰在明代杭州呈现多种宗教并存，多元民间信仰并存的局面。明代杭州的宗教建筑甚多，其中有官府主持兴建的孔庙、启圣公祠、社稷坛、厉坛、风云雷雨山川坛、城隍庙、旗纛庙（军牙六纛之神）、名宦祠、乡贤祠，还有专祀当朝大宦官或驻镇地方之宦官的生祠。按照明廷的定制，社稷坛建在西郊，风云雷雨山川坛、厉坛建在府城南郊，城隍庙在府城西北。[8]此外，佛教的寺院、尼姑庵，道教的道观以及祭拜民间诸神的庙宇，更是处处遍布。

一 佛教、道教信仰

明代杭州，民间信佛教、道教之风炽烈。民间对佛道神灵的信仰，往往表现在佛教寺院和道教道观举行的祭祀活动。明代杭州，每当春天二三

[9]（明）张瀚：《松窗梦语》卷七“风俗纪”，上海古籍出版社1995年版。

[1]（清）龙文彬：《明会要》卷一八“礼十三·凶礼·丧服”，上海古籍出版社1995年版。

[2]（明末明初）黄宗羲：《南雷集·学箕初稿》卷二“书王孝女碑后”四部丛刊集部。

[3]万历《余杭县志》卷二“风俗”，（济南）齐鲁书社1996年版。

[4]（明）张瀚：《松窗梦语》卷五“堪舆纪”，上海古籍出版社1995年版。

[5]（明末明初）陈确：《陈確集·文集》卷一二“祝子开美传”，中华书局1979年版。

[6]（明末明初）顾炎武：《日知录》卷一五“礼制·停丧”，台湾商务印书馆1984年版。

[7]参见陈江著：《明代中后期的江南社会与社会生活》，上海社会科学院出版社2006年版，第213—220页。

[8]金普森、陈剩勇主编，陈剩勇著：《浙江通史·明代卷》，浙江人民出版社2005年版，第192页。

月间，上天竺、中天竺、下天竺三地供奉的观音菩萨，香火之盛甲东南。尤其是每年二月十九日观音诞辰，老百姓前往烧香祭拜，人山人海，热闹非凡。是夜在天竺山斋宿的男女之多，殿内外几无下足处，香火可以与普陀南海潮音寺相比。[1]另外，在某些特定的岁时节日里亦举办盛大的祭祀活动。如在杭州，每年七月十五的佛教盂兰盆大斋节，百姓人家按惯例都要拜佛，点放河灯。[2]

对于明代杭州人崇拜佛教的风气，张瀚在《松窗梦语》中有深刻的描述："若事佛之谨，则斋供僧徒，装塑神像，虽贫者不吝捐金，而富室祈祷忏悔，诵经说法，即千百金可以立致，不之计也。"[3]杭民崇佛之风，当时的地方志也有记载："省城敝俗最易惑人者，僧尼为甚。南北两山间，私创庵院以千百计，簧鼓愚民夫妇，礼拜为师。其中真心学道者，千百之一，而为奸为盗，藏身其间，则什九也。司道禁妇女上庙烧香，此辈往来聚散，绝不畏忌，诚伤败风俗之尤者。"[4]这些善男信女并不是追求精湛的佛学，只是基于现实生活的功利需求，如此而已。田汝成在《西湖游览志余》卷二五中，把杭州火灾多发的重要原因之一归结为"奉佛太盛，家作佛堂，彻夜烧灯，幡幢飘引"[5]，更是印证了当时的崇佛之风。

此外，到明朝时，杭州人对佛的信仰形式已经日常化、固定化。万历《杭州府志》记载："每值相传仙、佛诞辰，多往炷香设会，如正月六日南山法相寺，九日城中宗阳宫玉皇殿，十五日吴山三官庙（七月、十月望日同）。二月十九日西山天竺寺观音殿，三月三日城中佑圣观（有健趫男子作雀竿之戏以乐神）。二十八日古荡东岳庙，六月二十四日北山雷院，如此类者未能悉举，皆香灯丛拥，声乐喧阗，官府不为严禁者，亦因俗导民之意，使果畏报应而事梵修，则力善之心于此亦为一助，否则适以崇侈，长诞沦胥于敝风而已矣。"[6]

民间对道教的崇拜，主要在于道士们宣称能使人长生不老或养生祛病。在明代杭州，到处盛行请道士方士传授丹术、捉妖除怪、做道场超度亡灵之风。如萧山县"俗尚鬼多淫祀，徼福浮屠、道场，虽士大夫家亦用之"[7]。《警世通言》卷二七记录了一个道士为人祛妖除病的故事：杭州城里有一个姓魏的秀才，不幸染病，其父多方请医切脉，用药调理，时近半年，病情却始终不见好转，其父于是出门访了一个法师。法师手持法环，一路摇将过来。他自称是武当山张三丰的弟子，传得五雷法，普救人生。道士见过魏秀才后，断言秀才已被雌雄两个妖精迷住，必得法师捉拿精怪，否则秀才此命休矣。法师捉拿妖怪的场面是：在病人房里摆上两张桌子，上面摆满用于祭祀神灵的牛、羊、猪三牲以及酒、果，点燃蜡烛，烧起香来。道士戴上法冠，穿领法衣，仗着剑，步起罡来，念动咒诀，拿起一张黄纸，用朱砂在上面画起符来，然后点火烧了符咒。这就是当时道士们捉妖除怪的全过程。[8]

值得一提的是，明代杭州还活跃着一类带有宗教信仰色彩的社团。明

[1]（明）张岱：《西湖梦寻》卷二"上天竺"，上海古籍出版社1995年版。

[2]金普森、陈剩勇主编，陈剩勇著：《浙江通史·明代卷》，浙江人民出版社2005年版，第195页。

[3]（明）张瀚：《松窗梦语》卷七，上海古籍出版社1995年版。

[4]万历《杭州府志》卷一九"风俗"，中华书局2005年版。

[5]（明）田汝成：《西湖游览志余》卷二五，中华书局2008年版。

[6]万历《杭州府志》卷一九"风俗"，中华书局2005年版。

[7]嘉靖《萧山志》卷一"风俗"，转引金普森、陈剩勇主编，陈剩勇著：《浙江通史·明代卷》，浙江人民出版社2005年版，第196页。

[8]（明）冯梦龙：《警世通言》，第251页，转引金普森、陈剩勇主编，陈剩勇著：《浙江通史·明代卷》，浙江人民出版社2005年版，第196页。

代文人社团空前发展，其中不少杭州文人士大夫与佛教僧人结成各种名目的社团，著名的有“胜莲社”、“月生”、“放生社”、“澹社”等。如“胜莲社”规定，“每月六斋日，会首传帖”，醵金集会，于西湖舟中及“上方池、净慈万工池、昭庆香华池”，[1]行放生之举，以示行善。“月会”聚会欢饮时，“要以究性为先，不则五伦当晰，又以会文为切，不则六艺可游”。[2]“澹社”以流寓杭州的冯梦祯为领导，“必选湖山最胜处及佳风日而冯开之”[3]，饮茶赏景，谈论《楞严》、《老》、《庄》等，其间还要做诗。上述这些社团都具有佛、儒合流的特色。

二　多元的民间信仰

明代杭州，民间信仰的一个基本特点就是多样性，信奉神灵众多，崇信方式繁杂。

（一）祖先崇拜

明代杭州的民间信仰，最流行的是夏商周三代以来成为传统的祖宗崇拜。每年的元旦、清明、夏至、七月望、十月朔、冬至等岁时节日，一般家庭都要举行祭祖礼仪。在杭州，除夕之夜，“士庶家向暮皆焚松盘，火光接天，流星闪烁，爆竹之声，鸣雷聒耳，金鼓相接，已而上祀祖先”[4]。每年清明、冬至等日，杭州人倾城出动，前往祖先墓上拜奠。

在宗族社会，祭祖是极其神圣、极其严肃的事情。每逢祭祖之日，建有祠堂的在祠堂、无祠堂的在自家的中堂里摆设祖宗神位，或挂起祖宗影像，铺设香案，供上果品酒馔，宗族和家庭中的成年男子们依次上前焚香叩头，祭拜祖宗神灵。这种在民间每年定时举行的祭拜祖宗的活动，通过尊祖敬宗的仪式，使宗族或家庭中的每个成员在对祖宗神灵的虔诚怀念和崇拜中经受了一次次精神上的洗礼，由此强化宗族和家庭内部血缘关系的凝聚力，增进宗族社会的和睦团结稳定。[5]

（二）信仰行业神

在杭州，有土谷神的祭祀，杭州二月“民间轮年作会首，醵金具牲酒祀土谷神，祀毕为社会饮”；八月“其各里醵金作会祀神，与春社同”。[6]

由于丝织业在杭州经济中占有重要地位，民间对蚕神的祭祀也越来越重视。据载，在杭州地区，“乡村群氓于此月（正月）内，多赴江干天龙寺炷香祈蚕”[7]。

（三）信仰财神

在杭州及江南地区，还盛行对“五通”神的崇拜。相传明太祖朱元璋平定天下后，一天夜里，梦见数十万阵亡无主的将士向他哭诉，于是他

[1]（明）虞淳熙：《胜莲社约》，钱塘丁氏嘉惠堂清光绪九年（1883年）刊本。

[2]（明）严武顺：《月会约》，钱塘丁氏嘉惠堂清光绪九年（1883年）刊本。

[3]（明）吴之鲸：《武林梵志》卷三“理安禅寺”条引《澹社序》，台湾商务印书馆1984年版。

[4]（明）张瀚：《松窗梦语》卷七“时序纪”，上海古籍出版社1995年版。

[5]金普森、陈剩勇主编，陈剩勇著：《浙江通史·明代卷》，浙江人民出版社2005年版，第193页。

[6]万历《杭州府志》卷一九“风俗”，中华书局2005年版。

[7]同上。

下令民间要供奉“五通”神位，让他们得以享受百姓的祭祀。另说五通神为财神，人们祭祀它是希望它引财入门，或出行获利。据说，这些鬼神喜欢奸淫妇女，弄得老百姓哭笑不得。

如明田汝成《西湖游览志余》卷二六记载：

> 杭人最信五通神，亦曰五圣，姓氏源委，俱无可考，但传其神好矮屋，高广不逾三四尺，而五神共处之，或配以五妇。凡委巷若空园及大树下，多建祀之，而西泠桥尤盛。或云，其神能奸淫妇女，输运财帛，力能祸福见形，人间争相崇奉，至不敢启齿谈及神号，凛凛乎有摇手触禁之忧，此杭俗之大可笑者也。

这则记载说明，其一，五通神无名讳，俗人也不敢直呼其名；其二，五通神喜小矮屋，五神同居；其三，人们祀奉的场所极广极多；其四，五通神能招财也能奸淫妇女。事实上，对于五通神，人们是爱恨交加，莫名崇拜。[1]

对于杭州崇拜如此邪恶的淫神，洪迈分析了原因：“大江以南地多山，而俗禨鬼……二浙江东曰五通。……变幻妖惑，大抵与北方狐魅相似。或能使人乍富，故小人好之，致奉事以祈无妄之福。若微忤其意，则又移夺而之他。遇盛夏，多贩易材木于江湖间，隐见不常，人绝畏惧，至不敢斥言，祀赛惟谨。”[2]据洪迈的分析，信仰五通神，最关键的是能让人暴富。在明朝商品经济发达的年代，在杭州这样商品经济发达的地区，人们对于财富的崇拜也日益旺盛，对“五通”神的崇拜，正反映出了这一现象。

[1] 陈华文等著：《浙江民俗史》，杭州出版社 2008 年版，第 285 页。

[2] （宋）洪迈：《夷坚丁志》卷一九“江南木客”，（台北）新兴书局有限公司 1981 年版。

（四）信仰地方神

明代杭州，地方神的祭祀广泛流行。明代杭州民间崇拜的地方守护神甚多，包括门神、灶神、四方神、城隍神等，其中最著名的是城隍神。

杭州的城隍庙建在吴山。早在南宋绍兴年间，吴山已建有城隍庙，其神姓孙名本。明朝永乐年间，又改祀周新为浙江都城隍。郎瑛《七修类稿》中记载：

> 先母尝云，吾外祖少时，亲见城隍生日时有黄冠为神附体，言于众曰：“予非旧神，予本省宪使周新也，诞乃五月十七日。上帝以予刚直，复命司杭。”之土时另塑其像，迁旧神于钱塘保安里，至今名为小城隍庙，故以五月供献于神。按周广东南海人，永乐中为御史，巡按京师、福建，升云南、浙江按察使，处分大务，奏对详审，廉明刚直，锄强伸枉，常理冤魂无主数事，在内名为冷面寒铁，在外称为神明，后为权奸指挥纪纲之谤，上怒其言峻直，被害。事详《通

纪》、《岁抄》二书。予意刚直为神固然矣，未必其为吾杭上神，恐流言之诬周公也。昨见彭参政所作公传，末云："上尝见衣红者立日中，问为谁应曰臣周新，上帝以臣刚直，命为城隍"云。然后知外祖之言不诬，作传者不知为杭之司命，因识之以传于人耳。[1]

[1]（明）郎瑛：《七修类稿》续稿卷二"国事类·周城隍"，上海书店出版社2001年版。

杭州人历以五月十七日往"府城隍庙炷香设祭"；除夕"先期具羊豕酒果或三牲，报祀城隍百神"。[2]杭州百姓岁时祭祀，一直延续到清代以后。

[2]万历《杭州府志》卷一九"风俗"，中华书局2005年版。

杭州人还有一些自己地方上的神祇。明田汝成《西湖游览志余》卷二三载："宋时，杭城以腊月祀万回哥哥，其像蓬头笑面，身着绿衣，左手擎鼓，右手执棒，云是和合之神，祀之可使人在万里外亦能回来，故曰万回。今其祀绝矣。独有所谓草野三郎、宋九六相公、张六五相公，不知何等神，杭人无不祀之，惑世甚矣。"这就是说，祭祀万回神的活动到明代已经不多见，但是其他各种各样的民间信奉的神灵，如草野三郎、宋九六相公、张六五相公等，则在明代的杭州依旧十分盛行。

（五）太岁信仰及其他

杭州人还相信太岁。太岁神，本为道教的星辰信仰，简称为"太岁"，或称为"岁神"、"岁君"、"岁星"等，掌管人间一年的吉凶祸福，统摄众神。民间传说犯冲太岁者，不宜在该年的"岁破"位兴工动土，否则招致灾殃。[3]在明代，"董表仪，家住沙河塘，欲搬屋掘土，术者言：'太岁方不可兴工。'董不信。既而掘深三尺，得一肉块漫漫然，人言即太岁也。董甚悔恶，投诸河，后亦无祸"。[4]从这个记录中，可以发现当时确有太岁信仰的存在。

[3]陈华文等著：《浙江民俗史》，杭州出版社2008年版，第284页。

[4]（明）田汝成：《西湖游览志余》卷二五，中华书局2005年版。

另外，民间崇尚巫术，并存在着一些俗信。有病求神而不求医在当时民间十分普遍。另据明田汝成《西湖游览志余》卷一一所载：

> 虞伯生集，临川人。少不偶，浪游钱塘。一日，偕杨仲弘、范德机访微炼师于湖西，求召仙鬼。练师置箕悬笔，书符作法，有顷，箕动笔运，书曰："某当境神也。"炼师叱曰："吾不召汝！"复书曰："欲乞虞公撰一保文，申达上帝，以求升耳。"众劝伯生许之。翼日，文成，焚之湖滨。逾旬，再诣炼师祷召，神复降曰："某已获授城隍，谨候谒谢。公必贵显。幸毋自忽。"既而伯生由校官至奎章阁侍书学士，封仁寿郡公，始信神言之不妄也。

此即为当时崇尚巫术之一例。

张瀚也曾说过，"余为诸生时，同学李生梦官司剃度数十僧，余亦在列，名次三十六也。余所自梦，一青面鬼手授朱履一两，内题三十六名。

后乡试中式，乃四十九名。比北行，梦一人授青钱十文，曰掷地背多者中。余一掷得六背，再掷得七背，其人曰：‘数如是，足矣。’乃中式四十二。一以四九，一以六七，数皆暗合。”[1]郎瑛也记述了这样两件事：“正德癸酉，省试之年也。吾友王荫伯一槐，元旦夜梦家僮携三鱼尾以进。明发，询予解之。予以三鱼乃鲜字，鱼尾为丙也，必下科有鲜字者同第焉。王笑曰：‘义如是深哉？’后果丙子年中，而孰知巡按乃鲜文卿也。又王才伯良俊，初名良，未第五年前，同舍有张鸾者，梦一老以持试录示之，见己名十二，王名八十一也，且王名下多增一字，不知何意。后二年，王因名有相同之嫌，加一俊字，第时果与张同榜，而名次则相反也。二君与予至厚，事皆亲知。……事皆前定，莫能逃耳。”[2]从张瀚、郎瑛的记述中，可以看出他们是相信梦兆灵验的，也认为能否考取功名，冥冥中有神灵在起作用。

综上所述，明代杭州人的信仰大多基于现实生活的功利性需求，从而表现出十分繁杂和多元的态势。

[1]（明）张瀚：《松窗梦语》卷六“梦寐纪”，上海古籍出版社1995年版。

[2]（明）郎瑛：《七修类稿》卷四五“事物类·二王验梦”，上海书店出版社2001年版。

第五节　娱乐与文学艺术

明代杭州人爱热闹，好游乐，从岁时节俗到信仰活动，都蕴涵了大量的娱乐内容，并且有所创新。

一　酒楼、茶馆、戏班与庙会

酒楼、茶馆历来是中国人社交活动的主要场所。宋代曾颇为兴盛的茶坊、茶馆，于元代、明初一度沉寂后，在明中后期再次崛起并兴盛。明时，在杭州的西湖景区，“其临湖一带，则酒楼茶馆，轩爽面湖，非惟心胸开涤，亦觉日月清朗”[3]。

明田汝成《西湖游览志余》卷二〇记载：“杭州先年有酒馆而无茶坊，然富家燕会，犹有专供茶事之人，谓之茶博士。王希范《西湖赠沈茶博》其诗云：‘百斛美醪终日醺，碧瓯偏喜试先春。烟生石鼎飞青霭，香满金盘起绿尘。诗社已无孤闷客，醉乡还有独醒人。因思偲直銮坡夜，特赐龙团出紫宸。’”到了嘉靖年间，茶坊有了突飞猛进的发展，嘉靖二十六年（1547年）三月，“有李氏者，忽开茶坊，饮客云集，获利甚厚，远近仿之，旬日之间，开茶坊者五十余所，然特以茶为名耳，沉湎酣歌，无殊酒馆也”[4]。

在明代，饮茶风尚也有所变化。宋代盛行的斗茶之风已经消失，制作精巧的饼（团）茶为更接近自然的条形散茶所取代，原先的研末调膏煎煮而饮，这时改变为直接以沸水冲泡的瀹饮。明代杭州茶馆更讲究茶叶、

[3]（明）张岱：《西湖梦寻》卷三“片石居”，上海古籍出版社1995年版。

[4]（明）田汝成：《西湖游览志余》卷二〇，中华书局2008年版。

茶具、水质，汤水的火候，注重茗茶的环境氛围。湖州府长兴县境内出产的顾渚茶、杭州府的富阳茶、杭州城郊出产的龙井茶、温州府雁荡山的龙湫茶等，都是当时士大夫们喜欢喝的地方名茶。达官贵人、富豪巨商品茗之时，还流行美人相伴、焚香伴茶的习尚。当时的文人墨客，则喜欢在安谧幽静之地，建起一座小亭子，依山傍水，内设茶具，派一名小童仆烧水泡茶。[1]高濂就说过："侧室一斗，相傍书斋。内设茶灶一、茶盏六，茶注二，余一以注水。茶臼一，佛刷、净布各一，炭箱一，火钳一，火筋一，火扇一，火斗一，可烧香饼。茶盘一，茶囊二。当教童子专主茶役，以供长日清谈，寒宵兀坐。"[2]万历时钱塘人许次纾也有类似的叙述："小斋之外，别置茶寮，高燥明爽，勿令闭塞。壁边列置两炉，炉以小雪洞覆之，止开一面，用省灰尘腾散。寮前置一几，以顿茶注茶盂，为临时供具，别置一几，以顿他器。旁列一架，巾帨悬之，见用之时，即置房中。斟酌之后，旋加以盖，毋受尘污，使损水力。炭宜远置，勿令近炉，尤宜多办宿干易炽。炉少去壁，灰宜频扫，总之以慎火防爇，此为最急。"[3]他和高濂一样，都认为应有伺候饮茶的童子，"煎茶烧香，总是清事，不妨躬自执劳，然对客谈谐，岂能亲莅，宜教两童司之。器必晨涤，手令时盥，爪可净剔。火宜常宿，量宜饮之时，为举火之候。又当先白主人，然后行事。酌过数行，亦宜少辍，果饵间供，别进浓沈，不妨中品充之，盖饮食相须，不可偏废"[4]。杭州的文人雅士营造着清雅闲适的饮茶氛围，品茗休闲。

除了这些文人士大夫，茶坊在各个社会阶层，尤其是城镇居民的社会生活中也发挥了重要作用。当时小说中有关茶坊的描写非常多，仅"三言"、"二拍"，述及茶坊、茶肆的就有 20 卷。[5]当时的茶坊中除供茶水外，还有戏曲、说书等表演，一般市民也都喜欢到茶馆泡上一壶，聊天，听故事，欣赏戏曲。

明代中叶以后，随着商品、手工业和城市经济的迅速发展，杭州戏曲活动蓬勃发展，城乡庙会、演剧活动在杭州一带十分盛行，公私宴集、传统节日，多有演出。嘉靖二十八年（1549 年），杭州曾有这样一则轶闻：新科解元周诗，嗜曲如命，发榜之日，亲友到处找他报喜，他却正在台上，串演《范蠡寻春》。[6]当时文人、剧作家再不以登场作戏为耻，由此可见，当时杭州的演出活动是非常盛行的。

明代杭州的许多宗族祠堂里，往往建有演戏的戏台。当时，香火鼎盛的吴山城隍庙附近建有一座远近闻名的戏台，每逢城隍生日的庙会期间，城隍庙戏台的演出活动非常热闹。戏台高约 6 米，台面约六七米见方，两边各有一个宽 3 米左右的副台。台周设雕花栏杆，前置两尊石狮子，舞台的屏风上画着古代最讨人喜欢的吉祥物——麒麟，戏台的后面设有两架小木梯，通往演员们化装的厢房。戏台的顶部为叠架斗拱形成的藻井，台下的甬道和广场上，据估计可容纳观众 1000 余人。[7]

[1] 金普森、陈剩勇主编，陈剩勇著：《浙江通史·明代卷》，浙江人民出版社 2005 年版，第 176—177 页。

[2]（明）高濂：《山斋志》，《广百川学海》，（明）冯马宾辑，（台北）新兴书局 1970 年版。

[3]（明）许次纾：《茶疏·茶所》，中华书局 1985 年版。

[4]（明）许次纾：《茶疏·童子》，中华书局 1985 年版。

[5] 陈江著：《明代中后期的江南社会与社会生活》，上海社会科学院出版社 2006 年版，第 187 页。

[6] 杭州市戏曲志编辑室：《杭州市戏曲志》，浙江文艺出版社 1991 年版，第 5 页。

[7] 高琦华：《中国戏台》，浙江人民出版社 1996 年版，第 26 页。

由于戏剧演出活动在城乡盛行，从事唱戏的人数也就非常之多。据张瀚记载，杭州城从事唱戏的优俳就达几千人之多，他记曰："古称吴歌，所从来久远。至今游惰之人，乐为优俳。二三十年间，富贵家出金帛，制服饰器具，列笙歌鼓吹，招至十余人为队，搬演传奇，好事者竞为淫丽之词，转相唱和；一郡城之内，衣食于此者，不知几千人矣。"[1]戏班大致可分为两类，一是由民间剧作家组织、周游各地进行商业性演出的职业戏班；二是由那些官僚士大夫及富豪巨贾的家庭蓄养、供主人自娱自乐的私人戏班。张岱就自述其家祖父辈于万历年间始蓄声伎，先后曾有可餐班、武陵班、梯仙班、吴郡班、苏小小班、茂苑班，六个私家戏班。[2]除了这些较正规的戏班外，还有很多"卖唱赶趁"之人活跃于乡村，为乡村农民提供娱乐服务。如海瑞在淳安任知县时，在一禁约告示里就提到："各地方凡有赶唱妇人到，图里总人等即时锁拏送县，以凭递解回籍。"[3]这就说明当时淳安有异乡谋生的赶唱妇人。

[1]（明）张瀚：《松窗梦语》卷七"风俗纪"，上海古籍出版社1995年版。

[2]（明）张岱：《陶庵梦忆》卷四"张氏声伎"，中华书局1985年版。

[3]（明）海瑞著：《海瑞集》上编"禁约"，陈义钟编校，中华书局1981年版，第188页。

戏曲歌舞及蓄声伎之风提供了声色之娱，满足了缙绅富豪讲究享乐、追求生活风流的需要，而且也成为交际应酬之所需。从张岱所记的包涵所以声伎待客，可以知道当时富贵人家举行宴会，戏曲歌舞已成为必不可少的招待内容。[4]一般的老百姓，在辛苦劳作之余，从戏曲的声色中也能获得愉悦和放松。

[4]陈江著：《明代中后期的江南社会与社会生活》，上海社会科学院出版社2006年版，第296—297页。

二　猜灯谜、赏月、观潮与游湖

猜灯谜是非常广泛的游艺活动，每到过年的时候，此项活动更是如火如荼。明代田汝成在《西湖游览志余》卷二五中对杭州的猜灯谜情况做了十分详尽的叙述：

> 古之所谓廋词，即今之隐语也，而俗谓之谜。人皆知其始于"黄绢幼妇"，而不知自汉伍举、曼倩时已有之矣。至鲍照集则有井字谜，杭人元夕多以此为猜灯，任人商略。永乐初，钱塘杨景言以善谜名，成祖时，重语禁，召景言入直，以备顾问。今海内佳谜甚多，不独杭州有也。其用字谜云："一月复一月，两月共半边，上有可耕之田，下有长流之川，六口共一室，两口不团圆。"又云："重山复重山，重山向下悬，明月复明月，明月两相连。"一字谜云："上不在上，下不在下，不可在上，止宜在下。"贺、资二字谜云："目字加两点，莫作贝字看；贝字欠两点，莫作目字看。"门字谜云："倚阑干，东君去也。眺花间，红日西沉。闪多娇，情人不见。闷淹淹，笑语无心。"木楔谜云："我本无名，因汝有名。汝有不平，吾与汝平。"木楔者，琴卓之具，杭人市语谓之恰好。日谜云："画时圆，写时方，寒时短，热时长。"又云："东海有一鱼，无头亦无尾，除去脊梁骨，

便是这个子。”染布霞头谜云：“身居色界中，不染色界尘，一朝解缠缚，见性自分明。”持棋谜云：“彼亦不敢先，此亦不敢先，惟其不敢先，是以无所争，是以能入于不死不生。”字点谜云：“寒则重重叠叠，热则四散分流，四个在县，三个在州，村里只在村里，市头只在市头。”印章谜云：“方圆大小随人，腹里文章儒雅，有时满面红妆，常在风前月下。”金刚谜云：“立不中门，行不履阈，俨然人望而畏之，斯亦不足畏也已。”蜘蛛谜云：“上不在天，下不在田，中心藏之，玄之又玄。”又云：“自西自东，自南自北，无思不服。”拄杖谜云：“用之则行，舍之则藏，惟我与尔。危而不持，颠而不扶，则焉用彼？”木屐谜云：“可以托六尺之孤，可以寄百里之命。遇刚则铿尔有声，遇柔则没齿无怨。”蹴踘谜云：“瞻之在前，忽然在后，乐然后笑，人不厌其笑。”墨斗谜云：“我有一张琴，丝弦长在腹，时时马上弹，弹尽天下曲。”打稻枷谜云：“天下有道则见，无道则隐，瞻之在前，忽然在后。”夹注书谜云：“大底不会说小底，小底常是说大底，若要知得大的事，须去仔细问小底。”元夕灯球谜云：“我有红圆子，治赤白带下，每服三五丸，临夜茶酒下。”日历谜云：“一尺长，十二节，两头冷，中间热。”手指谜云：“大者两文，小者三文，十枚共计二十八文。”水中石谜云：“小时大，大时小，渐渐大，不见了。”或以为小儿囟门。手巾谜云：“八尺一片，四角两面，所识是人面，不识畜生面。”接果谜云：“斫头便斫头，却不教汝死，抛却亲生儿，却抱过房子。”又有以今人名藏古人名者云：“人人皆戴子瞻帽，仲长统君实新来转一官，司马迁门状送还王介甫，谢安石潞公身上不曾寒。温彦博”又有以古诗赋败弓云：“争帝图王势已倾，无靶八千兵散楚歌声，无弦乌江不是无船渡，无弰羞向东吴再起兵。无面”过山龙谜云：“一曲盘龙初展，渴饮寒潭春暖，霎时喷雨檐前，四海五湖皆满。”

八月十五是传统的中秋节，明杭州人在这一天有赏月的习惯。田汝成《西湖游览志余》卷二〇记曰：“八月十五日谓之中秋，民间以月饼相遗，取团圆之义。是夕，人家有赏月之燕，或携榼湖船，沿游彻晓。苏堤之上，联袂踏歌，无异白日。”

观钱塘江潮风俗由来已久，至明代仍然十分流行。《西湖游览志余》卷二〇中亦有这样的描写：

郡人观潮，自八月十一日为始，至十八日最盛，盖因宋时以是日教阅水军，故倾城往看，至今犹以十八日为名，非谓江潮特大于是日也。是日，郡守以牲醴致祭于潮神，而郡人士女云集，僦倩幕次，罗绮塞涂，上下十余里间，地无寸隙。伺潮上海门，则泅儿数十，执彩旗，树画伞，踏浪翻涛，腾跃百变，以夸材能。豪民富客，争赏财物。其时，优人百戏，击球关扑，鱼鼓弹词，声音鼎沸，盖人但藉看潮为名，往往随意酣乐耳。

高濂还记述了夜观钱江潮的乐趣：

浙江潮汛，人多从八月昼观，鲜有知夜观者。余昔焚修寺中，燃点塔灯，夜午，月色横空，江波静寂，悠悠逝水，吞吐蟾光，自是一段奇景。顷焉，风色陡寒，海门潮起，月影银涛，光摇喷雪。云移玉岸，浪卷轰雷，白练风扬，奔飞曲折，势若山岳声腾，使人毛骨欲竖。古云“十万军声半夜潮”，信哉！[1]

游西湖的历史源远流长，明代以前就很盛行，到明代，杭州人游湖更是热闹。田汝成曾描述道：

西湖之景，天下所稀……正德间，有日本国使者经西湖，题诗云：“昔年曾见此湖图，不信人间有此湖。今日打从湖上过，画工还欠着工夫。”诗语虽俳，而羡慕之心，闻于海外久矣。故游湖者，挹山水之清晖，以诗酒冶思而已。歌童舞女，已非本色，而闾巷鄙人，以戏子傀儡杂之，溷聒眺听，诚所谓花上晒裩、松下喝道者也。[2]

西湖一年四季都是游览的好去处，春夏秋冬别有风味。《西湖游览志余》卷二〇记载了时人不同时节的游湖之趣：

西湖夏夜观荷最宜，风露舒凉，清香徐细，傍花浅酌，如对美人倩笑款语也。高季迪《西湖夏夜观荷》诗云：“雨晴南浦锦云稠，晚待湖平荡桨游。狂客兴多惟载酒，小娃歌远不惊鸥。半湖夜色偏宜夜，十里荷香已欲秋。为爱前沙好凉景，满身风露未回舟。”

西湖观月，秋爽最宜。烟波镜净，上下一色，渔灯依岸，城角传风，山树霏微，万籁阒寂，自非有清奇之兴，超豁之襟，不能往也。……

西湖赏雪，初霁最宜。高兴者登天竺绝顶，及南北两峰，俯瞰城闉，远眺海岛，则大地山河，银溶汞结，而予以藐然稊米，凌厉刚风，恍欲羽化。次则放舟湖中，周览四山，若秋涛耸涌，璀璨乘飙，而玉树琪花，晃然夺目。

同时代人高濂，在他的《四时赏幽录》中，也不厌其烦地夸赞西湖四季之游的不同风情，不再赘述。

[1]（明）高濂：《四时赏幽录·六和塔夜玩风潮》，《西湖文献集成》第3册，王国平主编，杭州出版社2004年版。

[2]（明）田汝成：《西湖游览志余》卷二〇，中华书局2008年版。

三　小说、民歌与说唱

由于商业的发达和手工业的繁荣，市民阶层逐渐壮大，市民对文化生活的需要，带动了明代杭州小说的繁荣。

其中最值得一提的是钱塘人瞿佑的文言短篇小说集《剪灯新话》。《剪灯新话》最具特色的是对市井民家男女大胆热烈地追求爱情的描写，全书中，描写爱情婚姻的题材约占一半。《剪灯新话》中的爱情故事，多富有江南市井风情，许多故事写的都是杭州或杭州周围地区的传说。[1]

[1] 金普森、陈剩勇主编，陈剩勇著：《浙江通史·明代卷》，浙江人民出版社2005年版，第405—406页。

除了小说，当时的民歌也以无限的活力蓬勃发展。明代，民歌有山歌、俚曲、小令等别称，是一种文辞与曲调相结合的文学形式。民歌反映出的是平民的审美情趣。对杭州一带流行的吴歌，田汝成曾有所记述：

> 吴歌惟苏州为佳，杭人近有作者，往往得诗人之体，如云："月子弯弯照九州，几人欢乐几人愁。几人高楼行好酒，几人飘蓬在外头。"此赋体也。而瞿宗吉往嘉兴，听故妓歌之，遂翻以为词云："帘卷水西楼，一曲新腔唱打油。宿雨眠云年少梦，休讴，且尽生前酒一瓯。明日又登舟，却指今宵是旧游。同是他乡沦落客，休愁，月子弯弯照九州。"如云："送郎八月到扬州，长夜孤眠在画楼。女子拆开不成好，秋心合着却成愁。"此亦赋体也。而黄山谷之词先有之"你共人女边着子，争知我门里挑心"是也。如云："约郎约到月上时，看看等到月蹉西。不知奴处山低月出早，还是郎处山高月出迟。"此词虽淫奔，然怨而不怒，愈于《郑风》狂童之讪。如云："高山顶上鹁鸪啼，闻说亲爷娶晚妻。爷娶晚妻犹自可，前娘儿子好孤凄。"此兴体也。又云："画里看人假当真，攀桃接李强为亲。郎做了三月杨花随处滚，奴空想隔年桃核旧时仁。"如云："树头挂网枉求虾，泥里无金空拨沙。刺潦树边栽枸橘，几时开得牡丹花?"此比体也，有守一而终之意。[2]

[2] （明）田汝成：《西湖游览志余》卷二五，中华书局2008年版。

所谓"得诗人之体"，即指歌中有赋、比、兴等形式，显然与文人参与民歌的创作有关，可以说，吴歌在某种程度上是市民文化的产物，反映了明代杭州经济的发展与繁荣。

明代杭州的民间说唱也很流行，民间说唱上承两宋说话技艺，而又有所发展，主要流行的形式有讲史平话、陶真、弹词等。明末，著名的说书艺人中就有杭州的杨与民，他用北调说《金瓶梅》一剧，在明末士大夫的聚会中也经常出现，堪称一绝。[3]

[3] （明）张岱：《西湖梦寻》卷四"于坟"，上海古籍出版社1995年版。

陶真在明代杭州是颇为常见的说唱形式，其伴奏乐器主要是琵琶。《西湖游览志余》卷二〇载："杭州男女瞽者，多学琵琶，唱古今小说、平话，以觅衣食，谓之陶真。”并列出了杭州瞽者所唱陶真的篇目，“若《红莲》、《柳翠》、《济颠》、《雷峰塔》、《双鱼扇坠》等记，皆杭州异事，或近世所拟作者也。”并引明初瞿宗吉《过汴梁》诗，“陌头盲女无愁恨，能拨琵琶说赵家”，说明“其俗殆与杭无异”。可见在明代，杭州与汴梁都有盲者唱陶真以觅衣食，所不同的是汴梁唱陶真是用鼓伴奏，杭州则用琵琶伴奏。杭人田艺衡《留青日札》记载：杭州盲女“即宋陌头盲女之流。自幼学习小说、词曲，弹琵琶为生”。清李调元《童山诗集》卷三八“弄谱百咏”也说：“曾向钱塘听琵琶，陶真一曲日初斜。”另据《留青日札》所载，明代陶真的听众，已不仅仅是农村的农民，而且已有城市的市民，以至“大家妇女”。

明代杭州的弹词源于陶真。有关弹词，《西湖游览志余》卷二〇“郡人观潮”有记载：“其时，优人百戏，击球关扑，鱼鼓弹词，声音鼎沸。”又沈德符《万历野获编》卷一八“冤狱”：“其魁名朱国臣者，初亦宰夫也，畜二瞽姬，教以弹词，挎金钱，夜则侍酒。”说明弹词在明代杭州的流行。

小说、民歌、说唱以及戏曲歌舞，多为市民文化的产物，在某种程度上反映了杭州一带经济的发展与繁荣。这些文艺形式已成为明代杭州人文化生活的主要内容之一，为民间各阶层提供了不同的娱乐方式，并且在一定程度上引发了人们对社会现实的关注。

第六章　清代杭州社会生活

公元1644—1911年的清王朝是中国历史上最后一个封建王朝，也是中国由封建社会向半殖民地社会转变的近代社会的开端。其间以1840年鸦片战争爆发为界，可分为前清和晚清两个阶段。考虑到晚清与民国初年属于同一变革年代，故本章对于晚清社会生活的变迁仅略有兼及而主要安排在“民国时期杭州社会生活”中加以详述。

清代的封建统治和政治生活对社会生活的影响很大。在这一历史时期，封建专制集权空前强化，清统治者还运用“文字狱”钳制和禁锢汉人的思想自由，强化专制集权统治。满族统治者利用政治力量在全国范围内强力推行以剃发易服为契机和先导的改造，使汉族风俗经历了满汉风俗的碰撞、磨合和交融后，得以嬗变。这在杭州也不例外。因为北方满族对杭州风尚习俗的影响，清代杭州的社会生活与明代时期呈现不同的色彩，杭州风尚习俗在继承前代风俗传统的基础上，融合和吸纳了满族风俗文化因子，在新的历史条件下和社会文化环境中有所创新、发展和变革，从而具有自己鲜明的时代特征和地方特色。

清代杭州人的社会生活在沿袭传统的基础上，发生着一系列变化。宗族组织比过去更加严密，宗族凝聚力增强，社会救济与社会福利有所发展；男子的发型、服饰完全改变，均为满族式样，女子的穿戴更加讲究；人们的饮食习惯与消费行为日益奢侈；婚姻习俗仍然较多地保存了严等级、明贵贱、门当户对、父母包办、一夫多妻等旧习，婚礼日趋奢靡；丧葬习俗更趋于奢靡，更看重风水；岁时节令更加讲究，民间娱乐丰富多彩；宗教信仰仍然以佛教、道教等为主，除了传统的佛教、道教和民间信仰进一步发展外，清初一个时期内，西方天主教有所传播，信徒增加。[1]

[1] 金普森、陈剩勇主编，叶建华著：《浙江通史·清代卷》（上册），浙江人民出版社2005年版，第3—4页。

第一节　宗族组织与社会救济

社会组织是指在一定范围内生活的人群，通过血缘、地缘、业缘等关系因素，逐步建立起来的有序的社会单元，诸如宗族、家庭、会社等。[1]

[1] 陈高华、徐吉军主编，林永匡、袁立泽著：《中国风俗通史·清代卷》，上海文艺出版社2001年版，第517页。

清朝统治者奉行崇儒重道的基本国策，康熙时颁布十六条治国纲领，即所谓“圣谕十六条”，其中包括敦孝悌、笃宗族、和乡党、隆学校、黜异端、讲法律、明礼让、条本业、训子弟、联保甲等。由于清朝廷的提倡和人们生活水平的相对提高，有清一代，家庭的规模有所扩大，宗族组织比前代有了更大的发展，社会救济与社会福利事业也有了较大的进步。

一　宗族组织

在传统社会里，宗族有着特殊的意义。宋代以后，基层社会的宗族组织趋于活跃，明清时期，聚族而居构成了宗族组织的主要形态。

清代，宗族仍然是社会中一种重要的生活现象。清代康熙颁布的圣谕广训，其中前两条就称：“敦孝悌以重人伦，笃宗族以昭雍睦”，大力提倡孝悌和睦族，对宗族作用予以高度重视。清中叶后，随着政局动荡，为维护社会稳定，清统治者更加强化宗族势力来加强封建统治，因而促进了宗族组织更趋成熟。

清代，杭州的宗族制度是非常发达的，当时不断有其他宗族迁入杭州。据《诸暨钟氏宗谱》载，从顺治七年（1650年）到道光二十九年（1849年）间，钟氏一族迁往杭州的达10支。有关宗族的生活，民国《杭州府志》卷七四“风俗”曾引乾隆《临安县志》记载：“士大夫颇任名节，不事苞苴。缙绅在林下，里人呼其名不为怪。厕身胥隶者，众不与齿。俗重迁徙，数十世不忍析箸，故著姓较他邑独蕃。山多田少，鲜巨富，只竭力农桑以给公输。”[2]

[2] 转引自金普森、陈剩勇主编，叶建华著《浙江通史·清代卷》（上册），第165—166页。

清代，杭州宗族内部的管理更为完善。为了保障族众的精神联系与经济依赖，每个宗族都有自己一系列的宗族观念，宗规族训。每个宗族大多根据本族的传统制定有详细的宗规族训，以此约束族人，强化宗族观念的维系功能。大多宗族设有较为系统的职事人员，负责解决宗族内部的具体事务以及处理族际间的利益纷争。族规的内容十分广泛，几乎涉及族人日常生活劳动的各个方面。在清代，宗族对族人的教化功能大大增强，主要表现在通过制定族规条文，要求族人自觉遵守生活秩序。对于犯禁的处罚措施，比之明代，也更为严整具体。清代族谱中有关族规家法的内容十分普遍，对教化内容部分有详尽细致的规定。如嘉庆八年（1803年）所刊杭州《闻氏族谱》卷八中记录的“元子公家范”四则，就是这种宗族教化的标准样式。这份《元子公家范》作于康熙十二年（1673 年），全文分敦本、守身、存心、培德四个部分，成为宗族伦理教化的基本内容。

宗族组织里亲属关系比较复杂，仅依靠同祖和天然的血缘纽带来维系是远远不够的，因而修族谱、建宗祠、设族田便成为凝聚族人的主要手段。清雍正帝时，对“圣谕十六条”的《圣谕广训》作解释时，对“笃宗族”一条，提出了“立家庙以荐蒸尝，设家塾以课子弟，置义田以赡贫乏，修族谱以联疏远”的具体措施。由于统治阶级的大力提倡，这个时期里宗族建祠祭祖，修谱联宗，置办族田等活动蔚然成风，清代的宗族制度因而达到相对完善的地步。

祠堂是宗族祭祖敬宗的地方，是宗族组织和族权的象征。族中成年男子一般都享有入祠祭祀先祖的权利，但族规中规定，每逢祭期，凡有过失者，不准入祠参与祭事。由于宗族是以血缘为纽带建立起来的一种特殊的社会基层组织，因此祭祖无疑是强化宗族团结，控制宗人活动的重要手段。

值得一提的是在清同治七年（1868 年）制定的钱氏家族元宵《祭规条例》，它详细规定了钱氏家庭后裔对其先祖钱镠等人的祭典内容，可见当时祭典的盛况。

钱镠开创了吴越国，定都杭州，传三世五王，历 86 年。北宋兴，钱氏政权“纳土归宋”，大批钱氏族人随之北上，散居各地。此后 1000 余年，钱氏家族在各地建祖庙、宗祠，坚持祭祖传统，民间即有“钱王祭”之说。

钱氏在杭州一支，历史上设祖庙于“学东小河沿之旁”。各节皆有祭祀，元宵则尤为隆重。历年备办祭品，皆有祭簿、祭规。清后期，遭太平天国变故，祭簿遗失。清同治七年五月（1868 年），钱氏三十二世孙钱惠“公议另订元宵祭簿六本，各支存一本”，继承传统，绵延不绝。今有《祭规条例》传世，由此可知，钱氏后人元宵祭祀钱王的民俗活动由来已久，至迟在清同治年间仍十分隆重。

据传世手抄本《祭规条例》载，历史上的“元宵钱王祭”颇为隆重，届时，必在祖庙（宗祠）内举行大型祭祀仪礼，并备办筵席，钱氏男性成年后裔必入祠参拜，并参加聚餐。

祭祀仪式庄严肃穆。悬挂祖图，点燃香烛。供品有“五牲用熟肉一方（重二斤八两）、熟鸡一只（重二斤四两）、羊肉一方（重二斤）、熟蛋十六个、熟鱼一尾（重二斤）；素菜用烧项鹅、烧核桃、煮花生、雪花片、油豆腐、素鸡（用豆腐皮燉）、素鸭（用豆腐皮燉）、洋菜（笋炒）、荔子、茨菰、八宝菜、面筋（如无以麻枣代之）。”以上为主祭，在左右两堂，则另设六桌，供品用六荤四素，同样极其隆重。日暮祭毕，接下来就是合族聚餐，每人还要发给“素饺口馒两双”，等等。

宗族祭祀无疑是增强族人凝聚力的强大黏合剂。宗族还通过修撰族谱，以增进族人之间的血缘亲情，达到敬宗收族，敦睦乡邻、控制族众、维护乡村社会秩序的目的。

宗族一般还置有族田，族田又称祭田、义田或祀田，江浙一带多称义庄、义田。族田的来源，或为祖先遗留的产业，或为族人田产，因绝嗣后转化为族田，比较多见的是族中高官富户出资捐置。清代族田原则上禁止典卖。嘉庆《于潜县志》载曰："族大多尊祀产，累代相设，鲜有变卖。"并避免与族人发生租佃关系。宗族设置族田，一是为宗族祭祀祖先、赈济族人、助纳役粮、创办义学、迎神赛会提供物质上的保障，二是用于兴修水利、修桥铺路等公益事业上。

二　社会救济与社会福利

清代杭州地区跟其他地方一样，有政府、宗族和民间慈善三种类型的救济，它们互相补充，构成了相对完整的社会救济体系。

清朝明文规定，"由省会至州郡俱建常平仓，乡村则设社仓，市镇则设立义仓"[1]。社仓、义仓的设立和积储都是为本地备荒而专用的，因此，社仓、义仓成为清代杭州地区灾荒救济的重要手段。

清代杭州宗族组织发达，对族内的救济也有所扩大。宗族救济在族规中都有明确的规定。宗族对族人的救济主要体现为两个方面：生活救济和教育救助。

杭州有代表性的宗族组织救济，是《萧山来氏家谱》卷九所记录该家族制定于康熙三十八年（1699 年）的《续增出入执掌条例》30 条，以及制定于康熙五十年（1711 年）的一份《来氏赈米条款》14 条。《续增出入执掌条例》30 条中有一条规定了宗族救济的程序："每岁终，听米三十石给鳏寡孤独之极贫者，本人报名后，本房房长、司直核实，付一着押领纸，宗子凭票发米，收执以待清算。"这 30 石救济粮从宗祠基金中支付。基金平时从族中富裕家庭中抽取或捐赠。据家谱记载，康熙二十年，宗族领袖来集之主持制定过一个略带强制性的筹集基金规定："凡富家以田为则，百亩者约出一两，千亩者约出十两。有慷慨而愿额外加出者听，下百亩者，自一钱以上，随力乐输，不拘多寡。"正是靠了来集之的动员，出钱者最后达近百人之多，从而使救济金有了保障。当然，有许多宗族设置义田、义学、义宅等，宗族内的救济更是有了坚实的基础。《来氏赈米条款》14 条更详尽地规定了救济的原则、被救济者资格的认定、救济活动举行的程序、负责人的权限职责、违例者的处罚等。当时有如此详尽缜密的救济条款，以族规的形式记录于家谱中，这也反映出清代杭州乃至浙江宗族救济活动的普遍性和重要性。这种宗族内部的救济活动，其救助力度，虽然还不很大，但对于孤、寡、老、疾四类人，无疑如雪中送炭。更重要的是，通过这种救济活动，大大增强了宗族的凝聚力，同时也稳定了地方秩序。[2]

[1]《清朝通志》卷八八"食货略八"，商务印书馆民国二十四年（1935 年）版。

[2] 金普森、陈剩勇主编，叶建华著：《浙江通史·清代卷》（上册），浙江人民出版社 2005 年版，第 166—167 页。

官方和民间社会举办的慈善事业，是清代社会救济中另一个不可缺少的组成部分。杭州地区的慈善事业尤为发达，涉及育婴、养老、济贫、收养流民、保节恤嫠、施棺掩埋代葬以及义塾、惜字、放生等诸多方面。

早在清初，浙江杭州出现了各种放生会、悲智社等。据民国《杭州府志》卷七三“恤政·漏泽园”记载：顺治年间，杭州好义者倡建悲智社，给病人送药，为死者买棺，建置了公共墓地骨塔，埋藏无主躯骸。康熙年间，杭州吴陈炎组织了放生会，订有详细的《放生会约》，规定同会之人，共同议定日期，每月集会一次，“共商善事，改过修身，互相劝勉”；会员至少应在十人以上，“多多益善”；每月轮流推举两人为会首，也可择老成有德者一二人专任会首；活动经费由每位会员每月缴银三分，同时接纳妇女们的捐赠。[1]

清代杭州最有影响的慈善机构之一当属育婴堂。育婴堂收养地方贫户投进育婴堂的孩子，代雇乳娘，及其长大后，仍可由生父母领回。如无家可归者，另行处置，决不令其失所。[2]杭州育婴堂最初位于杭州吴山之麓，顺治年间海盐陆元章倡建，由当事各捐俸金建成。康熙三十一年（1692年），因旧堂窄小，另建于武林驿。乾隆十七年（1752 年），又移建于南关芝松坊（梅花碑），并置乳房 200 间，每年费用为银 200 两，由布政司按季拨发。嘉庆五年（1800 年），以官办未善，改由绅士管理，并每年拨盐库银 4000 两作为经费。咸丰末年（1861 年），堂毁于战乱。同治五年（1866 年）重建。[3]

此外，还有普济堂。普济堂是收养贫穷百姓及病人的场所。嘉庆元年（1796 年），山阴县监生高宗元在杭州武林门中正桥东购买了一块地；嘉庆七年，开始捐资建屋。由浙江巡抚阮元倡捐，抚军、巡道均捐资累千，士绅也相继义助，盐商则每引（清初每引定为 200 斤）捐资一分，米商每石捐一厘，收入之款置田产收租，余则交钱庄生息，年收入可达万余金。嘉庆十七年正月，普济堂正式开堂，收养民间衰老病贫者，初定 300 余人。堂内设正蒙义塾并施医、施棺、掩尸等。又将杭城旧有育婴、恤嫠（救济寡妇）、义渡、药蓧等善举一并归入。咸丰庚辛年间（1860—1861年）曾被毁，后又重建。至清末普济堂共有地产：基地 51.2 亩，出租田 2990.9 亩，出租地 76.1 亩，义冢地 4.5 亩。[4]

据清代范祖述《杭俗遗风》记载：“普济堂俗呼老人堂，在武林门内，收养六十岁以上，无妻孥之老人。额以千数为限，额满，有人报名者，寿其名于签，置筒中，俟出缺出，掣签顶补。每五人住房一间，房有字号编列，以备查考。一日三餐，定时不乱，吃饭之处，如寺院之斋堂。饭堂对面照墙，大书‘斋堂会食罗千夫’七字，字径二尺许。吃鱼吃肉，以及小荤，每月几次，各有定日。平日众菜一味，如自有菜，准其添食。每月出堂，只准三天，如三天不到，则扣名矣。有厨房、汤房、剃头房、医药房、总管房、挂号房等处，均有专司。又有佛堂一所，其中经忏、钟

[1] 转引自金普森、陈剩勇主编，叶建华著《浙江通史·清代卷》（上册），浙江人民出版社 2005 年版，第 167 页。

[2] 范祖述：《杭俗遗风》，《西湖文献集成》第 19 册，王国平主编，杭州出版社 2004 年版。

[3] 金普森、陈剩勇主编，叶建华著：《浙江通史·清代卷》（上册），杭州人民出版社 2005 年版，第 168 页。

[4] 同上。

鼓、法器，一切俱全。如有愿修行者，听其进堂。其余各人各业，亦准其赚钱添补。各房字号，雇有服役之人，可以递送各件。家下私财，亦可带进。每逢立冬，付给棉袄一件，其长过膝。清明收还，另给席、扇等件。病有医药、死有棺木，葬时定时，其规矩章程，可谓尽善尽美矣。"[1]

[1] 范祖述：《杭俗遗风》，《西湖文献集成》第19册，杭州出版社2004年版。

此外，清时杭州的乐善机构还有清节堂、义学馆、济仁堂、栖流所、舍材局、瘗埋局，收买字纸、义民救灾、斋千僧会、水陆道场等。这些乐善机构涉及教育、医疗、丧葬、卫生、救灾等诸方面，也由此可见杭州地区慈善事业的发达。诸多慈善机构的创设与重建，与政府的倡导是分不开的，而更深层次的原因则在于杭州城市自身经济的发达，为民间慈善活动提供了经济基础和现实需要。清范祖述在《杭俗遗风》中对这些慈善机构也作了介绍，现摘录于下：

清节堂：年少妇人愿守节者而贫不能自给者，具报查明，收留堂内，禁止出入。其奔走服役之人，悉雇妇女，如守节年例合符，并代报请旌。又有恤嫠会，每逢年终，给银若干，专人查访，故多有藉此以度岁者。

义学馆：宗文义塾，在车驾桥直街。馆分内外，内馆作文出考者，为一类；未完篇者为一类，均住宿塾内。伙食供给，以及笔墨纸砚，均皆齐备。每月作文九课，司事者考其优劣，即先生亦须考选。如赴县府考，其纳卷、供给、送考等事，均系塾中备办。接送时，有宗文义塾灯笼为号。人泮填册，每堂千文，亦有老例。人泮后出塾矣。外馆均系蒙童，惟不备饭不住宿而已。是塾风水甚佳，凡科岁两试，出考者总有十余人，要进十之七八。此中出身而发达者，不知凡几。头门外有冯培元探花及第匾额，亦其出身地也。

宗文义塾，自科举废后，即改为学校，其地址亦早迁至皮市巷矣。

济仁堂：在吴山吕祖殿，又名金龙阁。每日请内外科名医各二人，五日一轮，周而复始。辰刻齐集，午后始散。病人于门口持筹，进堂诊视。其丸、散、膏、丹等药，随症施给，惟饮片不备耳。予先考渔谷公，心存济世，在堂施诊二十余年。

栖流所：在百岁坊巷内。如有异乡人，生病无家可归者，报到所中，设有房间、床铺、医药，调治痊好，给钱二百文，出所自便。死则材葬之。

舍材局：从前街上有倒毙一人，所在丐头地保，百般索诈，地方受累无穷。自立栖流所之后，禀明当道官长，勒石禁止。如遇倒毙之人，责令地保到所报告，当即来材一具，冥镪一提，收殓扛出城外，寄场停放。材头注明字号，有知死者姓名，亦记之，汇集埋于义冢。如贫户欲乞材者，亦可报领。如有嫌材薄者，贴其钱二千文，可易一稍厚者。此事惟济仁堂行之，其他有愿施舍者，亦皆附属于此。

瘗埋局：每逢清明、十月朝之前，雇人于城外各山各地，收取一切无主暴露棺木，并查明久厝之材，何人所管，有无子孙，愿代埋者，编列字号，造册备查。以五棺作冢一邱，每棺用工用灰若干，均有定数。每邱面前，立碑一方。记明五人姓名，以便将来子孙迁葬。如自己有地无力葬者，只用彼之灰工，亦听其便。如欲自添灰工，亦无不可，此诚至善之举也。

收买字纸：吴山金龙阁、火德庙二处，除每日雇人沿街收取外，每月定以何日收买，或淫书，或簿书，或散纸，或竹木，或磁片，各种每斤若干文。山下犹有募捐，每愿每月三十文，凭折支付，雇人收取，焚化，汇总投入江海。

义民救灾：杭州各里各段，均有救火兵。或以庙名为衔，或以地名为衔，置备水龙各一架，或二架，其余水桶、吊桶、铜锣、行号、大纛旗、各小旗、梯子、挠钩、刀锯、斧凿、扛索、灯笼、号衣、号帽等项，以救火灾。每起四五十人，至百余人不等，均系搭彩匠、泥水木作匠，以及各行之强有力者为之。号帽翻棉，如法师帽，蓝色号衣，蓝布背心，前后白圆图，书写某衔。有司龙、司苗、司筹、司烛、运水、上高、救柩等名。龙用四人抬，飞插而行，虽五里十里之遥，不须片刻，无不毕集。司龙者管龙，司苗者管苗，立于龙上，认明方向，对准施放。司筹者，每人担水一担，给筹一根，以凭给钱。司烛者，若在夜间，每人均有高杆灯笼一杆，灯上号写所司何事；日间小旗一面亦然，可一望而知之也。灯笼用铁丝白纸黑字，大小旗帜，均蓝色白字。大纛各旗，两旁亦挂灯笼一对。如运水者，以鸣锣为号。上高者，有梯子挠钩等器，以备折屋。救柩者有大索木杠。上下各段，何止数十百起，其用力之踊跃，诚有奋不顾身之势也。出门时，筛锣为号。回时，每次行号一声，间鸣锣一下，名为太平锣。如在夜间，各起按队而行，亮如白昼，有若灯会也。

斋千僧会：施主久家，有斋千僧者，于十城门张贴招知，说明于某日在某处斋僧，衬钱若干。四大丛林，派出执事僧数人，前往招待。其余五方杂处，无不毕集。此举在海潮者居多。海潮寺在望江门外，近江里许，亦可算一丛林。寺中除斋堂外，遍设座位，每位安箸一双，碗三只，盖一饭两菜也。其时方丈大和尚，身披袈衣，转大旗向上三拜，就斋堂升座，两旁执事僧众，随同念经毕，然后合寺大众同食。有管饭者，专管盛饭；司菜者，专司盛菜。碗空即行添上，食饱而止，每人衬钱四十八文。所可奇者，名曰“斋千僧”，而所来之僧，却好不相上下，少固不少，多亦不至甚多，所谓莫道无神却有神也。不然，杭州岂少千僧而已哉。

水陆道场：有做生日，或超度父母祖先者，于四大丛林及云栖等寺，建水陆道场四十九日圆满。定价制钱二百千文，每日于经坛中，以二十四众和尚，拜诵各种经忏，设放焰口若干坛，大张黄榜。施主男客女眷，均有静室居住，日日摆斋，极其丰盛。僧众伺候，各有专司。水陆坛上，设供本身长生禄位，圆满之后，各执事僧，施主均须酬谢，名之曰“谢常住”。

总之，政府、宗族和民间社会分别从事救济，构成清代杭州地区社会救济的完整体系。三者各有侧重，政府救济重在救灾备荒，宗族救济以济贫与助教为重点，民间慈善以鳏寡孤独贫病为中心，但三者又非完全分开，有很多重合之处，互为补充。清代前期，政府支持的社会救济事业较为发达，而中期以后，宗族、民间社会支持的救济事业发展迅速，有效地填补了官办救济事业衰落后所留下的空白。[1]

[1] 王卫平、黄鸿山：《清代江南地区的乡村社会救济——以市镇为中心的考察》，《中国农史》2003 年第 4 期。

第二节 衣食与婚丧

满族人入主中原，在日常生活习俗方面，变化最大的是发型与服饰的改变，这是清统治者对汉民族实行强制征服的结果。有清一代，人们的饮食习惯和消费行为进一步向奢靡方向发展；婚丧习俗在传统基础上也更趋于奢侈。

一 剃发易服

清初，朝廷为了进一步实现全面控制，强化统治，对杭州在内的江浙地区从制度到生活方式等诸多方面都采取了一系列强制性的措施。“剃发易服”就是其中一项主要的法令。

满族人的发式和服装习俗与当时的汉人大不相同。满汉发式的不同，一在剃发与留发与否，二在梳辫与绾髻与否。汉民族男子历来的风俗习惯是满头束长发，至头顶部将发挽起，束成发髻，谓之“大顶挽髻”。清廷为了使汉族人服从自己的统治，强迫汉族人改变本民族固有的发型。从此，汉族男子一改数千年束发于顶的旧俗，而皆剃发梳辫，即将头顶前半部分的头发全剃光，脑后部所留头发梳成辫子，谓之“小顶辫发”或“金钱小顶”。

在服饰民俗方面，明朝人服饰的总体特点是长领、宽袍、大袖，但不同的社会身份又有不同的要求。而清初满族男子服饰为圆领、大襟、箭袖，箭袖也叫马蹄袖。服饰四面开衩，系扣袢，腰中束带。在朝廷的强令下，汉族男子流行了一两千年的宽衣大袖的传统袍服，在这时候也不得不改为袖筒窄瘦、短小的“箭衣”。

清军入浙后，强制推行剃发易服的手段是非常残酷骇人的。海宁陈确记载：“去秋新令，不剃发者以违制论斩。令发后，吏诇不剃发者至军门，朝至朝斩，夕至夕斩。”[2]可谓“留发不留头”。汉人的传统观念认为，身体发肤，受之父母，故不敢损毁。清朝政府的这一做法，极大地伤害了汉族人民的民族感情。清初杭州及江南人民纷纷表示“头可断，发决不可剃”，展开了抗清斗争。

[2] 《陈确集》文集卷一三“告先府君文”，中华书局 1979 年版，第 310 页。

全国性的剃发易服主要是针对汉族男子的，至于妇、儒、隶、伶、婚、丧人等，则不在强迫剃发之列，因此当时民间又有“十从十不从”、“男从女不从”的说法。

随着时间的推移，随着清朝统治的日益稳固，汉族人逐渐接受了满人的发型与服饰。满族服饰遂成了有清一代服饰风俗的主流样式。通过清初的“易服剃发”和以后的“禁止裹足”等，从而逐渐形成前所未有的多样化特征：男子服饰从清新制，女子服饰从明旧制；平民服饰从清新制，优伶服饰从明旧制，官宦之家妇女“三寸金莲”，普通百姓妇女崇尚天足，等等，呈现出多元一体的格局。

同全国其他地方一样，清代杭州人发型与服饰可以说是经历了一场彻底的改变。随着商品经济的发展，人们越来越崇尚奢侈和洋货，在衣着方面追求华丽锦绣。就连遂安县“服习旧尚俭约”，乾隆以后，“亦稍稍侈靡，不安朴鲁……间有服纨绮者”。[1]

[1]民国《浙江续通志稿·风俗》，浙江修志局民国十三年（1924年）修。

二　饮食结构与消费行为

清代，特别是康、乾盛世时，朝廷特别重视江南地区的农业和经济发展。随着社会经济的发展进步，清代杭州的饮食在继承传统的基础上，有所创新和发展。首先，由于满汉交融，在饮食结构中也出现了交融性的特征。如饮茶就为满人所接受，杭州龙井茶则成为著名的朝廷贡品，而一些满族的饮食也逐渐为杭州人所接受。其次，由于烹饪技术的发展，名点与风味小吃、风味菜更加丰富，并形成了制作工艺独到、独具风味的地方菜系。再次，在西方饮食文化的影响下，清代后期，西餐开始进入杭城上层人士的饮食生活。

清代杭州人的主食，除传统五谷外，番薯、玉米等外国传入的高产作物加入了主食行列。甚至有些山区穷苦人家，一日三餐都以番薯、玉米为主食。这是清代杭州人的主食不同于其他朝代的地方，这也是清代杭州人饮食结构的一个重大改变。

清代杭州糕饼点心丰富多彩，因时而分，因节而异。如上灯夜吃灯圆儿，正月十五吃元宵，清明吃青白汤团，立夏吃乌饭糕、夏饼，端午吃粽子，六月二十三吃麦糕，中元吃馄饨、石花糕，中秋吃月饼，重阳吃栗糕，十月朝、冬至、新春、年下均吃年糕。此外，还有四季应时的品种，如夏天供应湿化糕、茯苓糕、松子糕、玉带糕、灌香糕、洗沙糕、黄条糕、绿豆糕、黄松糕、水晶糕、松花撞糕、乌饭团儿、开口饺儿等；冬天供应木梳糕、糖年糕、油炸年糕等。其余如豆浆、粽子、饭团儿、粉饼儿、汤团等，四时皆有。以上为米制品，用面粉做的点心，则有椒盐烧饼、糖烧饼、线板饼、锅口饼、韭菜饼、萝卜饼、葱饼、火烧儿、麻花儿、油炸桧儿、油炸虾球儿、油炸麻球等，各种粗细点可谓名目繁多。

清代后期，一大批具有现代杭州特色的名菜、名点开始先后定型。如西湖醋鱼、蜜汁火方、卤鸭、栗子炒子鸡、西湖莼菜汤、全家福、清蒸鲥鱼、鱼头豆腐、虾黄鱼面、冬笋香菇面、吴山酥油饼等。[1]

清代杭州饮食的发展，与杭州涌现出的一大批饮食专家和名厨良庖的积极推动分不开。

曾长期居住在杭州吴山铁冶岭的兰溪人李渔，不仅是戏剧家、还是一位著名的美食家，他在所著《闲情偶寄》中，专门列了《饮馔部》，介绍江浙一带的饮食菜肴，以及杭州等地的一些名菜名点。李渔在“蔬菜第一”中，介绍了笋、蕈、莼、菜、瓜、茄芋、山药、葱、蒜、韭、萝卜、芥辣汁等；在“谷食”卷介绍了饭粥、汤、糕饼、面、粉；“肉食”卷介绍了猪、羊、牛、犬、鸡、鹅、鸭、野禽野兽、鱼、虾、鳖、蟹、零星水族等。他还提出了饮食的“美”与“真”的标准在于“渐近自然”，他说“吾为饮食之道，脍不如肉，肉不如蔬，亦以其渐近自然也”[2]，他认为饮食“美”、“真”的标准，在于“务鲜”、“务洁”、“务净”，在于“精”和“细”。

李渔详细介绍了许多饮食方法。如他介绍食笋的方法：

> 食笋方法多端，不能悉纪，请以两言概之，曰：“素宜白水，荤用肥猪。”茹斋者食笋，若以他物伴之，香油和之，则陈味夺鲜，而笋之真趣味没矣。白煮俟熟，略加酱油。从来至美之物，皆利于孤行，引类是也。以之伴荤，则牛羊鸡鸭等物皆非所宜，独宜于豕，又独宜于肥。肥非欲其腻也，肉之肥者能甘，甘味入笋，则不见其甘，但觉其鲜之至也。烹之既熟，肥肉尽当去之，既汁亦不宜多存，存其半而益以清汤。调和之物，惟醋与酒。此制荤笋之大凡也。
>
> 笋之为物，不止孤行并用各见其美，凡食物中无论荤素，皆当用作调和。菜中之笋与药中之甘草，同是必需之物。有此则诸味皆鲜，但不当用其渣滓，而用其精液。庖人之善治具者，凡有焯笋之汤，悉留不去，每作一馔，必以和之。食者但知他物之鲜，而不知有所以鲜之者在也。[3]

他还详细介绍了瓜、茄、瓠、芋、山药的吃法：

> 瓜、茄、瓠、芋诸物，菜之结而为实者也。实则不止当菜，兼作饭矣。增一簋菜，可省数合粮者，诸物是也。一事两用，何俭如之?贫家购此，同于籴粟。但食之各有其法：煮冬瓜、丝瓜忌太生；煮王瓜、甜瓜忌太熟；煮茄、瓠利用酱醋，而不宜于盐；煮芋不可无物伴之，盖芋之本身无味，借他物以成其味者也；山药则孤行并用，无所不宜，并油盐酱醋不设，亦能自呈其美，乃蔬食中之通材也。[4]

[1] 周峰主编：《元明清名城杭州》，浙江人民出版社1997年版，第177页。

[2] （明末明初）李渔：《闲情偶寄·饮馔部》，民辉译，岳麓书社2000年版。

[3] （明末明初）李渔：《闲情偶寄》，民辉译，岳麓书社2000年版，第467—468页。

[4] （明末明初）李渔著：《闲情偶寄》，民辉译，岳麓书社2000年版，第474—475页。

李渔还发明了“四美羹”，其味让所有客人赞不绝口，他在《闲情偶寄》中说道：

陆之蕈，水之莼，皆清虚妙物也。予尝以二物作羹，和以蟹之黄，鱼之肋，名曰“四美羹”。座客食而甘之，曰：“今而后，无下箸处矣！”[1]

[1]（明末明初）李渔著：《闲情偶寄》，民辉译，岳麓书社2000年版，第471页。

李渔还从食用葱、蒜、韭菜和香椿中悟出了善身处世的艰难：

葱、蒜、韭三物，菜味之至重者也。菜能芬人齿颊者，香椿头是也；菜能秽人齿颊及肠胃者，葱、蒜、韭是也。椿头明知其香，而食者颇少；葱、蒜、韭尽识其臭，而嗜之者众，其故何欤？以椿头之味虽香而淡，不若葱、蒜、韭之所甚而浓。浓则为时所争尚，甘受其秽而不辞；淡则为世所共遗，自荐其香而弗受。吾于饮食一道，悟善身处世之难。一生绝三物不食，亦未尝多食香椿，殆所谓“夷、惠之间”者乎？

予待三物有差：蒜则永禁弗食；葱虽弗食，然变听作调和；韭则禁其终而不禁其始，芽之初发，非特不臭，且具清香，是其孩提之心之未变也。[2]

[2] 同上书，第475—476页。

李渔对于鱼的食用方法，颇有研究，并作了推荐：

食鱼者首重在鲜，次则及肥，肥而且鲜，鱼之能事毕矣。然二美虽兼，又有所重在一者。如鲟、如鯚、如鲫、如鲤，皆以鲜胜者也，鲜宜清煮作汤；如鳊、如白、如鲥、如鲢，皆以肥胜者也。肥宜厚烹作脍。烹煮之法，全在火候得宜。先期而食者肉生，生则不松；过期而食者肉死，死则无味。迟客之家，他馔或可先设以待，鱼则必须活养，候客至旋烹。鱼之至味在鲜，而鲜之至味又只在初熟离釜之片刻。若先烹以待，是使鱼之至美，发泄于空虚无人之境；待客至而再经火气，犹冷饭复炊，残酒之再热，有其形而无其质矣。煮鱼之水忌多，仅足伴鱼而止，水多一口，则鱼淡一分。司厨婢子，所利在汤，常有增而复增，以致鲜味减而又减者。志在厚客，不能不薄待庖人耳。更有制鱼良法，能使鲜肥迸出，不失天真，迟速咸宜，不虞火候者，则莫妙于蒸。置之镟内，入陈酒、酱油各数盏，覆以瓜姜及蕈笋诸鲜物，紧火蒸之极熟。此则随时早暮，供客咸宜，以鲜味尽在鱼中，并无一物能侵，亦无一气可泄，真上着也。[3]

[3] 同上书，第501—502页。

李渔主张俭朴，也呼吁恢复吃素的古风，所以他把蔬菜的食用放在了书的第一部分，然后介绍谷食，而把肉食放在了后面。李渔强调食物养人，全靠五谷，他说：

> 食之养人，全赖五谷。使天止生五谷而不产他物，则人身之肥而寿也，较此必有过焉，保无疾病相煎，寿夭不齐之患矣。试观鸟之啄粟，鱼之饮水，皆止靠一物为生，未闻于一物之外，又有为之肴馔酒浆、诸饮杂食者也。乃禽鱼之死，皆死于人，未闻有疾病而死，及天年自尽而死者。是止食一物，乃长生久视之道也。人则不幸而为精腆所误，多食一物，多受一物之损伤；少静一时，少安一时之淡泊。其疾病之生，死亡之速，皆饮食太繁，嗜欲过度之所致也。此非人之自误，天误之耳。天地生物之初，亦不料其如是，原欲利人口腹，孰意利之反以害之哉！然则人欲自爱其生者，即不能止食一物，亦当稍存其意，而以一物为君。使酒肉虽多，不胜食气，即使为害，当亦不甚烈耳。[1]

[1]（明末明初）李渔著：《闲情偶寄》，民辉译，岳麓书社 2000 年版，第 479 页。

李渔还难能可贵地提出要保护野禽、野兽，尽量不要吃野味，体现了杭州人民古朴的环保意识：

> 是兽之死也，死于人；禽之毙也，毙于己。食野味者，当作如是观。惜禽而更当惜兽，以其取死之道为可原也。[2]

[2] 同上书，第 500 页。

李渔的《闲情偶寄·饮馔部》，对江南一带鲜蔬及鱼蟹肉禽的各种吃法及养生之道的介绍，对清代杭州地区的菜点制作，产生了一定的指导意义。

杭州人袁枚更是一位在中国烹饪史上占有重要地位的饮食专家。他在《随园食单》一书中，系统地论述了烹饪技术和以江南风味为主的南北菜点、名酒、香茗。他认为学问之道，先知而后行，饮食亦然，于是就写了“须知单”，提出先天须知、作料须知、洗涮须知、调剂须知、配搭须知、独用须知、火候须知、色臭须知、迟速须知、变换须知、器具须知、上菜须知、时节须知、多寡须知、洁净须知、用纤须知、选用须知、疑似须知、补救须知、本分须知等，从二十个方面详细告知了烹饪学的基本理论，在“戒单”中提出了十四个注意事项，如他说到“戒停顿”时指出：“物味取鲜，全在起锅时及锋而试；略为停顿，便如霉过衣裳。虽锦绣绮罗，亦晦闷而旧气可憎矣。尝见性急主人，每摆菜必一齐搬出。于是厨人将一席之菜，都放在蒸笼中，候主人催取，通行齐上。此中尚有佳味哉？在善烹饪者，一盘一碗，费尽心思；在吃者鲁莽暴戾，囫囵吞下，真所谓得哀家梨，仍复蒸食者矣。”[3]

[3]（清）袁枚：《随园食单》，关锡霖注释，广东科技出版社 1983 年版，第 22 页。

其后，袁枚分为海鲜单、江鲜单、特牲单、杂牲单、羽族单、水族有鳞单、水族无鳞单、杂素茶单、小茶单、点心单、饭粥单、茶酒单几个方面，用大量篇幅详细地记述了我国从14世纪至18世纪中在江南以及其他地区流行的326种南北菜肴饭点，美酒名茶。如至今在杭州许多名店中制作的名菜荷叶粉蒸肉、芙蓉肉、家乡肉、南肉春笋、蜜汁火方、白斩鸡、生爆子鸡、栗子鸡块、卤鸭、八宝豆腐、鱼头豆腐等，都可以在《随园食单》中找到：

粉蒸肉：用精肥参半之肉，炒火粉黄色，拌面酱蒸之，下用白菜作垫。熟时不但肉美，菜亦美。以不见水，故味独全。

芙蓉肉：精肉一斤切片，清酱拖过，风干一个时辰。用大虾肉四十个，猪油二两，切骰子大，将虾肉放在猪肉上。一只虾，一块肉，敲扁，将滚水煮熟撩起。熬菜油半斤，将肉片放在有眼铜勺内，将滚油灌熟。再用秋油半酒杯，酒一杯，鸡汤一茶杯，熬滚浇肉片上，加蒸粉、葱、椒糁上起锅。

家乡肉：杭州家乡肉，好丑不同。有上、中、下三等。大概淡而能鲜、精肉可横咬者为上品。放久即是好火腿。

笋煨火肉：冬笋切方块，火肉切方块，同煨；火腿撤去盐水两遍，再入冰糖煨烂。席武山别驾云：凡火肉煮好后，若留作次日吃者，须留原汤，待次日将火肉投入汤中滚热才好。若干放离汤，则风燥而肉枯；用白水，则又味淡。

蜜火腿：取好火腿，连皮切大方块，用蜜酒煨极烂，最佳。但火腿好丑高低，判若天渊。虽出金华、兰溪、义乌三处，而有名无实者多。其不佳者，反不如腌肉矣。惟杭州忠清里王三房家，四钱一斤者佳。

白片鸡：肥鸡白片，自是太羹、元酒之味。尤宜于下乡村，入旅店，烹饪不及之时，最为省便，煮时水不可多。

生炮鸡：小雏鸡斩小方块，秋油酒拌，临吃时拿起，放滚油内灼之，起锅又灼，连灼三回，盛起，有醋、酒、粉纤、葱花喷之。

栗子炒鸡：鸡斩块，用菜油二两炮，加酒一饭碗，秋油一小杯，水一饭碗，煨七分熟；先将栗子煮鸡，同笋下之，再煨三分起锅，下糖一撮。

卤鸭：不用水用酒，煮鸭去骨，加作料食之。高要令杨公家法也。

八宝豆腐：用嫩片切粉碎，加香蕈屑，蘑菇屑，松子仁屑，瓜子仁屑，鸡屑，火腿屑，同入浓鸡汁中炒滚起锅。用腐脑亦可。用瓢不用箸。

袁枚还介绍了当时杭州商人何星举家干蒸鸭的烧法。将肥鸭一只洗净，斩八块，加甜酒、秋油，淹满鸭面，放磁罐中封好，置干锅中蒸之；用文炭火，不用水，临上时，其精肉者皆烂如泥。以线香二枝为度。

袁枚还说：“杭州烧鹅，为人所笑，以其生也。不如家厨自烧为妙。”“杭州以土步鱼为上品。而金陵人贱之，目为虎头蛇。可发一笑。肉最松嫩。煎之，煮之，蒸之，俱可。加腌芥作汤，作羹，尤鲜。”甲鱼在杭州的烧法是“将甲鱼煮半熟，去骨，起油锅炮炒，加酱水、葱椒收汤成卤，然后起锅。”醋搂鱼是“用活青鱼切大块，油灼之，加酱、醋、酒喷之。汤多为妙。俟熟即速起锅。此物以杭州西湖上五柳居最有名”。但袁枚指出：“而今则酱臭而鱼败矣。甚矣！宋嫂鱼羹，徒存虚名。《梦粱录》不足信也。鱼不可大，大则味不入；不可小，小则刺多。”[1]

在点心类中，袁枚介绍百果糕在当时“杭州北关外卖者最佳。以粉糯多松仁、胡桃，而不放橙丁者为妙。其甜处非蜜非糖，可暂可久。家中不能得其法”。在茶类中，首先介绍了武夷茶和杭州龙井茶，他说：“杭州山茶，处处皆清，不过以龙井为最耳。每还乡上冢，见管坟人家送一杯茶，水清茶绿。富贵人所不能吃者也。”[2]

袁枚在《随园食单》中，论述了饮食尚洁戒浊的养生观。他认为厨艺操作须洁净，烹饪时须戒混浊。他还在此书中提出了强体养生之道：人之饮食，应循时而进，应季变味，应择时而食。

袁枚的《随园食单》为杭州饮食服务业在南宋之后进入又一个鼎盛时代，创造了理论与技术的准备条件。可以说，袁枚是杭州近代饮食业的鼻祖，后来的杭州名厨良庖，都从这本食谱中受到了教益。

对杭州的饮食发展有影响的，还有迟于李渔、袁枚的旅居杭州的医学家、食疗药膳专家、海宁人王士雄。王士雄从医食同源的角度，在所著《随息居饮食谱》一书中，介绍了杭州人日常食物品种230种，分水饮、谷食、调和、蔬食、果食、毛羽、鳞介七类，对各类食物的性能及其食疗功效，均作了详细的论述。王士雄是现代杭州食补、食疗的启蒙人之一。

清代杭州饮食史上还不得不提到一个人就是诗人吴秋渔。吴秋渔是钱塘人，名升，曾做过杭州府知府。他一生不好喝酒，但喜欢看人喝酒。他通过长期的观察、体验、总结，通过翻阅大量的典籍，终于撰成《酒志》一书，提出了自己对酒与饮酒文化的一整套较为科学的见解。此书共分28卷，其下有子目12个，分别是：原始、辨性、述义、备法、详品、稽典、列事、纪言、考器、征令、录乡、识录等。《酒志》28卷，在杭州饮食史上乃至在全国饮食史上都占有一席之地。

饮食的发展催生了饮食业的繁荣。清代杭州，涌现出一批烹饪有盛名的饭馆酒楼、茶食名店，如在城站的“小有天”与“聚丰园”、“宴宾楼”，合称杭城三大京菜馆。

清代同治年间范祖述原著、清末民国年间洪如嵩补辑的《杭俗遗风》一书中介绍了当时的多家菜馆。荐桥直街赵长兴饭店以红烧肉闻名，“小有天”以风味独特的坛子肉闻名于杭，每一小坛就要小洋八九角。件儿饭店中，以清河坊王顺兴，即杭州人所称之“王饭儿”最为有名，除盐、淡件儿肉及各样大小吃之外，其“鱼头豆腐”一菜，独步杭城。此外，虾油菠菜，亦烹调得宜，颇为可口。还有专卖羊货的羊汤饭店，也就是回教馆子，其羊剥皮剔骨，炖烂切块，有椒盐、淡件之分。尽管羊汤饭店数

[1] 以上菜肴制作及论述见（清）袁枚著：《随园食单》，关锡霖注释，广东科技出版社1983年版，第52、53、56、64、65、69、70、77、102、103、78、81、84、92、85—86页。

[2]（清）袁枚著：《随园食单》，关锡霖注释，广东科技出版社1983年版，第141、158页。

量不多，但是生意很好，因为爱吃羊肉的人对这些饭店是趋之若鹜。在三天竺至灵隐寺山门，还有一二十家之多的天竺山饭店，其中以陈三房最为有名，西湖香市时，香客游客众金，这里的饭店只要“春香一市生意，要安享坐吃一年”[1]。

《杭俗遗风》还介绍了面馆。面店分苏州面店与徽州面店两种。苏州面店有荤面店和素面店之分。苏州荤面店所卖之面细长而柔软，主要供应火（腿）鸡面、三鲜面、焖肉面、羊肉面、燥子面、卤子面等面，每碗价格自 21 文至 40 文不等，只有炒面要卖到每盘 64 文。还卖各种小吃、瓶酒、点心、春饼等。全城的苏州面店有很多，以六聚馆为最出名，该店以虾黄鱼面最为鲜美，究其原因是讲究汤的配制，据《杭俗遗风》补辑记载：“盖他家用汤皆以肉骨煮成，独彼用火腿或笋煮成，故其味优于人也。”苏州素面店，专卖清汤素面与菜花拗面。这种素面店也卖羊肉馒头、羊肉汤包。在苏州素面店中，以“浙一馆”最著，招牌面就是冬菇笋面。徽州面店所卖之面，比较粗硬，最为有名的叫小碗面，面上加肉皮（即发皮）、蛋片、虾儿等物，碗大面多。徽州面店也有专门的素面店，小碗每碗 10 文，面上加诸如豆腐干丝等素丝之类。苏式面条用铜锅烧，徽式面条则用铁锅烧，而且面熟后即原锅送与买主上桌。徽式碗面中最有名的是“小羊面”，江干的大兴馆、清河坊的四丰园都烧得非常好。

茶肆有名的则有涌金门码头的藕香居茶室，门对西湖，三面临荡，风光卓异，生意兴隆。其他有名的还有涌金门外的西悦来、仙乐园，昭庆寺前的景春楼。以上四家名店，不仅供应茶点，而且还供应酒与小吃。[2]

随着商品经济的发展，清代杭州人在饮食消费行为上也越来越崇尚奢侈了。民国《杭州府志》卷七四“风俗”引康熙《仁和县志·风俗》记载：“杭民半多商贾，耳目侈声色之好，口腹恣刍豢之味，峻宇雕墙，履丝曳成缟，冠婚丧祭，宴饮酬酢，无不踵事增比，虽素封之家不出数年立见萧索，总由屋多田少，根本不固所至也。庶而加富，所当熟筹。”可见，在康熙后期，杭城的饮食消费就已相当铺张。雍、乾以后，奢侈之风更剧。时人沈赤然在《寒夜丛谈》卷三记述了杭州的奢侈风尚：“余幼时，见凡宴客者，约则五簋，丰则十品，若仓卒之客不过小九盘而已。其后日渐盛设，用碗必如盆，居山必以鳖，居泽必以鹿兔，所费已倍往昔矣。近年（指嘉庆时——引者注）以来，吾杭富人，一席之费，几至六七千文，益又务为精别相高，虽罗列数十品，绝无一常味也。甚而有某姓者，尝以五十千治一席。”据民国《浙江续通志稿·风俗》记载，清代中期以后，富阳“城中风气稍靡，皆趋时尚，茶酒之肆，竞以女子当垆”。[3]

三　婚丧仪礼的变迁

传统的人生仪礼到清朝时也出现了一些变化，有些传统习俗到了清代

[1]（清）范祖述：《杭俗遗风·饮食类》，《西湖文献集成》第 19 册，王国平主编，杭州出版社 2004 年版。

[2] 周峰主编：《元明清名城杭州》，浙江人民出版社 1997 年版，第 179 页。

[3] 金普森、陈剩勇主编，叶建华著：《浙江通史·清代卷》（上册），浙江人民出版社 2005 年版，第 179—180 页。

逐渐被废弃，如冠礼（男子成年加冠的礼节）流行了几千年之久，到清代，杭州各地已普遍废除不行。个别地区仅在士大夫家偶尔行之。

婚姻方面，清代法定的结婚年龄是男16岁、女14岁。严禁同姓为婚，违者主婚人及男女双方各杖六十，强制离异。婚书具有法律效力，已立婚书者不得反悔，违者处笞杖之罚。但允许夫妻双方自愿离婚。[1]在婚姻的缔结上，清代法定：嫁娶皆由祖父母、父母主婚，祖父母、父母俱无者，从余亲主婚。其夫携女适人者，其女从母主婚。[2]

[1] 金普森、陈剩勇主编，叶建华著：《浙江通史·清代卷》（上册），浙江人民出版社2005年版，第190页。

[2]《大清会典事例》卷七六六，转引王凯旋、李洪权编著《明清生活掠影》，沈阳出版社2002年版，第315页。

清代杭州的婚姻还是较多地奉行严等第、明贵贱的制度，保存婚姻包办，讲求门当户对等旧习。乾隆年间《杭州府志》记载，新城县婚礼多“以名第相尚”。时人蒋士铨有一首《唱南词》，其中说道：“君不见杭州士女垂垂手，听词心动鸾凤偶。父母之命礼经传，私订终身小说有”，就是奉劝不要私订婚约，遵守传统婚俗。在清代，杭州官宦和富裕人家依然一夫多妻，一般是一妻二妾。

清代杭州人婚嫁的程序也继承前代，基本没有多少变化，只是过程更加繁缛，更加程式化。一般为：说媒、相亲、换帖（交换生辰八字）、送聘（定亲）、过门（迎娶）、闹房、回门（结婚后三天新郎陪新娘回娘家拜望父母）。范祖述在《杭俗遗风》中详述了当时的婚礼过程：

传红

凡作媒，有男女两媒。说合之时，男媒须于男家，先取地脚交女媒，送至母家打听。女家如有允意，女媒则取女家草八字交男媒，送至男家求卜。男女家如皆允，然后男家择日缔姻，名曰“缠红”。先备小礼四副，以二副由男女两媒送至女家。小礼用鹤顶纸造，五幅全帖，外用封筒，内用绿纸夹衬。面有胶金全福字样。两小礼，写某某郡某称某名端肃顿首拜。一作拜帖，一内加泥金签一条，男家书“恭求台允”四字，女家写“谨遵台命”四字。男家用金玉如意压帖，点锡小茶瓶若干。女家用顶带压帖，点锡小酒樽若干。其余各色花果、盆景、喜蛋、七子、鲜果、佛手、石榴之类，男女家皆同。是日，媒人先至女家道喜，然后往男家押盒，至女家吃中席。下午押盒，往男家吃晚席。媒人轿价，系男家开发。女家犒封，有冰从花红、冰从代饭、冰舆花红、冰舆代饭等名目。男家照此数目，加倍总送。男女家均供青龙、和合神马，悬灯结彩，发帖请各亲友。男女家均写某某缔姻。惟媒人帖，用花果柬，先须拜媒，后须谢媒，下盒婚嫁皆然。

下盒

择吉下盒之前，先由媒人向女府讨新娘裙袄尺寸单，领腰出手若干，长大若干，一一开具清单，送至男家，以备制衣之用。男家再备鸾书、凤目并小礼，仍由媒送至女家。小礼金签，男家写“吉詹某日，敬备彩舆，恭迎合卺”。女家写“遵吉”二字。鸾书有启云：“右启。”中用金签，写“大德望即荣封某翁某老亲台老先生老大人阁下”，后写“伏承尊慈，不弃儒素，鼎重冰言，允以仆之某某，配令某为室”。以下用四六句数联，尾书“所有不腆菲将，具如端幅，惟冀亲慈，俯赐涵鉴不宣”。末幅写“年月日，某载拜启”。前有衔，如小礼，写凤目，先书“吉开”二字，然后将行聘之物，一一开载后幅，加用金签。男家写“纳采加笄之敬”，女家写“旋吉之敬”，末后有衔，如小礼。另有八字盒，如八卦式，男家写新郎八字如左，女家写新娘八字如右，名为“揾八字”。男家行聘之物，用首饰纸板二块，男家将黄冠、笄簪、耳环、金玉如意、金玉手钏、珠花、翠花之类，分钉两板，裙袄彩币，多少不等。有职分者，用凤冠、元领、霞佩、朝裙、朝珠、补挂，再有衬冠、裙袄、小棉袄裤各一副，其余胭脂、花粉、红绳、丝线，此外喜蛋、鲜干各果，如传红。女家回靴帽、袍套、鞋靴、鞋舄，如有公婆者，加堂上鞋靴、鞋舄各一副。男女媒押盒，并犒封铺设请客，一如传红。男家犹有搀伴婆封，及冠冕、上冠、整容、舆金、代饭等项。

发奁

妆奁有全铺房，一封书之名，此言无所不有也，惟不恒有。有十二箱四橱、八箱两橱、六箱一橱、四箱一桌之分。箱有安东、台湾、描金、撞箱之别，橱有书橱、衣橱之别，桌有春台、揾春台、梳角桌之别，再衣架、脸架、琴凳、春凳、杌凳、小脚凳、马箱、子孙桶、大中浴盆、样盆、小脚盆、坐桶、提桶、汤桶、并水桶、和合提盆、段盒、果桶、五升斗、辫线架、棚子架、大箱、焙笼，此名内房家伙。犹有外房家伙，如元炉盆、立台、昼桌、琴桌、月桌、四仙桌、马鞍桌、圈椅、一字椅、茶几、杌凳、各式锡器，不下数百件。铜器如面盆、手炉、脚炉、铜古、熨斗之类，其锡器摆于各桌之上，每桌有烛台、风灯之类一对。如梳角桌，则摆梳盒、镜台、粉罐、皂盒之类，月桌、四仙桌，则有果盒、暖碗、茶酒杯箸之类，各以其所宜，配合端整。每桌开明桌单一纸。另有奁目一本，所有妆奁各物，逐件开载，不漏一物。在路上均有管家照料，其名目有持柬、持奁、待奁、立台、子孙喜桶、和合各作好看等名，其扎缚扛抬，由搭应埠夫承值。男家开销，视妆奁之大小为定。其埠夫抬力若干，由女家开单与男家照发。至门之时，其立台等，均由管家亲自肩挑而进。持柬者先行投帖，俟各物摆好之后，持奁者然后请新姑爷接奁。侍奁者请账房老爷点桌单，然后再请主人行礼，留饭而回。谢帖，新郎出名，用小礼加金签一，上写一“嘉”字。是日搀扶、伴房，亦押奁而去。搀扶仍回，伴房留管新房，举行在完姻前一二日。

婚嫁

先期仍照例送小礼，男家金签，写“恭迎成礼”字样，女家写“谨遣于归”。并由媒人，取女家新亲单一纸，注明姓名称呼。正日，男家贴路径单于门口。午刻，媒人先行坐席，吃三道菜，即拜辞押轿先行，然后发轿至女家。女家先一日晚，新娘装扮，参拜家堂家庙，坐席占首位，诸女客相陪，名曰“待新娘”。

正日花轿到门，亦贴路径单于门口。上轿时，男家接亲，照料亮轿，并行人灯景，均皆点烛伺候。管家男女家，均有头灯、提灯、宫灯、侍轿、顶马、对马，男家更多子孙喜灯一对。媒人堂上坐席，鼓手三吹三打，内边新娘吃和合饭毕，然后装扮，吹打上冠，戴并头莲，兜红巾。掌灯者二人，打筛者二人，引出上轿。媒人及搀伴走小路先行。有兄弟等作送亲者，随轿而行。其时男家新郎，亦吃和合饭毕，衣冠端整，对坐于新房床前。花轿到门，请来客二人，衣冠立于堂上赞礼。轿停中堂，赞曰“熨轿”。启帘，主人接宝，新人降舆，新郎登堂。凡三请，主人拈香，一跪三叩首。新人行香，三跪九叩首。然后主人送神，揭巾，圆酒，易位，行夫妇礼。掌灯者送归香阁。新郎出堂时，亦有掌灯二人，持筛二人，凡赞一语，用细乐吹而和之，惟请新郎及送神，用大响乐。归房之时，一路传袋。房中掷喜儿果，新人坐床，吃交杯盏毕，然后请公婆行卸冠礼，亲戚多辞不见。男女新人卸冠毕，送亲回去，新郎自便。内外均摆席，外请媒人并客，内请新娘上坐，吃毕，客散。或有当夜圆房者，或有守花烛不睡者。子孙桶内，有喜蛋、喜果一包，搀扶送与本家太太，名曰“送子”。

次日一早，男家出名人，往女家谢亲，登堂八拜而回，无人接待。女家一早送糕、粽两盘，糖汤、参汤各一于男家，名曰送“早点心”。女家亲戚有应往来者，每日轮送早点，名曰“望朝”。

三朝

完姻第三日为三朝，所重庙见之礼，亦须请媒客。是日新郎衣冠，新娘戴凤冠珠翠，大满头，有龙凤钗、燕子钗、长钗等，前后围绕，穿元领霞佩、束带朝裙。午刻祀祖，两新人先拜家堂，次参灶，须穿换绿袄绿鞋，参毕仍卸。然后参家庙，申刻见礼。堂上设两圆椅，左右两旁铺红毡，先冰人高邻，次各亲友，男客先，女客后，应坐者上坐受礼，应回者左右答拜。又次本家男女各人，公婆须自先拜祖先，然后受礼。起倒四拜，坐而受之。连四拜，起立回揖。其余大伯、小叔、小姑之类，年长者左首，年幼者右首，均同拜。如遇子侄等小辈，则两新人上立，小辈下拜。均毕后，男仆、女婢参堂，新娘自此开口相叫矣。

是日，女家又送三朝盘于男家，并女婿之上贺，以条箱架，用段盒铺摆男色靴帽袍套、各式绣袋之类。女色即所应陪嫁之衣服首饰，如便簪、耳挖、耳环、珠领、戒指、皮裙、皮袄之类，皆可入盘，另有钞袋、匙袋、油榻、粉扑之类。男仆赏赐手巾、扇子，女婢裹金银簪、鞋面布等。此外又有鸡、鹅、鱼、肉、枝、圆、桃、枣、四海味，共十二色，为堂上盒。又四熟盆，用双蹄、双鸡、双肚、双鱼、四干果，共八色，为房里盒。所来之礼，除堂盒酌收一二色外，其余全收。再有女使一名，专送针线匾者，名曰“绣筐”，外加发袋一对，头油两瓶，烟筒一管，须留饭，开发亦须从丰。晚间又有逊席之礼。逊席者，厅正中设桌椅坐位一席，厅在朝横，亦设一度，摆设香几、屏风，燃点安息香，以本家女眷之族长一人，与新娘当堂逊席，如做戏文一般。新娘亦须回逊，然后告坐，就于中位，与逊者左席相陪。两下一面上酒、上菜、上茶、上点之类，下面如演戏者，出堂扮演送子、男女加冠、魁星等戏。堂名亦出堂送子，有麒麟送子一座，吹打送入新房。女家当堂，有管家放赏，其封有送子、加冠、大戏、司乐、司厨、司茶、斟酒、值筵、托盘、参灶，并有司阍、司圊等名目。

再自见礼以过，公婆各族亲中之男女长辈，须送新娘上贺。公婆衣饰、金银不等。其余长辈，大约送银洋者居多，惟丰啬不等耳。新娘亦送落贺针线与公婆各长，及平辈小辈之人。针线之类，不过钞袋、匙袋，及各式绣袋而已。再一年之内，女家须送节礼，如元宵灯、端午景、冬至聚宝盆之类，新娘以之分送各亲友。其余之节，亦各有及时之物。

回郎

女家接回郎，先期备启致请，其帖文曰：“吉詹某日，敬备官舆，恭迎双玉。”亦须发帖请大冰各友亲，文日“小婿初临”，大约在三朝之次日。是日早辰，用帖三道，备舆往男家接请。如有轿陪嫁者，只须一乘与配可矣。是日，两新人仍如三朝穿着，辞拜公婆各长，乘轿而去，女前郎后，搀伴小轿随行。男女家各有管家到门，厅上下轿，新娘延入内室，新郎堂上，跪递上门拜帖。除岳家外，尤有各亲戚拜帖，依照新亲单开载姓名，称呼用新郎出名，一并书写投递毕，当厅饮糖果茶汤三道，然后坐茶点心。及中饭，均在中厅。新郎上坐，其余参家堂、参灶、参家庙、见礼、下人参堂、晚间逊席、上戏、送子放赏等，一切仪文，与三朝同。赏号均系男家自备，夜间送回，郎前女后。次日，新郎须至女家谢酒，往往留聚永日而回。再新娘隔日归宁父母，名曰“望静”。

馔房

亲友剧分馔房，杭城此风大盛。或一洋，或二洋，备办筵席，以及声色之技，东家皆不与闻。恭维新娘上坐，席间用闺女相陪，所需一切赏封，均系新房所出。另日，主人须照馔房场头之大小，一样回谢。

上门

男家接新亲及女家之亲戚上门，依照新亲单，用出名人出名，备具拜请帖，总送于女家。有仅本家人及连襟等来者，到门各与出名人相拜后，亦坐三道茶，新娘偕新郎出堂相见。当堂见礼毕，然后往新娘房中吃茶点心。如有场头，永日而回，否则当时辞谢。隔日自来者，名“偷上门”，一到即行告辞矣。[1]

[1]（清）范祖述：《杭俗遗风·婚姻类》，《西湖文献集成》第19册，王国平主编，杭州出版社2004年版。

清代杭州仍有火葬，并有抬头，但主流丧葬方式仍旧为土葬。有清一代，杭州厚葬之风颇盛，民间往往把丧事当作喜事来办，俗称“白喜”。丧葬习俗的一般程序仍与前代相同，只是程式更为繁缛。作为主流的土葬，主要有批书入殓、三朝接煞、七七追荐、百日周祥、首中二元、开吊举殡、除灵点主、作茔安葬。

据范祖述《杭俗遗风》记载，家人逝世后，请阴阳生选入殓时辰，通报各亲族至友。然后拆除死者房中床帐被褥，白绫盖尸，以瓦作枕，脚后摆磬一口，不时敲击。到街井河头取水，须烧银锭，“买水称衣”。取水回家后烧热，用茅香、藿香，以竹筛过于盆内，将尸浴后换殓衣，置尸棺材盖上，僧人旁念材经，称为小殓。等待入殓时间到了，山人烧太岁纸，孝子捧头，或捧脚，男女亲人，均跪于棺材前。棺材内底下，用桴炭草纸盖好，再用七星板压住，然后衾褥入殓，鼓吹升炮，亲友排列而送，名曰“大殓”。此一过程就是“批书入殓”。死后第三日，有接煞的仪规。请道士铺坛念经，于死者房内，设一灵位，以临终换下的所穿的衣服，铺放在椅上，供于临终床前。道士坐念《度人经》，孝眷伏地哀泣，送终之人，均须在座。此过程为“三朝接煞”。人死后，每七日须设祭，请释道诵经，“七七”只放焰口举行追荐。死后百日，须请僧侣做功德，称“百日周祥”。出殡前一日为开吊，先出启期，通知亲友。客人吊丧，孝子陪拜。开吊日通宵不眠，至五更，男女眷属及亲戚小辈均向灵前跪拜敬酒，天明出殡。出殡后，除灵点主，撤灵堂，焚化招幡、挽联。点主时，孝子匍匐，堂上堂下，开锣喝道，鼓吹升炮。题襄者退堂，孝子拜谢，然后供捧木主入家庙供奉。除灵点主后就是作茔安葬了，先将葬地开穴之上，搭鸡笼顶草厂一座。然后接搭明瓦厂一座，再搭会客及应用之厂。送葬之时，先须埋宝瓶，送金瓶，然后灵柩入穴。

清代杭州丧葬习俗的主要趋势：一是葬礼越来越趋于奢靡铺张；二是浮厝之风更盛。清康乾年间，史学家龚炜撰《巢林笔谈》续编，其中就有《埋尽西湖停棺》，反映了当年浮厝成风的情况：“西湖色色可人，惟厝棺山阳最可憎。己巳游湖，戏为湖山诸神作一奏除疏。明年大巡诏天下，湖上停棺葬埋净尽。拙文先为之兆也。”浮厝之风的盛行，一直到清末民初仍然有增无减。

但是到了清代后期，由于受西方文化的影响，传统的丧葬文化受到了一定的冲击，厚葬之风受到一定的遏制，并出现了新式葬礼。

第三节　岁时习俗与娱乐

随着清代杭州城市经济的恢复发展和繁荣，大众休闲娱乐相应地发展起来，岁时习俗也更加丰富多彩。城市经济和大众娱乐相互促进和影响，塑造着清代杭州城市的物质和精神生活。

一　岁时习俗

清代杭州的岁时节令大多沿袭前朝，在每个节日的具体活动形式上则有所嬗变，传统节日的内容更加丰富繁盛。据《杭俗遗风》，其中较有地方特色的节日风俗有：

> 太岁上山
>
> 立春前一日，杭府暨总捕、总理事、水利三厅；仁和、钱塘二县，着朝服，坐轿宪，全副执事，亲往庆春门外迎请勾芒之神。其神先期查取姓名年貌，或老或少，即将旧年神亭迎去，毁而新塑，彩画端整，仍供于亭。长约二尺许，头塑双髻，立而不坐。迎时，神亭之前有彩亭若干，供磁瓶于中，插富贵花及天下太平、五谷丰登等执事。大班鼓吹、台阁、地戏、秧歌等类，纸牛、活牛各一只，进城先往抚宪衙门报春，官即各回本署。神再行往各衙门毕，供于府大门外懊来桥。该处搭厂，挂灯结彩。是夜烧香者，通宵闹热。次日，立春前一时，由此动身上殿，名曰“太岁上山”。吴山有太岁庙，庙大殿中，供至德帝君，两旁列供六十花甲值年太岁。殿左边每年轮供本甲子太岁一位，殿右边即供勾芒之神为对。是时上山各对门，均行元宝炉。护送元宝炉者，以锡造元宝式大香炉一座，用四人抬。此外尚有高照灯牌、大班鼓吹堂名，以及拐灯等类，开锣喝道，音乐洋洋，每起以敬神牌为毕。若在夜间，灯球火把，更加热闹。沿途迎驾之人，各执线香，即置于元宝炉内，以故香烟燎绕，直透云霄，一起一起，鱼贯徐行。山上关帝庙前，设供行台茶会，又以年糕、黄豆夹煮，任人取食，名曰“元宝汤”，以取发财顺聚而已。经过门口，家家设祀，爆竹之声不绝。行春大典，天下通行，果有如吾杭之胜会者乎！

清代杭州立春迎春成定制。迎春之仪，俗称“太岁上山”。所谓太岁即勾芒之神。立春前一日，知府率僚属要到庆春门外先农坛迎请，迎请队伍庞大而热闹。

火神诞会

> 火神诞在六月念三，佑圣观中敬演神戏一月有余。此外各里各段，有当乡老或称道兄者为首纠分。日则祀神，用歌司打唱。夜则花调等书，通宵热闹，夜夜不绝。

六月二十三的火神诞会在清时非常流行，进入民国以来，则逐渐废弃。

中元接祖

> 杭城风俗，七月十二夜须接祖宗。家庙供设茶点，十三、十五、十七，均须作祭。供品有馄饨、石花二种。凡新丧家，在中元以前者，名曰“头中元”。灵前供设细点，或十二盘，或十六盘为一桌，多者数十桌，均亲戚所送。灵前摆列香案，结彩悬灯，均用白色，接陪丧，备酒饭，亲友均来吊奠。另室铺经坛，或僧或道拜忏念经。十三以前，街上只见送礼；十三以后，街上只见轿子。世情好者，甚至有百十家吊奠，此为万路斋开之一大阵场也。

中秋斗香

> 斗香系花神店所造，其式四方，上大下小，纱绢糊之，上缀月宫，楼台殿阁，走马灯景，四角挑灯，大者四围各宽二尺许。出售处，以琵琶街为最多。即正月灯市所售，亦在是处也。大街店铺，多有供者。人家摆设，须于天井中搭台，佐以各式灯景，亦有唱南词等书者，明月初上，极形热闹焉。

可见，清代杭城从中秋祭月的传统中衍化出“中秋斗香”风俗，非常具有地方特色，只是如今已经不再见到。

九皇斗坛

> 九月初一至初十日止，杭城人家，有大半吃九皇素。城里城外，山上山下，共计有斗坛三百余处，均系里中人纠分供设，其中铺设点缀，各极其胜。每晚拜忏，至四五更不等。初六、初七为朝天上表，遍发招贴，并招儿童过关，士女之来游者，络绎不绝，亦一大胜会也。山下宗阳宫、通天观、旌德观等处为最，山上金龙阁、准提阁、火德庙、宝奎坛，共有数十房头，所用桌围幡幔，以及所点蜡烛，均用黄色。

九月初一开始，杭州有“拜斗”之俗，是时设坛拜斗者，城里城外，至三百余处之多，规模不小。

霜降行兵

霜降节前一日，抚院四营兵丁，各归各伍，顶盔马甲，先马兵，后步兵，背上均插尖角小旗，一队一队，有领队、压队之官，如鸟枪、籐牌、抬炮、长矛等项，每起一队，先有行号一队，兵丁摆对而行，并无上前落后。兵过毕，然后抚标中军、参将、左右二营、守备、杭协、副将、城守二营、都司，先小后大，全副执事，迎官鼓吹。各备盔甲一副，置彩亭中，末然抚台亦然。武官各骑马，随同而行。至候潮门外罗木营安放，次日一早行进。

霜降行兵起于明初，清代继续流行，到民国时废除。

年市喧哗

将近年边，大街店面，均挂灯结彩，赶趁年市。其街上肩挑担负者，亦多于平日。即人家亦皆冗忙。予曾作《年终竹枝词》二十四首，兹录数首：“释学儿童笑语喧，手持香烛揖师尊。今朝跳出书斋外，惟愿天天日不昏。”（其一）“衙斋封印吏书忙，东赶西奔李与张。更有店家清账目，分头持票往街方。”（其二）“来往亲朋送礼勤，撞篮提盒为何因。分明鱼肉年糕橘，对易无非挑下人。”（其三）“俗例家家谢灶司，竹灯为轿纸糊之。煎糕炒豆糖兼果，惹得儿童得意时。”（其四）“到处开摊赶市儿，神旗五色镂工奇。更多口号花元宝，卖与人家取好词。”（其五）“欢喜团子命名嘉，善富花元买遍家。芥菜红丝颜色美，此中年景最喧哗。”（其六）“烝祭殊于礿禘尝，三牲福醴供中央。彩旗五色神前插，还有柸檀烧得香。”（其七）“孩儿押岁讨铜钱，快乐真如天上仙。爆竹买来檐下放，嘻嘻笑笑过新年。”（其八）……

再每逢冬至、新春元旦、小年朝之前一日晚上，须供隔年饭。饭上摆小红橘，中插柏枝，旁置年糕。又用淘米箩一个，盛米九分满，盖上锅焦，中插称杆一、大柏枝一，两旁插松茅丝并胡葱一对，锅焦之上，安放豆腐一方，并年糕、橘子、元宝、花糕之类，供于大厅神轴面前，名曰“聚宝盆”。又须揪隔年火，扫隔年地。隔年火者，用脚炉一个，下安欢喜炭团一枚，上盖炭火并灰，凡房中有人卧者，须各置一炉。隔年地，凡内外上下之地，须扫干净。

杭人犹有“踏冬菜”一事。在冬至节半月之前，买白菜数百觔，洗净晒干，用盐腌于大缸内，约需半月之久，即可食。腌菜之法：凡菜一层，铺盐一皮，须用人踏，故名“踏菜”。冬至开缸，先请神及灶司，然后切菜花炒肉片作享。再冬至头一日，须吃包头鱼。以上均杭人过年老例。[1]

[1]（清）范祖述：《杭俗遗风·时序类》，《西湖文献集成》第19册，王国平主编，杭州出版社2004年版。

清代杭州人过年是隆重而热闹的，除夕节俗至清代更加丰富。

此外，清时，杭州汉族士庶清明上坟时，还有上城墙看“鞑二奶奶”之习俗。杭人称呼旗营中的满人妇女为“鞑二奶奶”。因为旗人妇女装束与汉人不同，自然会引起杭州汉族人的好奇，然而平时因慑于满人的统治淫威，不敢注视。清明时候，旗人妇女也出来上坟，因而杭人就到城墙上看这些旗人妇女，评头论足一番。[2]

[2]徐杰舜主编，周耀明著：《明代·清代前期汉族风俗》，学林出版社2004年版，第367页。

二　民间娱乐

清代，随着社会生产力的发展和人们生活水平的提高，各种文体娱乐活动内容更加丰富，形式更为多样，清代杭州社会文体娱乐活动的丰富性和广泛性都远超明代。清代前期，杭州人们的娱乐生活基本传承传统方式，戏剧、歌舞、杂耍、竞技等，到清代后期，随着西方文化的输入，西式文体娱乐项目也随之传入，并逐渐为社会各界所接受，融入人们的日常生活，如看电影、话剧，跳西洋舞、玩扑克牌等，成为上层社会的主要娱乐休闲方式。

（一）民间歌舞

岁时节日与迎神赛会时，民间就要进行歌舞娱乐活动。这些民间歌舞大多与节令、信仰、社交等活动结合，往往借娱神为由，实收娱人之效。如春节、农闲“闹秧歌”，正月十五“耍龙灯”，各种庙会上的歌舞百戏等，都是人们娱乐消闲的主要方式。

清代杭州流行主要民间舞蹈品目有龙灯舞、秧歌、花鼓、高跷、大头和尚，等等。

清时杭州的风俗，正月十二日“灯市”开始，全杭州所有“龙灯”都要上吴山龙神庙“开光”。范祖述记曰：“灯节，城厢内外，所行龙灯，于十二日到庙，点睛参谒挂红，名曰‘龙灯开光’，斯为新年之一大阵场也。”[3]龙灯舞到正月十五日达到高潮。

[3]（清）范祖述：《杭俗遗风·时序类》，《西湖文献集成》第19册，王国平主编，杭州出版社2004年版。

秧歌也是清时杭州主要的民间舞蹈，由身上系着腰鼓的村妇们边敲边唱边跳。秧歌从清初开始广泛流传，多以舞队形式出现，几十甚至成百人的秧歌队在锣、鼓、唢呐等乐器伴奏下挥臂作舞。秧歌表演不仅模仿生产动作，还逐渐地向有人物和故事情节的方向发展，舞者装扮成日常生活、历史传说、戏曲故事中的各种人物，手持道具，演绎着人物个性和故事情节。当时的秧歌已颇具幽默风趣风格，广为流行。每当闹起秧歌，欢声鼎沸，万人空巷，热闹非凡。清梁护林的“细腰鼓里秧歌闹”，清周穆门

《武林踏灯词》里的“且看灯前村妇艳，插秧先试踏歌声”，都说出了当时杭州表演秧歌的盛况。

高跷是从南宋杭州元宵舞队中的“踏跷”延续而来，在清代时称“高跷”，常和秧歌结合表演。在庙会和灯会中多有它的身影。如一年一度的五月十六日羊市街旌德庙的“元帅会”，走在游行舞队前面的，除了“马夫抬阁”等外，便是由小孩扮演各式故事的高跷以及小高跷（指木棍比较短一些的）。清末民初，杭州最大的七月十二日的“朱天庙会”，游行舞队的前列便有踩高跷，全由小孩扮演《八仙飘海》、《断桥相会》、《桃园结义》等一出出戏曲故事。高跷是一种带有杂技性的独特的表演形式，舞者双足踏在钉有踏脚的木棍上。因为舞者是在高跷上表演，所以木棍越高，身体的重心就越难掌握，也就越能显示舞者技巧的高超。[1]

大头和尚常见于元宵舞队中，不仅在杭州流行，而且流行全国。清代杭州的元宵灯会上，大头和尚舞是以“大头和尚戏（逗）柳翠”的形态，表演《月明和尚度柳翠》的故事。一般为二人表演，一人扮和尚，头戴笑脸和尚假头，手拿拂尘或蒲扇；一人扮演柳翠，也戴大头面具，手执扇子或手帕，有掸尘、拜佛、搔面、抓耳及嬉逗、追逐、男驮女等舞蹈动作，风趣而夸张，正如清代杭州人黄模的《大头和尚》诗所描述的“即看春柳翠，行处月明多；笑着袈裟舞，轻将袅娜驮”。因其舞蹈轻松活泼、幽默诙谐，因而颇受杭人欢迎。

杭州清时的庙会和灯会的“舞队”表演中，还保存了为数众多、规模庞大的具有驱除邪恶、妖魔鬼怪“傩舞”性质的“面鬼”舞。清《武林新年杂咏》提到以“面鬼”命名的傩舞：“汉书曰象人，又曰假面，宋时通呼为面具，盖古者行傩所用周礼之黄金四目，即此物也。”“面鬼”的舞姿古朴、粗犷、威严，表达了人民战胜邪恶、过幸福生活的追求。[2]

[1] 周峰主编：《元明清名城杭州》，浙江人民出版社1997年版，第389—390页。

[2] 同上书，第391页。

（二）民间戏曲

自明代以来，各种城乡庙会、演戏活动就非常盛行，入清后，民间演戏更是兴盛。如萧山“土俗奢侈，每遇丰收率群会演戏”[3]。

清代是地方戏广为传播的时代，这一时期杭州不断涌现出像李渔、洪升、陈端生等这样的戏剧大作家，戏剧作品不断出现，出现了新的面貌。

当时以杭州为题材比较有影响的剧本有《占花魁》传奇和《雷峰塔》传奇，这两个剧本都是描写杭州市民的爱情故事，受到杭州人的欢迎和喜爱。此外，还有《意中缘》、《醉菩提》、《翠微亭》、《飞来剑》、《花蹇修》、《西湖扇》、《万花亭》、《情梦侠》、《琥珀匙》、《女昆仑》等大量剧本。清末以来，通俗小说不断地改编成京剧搬上舞台，以杭州为背景的京剧《涌金门》在当时独树一帜，还出现了新创剧目如《惠兴女士》、《碧血碑》等。[4]剧本的不断出现，使得民间演戏活动更为普遍。

另外，康熙、乾隆屡次南巡至浙江杭州，官府为了他们的到来，不断

[3] 民国《浙江续通志稿·风俗》，第48册，浙江修志局民国十三年（1924年）修。

[4] 应志良、赵小珍、应丹等著：《西湖戏曲》，杭州出版社2006年版，第91页。

编撰迎銮新曲，更是引领和促进了杭州当地的演戏之风。据《西湖蹋灯诗序》记载："尔者圣驾南巡，宫车前后从三竺还苏白二堤，皆笼灯树间，晃朗如昼，虽京师观礼迎仗，无以过此。"乾隆皇帝对戏曲有很深的爱好，为此，乾隆十六年（1751 年），乾隆皇帝第一次南巡至杭州。官府在圣因寺西面为其建造行宫，在西子湖边张灯结彩，在孤山行宫前搭建戏台，钱塘人厉鹗与吴城奉命合著《群仙祝寿》、《百灵效瑞》杂剧二种（合称《迎銮新曲二种》）演以迎驾。乾隆五十五年（1790 年）为庆祝乾隆皇帝八十寿辰，孤山行宫及府、县衙俱搭台唱戏，"一式高腔山辉大班，自初一至二十一，听军民纵观"。[1]

明清以来，除了宫廷有专门的戏台外，许多官僚富豪还建有私人戏台，江浙一带这种情况更多。民间则多设临时戏台，如江浙农村的"稻桶台"，演毕即拆；还有"楼船戏台"，即水上流动舞台，在杭嘉湖水乡一带甚为流行，艺人在楼船上表演，观众也在小船上或岸边观看。[2]清人徐扬所画的《杭州涌金门外演剧图》，画的是西湖水边搭建的一座古戏台上正进行宫廷戏演出，观众坐在舞台对面的湖中游船上观看演出的情形。此戏台，台口朝向湖面，朝向西湖船上的观众。另一幅《杭州西湖演剧图》展示的是西子湖畔一座古戏台居中而立，戏台下看戏的观众人头攒动的情形。

杭州历来多寺庙，各寺庙大多建有古戏台。清代杭州的庙宇戏台甚多，成为民间戏曲演出的场所，如吴山城隍庙、东岳庙都建有戏台，此外还有小散场庙台、佑圣观庙台、隆恩院庙台、留下镇天曹庙戏台、艮山门外麦庄庙戏台、建德乌龙庙戏台，以及淳安、萧山、富阳、临安等地的古庙台。这些戏台每年均有规模较大的群众性戏曲演出活动，尤以东岳庙最盛。吴山东岳庙戏台建于宋代，后毁，同治十一年（1872 年）重建，进庙宇大门即是戏台，坐东朝西，面对东岳大帝塑像。戏台高 6 米，台深 6 米，后台左右两面为副台厢房。台周三面装雕花矮木栏杆，间有镂雕小狮子。舞台前后四周为石柱，上有楹联。舞台背部板壁绘麒麟。舞台顶上中心有圆形的鸡笼顶装饰（藻井）。台下广场可容纳一两千观众。每逢三月二十八东岳大帝生日，日夜演戏。应邀到吴山庙台演出的有杭城内的徽班、京班、绍兴大班、昆班、宣卷，也有杭、嘉、湖的水路班子。演出剧目一般都是吉庆、酬神戏。康熙四十二年（1703 年），洪升好友孙仪凤于吴山东岳庙戏台演出《长生殿》，盛况空前。[3]杭州吴山城隍庙戏台于南宋绍兴九年（1139 年）建成，明成化十一年、万历四十五年先后重修，这个戏台就很有特色，面积为 6 × 7 平方米，左右各有副台，宽 3 米，台总高 6 米。台周设雕花栏杆，前置镂雕石狮 2 只，舞台屏风上画有麒麟，台顶为叠架斗拱形成的藻井，台下甬道及广场可容观众千余人。[4]

光绪二年（1876 年）由伶人集资改造旧房成立的黄门局，是杭州最早的营业性戏院。光绪二十年（1894 年），又有建于拱宸桥二马路的天仙

[1]《杭州市戏曲志》编辑室：《杭州市戏曲志》，浙江文艺出版社 1991 年版，第 6—7 页。

[2] 金普森、陈剩勇主编，叶建华著：《浙江通史·清代卷》（上册），浙江人民出版社 2005 年版，第 186 页。

[3] 应志良、赵小珍、应丹等著：《西湖戏曲》，杭州出版社 2006 年版，第 112 页。

[4] 金普森、陈剩勇主编，叶建华著：《浙江通史·清代卷》（上册），浙江人民出版社 2005 年版，第 186 页。

茶园。

清代杭州是民间职业戏班演出十分活跃的地区，戏曲艺人队伍壮大。据范祖述介绍，杭州戏班“有四大班，曰鸿福、恒盛、三元、四喜。行头脚色，均相仿佛”。“脚色每班通计约有百人。”[1]据范述祖《杭俗遗风》可以看出，在清代杭州流行的戏曲有：堂名、南词、滩簧、隔壁戏，晚清时又兴起髦儿戏、文明新戏及小热昏。看戏成了士农工商的主要休闲娱乐。

[1]（清）范祖述：《杭俗遗风·声色类》，《西湖文献集成》第19册，王国平主编，杭州出版社2004年版。

三 游乐与旅游

（一）四时赏幽

清时杭州专门用来观赏景物的游乐节目层出不穷，并且这些项目在不断地固定化、规模化。如西湖探梅、半山观桃、藕香看荷、湖山赏桂、茶坊菊景、江干观潮、吴山观雪，等等。范祖述在《杭俗遗风》中把这些都归于时序类，即是明证。举例如下：

西湖探梅

春正二月，梅花大放，城中士女，坐船游赏。其船有兰言舫、半湖春等各名目，长可四五丈，内有三舱，有玻璃屏坑，两边玻璃，和合窗槛，大红小呢门帘，其中铺设华丽，点缀精工，身入其境，直拟天上仙宫。船中更包酒菜，另有伙食船只，随旁而行，烹调之美，不可方物。此等船中，亦有吹弹歌唱者，亦有挟妓饮酒者。梅花之盛，莫过孤山、金沙港二处。孤山为宋处士林和靖先生隐居之所，其墓在也。有巢居阁一所，放鹤亭一座，白鹤一双，梅花三百六十株，回栏曲槛，高下栽植。道光间，福建林少穆先生，任杭嘉湖道事，大加修葺。故每逢花开，有本道衙门禁止攀折告示，每树悬牌一块。其上为西泠财神庙，有剧分作会祀神饮福者，亦复不少。金沙港正殿供关圣帝君，其后殿静室水阁等处，前后回廊天井，共栽有百十余株。其余虽有，不及二处之多。但西湖中最大之船，不过三四十号，其余之船，名“撑摇儿”，每船可容坐四五十人，此为搭船。自涌金门搭至圣因寺前，往回均钱五文。小划船容坐四五人，船价亦然。若乘舆骑马，出清波、凤山门，走苏堤，由南至北；出钱塘门，走白堤，由东至西，无不面面皆通。湖上馆店有五柳居，入南宋志书者，陆有闲福居、间乐居四处，肴馔酒果，珍馐咸备，惟醋沏音缕鱼一种，西湖独擅其长。吃茶，则庐舍庵，兼售西湖白莲藕粉。馒头则岳坟面馆，盐甜均美。其余各式摊场，无所不有。而圣因寺前，则更热闹。放风筝，则行宫门口。看碑帖，则岳王庙中。西湖尤有土产一样，名曰“刺菱儿”，童子以划船采取，剥而卖之，形同菱角，大如蚕豆，其味鲜美，此亦世所仅有之物也。

半山观桃

半山在艮山门外，水旱路皆十五里，至其地转湾，则两岸数里，均栽桃花，又名皋亭山。山顶有娘娘庙，姓倪氏，宋高宗时所封，专管人之疮疾。城中士女观桃者，由城中坐船，出水门，自断河头至水门，约数里之遥。下段河面开阔，有桥名万安、菜市、宝善、坝子等名，均有数十级之高。惟太平桥有三联桥洞，即船中竖桅，亦可通过。亦有玻璃窗大船。半山出产泥猫，大小塑像如生，凡至半山者，无不购泥猫而归，亦一时之胜会也。

湖山赏桂

涌金门外临湖，有钱王祠，名表忠观，系吴越王钱镠祠宇也。殿前后均栽古桂，此其一。又吴山大观台，在龙王堂对面，平基砌台，大不及亩。亭院已圮，有古桂十株，千百年物也。其地左江右湖，洵属大观。再上绝顶，则紫阳山、八卦石，下则丁仙阁，有飞来石、归云洞、寿星石、白莲池、宝成寺等处。以上数处，每逢桂盛，各有摊场摆设，名曰“赶市摊”。龙王堂亦有桂数株，过南为后山，有三茅观、天后宫、五猖庙、山陕会馆。再下则为大洞经阁，其静室曰小峨嵋，皆有桂。又有四面临窗之文昌阁，阁外栽桂三十余株。再西湖之南山，有烟霞、石屋二洞。过此里许，为满家弄，予坟亲沈明书家，门首有桂花台，大小数百余株，是其种植而图花息者也。每逢花开之时，彼即摆设茶摊，佐以现采栗子，供人赏玩。城中人有携酒肴而来者，有因扫墓之便而来者，亦一时之雅会也。烟霞洞如弄堂然，阔一丈余，其深不可测，人无有穷之者。

茶坊菊景

当九、十月之交，五色洋菊齐开，有花园匠扎缚各式大小盆景，出租与山上山下茶肆摆设，供人赏玩。新正张挂龙灯，及各样灯景，亦然。[1]

[1]（清）范祖述：《杭俗遗风·时序类》，《西湖文献集成》第19册，王国平主编，杭州出版社2004年版。

（二）女子蹴球、水秋千及魔术

蹴球，酷似我们今天的足球。南宋时蹴球游戏达到鼎盛，大型的蹴球游戏多在宫廷举行，而民间开展的蹴球游戏以二人场的“白打”居多。这种二人对打的蹴球游戏，其形式简便灵活，易为一般女子所接受，因此受到女子的青睐。元代，女子蹴球成为一种谋生的供人观赏的娱乐活动。晚年久居杭州的张可久，在他的散曲小令《满庭芳·春情》中就有“檐前小打，楼心蹴球”之句。常流寓杭州的杂剧、散曲作家汤式的《一枝花·赠钱塘镊者》中，也有“从今后毕罢了半窗夜月樗蒲戏，洗渲了两袖春风蹴鞠泥”的描述。

时至清代，这种对打式的蹴球游戏，仍一直在杭州的女子中间盛行。

明末清初的李渔就写下了“蹴鞠当场二月天，香风吹下两婵娟”的诗句。清代流行的一首《西湖竹枝词》：“西湖胜事在中秋，十二桥边看蹴球。箫鼓阑珊山月晓，何人水调唱歌头?”说的就是当时中秋节，市民到苏堤一带观看女子蹴球游戏的风俗。[1]

到了清代，西湖游船除了传统的“歌船”外，还增加了一种“耍艺船”，在湖上耍艺卖唱，其中著名的就是“秋千船”，表演杂技“水秋千”，为女子表演，借助船上秋千的回荡之势，做各种高难度的杂技动作，最后翻身跳入水中，非常惊心动魄。时人朱鹿田的一首诗，很好地道出了西湖“秋千女”的精彩表演：

秋千船立双绣旗，红衫女儿水面飞。
续命五丝留不得，妆梳散作余霞色。
中流箫鼓断续鸣，绿窗细语啼春莺。
清歌宛转尽一曲，风掠落花无限情。
须臾回波吹荡漾，性命孤悬辘轳上。
玉绳夭矫盘空中，唤出佳人倚栏望。
飘然而来花冥冥，忽然而去风泠泠。
衣香人影看不定，暗合节奏人难听。
扇底桃花换人面，一寸弓腰前后卷。
昆仑慢拈琵琶弦，偃师空习鱼龙战。
反手频弯却月腰，缠头锦带香飘飘。
贴地回环张静婉，当筵飞渡董娇娆。
白日欲没饮徒散，座上有人发长叹。
此生能得几回看，野鹤秋鸣怨夜半。[2]

在龙舟竞渡过程中，在大型的龙舟上也设置了“秋千架”，“秋千女”爬上秋千架，表演各种杂技动作。[3]范祖述在《杭俗遗风·时序类》里有具体的记载：

西湖有龙舟四五只，其船长约四五丈，头尾均高，彩画如龙形，中舱上下两层，首有龙头太子及秋千架，均有小孩装扮。太子立而不动，秋千上下推移，旁列十八般武艺，各式旗帜。门列各枪，中央高低五色彩伞，尾有蜈蚣旗。中舱下层，敲打锣鼓，旁坐水手划船。

此外，范祖述《杭俗遗风·声色类》中还记载了清代的一些戏法和魔术：

法有大套小套。大套地下变，小套桌上变，全靠伙计一人，在旁

[1] 杨子华著：《西湖游艺》，杭州出版社2007年版，第84—85页。

[2]（清）钱塘丁午辑：《湖船续录》，钱塘丁氏嘉惠堂清光绪九年（1883年）刊本。

[3] 杨子华著：《西湖游艺》，杭州出版社2007年版，第45—46、93—96页。

鬼打串，混人耳目。如喜事变出五六岁小孩子一个，手捧不倒翁一盘，倾满戏场，名曰“百子图”。如遇生日，孩子则捧桃一盘上寿。有变金鱼缸一只，水皆盛满。晚间能变灯景，皆点亮。有一大户，花厅中摆有大花瓶一个，先期被其取出，及至变去，人皆认识。彼将瓶故意打碎，名曰“岁岁平安”。人皆失色，彼又从容拾碎瓶藏好，曰：“吾再变他完全。”名曰“岁岁团圆”。转眼间，则见原瓶仍在，并插有玉堂富贵花。人皆奇其神术，而不知打碎者，预先觅下相类之一瓶也。故人家变戏法者，往往小吃大会钞也。

[1] 引自周峰主编《元明清名城杭州》，浙江人民出版社 1997 年版，第 228—237 页。

（三）旅游[1]

清时杭州旅游业较前代有了更大的发展，与前代相比较，呈现出以下特点：旅游景观景点不断增多，旅游区域继续扩大，形成了不少具有地方特色的旅游项目，杭州旅游线路已经形成并定型化；旅游者人数增多；旅游经济与旅游读物进一步繁荣。

1. 旅游线路的定型及扩展

明代以来，杭州西湖的治理开发得到重视，自代宗景泰七年（1456 年）尚书孙原贞建议修筑西湖二闸始，历代治湖言论与实绩不断。至武宗正德三年（1508 年）郡守杨孟瑛主持西湖的大规模整治，西湖的景观景点更为增多，游览区域更为扩展。据田汝成《西湖游览志》记述，元明时期杭州已形成了以西湖为中心、旁及杭州城郊的旅游网络，旅游的具体线路为五条：（1）孤山路（含今之白堤、孤山与湖心及苏堤），共有游览景点约 15 处；（2）南山路（从涌金门往南至龙井、虎跑、凤凰山等处）有景点约 150 处；（3）北山路（从涌金门往北至葛岭、岳庙、灵隐、天竺，含西溪留下）有景点约 200 处；（4）吴山路（含瑞石山等处）有景点约 50 处；（5）浙江路（今之江干一带）有景点约 15 处。杭州游览（旅游）线路及主要景区、景观、景点至此已大定，及后至清末 350 余年间没有较大的变化。[2]

[2] 周峰主编：《元明清名城杭州》，浙江人民出版社 1997 年版，第 229—230 页。

到了清代，由于康熙、乾隆的多次南巡到杭，西湖的面貌更是有了较大的改观，并由于皇帝的多次亲临而声名远扬。当时的西湖经过了多次疏浚整治，湖中有四堤六桥，环湖周围祠宇相望，与西湖山水交相辉映。康熙帝亲笔题写了“西湖十景”，为苏堤春晓、双峰插云、柳浪闻莺、花港观鱼、曲院风荷、平湖秋月、南屏晓钟、三潭印月、雷峰夕照、断桥残雪。乾隆帝则又对“西湖十景”一一题诗勒于石，并分别为十景题诗。雍正年间，浙江总督李卫主持大规模治湖，缮修胜迹，又增“清代西湖十八景”，并载入由李卫主纂的《西湖志》中，这十八景分别是：湖山春社、功德崇坊、玉带晴虹、海霞西爽、梅林归鹤、鱼沼秋蓉、莲池松舍、宝石凤亭、亭湾骑射、蕉石鸣琴、玉泉鱼跃、凤岭松涛、湖心平眺、吴山大观、天竺香市、云栖梵径、韬光观海、西溪探梅。这些新增的景目表明杭州旅游景区仍在不断拓展，已由西湖四周进一步扩大至天竺、云栖、西溪及其附近一带。据乾隆年间杭州人翟灏兄弟所著《湖山便览》一书记载，当时杭州西湖的旅游景点已达 1016 处，比明代嘉靖年间钱塘人田汝成《西湖游览志》中的记载，多了一倍多。[1]

2. 种类繁多的湖船

乘湖船游赏西湖一直是杭州的传统项目，到清时更是繁盛。清代钱塘人厉鹗《湖船录》说："西湖风漪三十里，环以翠岚，策勋于游事者，唯船为多。"

清时的游船种类繁多。据清人厉鹗《湖船录》载，唐宋以来西湖船的名称共有 90 种，其中元、明、清代前期较著名的就有：明玉、戗金、鹿头、总宜、胜金羁、总胜、赏心、水月楼、采芳艇、烟水浮居、诗篷、烟波钓筏、雪月槎、天上行舟、霞水仙舲、会心特舫、听止、柃船、随月航、凌波舰等 70 来种。按湖船的大小形制分，则有楼船、头船（大者）、瓜皮（小者）、浮家泛宅、浮梅槛、读书舫、少年船、莲叶舟、不系园、随喜庵、水团瓢、临花舫等。到了晚清，钱塘人丁午所著的《湖船续录》中，又增加湖船名 80 来个，如南巡御舟、花园船、灯船、白舫、贯虹、闹红一舸、踢船、卖花船、鹤舫、五湖浪迹、州里行庵、明窗艇子、恰受航、寓舫、花萼浮楼、莼香归棹、青雀舫、烟波画船、萍席、方舟、卖鱼船子、秋千船、自度航、泊宅、亦园、镜中缘、烟水浮家、十丈莲、小浮梅俞、小蓬莱等。这些西湖船，多数为居住杭州的文人墨客、退职官员所自制并题名。如清代著名诗人查伊璜自制的"方舟"，形制及功用也很别致有趣，据《东山外纪》云："查伊璜素蓄方舟数节，便舁入湖中，以中节坐客，客多更益数节，镶之如一舟，加前后二节为首尾，布帆油帷，数童桨之，遍历诸胜。又两小舟长四五尺，一载书及笔札，一置茶铛酒果，并挂船傍，左右前却如意。客去复散此舟，舁归藏之。"[2]

3. 西湖旅游读物

清代杭州，随着旅游的发展需要，在前代基础上继续出现了不少导游读物。其中首推乾隆年间杭州人翟灏、翟瀚兄弟合著的《湖山便览》一书。《湖山便览》共分 12 卷，首卷总叙，2—3 卷叙孤山路，4—6 卷叙北山路，7—10 卷叙南山路，11 卷叙江干路，12 卷叙吴山路，叙述清晰，删繁就简，更好地起到导游手册的作用，因此该书直至清末光绪年间仍有复刻本传世。如果说明朝田汝成的《西湖游览志》还受到一些传统地方志的影响的话，那翟氏兄弟之作已完全摆脱了志书的影响，是为旅游者的需要而编撰的一种通俗读物。该书把杭城旅游线路分叙为五，先后串述各线上之风景与名胜，去掉了与之关系不大的城内的官廨、坊巷及其他杂说，更切合旅游实际。[3]

《西湖志》和《西湖志纂》这两部书也值得一提。《西湖志》是雍正年间由浙江总督李卫主持修纂的。此书在田汝成《西湖游览志》的基础

[1] 周峰主编：《元明清名城杭州》，浙江人民出版社 1997 年版，第 230—231 页。

[2] 同上书，第 231—232 页。

[3] 同上书，第 237 页。

上，重新增删材料，搜罗文献，历时五年，于雍正十三年修纂而成。全书共48卷，附有大量插图，分水利、名胜、山水、堤塘、桥梁、寺观、祠宇、古迹、方外、特产、冢墓、撰述、书画、艺文、诗话、志余、外纪等20门，其中山水、堤塘、桥梁、寺观、祠宇之属，还特别分为孤山、南山、北山、吴山、西溪五路，极大地方便了读者阅览。《西湖志纂》是在《西湖志》的基础上，由清朝礼部尚书大学者沈德潜、吏部尚书大书法家梁诗正、武英殿编修官傅王露主持合纂的，这是专供乾隆游历西湖阅览的贡书，首名胜各图，次西湖水利，次孤山、南山、北山、吴山、西溪诸胜迹，而终以艺文。此书堪称清代最完整的西湖旅游指南。

第七章　民国时期杭州社会生活

1911 年 11 月 5 日，资产阶级革命党人在杭州举义，一举推翻了清王朝在浙江的统治。以辛亥革命为契机，古老的杭州迈出了新的步伐，开始踏上近代化的历程，尤其是 1927 年杭州建市之后，市政建设和经济文化都有较快的发展，整个城市的面貌随之而起了变化。

辛亥革命后杭州的一个重大变革是社会文明新秩序的建设。辛亥革命后成立的浙江军政府把严禁鸦片、厉行剪辫作为最重要的社会改革措施，还严禁缠足和赌博。浙江军政府的这些政令，触动了封建陈规陋习，荡涤了旧社会的污泥浊水，使光复后的杭州社会风气为之一变。

在这样一个时代背景下，杭州的社会生活发生着一系列的变化：从衣冠服饰上来说，剪辫成为趋势，西服、中山装、体现女性曲线美的旗袍风行；饮食流派主要分成了“湖上帮”、“城里帮”两种流派，素食之风盛行；居住建筑上出现了洋楼、石库门，建筑风格中西合璧；交通道路经历了土路、碎砖路、碎石路到柏油路的变迁，市内公共交通工具从传统的轿子、马匹到人力车、脚踏车、汽车等新式交通工具，交通工具不断进化；婚丧方面，呈现新旧杂糅，中西合璧的局面，文明婚礼出现，传统婚礼受到前所未有的冲击，传统的丧葬礼俗虽然仍占主导地位，但已呈衰颓之势，西式丧葬礼开始出现；信仰方面，佛教、道教、天主教、基督教、伊斯兰教各有发展，仍以僧道范围为最大，此外，香市与庙会继续流行；民国时期杭州将自己的城市发展定位为旅游城市，各式休闲与娱乐方式日益增加。

第一节　日常消费生活

辛亥革命后，在革故鼎新的潮流中，封建旧俗受到一定程度的冲击，大量的新风尚、新礼仪纷纷出现。但是，由于社会的兴革及事物的新陈代谢是一个复杂的扬弃和汲取的过程，传承性十分浓烈的一些陈规陋习仍在延续，也是事实。

一 衣冠服饰

（一）剪辫风潮

辫发、缠足、八股文并称中国传统社会的三大陋习。在清代，此三者曾为西方国家视为野蛮和落后的标志。

剪辫运动首先在留日学生中开始。留日学生归国后，又将此种风气传播到了国内。1903 年时，杭城青年学生剪辫者已不乏其人，当时官方并不严禁，这表明清政府统治力的衰弱。但剪辫毕竟为不合法行为，故遇有科举考试，应试者仍需带上假发辫。

1911 年 1 月 15 日，上海各界在张园举行了规模空前的剪辫大会。消息传至杭城，杭州市民纷纷效仿。剪辫成为杭城一道新的景观。当时，市民们认为“不剪辫子不算革命，也不算时髦”[1]。政府倡导于上，民间行动于下，杭州的剪辫运动狂飙突进，尽管其间抵制的现象时有发生，但在政府和社会各界的共同努力下，辫子习俗终于被革除。

辫子革除之后，各种发型逐渐流行起来，讲究发式发型的理发店应运而生，迅速取代了传统的剃头店。城镇男子初为光头，继为平顶、圆顶，后通行三七分西发。乡村男子多为光头，男孩多“瓦爿头”。有人还在报纸上呼吁设立女子理发店：“男子剪辫子后已有理发店，女子反无整容之所，诚为女界之一大缺点。况现行时代新髻及背面斜鬓松辫等妆非倩人代梳不可。故宜速于各省通都闹市之中开设女子理发店。”[2]此后，男女理发便在杭城兴起。

[1] 中共杭州市委党史研究室编：《杭州人民革命史》，杭州出版社 1997 年版，第 33 页。

[2] 《女子理发店》，《申报》1912 年 3 月 11 日。

（二）西服、中山装与旗袍

民初的剪辫是一个政治问题，却意外地促进了服饰的改革。诚如孙中山所指明的：“去辫之后，亟于易服，又急切不能得一适当服式以需应之，于是争购呢绒，竞从西制，致使外货畅销，内货阻滞。”[3]

[3] 《孙中山全集》第 2 卷，中华书局 1982 年版，第 61—62 页。

清末，无论男女老幼，衣色以青、蓝、黑为主。衣料贫富殊异，富人多用绸、缎、绢、纱、皮，贫者多用土布。从衣式看，男性不论长衫短袄，内衬外罩，一般都是大襟。富者以长衫为礼服，出门作客，外加马褂，以示庄重；劳动者除夏季外，多着短袄，长裤。女性为大襟喇叭式，齐膝短衫和长裤。男女裤子均无门襟。

自辛亥革命后，服饰的形制为之一变，出现了百花齐放的自由局面。西服首次得了官方的认可，并被定为礼服。尽管在辛亥之前，杭州穿西服的人已不是凤毛麟角，衣饰崇洋风气在留学生、官员、知识分子中逐渐形成，但在那个时候，满街都是长袍马褂，更多的人把西服视为假洋鬼子的表征。辛亥之后，这种情况发生了根本性的变化，西式服装已被杭人广泛接受。当时，奉帮裁缝制作的西服饮誉杭城。他们靠工艺精湛著称，又以“罗派”为主，即俄国式西服，讲究“做出乃胸、肩头平服，束腰得体”，具有壮美之外感，与日式、欧美式的西服讲究潇洒和针脚细密等工艺稍有不同。[1]旗下（今杭州人民大会堂附近）有一家“皇家服装店”，是当时杭城唯一的奉帮店，店主何荣庭手艺高，名气大，工效高，收费较一般店高出5—10倍，但仍门庭若市。高级政府官员、富绅，如当时的省长黄绍竑等都曾到“皇家”做过西服。

[1]徐清祥：《杭州往事谈》，新华出版社1994年版，第12页。

穿西服风气导致洋货呢绒供不应求，而国货丝绸却大量滞销。针对这种情况，上海、杭州等城市有一些人发起组织“剪发不易服会”，倡导使用国货。由孙中山创制的中山装就是这个时候开始流行的。中山装是孙中山为促进服饰的改革，经过多年观察比较，结合中西装的优点而创制出的融合中西服装文化的服装。与传统服装不同，中山装保留了西服贴身、精干的风格，但又融入了中国格调，强调对称、凝重，且价格明显低于西服，因此比西服更合乎中国人的口味。到20世纪20年代末，国民政府修订的《民国服制条例》，便把中山装确定为礼服之一。[2]此后数十年，中山装逐渐成为杭城男子普遍喜爱的时装。

[2]王心喜：《中山装由来考》，《知识窗》1999年第4期。

紧接着是旗袍的风行。旗袍源自满清妇女服装。为适应现代女性的审美心理，一种尽量达到显示女性的体态曲线美效果的新式旗袍诞生了。它是利用传统服饰，融合中西美学标准的成功尝试，也是大众审美风尚中现代性因素的展现。20世纪20年代后期，旗袍几乎成了杭州新女性的标准服装，连女学生都广泛接受了它。中小女学生不宜穿锦着缎，所以流行的是青布旗袍，少女的纯洁美跃然于眼。

二　饮食风尚

从清末至民国的一百多年中，正宗杭菜由于烹饪风格和服务对象的不同，分成“湖上帮”、“城里帮”两种流派。

“湖上帮”重烹饪原料的鲜、活、嫩，以鱼、虾、时令蔬菜为主，讲究刀工，口味清鲜，突出本味。代表名菜有：西湖醋鱼、清炖甲鱼、春笋步鱼、生炒鳝片、莼菜汤、满台跳（醉虾）等。“城里帮”用料以肉类、蔬菜为主，菜肴粗中有细，注重鲜咸合一，经济实惠，以鱼头豆腐、咸件儿、咸肉春笋、豆豉鱼、荷叶粉蒸肉等为其代表名菜。

除此，在杭城还出现京帮派菜馆，烹制京帮菜。他们擅长于爆、扒、溜、重视吊汤，注意菜之造型。代表菜有：爆鳝片、溜松花、清扒鱼翅等。这对杭菜的发展也起到重要作用。

杭州多寺院，素食影响民间。民国时期，杭城素食菜馆除天竺、灵隐、虎跑、净慈、六和塔各寺院办有斋堂外，市区地道素食菜馆有功德林、素春斋、素香斋、素馨斋四家，它们集寺院、宫廷、民间素肴于一厨，素料荤做，以荤托素，味可乱真。功德林为标准素食处。1928 年 7 月 13 日，鲁迅来杭曾应友人邀请，在功德林晚餐，连平时反对素菜荤名的鲁迅，面对一些素菜也大感兴趣，尤对“清炖笋干尖”一菜，大为赞赏。

杭州的美景和美丽传说对许多游人都是个诱惑，杭州的小吃和山水人文一样小巧而秀气，和江南人一样细腻而清淡。民国时期杭州著名的小吃有：虾爆鳝面、片儿川面、猫耳朵、南方迷宗大包、吴山酥油饼、葱包桧儿、西湖藕粉等。

三 居住与建筑

辛亥革命结束了封建王朝的统治，新文化思想运动深入发展，势必影响到住宅建筑。

清末民初，杭州的建筑处于承上启下，中西交汇，新旧接替的过渡时期，旧建筑体系是原有传统建筑体系的延续，新建筑体系包括从西方引进的和杭州自身发展演变出来的新型建筑。它们互相影响，互相补充，互相融合，形成了较多中西合璧、风格独特的近代建筑群落，在杭州近代化进程中，在中西文化交流中扮演了一个非常重要的角色。[1]

[1] 陈洁行著：《钱塘旧梦》，上海文化出版社 2003 年版，第 186—189 页。

（一）瓦房

杭城住宅多为砖木结构的平房或双层楼房，富贵人家是石基高墙、石库台门，内设天井厢房的深宅大院；商业住宅临街，多为双层楼房，排门店面，有的后门傍河。农村住宅多为砖木二层楼或平房，间有少数草舍；山区大多用山泥、黄沙、石灰“三合土”打墙的木结构平房或楼房，常见的为三间二弄或五间二弄的楼屋，个别富裕人家是四檐齐的走马楼。

杭州民间盖瓦房，房项上的瓦的行数，喜用单数，忌用双数。据说木工始祖鲁班，乳名“双”，为避讳，盖瓦也不能成“双”。

（二）洋楼与石库门

洋楼，顾名思义就是指那些具有西洋建筑风俗的独院式住宅。20 世纪初，杭州城也盖起了洋楼。二三十年代，近百座洋楼沿湖而筑。从前西湖边只有中式的亭子，而至民国年间，也有了西洋式的亭子。

就杭州而言，洋楼无论是平面与开间、结构与层高、立面处理、室内楼梯，还是门窗、室内装饰与地坪以及建筑设备，都与杭州传统建筑风格有着显著的差异。教堂、洋行和高级住宅多为这种西式建筑。位于西湖边的抱青别墅便是代表之一。20 世纪 20 年代，上海沙逊洋行华人买办刑鼎丞发财致富后，在杭州建抱青别墅。它属于欧洲巴洛克建筑式样。位于大学路场官弄的“郁达夫故居”，是30年代郁达夫为逃避国民党当局迫害，来杭隐居而建的一座中式花园别墅，取名为“风雨茅庐”。这座由郁达夫自己设计的“风雨茅庐”虽是中式，但已不是“世袭”的形式了。而位于北山路葛岭山麓临湖的“秋水山庄”，则是1934年著名报人史量才为其夫人沈秋水建造的一座中西式别墅，仿照《红楼梦》中的“怡红院”，又吸收了当时流行的西洋手法，建起了这幢有小溪、长廊、假山的别墅。在房屋建筑上局部采用了西式结构。

洋房是华丽气派的，但作为权势、财富和地位的象征，能够拥有的人不可能很多，对于广大市民而言，那终究是可望而不可即的东西。于是，一种既符合占地经济、设计合理、结构坚固、外观整然有序的原则，又兼顾房屋买主、租户的消费能力的都市民居建筑——石库门便应运而生。

石库门房子，因房前均有石框黑门而得名。最典型的为三开间二层楼房，俗称“三上三下”。黑漆大门内是一小院，称“天井”，正中间底楼是一间客堂间，左右两间厢房，后设有楼梯可通二楼。楼后有一间低矮的灶披间，灶间上层是一小间，即亭子间，亭子间顶是晒台。石库门在20世纪初流行于上海，不久就风靡杭城。

早期洋楼和石库门，代表了民国杭州民居建筑的两大类别。洋楼的主人是杭城的新权势阶层，包括某些传教士、富豪及洋行里的高级职员。石库门房客则是小康之家，相当于中产阶段的市民群体。

四　行旅交通

晚清民国杭州道路经历了土路、碎砖路、碎石路到柏油路的变迁。与这个变迁历程相适应，杭城的公共交通工具也经历了从轿车到骡马车、人力车再到汽车的急剧的新陈代谢。每一次变革，都源于杭州都市化进程的内在需要；而每一次变革的完成又都推进了杭州的都市化进程，这包括工商业的发展与繁荣，乃至现代都市生活方式的形成。

民国时期杭州的市内公共交通工具主要有轿子、马匹、人力车、脚踏车、汽车等，随着城市的发展，各类交通工具历经盛衰消长，市内公共交通工具不断更新进化。

清末民初，杭州市内的公共交通工具主要是轿子和马匹。

轿是古代重要的交通工具，历史悠久。轿有官轿与民轿之分，前者华丽富贵，后者简便实惠。杭州官轿始于南宋高宗时期，朝臣上朝、出巡时可坐轿，驿站也配有官轿。民轿盛行于清末和民初，有花轿、乌壳轿、凉轿、兜子轿、三斗轿等。

民国以后，随着市区道路建设的日臻完善，火车、汽车、汽轮等新式交通工具的兴起，“旧式肩舆（轿子），仅供春秋二季游客香客乘之”。1915年，杭州菜市桥、慈云两处有轿埠，配有小轿10余座。至1932年，全市较大的轿行仅存26家，较大的有灵隐埠、茅家埠、利泰埠、熙春埠、聚英埠、东方埠、大通埠、瀛洲埠、鸿升埠等，总轿数为209乘，总资本5460元，当年营业额22500元。[1]轿夫均系临时雇用，平时大多兼拉人力车。游览名胜时，大约每夫每日连轿租需一元四角。抗战时轿业凋零。至1948年轿业复兴，有轿行21家。1953年轿行自行歇业。[2]当时，达官贵人游览湖光山色，乃至娼妓出堂，都视以轿代步为气派。

民初杭州还有一些北方人以养马出租为业，供官绅富豪子弟沿湖游览乘骑。

古代，驿站是主要的交通工具，谓之乘驿。杭州在南宋时有马递和急脚递设置，为传递军报所用，有金字急脚递，则专递御前文字。元代称驿站为"站赤"，杭州境内置有马站9个，共配马696匹。民间也开始养马。清代杭州在吴山驿、浙江驿配马30匹，马夫14名。至1914年，杭州有30名北方人，以养马营生，有马24匹，在今湖滨一带兜揽业务，供游客乘骑。出租的马以钟点计算，每小时租银4角，每日租价3元至4元不等，市政府于1947年明令禁止。[3]

人力车由日本人礁加于1870年发明后，在19世纪80年代末90年代初出现在杭州街头，被称为"东洋车"。由于它具有速度相对较快、效率高、价格低的优点，进入杭州后发展较快，成为旧式交通工具轿子的有力竞争力量，并且在20世纪20年代初汽车进入杭州后仍然以较快的速度增长。

人力车价格便宜、便捷惬意，尤其适合独自乘坐，往往是本地人上下班、外地人游西湖的首选交通工具。据载，1928年乘坐人力车从湖滨至岳坟只需2角，至灵隐为4角，至天竺为5角，若以时计价则为每小时2角。[4]可以说，人力车在很大程度上弥补了公共汽车的不足。例如，小街小巷，或者人生地疏，你只要告诉他一个地名，就会给你载到目的地，所以杭州的人力车自有他们的天下。

民国初年，杭州有人力车50辆，1916年增至519辆，已是主要的交通工具；1920年达到1124辆，1924年已经突破两千辆，达到2183辆。[5]杭州正式建市初期，有营业人力车3080辆，[6]1932年全市已有营业人力车3492辆，另有自用人力车1362辆，车夫达8800余人。[7]当时，在乌龙巷还组有人力车业职工俱乐部，下设总务、教育、救济、娱乐、体育5股，专门办理有关人力车职工娱乐及福利事宜。为加强对日益增多的人力车的管理，规范人力车营运，市政府制定了《杭州市人力车管理规则》，规定"车辆须经工务局审查、检验合格证及牌号方可营业……营业人力车之牌号须钉附左侧叶子板上"[8]。并对人力车行业进行了整顿。

1929年西湖博览会期间，因车辆不敷供应，由各车行特制新颖美观的人力车100辆，专在会场使用，博览会闭会后继续在市内营运。1937年

[1] 建设委员会调查浙江经济所编：《杭州市经济调查》（上），1932年印本，第180页。

[2] 任振泰主编：《杭州市志》第5卷，中华书局1997年版，第303页。

[3] 同上书，第303页。

[4] 陆费执、舒新城：《杭州西湖游览指南》，中华书局1929年版，第171页。

[5] 建设委员会调查浙江经济所编：《杭州市经济调查》（上），1932年印本，第170页。

[6] 《杭州市政府十周年纪念特刊》，载杭州市档案馆编《民国时期杭州市政府档案史料汇编》，1990年印本，第92页。

[7] 建设委员会调查浙江经济所编：《杭州市经济调查》（上），1932年印本，第170、177页。

[8] 张光剑：《杭州市指南》，杭州市指南编辑社1935年印本，第57页。

因丝绸业衰落，失业工人增多，又开放人力车320辆。[1]同时，政府当局鉴于人力车行操纵营业，车夫备受压迫的状况，订立《自拉营业人力车办法》，开放自拉车480辆。至抗战前夕，杭州有营业人力车4305辆，另有自用人力车约1500辆。[2]虽然此时汽车已大量出现于杭城街头，但人力车仍是杭城重要的交通工具。国民党浙江省政府议决，杭州的营业人力车在1941年前以4500辆为限，不再开放，并决定余额200辆悉数充作自拉车。新中国成立后，人力车于1956年绝迹。

1943年春，杭州开始有了三轮车，这是南洋三轮车股份有限公司，从上海引来三轮车十多辆，在湖滨大戏院旧址开张营业。后来又有嘉兴人在吴山路7号开设杭州三轮车股份有限公司，备车20辆。其时车辆采用齿轮差速器，踏时很费劲。这一年秋，日本人在开元路设西湖三轮车株式会社，投放新颖三轮车20辆，时称“抛江车”，经营租赁业务，生意很好，南洋、杭州两家被挤垮。抗战胜利后，有三轮车行18家，最大的是友联公司，有车110辆，占市区营业车的69.7%。1948年市区有车371辆，1949年有车939辆。[3]

自行车大约在清代光绪年间传入杭州。当时为富豪之家的奢侈品，后逐步成为营业性出租和自备的代步交通工具。民国时多称脚踏车，已是杭州重要的交通工具。

自行车出租，最早见于光绪年间的云飞车行。民国初期有同昌、华发等车行。车租以新旧论价，新车每小时2角，半新1角5分，旧车1角，日租金1元5角（大洋）。至1928年，经杭州市工务部门登记发照的自用自行车约有2000辆，营业自行车600辆。[4]20世纪30年代初，自行车“占全市各种车辆之最多数”，全市自用自行车已有3748辆，另有自行车行72个，自行车450辆。但当时只能通行于市区。1936年各省实行互通车辆以后，省建设厅订定规章，由建设厅为主管机关，申请登记，具领牌照，可以在省内公私道路及订有互通汽车协定的外省公私道路互通行驶，因此自行车的数量激增，1937年上半年，自用和营业自行车已达11000余辆，出租车行136家。日伪时曾停业。抗战胜利后，有36家复业。解放前夕，有自行车9632辆，其中出租车1096辆。解放后，随着人民生活水平普遍提高，购车代步千家万户，出租车相继消失。直到改革开放，旅游业发展，自行车出租业又开始出现，在风景点、宾馆等设出租点。

20世纪初，近代交通工具汽车开始出现在北京、上海、武汉等重要城市。杭州出现汽车则较晚，1919年杭州广济医院院长梅藤购进一辆汽车，这是杭州也是浙江有汽车的开始。1922年冬，杭州开始出现了大众化的代步工具——公共汽车，最早的经营者为宝华汽车行和永华汽车行，1922年曾在上海英商电车公司任稽查工作的潘宝泉认为杭州这样的省会城市，又有众多著名的风景旅游点，具有发展城市交通的有利条件，于是邀集股东集资成立宝华汽车行，举办市内公共汽车。同时，杭州大世界游

[1] 任振泰主编：《杭州市志》第5卷，中华书局1997年版，第303页。

[2]《杭州市政府十周年纪念特刊》，载杭州市档案馆编《民国时期杭州市政府档案史料汇编》，1990年印本，第93、98页。

[3] 任振泰主编：《杭州市志》第5卷，中华书局1997年版，第304页。

[4] 同上书，第306页。

乐场经理陆宝泉也合伙组织永华汽车行，这些公共汽车同在湖滨与灵隐间往返行驶。这是杭州有公共汽车之始，但一些守旧派以行驶洋汽车有损西湖古朴风光为由责难这一新生事物，人力车夫也因行驶汽车影响生意而反对。两家汽车行为反对外来压力，增强经营能力，协议合并组织永华汽车公司，陆宝泉任经理，潘宝泉任事务主任。公司主要经营公共汽车，兼营出租小客车业务，有可乘10余人的客车1辆，另有小客车7辆，兼营出租业务。还专利经营湖滨至拱宸桥小客车出包业务，每辆次收费5元，此为杭州最早的客运出租汽车。1923年又陆续增添较大型客车6辆，并在洪春桥设有简易修车场。

杭州建市后，市区道路次第拓宽，环湖及市区大街均有公共汽车开行。又有汇通公司经营清泰街至昭庆寺的公共汽车，因营业清淡不久停歇。

1929年西湖博览会开幕后，参观者云集，公共汽车发挥了很大作用，也刺激了经营者的积极性。于是汽车行如雨后春笋般开设起来，专营出租小包车，同时又有货运汽车行的设立，营业渐行发达。会后不久，永华汽车公司出资灌浇了新市场至灵隐的柏油马路，并延长线路，在迎紫路、青年路口添设站亭。西湖博览会后，出租汽车行业迎来了生机。

公共汽车可称作杭州的大动脉。到1931年杭州有之江、永华、宝华、西湖、海丰、黑猫、三友、龙飞等汽车行13家，汽车141辆。[1]1932年，永华公司出资修筑新市场至灵隐的柏油马路，国民政府实业部准予专利20年，以资鼓励。1934年省公路局在客运经营中，设立湖滨营业所，兼营小客车出租和浏览包车业务，开辟杭州至海宁、天目山、黄山、严子陵钓鱼台等长途出租旅游客运路线。到抗战爆发前夕，杭州有汽车行24家，营业车辆87辆，运货汽车39辆，自用汽车307辆。[2]汽车已经成为杭州市最重要的交通工具。

与此同时，公交线路也日益扩展。到1931年，公交线路发展到7条，总行驶里程达73.5公里，共有营业汽车58辆。[3]其中专辟从湖滨至六和塔的第四路为景区环线，“该线利用杭富线公路，自湖滨分站向南驶，经湖滨路、涌金路、南城脚下、南山路，过清波桥，至长桥折西，经净慈寺前、赤山埠、四眼井、虎跑，越岭经，至六和塔下江边，中间有涌金门、清波门、净慈寺、赤山埠、四眼井、虎跑、金童桥7站，并在长桥、小天竺临时停车”。

另外，商办永华汽车公司也在湖区开辟专供游览的路线。从湖滨起，止于迎紫路，共设9站，每站均可自由上下车，游览附近名胜。该公司后又开西湖大礼堂电影院专车，自湖滨直达大礼堂，“开车时刻，依照每班电影开映时刻提早一小时”。杭州营业汽车行自西湖博览会后逐渐兴起，至1937年已有24家之多，营业汽车87辆，自备汽车达307辆。[4]除永华外，较大的还有三友汽车行、大亚汽车行、之江汽车行、中央汽车行、西

[1] 建设委员会调查浙江经济所编：《杭州市经济调查》（上），1932年印本，第165页。

[2] 《杭州市政府十周年纪念特刊》，载杭州市档案馆编《民国时期杭州市政府档案史料汇编》，1990年印本，第93页。

[3] 建设委员会调查浙江经济所编：《杭州市经济调查》（上），1932年印本，第165页。

[4] 《杭州市政府十周年纪念特刊》，载杭州市档案馆编《民国时期杭州市政府档案史料汇编》，1990年印本，第93页。

湖汽车行、中国汽车行、浙江汽车行、无敌汽车行、赫金汽车行、海丰汽车行等。当时西湖边公共汽车的起讫处，皆设有牌柱，以指引乘客。搭乘公共汽车必须遵守各项规则，大致有：鱼贯上车，不得争先恐后；不得攀登车身或狭门处；车上不得吸烟和吐痰；车辆开动时，勿随意上下，或将手臂伸出窗外，致遭危险；不得与司机交谈；所携物件不以妨碍他人为原则等。[1]

杭州沦陷后，市区人口锐减，经济萧条，势必影响市内交通的发展。至1941年，经伪杭州市政府查验合格发给各类搪瓷车牌的营业汽车仅8辆，自用汽车26辆；营业人力车2435辆，自用人力车74辆；营业小货车981辆，自用52辆；营业脚踏车334辆，自用1152辆，营业卡车1辆，自用8辆。[2]

国民党还治杭州以后，1946年5月，市政府与商界领袖金润泉、张忍甫、周曹裔等发起筹备创办杭州市公共汽车股份有限公司，经办市内公共汽车，至1947年底先后恢复了湖滨至城站、湖滨至玉泉、湖滨至宝善桥、湖滨至九溪、湖滨至笕桥、湖滨至闸口、六和塔至四眼井、净寺至湖滨、闸口至南星桥等线客车行驶。[3]

总之，民国时期杭州民众的衣、食、住、行与以往相比，发生了较大的变动，变革的趋势是逐渐“西化”或“洋化”，从文化的角度来看，这种变动是中国文化从传统向现代转变的直观特征。

[1] 李乃文：《杭州通览》，中国文化出版社1948年版，第8页。

[2]《杭州市政府成立三周年纪念特刊》，载杭州市档案馆编《民国时期杭州市政府档案史料汇编》，1990年印本，第264页。

[3] 杭州市档案馆编：《民国时期杭州市政府档案史料汇编》，1990年印本，第476页。

第二节 婚丧仪礼

辛亥革命后社会制度和经济形态的变化，势必引起生活观念的突变，于是在日常习俗和仪礼方面就出现较大的变革。总体来说，民国时期杭州的婚丧仪式出现了新旧杂糅，中西合璧的局面。

一 婚嫁

辛亥革命所掀起的女性解放、女权运动在民国初年开始结出了硕果。在清末民初妇女解放大潮的冲击下，婚姻自由为社会所重视，也出现了一些可喜的变化。这种变化在东南沿海各省更为深刻。杭州等城市“民国以来，男女重恋爱自由，已不复如往昔惟媒妁之言、父母之命是从者矣、大多由双方相恋，取得父母同意而订婚。普通所谓新式婚礼，仅有订婚与结婚两仪式。始于民初，流行迄今”[4]。这是一个明显变化。

清末民初，随着女学的创办与出国留学潮的兴起，西方的思想如春潮般涌入杭州，传统的婚姻习俗遭到前所未有的批判和冲击。一批接触过西方启蒙思想的有识之士和接受过近代教育的学生，纷纷以西方的婚姻制度

[4]（民国）《重修浙江通志稿》第17册“民族”，浙江省图书馆1982年据稿本复印本。

为模式，大张旗鼓地宣传婚姻改革，主张男女平权，婚姻自主。“五四”运动后，杭城初兴“文明结婚”，开始取代传统的“迎亲之礼”。所谓“文明结婚”，其实就是西式婚礼。

至于新式嫁娶，有完全不用仪式，男女自由选择，先行同居，经过短时期，然后招集亲友，宣告结婚的。订婚时，分别由订婚人、介绍人、证明人和家长，逐一在订婚书上签名盖章。结婚日，大多租用礼堂，用一证婚书，择亲友中一资望较高者为证婚人，交换戒指，谓之文明结婚。花轿则改为汽车，上缀红绿花球，前有穿花衣之幼童八人，俗称行人，音乐一队，缓步前行，汽车则慢慢地跟在后面。婚仪完毕，设宴庆贺。仪式礼文上的变更，大致是：“易拜跪而为鞠躬（唯对翁姑、岳父母仍行跪拜）；易家庭而赁旅馆；易小礼而用证书；易搀拌而为傧相；易鼓吹而弹钢琴；易花轿而坐汽车；易行人而用军乐；易聘礼而换饰物（戒指）；易喜果而为纸花；易闹房而为演说。”[1]有的订婚、结婚时还分别在报上刊登订婚、结婚启事。

[1] 钟毓龙著：《说杭州》第11章“说风俗”，浙江人民出版社1983年版。

最初采用这种婚礼形式的大多是受过新思想熏陶的知识分子，后来逐渐流行，为社会所认可和接受。当时的报刊也大力倡导，每有西式婚礼，必予以报道，为之推波助澜。

“文明结婚”与传统婚礼有着本质的不同。前者是婚姻自由的产物，后者则是“父母之命，媒妁之言”的结果。“文明结婚”不仅仅是婚礼形式的嬗蜕，更重要的是婚姻观念和社会心理在“欧风美雨”的浸染下已发生了显著的变化，这充分表明，一些良风美俗已开始融入杭州市民生活习俗之中，成为形成中的都市新俗的一个重要组成部分。

民国时期，杭城知识界和政界人士有过“集团结婚”，即集体结婚，方法尤为简便。参加婚礼者先向民政部门登记缴费领证，结婚之日凭证由亲友陪同参加婚礼。若干对新婚夫妇在同一天、同一地点，并在同一证婚人的主持下统一举行婚礼。1935年3月，浙江救济院举办集团结婚，由院长沈尔乔主婚，郁达夫曾写白话《西江月》祝贺：“昔日章台弱柳，今日南国佳人。鸳鸯乱点谱翻新，太守名乔姓沈。红烛西行几对，春宵一刻千金。婚姻何必定条陈，缛礼繁文好省。”[2]

[2]《东南日报》1935年3月16日。

总之，民国杭州在婚姻变革上较清代有较大的进步，提倡一夫一妻制，反对纳妾，善待私生子，妇女经济独立，政治上争取民主，离婚自由、恋爱自由等呼声很高。一些追求个性解放的名人、名士或新知识群体都视自由结婚为一种美德，而且在形式上也要讲究文明。

二 丧葬

民国时期杭州的丧葬礼俗，呈现出传统葬礼与西式葬礼并存的特点。一方面，传统的丧葬礼俗仍然占据着主导地位，但已呈现出衰颓之势；另一方面，相对文明的西式丧葬礼仪则为知识界、政界、商界人士所采用。

1948年，干人俊编辑的《民国时期杭州市新志稿》详细描述了民国时期批书入殓、三朝接煞、做七、开吊举殡、作茔安葬等杭州旧式丧礼比较通行的做法。干人俊并指出旧式“丧葬礼俗，皆深于迷信，富于资财者，藉以邀福炫阔，由所谓苦贫病之人，医药不济，一命呜呼，薄板棺材，求人施舍，黄土埋骨，大事便了。亦见其死者不安，生者不吉，由此观之，繁文缛节，不可以已乎。”[1]

[1] 杭州市地方志编纂办公室编印：《杭州地方志资料第一、二辑：民国杭州市新志稿专辑》，1987年印本，第237页。

一部分归国留学生、知识界对西人丧葬习俗的介绍，无疑给杭州人留下了深刻的印象。对照中西丧葬习俗，杭州一部分有识之士公开提出了改革的设想：筹集款项，觅一清静广大之地，仿西国墓场之制，建立公墓。杭州丧葬改革并没有停留在议论上，一些有识之士已在丧葬改革方面迈出了实质性的第一步。具体表现有三：其一，报丧方式的变化。利用报纸等传播媒体刊登讣告。其二，开明人士开始仿照“西人丧仪”，简化丧礼。坚决辞谢赙助，摒弃旧式丧礼。其三，西式追悼会的引入，并渐成风气。所有这些变化，无疑给杭州的丧葬习俗带来一丝革新的气象。

但是，旧式丧礼在当时仍占主导地位。许多达官和豪门平时的消费就极度奢侈，在丧葬上则更加铺张。以富夸胜，以贵逞强，在相互攀比之中，丧礼中的奢靡之风潜滋暗长。丧事的铺张，尤其表现在杭州停棺不葬之风。1933年至1937年，市政府曾多次颁发禁建及限期拆除厝屋的布告，但收效甚微。据统计，民国时期，杭州城内有厝柩6450多具。从事厝柩的山庄、会馆共16家，专营厝柩的山庄有宝俶路宝石山庄、昭庆寺九莲山庄、松木场西竺山庄、南屏路南屏山庄、葛渡亲庵、南山路停云山庄、叠翠山庄、小杨庄8家。[2]

[2] 任振泰主编：《杭州市志》第9卷，中华书局1997年版，第111—112页。

一边是改良丧葬习俗，另一边却是旧式丧礼花样翻新，愈变愈奇，奢靡之风有增无减。中西并存，新旧杂陈，这就是国民时期杭州丧葬习俗变迁的基本特征。

第三节　民间结社与社会公益事业

一　民间社团与慈善机构

民国时期杭州的民间结社主要有以下几类。

（一）行会、公会

行会包括手工业行会和商业行会，是城镇工商业者为保障本行业和行业成员的利益而建立的行业同盟组织。杭州的行会大约出现于唐代，自南宋转盛。行会订有“行规”，定期聚会，先是在茶肆中，如南宋《都城纪胜》“茶坊”载：“又有一等（茶坊）专是诸行借工卖伎人（手工业者）会聚行老处，谓之市头。”行会组织，历代在名称上有所不同，明清时，不称行会，而称“公所”、“会馆”等，民国以后，又改称为“同业公会”。

民国杭州市各商业公会，都约定俗成地订有同行规约。主要内容有：1. 凡商业欲开新店或分店，须向公会领取会员证方准营业；2. 凡同业应交纳公会月费，按月照交不准拖欠；3. 凡非加入本同业公会的会员，不准兼售、专营本业货物，以清界限；4. 凡同业行家不准兼理店铺营业，店铺不准兼理行家营业；5. 凡新开同业商店须离原有老店左右前后各十间门面，方准开店营业。这些行规既是社会性的，又是互助性的。这是行会经济组织职能的本质，也是行会的基本特征。各商业公会集会地点，大都选定在各业祖师神庙，定期聚会，还分春秋两季祭祀各业祖师。

1946 年年底，杭州有商会 1 个，工业同业公会 8 个，商业同业公会 105 个。[1]

[1]《半年来之杭州市政》，载杭州市档案馆编《民国时期杭州市政府档案史料汇编》，1990 年印本，第 386 页。

（二）行帮

行帮是民间同行业或地域性的传统行会组织。以行业相称的，如山货帮、药材帮、皮货帮等；以地域相称的，如广帮、川帮、宁绍帮、扬州帮。各行帮在杭州经营各有特色，如宁绍帮经营金银首饰，宁波帮还经营水产海鲜，徽州帮经营茶、漆、典当等，理发、浴室业多为扬州帮，打铁补锅多为义乌帮，泥水木匠多为东阳帮，等等。这些行帮在杭州都设有同乡会、同乡会馆等，以加强本籍人的团结，互相帮助解决在外地经商的困难。

各行帮都订有规程章则，有“业规”、“帮规”、“会章”、“公议条规”等不同名称，供共同体内所有成员遵守履行。手工业的行规，一般规定原料的分配、产品的价格、雇工的待遇、师徒关系等。商业的行规，一般规定同业关系、销售限制、经营管理办法等，它在保障行帮成员利益方面起着积极作用。

（三）会馆

会馆通常是一幢建筑物，同时又指其民间结社。民国年间杭州的会馆，可分为省馆、市（州）馆、县馆三级，但名称和内容呈交错状。如最大的四明会馆，以宁波籍人为主干，也包括浙东的余姚、舟山等地区，有省馆的性质；又如，坐落在管米山的山陕甘会馆，含三个省，本应属省馆，但实力仅相当于县馆；再如，坐落在柴垛桥的徽州会馆，以徽商为主体，经济实力强，实即安徽会馆。市（州）级会馆有扬州会馆、温州会馆等。县馆有奉化同乡会、新昌会馆等。

杭州会馆在民国初年时，开始由宅舍乡馆向经济性的行馆、行会转化。因为这个时期杭州工商业发展较快，有了建立行业会馆的需要；同时，以前一向以为同乡考生提供方便的功能日渐消退。于是，有些会馆或同乡会就逐渐增加了商业的功能；一些新建会馆，大多以行会的形式（名称）名之。为了商务上的便利，行业会馆出现或相对集中，或依附于茶楼酒肆。如上城地区的行宫桥河下，有药业会馆等一些大会馆，高墙深宅，被杭人称为会馆河下。又如，柳翠井巷一带，集中了珠宝会馆、钱业会馆等多所。

自抗日战争起，杭城的会馆开始走入衰落期。至解放前，由于它的封建属性，已不再受政府的扶持，而自行停顿或瘫痪，其产业解放初由民政部门接管。从此，会馆完成了历史使命。

杭州的会馆大致有行业联络型和同乡联络型两类，或两者兼有。会馆设有董事会，日常由董事长主持其事。

1. 行业联络型会馆。主要是同行之间交流信息、接洽贸易、商议事务的场所。民国初年，据《旅杭纪略》调查，主要会馆有书业（在吴山）、米业、箔业（在湖墅）、柴业、木业、茶业（在江干）、钱业、衣业（在柳翠井巷）、绸业（在银洞桥）、丝业、机业（在艮山门）、药业、烟业（在望仙桥河下）、典业（在忠孝巷）、布业（在布市巷）、酒业（在下板儿巷）、扇业（在下兴忠巷）等。这类同业会馆中，如绸业、木业、盐业、蚕业等，还办有子弟学校以及资助贫病等公益、慈善事业。经费由所属各商行分担和热心人士赞助。后来发展成为各种同业公会。会馆一般有较宽敞的房屋，布置雅致。

2. 同乡联络型会馆。因杭城为省会、商业中心，同乡会馆林立，如幽冀（在荐桥）、山东（在新开弄）、湖南（在三元坊）、楚北（在金刚寺巷）、安徽（在柴垛桥）、福建（在羊市街）、云贵（在抚宁巷口）、两广（在十五奎巷）、山陕甘肃（在管米山）、江宁（在木场巷）、常州（在吴山赵公祠）、余姚（在许衙巷）、江西（在武林门）等。这类会馆主要以某一地区、某些行业的人为主，既同乡又同业，如安徽会馆以典当业为主，金华会馆以旅杭木匠、泥水匠和成衣业为多，宁绍会馆以金银业、烟酒业等居多。平时，除按期举行同乡会外，还帮助外来杭州的同乡安排膳宿，解决特殊困难，同乡客死异地则代为丧葬，有的还兼有殡葬停柩的性质，以便集中运回故土安葬。每逢岁时节日，同乡会办有团聚活动。

（四）民间会社

1. 三善堂

清代到民国，杭州的慈善机构有同善局、普济局、育婴堂，合称三善堂，置有堂产。由声望之高的耆绅作为三善堂的总董，另有专人分管各堂之事。凡养老、慈幼、恤嫠、启蒙、施粥、医药、棺殓、掩暴露、抚病旅以及惜字、放生诸事，靡不分堂毕举。

其中普济堂俗呼“老人堂”，是清末民初民间救济性的会社组织。堂址设在武林门内，专门收养60岁以上、无依无靠的老人，名额以千人为限。名额满后，有人报名者写在签上，放竹筒内，俟有死亡空缺，摇签顶补。堂内每五人住房一间，每间房间有字号编列，以备查考。每天供应一日三餐，吃饭处如寺院斋堂，每月吃鱼吃肉小荤数次，平日大众菜一味，准许自备菜。每月准离堂三天，如三天不到，则除名。堂内设有厨房、汤房（供饮用水）、剃头房、医药房、总管房等，还有佛堂一处，如愿修行可以进内念经拜佛。堂内老人可量力从事其他工作，准许赚钱添补零用。每逢立冬，发棉袄一件，清明收回，另给席扇等。老人进院后，平时，各房字号都雇有服役之人，可以送物件，买卖东西，保管财物。老人死亡则有棺木安葬。

育婴堂是一种慈善性收养被弃或无力养活的婴儿的会社组织。凡地方贫户，生育子女无力抚养者，可以投育婴堂，由堂收养，代请乳娘。等孩子长大，仍可叫生身父母领回。如无家可归，则转送孤儿院或贫民习艺所，接受教育，学习技艺，以谋自立。育婴堂婴幼儿生活艰苦，有病常得不到认真治疗。

同善堂的前身为济仁堂，原在吴山，扶病就医者艰于登陟。左宗棠捐廉购佑圣观巷正蒙学堂隔壁之张氏屋，迁济仁堂于此，易名同善堂。设有义塾，称上堂。又有施药、施棺、施粥等局厂。凡贫困之人均可往求施舍。

2. 惜字会

是民间儒生自愿结合、倡导尊孔尚儒、爱惜字纸的会社组织。清时，吴山上有金龙阁、火德庙两处惜字会，除每日雇人沿街收取字纸外，每月还定期收买各种废纸、旧书、淫书，然后汇总火焚，纸灰投入钱塘江。民国以后，金龙阁、火德庙已废，城里如同善堂、见心里、同仁里以及江干、湖墅，都成立惜字会，除收买外，还在大街小巷，或挂竹篓、或钉铁盒，以便行人随时拾取投入，每到一定时期焚化，纸灰投入江中。[1]

3. 消防会

又叫“水龙会”，是民间救火组织。因为当时称消防器材为“龙”，如用人力出水的肩抬的“抬龙”，十几个人拖拉的“拖龙”，机械化的汽车“洋龙”，半机械化的“泵浦龙”、“蝴蝶龙”，因此，救火机构一般称作“龙会”。辛亥革命后，出现了“消防”这一新名词，但老百姓口头上仍旧沿用“龙会”这个称呼。“龙会”是泛称，每个“龙会”都有自己的名号，并按地段命名，如清泰集、盐桥集、南星集、艮山集、天竺集等。每个集的人数不等，多则上百人，少则几十人。

杭州历史上火灾较多，清朝至民国时期，杭州民房建筑十分破烂，草棚，木篷比比皆是，一遇大火，连片受灾，损失特别惨重。尤其是冬季，火灾更是频繁。故各街坊，均有义务救火兵。各水龙会，均置有水龙一架

[1] 任振泰主编：《杭州市志》第2卷，中华书局1997年版，第293—294页。

或二架，其余还有水桶、吊桶、铜锣、行号、大旗、小旗、梯子、挠钩、刀锯斧、扛索、号衣、号帽、灯笼等物，以备救火时用。各水龙会所管地段多少不一，救火兵都系所在地的搭彩匠、泥水木匠以及各行各业身体强健的人义务担任。起初号帽为翻棉，像法师帽。民国后改为铜帽，蓝布号衣、蓝布背心，前后有两块白圆布，书写某地水龙会之名。救火兵内有明确分工。如遇火灾，敲锣为号，龙会人员不管寒冬腊月或是炎热酷暑，便立即数十人、上百人奔赴集会，跑步出发，披挂上阵。一到火场，司龙、司苗、接水、登高救人，各司其职，有条不紊。司龙者管龙，司苗者管苗，立于龙上，认明方向，对准苗水。司筹者，凡每人担水一担，给筹一根，以凭给钱。司烛者，若在夜间，每人均有高灯笼一杆，灯上号写所司何事，日间用小旗，所以一望而知，分工明确。最勇敢的是上高者，备有梯子、挠钩等用具，以备拆屋。还有救护者，备有大索大杠，可攀缘而上，救护被火围困之人。他们救起火来都很勇敢，毫无怨言，特别是寒夜，有的会员浑身淋湿，脚浸在刺骨的冰水之中，不吭一声，场景十分感人。《杭俗遗风》称赞这些人“其用力之踊跃，诚有奋不顾身之势”。水龙会扑灭火灾后，每次吹号一声，间鸣锣一下，称为“太平锣”。如在夜间，各水龙会按队而行，灯笼高举，亮如白昼，好像灯会一样热闹。[1]

龙会的组织性质为民办商助，经费由地方商贾资助，会员以店员、店主为主体。会员中除个别专职外，绝大多数属义务加入，毫无任何津贴，被老百姓称为“义民救灾”。所以龙会人员普遍受到社会各界称颂和赞扬。

清同治年间杭城龙会有 23 个集，1934 年发展到 43 个集，共拥有抬龙 31 支，拖龙（腕力龙）23 台，汽车洋龙一辆。抗战胜利后，其中 9 个集陆续添置了消防汽车，43 个龙会分属于全市 5 个区的消防分会，这是杭城龙会的全盛时期。

民国初年，杭州商会人士潘赤文在吴山构筑了火警瞭望台，高十余米，昼夜有人值班瞭望。瞭望台中悬一大铁钟，重达数吨，如果白天见到黑烟，夜间看到火光，即撞钟报警。撞钟的时候，先撞乱钟，便于各龙会闻钟集合，以后再间歇撞钟，一下为上城区，二下中城区，三下下城区，四下江干区，五下西湖区，六下艮山区。

抗战胜利后，杭州工业开始发展，商业也渐渐繁荣起来，社会对防火有所重视，商界资助增加，上城区、中城区及下城区龙会在装备上略有改善，配备汽车，又添置了橡胶雨衣、长统雨靴及金属头帽，提高了救火效率。

1948 年，杭州商会曾组织过一次规模不小的射水比赛，全城各救火会按龙种参加比赛，盛况空前。[2]

4. 钱江义渡

清代杭州南星桥与隔江西兴间有官渡与民渡，凡渡者都必须出钱渡江。到同治年间，巨商胡雪岩开始创设钱江义渡。据说，在胡雪岩还没有

[1] 任振泰主编：《杭州市志》第 2 卷，中华书局 1997 年版，第 294—295 页。

[2] 郑绥成：《旧时杭城的民间“龙会”》，《浙江消防》1996 年第 2 期。

发迹时，一天渡江，看见船手将无力纳渡资者推入江中，非常不忍，暗自发誓日后如能发达，必在钱江上设义渡以方便贫苦之人过江。后来，胡雪岩靠帮助左宗棠筹措军饷真的飞黄腾达了。于是，在绅士丁松生的赞助下，斥资购方头大木船数艘，兴办义渡，不取过渡者分文钱财。原有官渡、民渡因之而遭到淘汰。光绪十年，胡雪岩破产并很快死去，因而义渡难以为继。此后，经营浙东盐务，作为旅沪七邑同乡会常务董事的绍兴人俞宗渭创议由七邑同乡会发起，向各界募款，从上海买来小火轮一艘，用作拖轮，进行义渡。这种火轮较之前的木船来说，行驶平稳，并且省时，为杭州钱江义渡船只从木船摆渡改为机轮拖带，保障行旅安全做出了贡献。俞宗渭接着又筹款续购铁壳机轮四艘，并成立官督民办的义渡局，一律免纳渡资。革命军北伐后，杭州绅商王竹斋、金润泉、张载阳、蒋抑卮、王芗泉等人发起募款用作义渡局基金，添购了机轮、木驳多艘，增加对渡班次，成为钱江义渡的鼎盛时期。1927 年，又由旅沪七邑同乡会集资，修建两岸之码头。杭州三廊庙码头长三百余公尺，南岸码头长六百余公尺。1931 年，俞宗渭又在三廊庙码头的长廊上添盖雨篷。杭州沦陷后，钱江义渡才告结束。[1]

[1] 钟毓龙：《说杭州·说事》“钱江义渡”，浙江人民出版社 1983 年版。

二 民间社团的活动及其影响

民国时期杭州涌现出的这一大批民间社团对社会发展与进步起了有益的补充作用。伴随着一大批新型民间社团和自治机构的产生，从而使中国城市中传统公共领域开始发生某种带有体制意义的变化，呈现出若干近代化特征。

其一，城市公共领域开始突破传统慈善、教育、公益的狭小范围，扩及于某些原本属于国家权力影响和控制之下的领域，如工商管理、城市治安、民事裁判、舆论工具等领域。举例来说，施医施药历来是杭州民间一种优良风俗。民国时，洪如嵩在《杭俗遗风》补辑中记载：“杭州施医局，通计城乡内外，不下十余处，有完全慈善性质者，有慈善而兼营业者。完全慈善性质者，如同善堂、普济堂、劝善局，皆病人往诊，不取分文。局中所聘内外科医生，亦一时知名之士，遇春日，则施种牛痘，亦不收费。此外，或收号金，或收药费，均无一定。”[2]

[2] 范祖述：《杭俗遗风·乐善类》，《西湖文献集成》第 19 册，王国平主编，杭州出版社 2004 年版。

其二，民间公共领域的组织联结，开始从善堂、书院、会馆、公所等较为封闭、守旧的传统社会组织过渡到以商会、商团、教育会、救火会、自治公所、自治会等所构成的新式民间社团、组织，更多地排斥了旧型社团组织中亲缘、地缘的纠葛，较多地借取了西方近代社团组织的经验，具有较浓的民主因素。

其三，传统城市公共领域的运作，主要由思想趋于保守的旧绅士所把持，保守思想决定了他们不会采取创新的行为，基本是依循传统惯例来经营公共事务和公产。19世纪末20世纪初，大批资产阶级化绅商进入公共领域，并逐渐在其中占据领导地位。由思想较新的绅商主持公共领域，必然使地方事权的性质逐步发生变化。[1]

[1]梁波：《市民社会团体在近代城市化过程中的作用探析》，《黑龙江社会科学》2002年第3期。

第四节　宗教与民间信仰

民国杭州，人们的宗教与民间信仰延承着多元的方向，信仰体系十分庞杂。除了仍旧主要信仰的佛教、道教外，伊斯兰教、天主教和基督教各有发展，同时各种各样的民间信仰继续在底层民众中广为播布，其中有鬼神和祖宗信仰，有自然神的信仰，有神话传说中人物被塑造成神而信之的，有历史人物被塑造成神而信之的，有劳动者死后被塑造成神而信之的，等等。

唐宋以来，由于宗教信仰和民间造神的世俗化，宗教神佛和民间神的信仰活动，与民间的习俗紧密结合起来，信仰活动已经成为人民生活习俗的一个重要组成部分，如庙会的广泛群众性，神佛活动的节日化等，民国时期的杭州也是如此。

一　宗教信仰

民国时期，杭州各种宗教流行，环湖诸山，皆有佛寺禅院，和尚僧人随处可见，其他道教、回教、耶稣教、天主教之信徒也不少。

（一）佛教

杭州是一个佛地，弘一法师（李叔同）曾对友人谈起过他1918年在杭州虎跑寺出家当和尚的经过，开场头一句话便是："杭州这个地方，实堪称为佛地，因为那边寺庙之多，约有两千余所，可想见杭州佛法之盛了。"[1]著名画家林风眠1928年曾在杭州创办国立艺术院校并任校长兼教授。他以果推因，道出了杭州寺庙众多的原因："杭州西湖之寺观林立，正是杭州西湖比别的地方更为富于天然美的证明。"因为杭州风景好，所以杭州寺庙多。天下佛寺总是建在山水佳境。先是风景吸引去了和尚僧人，然后他们建起的寺庙在经历许多世代之后便成了名胜古迹。[2]

[1]李叔同著：《我在西湖出家的经过》，华夏出版社2008年版。

[2]李杭育著：《老杭州　湖山人间》，江苏美术出版社2000年版。

《三句不离本"杭"》作者阮毅成于20世纪40年代曾任浙江省府的民政厅长。据他回忆说：

> 在西湖游山的人，随地可以见到庙宇，也就随时可以进入禅房。最少，可以喝一杯用本山茶叶新泡的好茶。需要进餐时，也可以随时嘱咐准备素斋。因为沿途的庙宇很多，走累了就随时可以有地方休

息，并且有茶、有面、有菜、有饭。所以游山，真是并不费力，也更不费事。

杭州还有一支庞大的烧香客队伍。杭州人把那些春天里成群结队来烧香拜佛的乡村妇女们，统称“烧香老太婆”。每到春天，杭州沿湖环山条条道路上几万人的朝山香客，成为民国时期杭州一道常见的风景，直到今天，这道杭州特有的风景依旧。人们通过烧香这种仪式，向神佛表示礼敬，并通过香烟的上升，与神佛沟通。当烧香已成为民间的一种相当普遍的信仰活动时，这烧香就一为祈福，一为看景逍遥了。显然，除了宗教的目的之外，这里同样包含着民间百姓娱乐乃至旅游的目的。

在现代旅游业尚处于起步阶段的杭州，众多寺庙和烧香客队伍极大促进了这个新兴旅游产业。而旅游又带动了杭州的其他生意。从前武林门俗称北关门，是老杭州水陆交通的一大枢纽，自嘉兴、湖州、苏州走水路而来的三吴仕女春游进香者，多泊船于此。每到傍晚，樯帆如林，百货登市，熙熙攘攘，赛过元宵灯市。老杭州之“北关夜市”由此出名。

（二）道教

道教有“全真道”（全真派）和“正一道”（正一派）两大派别。1914 年，正一道成立道教会，1927 年又重新建立道教会。1937 年，正一道与全真道联合组织杭州道教会，会长李理山（全真道士）玉皇山福星观住持，会址在十五奎巷玄妙观内。日伪侵占杭城时解散。1946 年 11 月恢复杭州道教会，会长仍为李理山，会址在涌金门金华庙内。

据《杭州市志·宗教》（第 9 卷）记载，1932 年全市宫观 280 所；杭州解放初，1950 年全市宫观仅剩下 78 所，其中全真派的 44 所，正一派（正乙派）的 34 所，全市有道士 217 人，其中道姑 14 人，非住庙道士 60 人；另外，在社会上从事吹唱的“道士”有百余人，他们的生活来源主要靠香火、经忏，或从医及摆摊做小贩等。[1]

[1] 任振泰主编：《杭州市志》第 9 卷，中华书局 1997 年版，第 447 页。

杭州道教界许多人士谙内外科医术，识中草药，会气功、推拿、针灸，有义诊、施诊、施药等为民服务的优良传统。民国时，杭州著名道院有玉皇山福星观、葛岭抱朴道院、拱宸桥张大仙庙、大关明真观、马市街雷祖庙、城隍山城隍庙、孤山财神庙等每年夏季常备茶汤，方便人们饮用，对中暑病人施痧药、十滴水。1947 年至杭州解放，杭州道教会还聘请中医师在涌金门金华庙坐堂义诊，并设中药房，对贫病求医者，无偿施诊送药。

除施诊、施药外，杭州道教人士还举办多种公益事业活动。1919 年，玉皇山福星观在慈云宫创办初级小学，招收 40 名学生（均系河南流浪儿童），供读书、膳宿，后来一部分学生在福星观出家为道士。1929 年，涌金门金华庙住持，联络杭城热心教育者，在庙的边殿创办了涌金小学，学生有百余人，设 3 个班级。该校抗战期间停办，1946 年重新复校。1944 年，福星观道士及民工修建从阔石板到长桥 8 尺宽的道路 1 华里。平时，各宫观还力所能及地资助抗灾、扶贫。

（三）基督教

清末民国时期，外国基督教大举进入杭州传教，建立了一批教堂。据 1950 年调查，杭州基督教共有教堂 28 处，其中属美国差会的有 12 处（南北长老会 1 处，南长老会 6 处，北长会 2 处，浸礼会 1 处，基础浸礼会 2 处），属英国的有 7 处（圣公会 5 处，内地会 2 处），属加拿大的 1 处，属中国自定教会的 8 处。另据 1951 年 5 月杭州市民政局调查统计，杭城基督教共有牧师 24 人（其中外籍 3 人），传教士 37 人（其中外籍 7 人），教徒 4295 人。教徒分布以上城区、下城区最多，拱墅、江干、西湖 3 个区次之。[1]

[1] 任振泰主编：《杭州市志》第 9 卷，中华书局 1997 年版，第 451 页。

民国时期，萧山、余杭等地基督教势力影响较大。1950 年，萧山有教堂 48 处，教徒 12184 人，外国传教士 3 名，本国神职人员 27 名，兼职传道人员 109 名。余杭的余杭镇、塘栖、瓶窑、良渚、蒋村、安溪等地均设有教堂。1950 年时余杭有教徒 1200 余人。

（四）天主教

宣统二年（1910 年），天主教罗马教廷将浙江教区划分为浙东（宁波）及浙西（杭州）两个代牧区。浙西代牧区管辖杭州、嘉兴、湖州、衢州、严州等地。1924 年，天主教浙西代牧区改称天主教杭州代牧区。1946 年，中国天主教建立圣统区，代牧区同时改称教区，1947 年杭州教区升为浙江总主教区。自 1910 年始，杭州总堂区范围包括杭州、余杭、临安、於潜、昌化、富阳、临平、长安、海宁、分水、建德、淳安、寿昌、遂安。杭州是浙江天主教总主教区所在地。

1913 年杭州天主教创办圣母无原罪小修院，1918 年创立耶稣圣心修女会，1928 年创办仁爱医院，1935 年又创办淇园小学。日本侵略军占领杭城时期，教堂为日军占用。1938 年 5 月，天主教杭州小修院在龙游县灵山镇天主堂复院。抗战胜利后，教会房产收回，又开始各项宗教活动。教会向上海美国救济总署领来大批在华美军剩余物资食品、旧衣裤、蚊帐、布匹等，在杭城各教堂内发放。教会还开设施诊所，为人治病。

民国年间，余杭、萧山也有天主教传教活动。1915 年，临平镇赭山港 40 号建天主教堂，四大瞻礼节由杭州总堂派神父主持弥撒。1922 年，法籍神父梅占魁在塘栖镇建堂。抗战时，法籍神父高爵禄除主持临平教堂外，兼管永和、翁梅、小林等地的传道，教徒逾千人。临平教堂于 1922 年创办启司小学（1951 年转为民办）余杭镇解放前也设有天主堂，有教徒 3000 余人。[2]民国时，萧山的临浦、靖江、赫山、瓜沥、党山湾、城厢

[2] 余杭县志编纂委员会编：《余杭县志》，浙江人民出版社 1990 年版，第 807 页。

镇也建有天主堂。[1]

[1] 萧山县志编纂委员会编：《萧山县志》，浙江人民出版社1987年版，第983页。

（五）伊斯兰教

民国时期，杭州的回族人皆称为回回或穆斯林（教徒），在中国回教协会杭州分会和凤凰寺董事会等组织中，有商、政方面知名回族人士任职，在教内还举办公益和教育事业。

辛亥革命时，杭城回族人民有四五百户人家，散居市区四隅，他们以杭州籍为多，也有从山东、河南、河北等地移居来杭谋生的。他们在饮食方面学有手艺，以经营本轻易销的大饼业、面食店和牛羊肉摊等小商小贩为多。但也有富豪巨商，如酱业大贾蒋苏庵（名国榜），他在西湖花港观鱼附近购置地产，建造亭台楼阁、水泥长桥，栽花养鱼，风景奇秀，名为蒋庄。

由于穆斯林的宗教习俗，杭州的穆斯林除了建立自己的清真寺以外，还建立自己的公共墓地——南园公墓，地址在清波门外聚景园，濒临西湖，墓地面积84亩。1934年，因南园墓地年久湮没而无墓碑墓址可以稽查，同时累累坟冢已无隙地可以茔葬，又在西湖玉泉灵峰，建立永安公墓，占地99亩。1955年南园公墓迁至杭州市郊的留下荆山岭，占地面积125亩，原址辟为柳浪闻莺公园。

伊斯兰教有开斋节、古尔邦节和圣纪三大节日，此外还有“元旦”（伊斯兰教历纪元元旦为公历622年7月16日）、“盖德尔夜”、“登霄节”等其他节日。民国时期杭州的穆斯林习惯过的节日是开斋节、古尔邦节以及盖德尔夜。每适节日，是凤凰寺最热闹的时光，杭城及其周边的萧山、余杭等地的穆斯林，男女老幼，熙熙攘攘齐赴凤凰寺参加团拜。

民国初年，杭州回族中有实权人士发起组织回教凤凰寺聚进会，后改为凤凰寺董事会。抗日战争开始，杭州沦陷，凤凰寺一度遭到日军骚扰，董事会解散。1948年秋，白崇禧以中国回教协会理事长的身份来杭指导，在他的建议下，中国回教协会杭州分会于次年春成立。成立后，会务无进展，实际仍由凤凰寺董事会出面操持，董事会一直延续到1950年冬，同年11月成立了杭州凤凰寺整理委员会筹备会接替了董事会。[2]

[2] 任振泰主编：《杭州市志》第9卷，中华书局1997年版，第466页。

民国时期，杭城清真寺除凤凰寺外，还有板儿巷东寺、五奎巷寺及郭家河头西寺等。

民国时期，各教在杭州均有其悠久历史，占据着一定的地位，其中又尤以僧道范围为大。单就僧道尼而言，在杭州市一隅，共有寺、观、庵、堂956所，人数4412人，占全市人口0.84%；土地9451亩，占全市面积2.68%。再据公安人口调查，1927年僧尼道数3398人，1928年为3826人，1929年为3374人，1930年为3778人，1931年为4422人，1932年为4412人，五年之间增加1000余人。

各教的寺、观、庵、塔、教堂数，也均甚可观。就1932年来看，杭市面积共650方里[1]，竟有寺院教堂986所，平均2方里便有3所，尚有房屋住宅不在其内。各教徒众8705人，占全市人口1.54%。僧道所有土地9415亩，占全市亩数2.68%。[2]

[1] 1方里相当于今0.25平方公里，即4方里等于1平方公里。

[2] 杭州市地方志编纂办公室编印：《杭州地方志资料第一、二辑：民国杭州市新志稿专辑》，1987年印本，第240—241页。

二 香市与庙会

庙会，是传统社会里底层民众生活中的大事。庙会源于古老的祭社活动，大多在当地的各色神庙中举行，以神庙的神灵偶像为祭祀中心，故又称“神会”，举凡祈雨、止雨、驱邪、除蝗、禳灾，春祈秋报均可成为举行庙会的理由。历史学家顾颉刚曾经说庙会是“流动的社会”，他将中国旧时的庙会分为两种类型，一是朝山进香型，二是迎神赛会型。朝山进香型的庙会，如“西湖香市”，是宗教信徒进香拜佛和经商者形成的集市。迎神赛会型庙会，一般先要在庙宇里举行一定规格的祭祀仪式，然后再将神灵的偶像抬出来，巡街游行。[3]庙会与香市的日期一般都是菩萨的诞辰期，也有的是神的忌日。

[3] 顾希佳：《西湖风俗》，杭州出版社2004年版，第168—169、173页。

早在唐宋时，西湖天竺、灵隐、昭庆、净慈等寺院都已有“香会”。元明时期，西湖香市已十分繁荣。至民国时期香市已成为固定节日，主要有吴山香市、天竺香市、昭庆香市和岳坟香市，灵隐寺、老东岳、净慈寺、钱王祠等也有较大的香市。1925年后，环湖马路直达灵隐、天竺，并有汽车每日往返数十次，大大便利了香客的烧香和赶集。其中，来自上海、南京的外地香客占了很大比例。下乡香市的香客基本是苏州及杭嘉湖三府所属各乡村坐船来杭进香者，多为乡下土财主。大小香船多泊于松木场，往往有数千条之多。正月末二月初，香客们数十成群，肩挂黄袱，腰系红带，年纪稍轻者非乘舆即坐人力车。

杭城寺庙香火最盛者当推涌金门头金华将军庙，此外还有江干的资福庙、菜市桥的救命王庙、城隍山的城隍庙等，各寺附近摊贩林立，每至开香时节，人头攒动，生意红火，杭州的绸缎、龙井茶叶、张小泉剪刀、舒莲记扇子、孔凤春香粉等手工艺精品，均是外地香客来杭必购之物，还有香篮、果盒、木鱼、佛像、经书、素食等物品。

民国以前和民国时期，除烧香拜佛外，吴山上下遍布算命、看相、测字摊。

庙会既是神的节日，也是人们休闲、活跃民间娱乐的一个重要的载体，还是物资交流的一个平台。杭城每逢春秋二季，游客络绎不绝，尤以春季香汛期间（每年阴历二月至五月），庙会、香市接踵而至，大批香客从四方云集，市场庙宇，特别热闹，“商品销售激增，商业极形发达，杭市商人有云‘三冬靠一春’，诚非虚语也”。[4]当时有人感慨道，“连整个杭州的经济生命，都还沾这个香市的光呢。要是没有这个香市，杭州的市面乃至市府的收入，都是不可想象的”[5]。

[4] 浙江省商务管理局编：《杭州之特产》，1936年印本，第35页。

[5] 申屠奇：《西湖古今谈》，浙江人民出版社1982年版，第108页。

第五节　酒肆茶楼与旅游

民国时期的杭州，政局相对稳定，农村人口向城市流动，交通及服务设施不断完善，随着人们闲暇时间的增多，各种休闲与娱乐方式日益增加。

一　酒肆茶楼

（一）别具风韵的茶馆

民国杭州，街头巷尾随处可见茶馆的身影。茶馆在杭州民众的生活和文化中扮演了不可替代的角色。茶馆不仅仅是喝茶，还与市民的生活密切相关，举凡休憩品茗、联络感情、房屋交易、说媒息讼、同业聚会等，都离不开茶馆。

杭州的茶馆历史悠久。杭州茶馆始于何时，史料无明确记载。据《西湖游览志余》第12卷“委巷丛谈”记载：“杭州先年有酒馆而无茶坊，然富家宴会、犹有专供茶事之人，谓之茶博士。”茶馆的雏形约在唐代初年就已出现，当时江南一带的寺院里有“茶寮”、官署和驿舍里有“茶室”等，都可提供茶水供人饮用。不过这些地方都不是以卖茶水为业谋生的，故不同于现代意义上的茶馆。真正以卖茶水为业的店铺大概在唐代中叶以后才出现。南宋建都于杭州，作为经济生活标志之一的茶馆有盛无衰，大街小巷，茶馆林立。元明时，茶水业相对萎缩，明末清初，逐渐复兴，直至清末的二百多年间，它进入相对稳定的发展阶段，市井里巷间的茶馆极为普遍。

悠久的茶馆历史和文化，加上龙井茶、虎跑水的闻名遐迩以及西湖山水的秀丽景致，使得民国杭城茶馆业较之其他城市更加欣欣向荣。当时，湖滨一带城墙高耸，游船在柳浪闻莺一带停泊，附近开设有“三雅园”，“藕香居”两大茶苑。其中藕香居三面临水，夏天更有荷花环绕，茶客把盏眺望，远近山水一览无余，室内柱上还有一副对联：“欲把西湖比西子，从来佳茗似佳人。”后来城里有“四海楼”、“连升阁”茶楼，城站有“迎宾楼”茶楼，南星桥有“碧霞轩”茶楼。井亭桥畔的“七重天”茶馆还开了“露天夜花园屋顶茶室”，还有专供养鸟者买卖鸟类的“鸟儿茶会”。另外还有万安桥下的水果行茶店，堂子巷、城头巷的木匠业茶店等以行业划分的专业茶馆。[1]1949年前，杭州共有大小茶馆三百余家，其中著名的高档茶楼有喜雨台、稚园、西园。[2]

五开间三层的西园茶楼位于湖滨一公园对面，它最吸引人之处在于二楼阳台座位，凭栏一眺，西湖胜景尽收眼底，抱湖诸山，岗岚起伏，历历可数，尤其是细雨濛濛之际，六桥烟柳，隐约可寻，实在是赏鉴雨中西湖

[1] 周树红、孙涛：《漫谈杭州茶馆》，《中国茶叶》1999年第6期。

[2] 陈永华：《清末以来杭州茶馆的发展及其特点分析》，《农业考古》2004年第2期。

的绝胜之处。茶楼座位亦由硬板凳易为软藤椅，整洁而舒适。该茶楼的另一大特色是茶点精致可口，随唤随到。其中最脍炙人口的是猪油细沙大包，应时蟹黄虾仁大包、五香茶干，特制的松子糖、花生糖、山核桃糖，外裹金黄色饴糖以玫瑰、桂花缀之，十分诱人。西园茶楼在当时是一著名的文化沙龙，骚人墨客、电影明星、作家剧人，都喜欢集于西园，如田汉、胡适、徐志摩、沈从文、叶圣陶、影星胡蝶、阮玲玉等。

延龄路上的湖山喜雨台，内设榻椅，可以喝茶谈天，又有棋桌弹子房，可以进行弈棋打弹等娱乐活动；位于仁和路的雅园、一乐天，内设雅座，一般为商贾谈生意之理想去处；吴山路的龙泉茶楼，则是水木工头聚会之所；三廊庙的观海楼，临江而建，可远望大海，近观怒潮，每至观潮时节，须提前数天预定方可有座。20 世纪 30 年代初期，丰乐桥的悦来阁茶店也较有名，楼上是雅座，楼下的常客是帮会中人，红眉绿眼，黑语连串，他们占的座位叫“码头桌儿”，这是他们聚会的一个固定场地。丰乐桥正处古杭州钱（塘）、仁（和）两县交界处，茶客三教九流，五个铜板一壶茶，谈论着各种新闻杂事，可从上午吃到打烊。

除茶楼外，西湖各景点大多兼售香茗，如中山公园、西泠印社、玉泉、三潭印月、平湖秋月、孤山、虎跑等，“一般不用茶壶，每人一碗，无一定价目，随意赏给，但最低限度，每碗小洋一角，若有茶食糖果敬客者，至少赏洋一元”[1]。据统计，1931 年杭州有大小茶馆 555 家，从业人员 1273 人，资本总额 114910 元，当年营业额 662855 元（见表 7—1）。

[1] 张光剑：《杭州市指南》，杭州市指南编辑社 1935 年印本，第 245 页。

表 7—1　　民国二十年（1931 年）杭州茶楼统计表（注）

牌号	地址	职员人数	资本额（元）	营业额（元）
乐园	仁和路	13	2500	9000
西园	湖滨路	18	2750	6500
喜雨台	延龄路	12	950	6200
雅园	延龄路	10	2000	6000
曲江楼	珠儿潭	5	1500	6000
补经楼	华光巷	11	1000	5400
一乐天	仁和路	6	2000	5000
品芳	杭州路	5	850	5000
醒狮台	杭州路	7	1200	5000
武林第一楼	城站	6	500	5000
迎鞛	城站	8	500	5000

注：此表只统计了当年营业额在 5000 元以上的茶馆。资料来源：《杭州市经济调查》（下），第 315 页。

20 世纪 30 年代中期，杭城各茶楼在淡季时每壶龙井茶售价约 1 角小洋，而一到春秋旅游旺季时，茶楼则是按座位收费，每个座位要收 1 元到 2 元。[1]仅仅香汛期间，各茶楼营业收入占全年的 40% 多，冬季则生意较为萧条。[2]当时，较大的茶馆还装上了自来水，并用烟煤代替木柴充当燃料。“茶店等级之分法，以座位而定”，在 40 桌以上者为甲等，30 桌以上者为乙等，20 桌以上者为丙等，10 余桌者为丁等。

随着茶馆（楼）业经营规模的日益扩大，各茶馆自发组建了茶馆商业同业公会，到 1935 年会员已达 570 余家。[3]公会还制定了严格的同业规约，规定“同业开设新店时，须离原有老店左右及对面二十间门面远（以门牌为准，遇有空地以营造尺一丈为一间门面）”[4]。

[1] 张光剑：《杭州市指南》，杭州市指南编辑社 1935 年印本，第 244 页。

[2] 建设委员会调查浙江经济所编：《杭州市经济调查》（下），1932 年印本，第 314 页。

[3]《杭州市茶馆业沿革纪略》，载杭州市档案馆编《杭州市茶叶业、茶馆业同业公会档案史料选编》，杭州市档案馆藏，1996 年，第 72 页。

[4]《杭州市茶馆业同业规约》，载杭州市档案馆编《杭州市茶叶业、茶馆业同业公会档案史料选编》，杭州市档案馆藏，1996 年，第 83 页。

（二）酒肆

民国时，随着社会的不断演进，杭州酿酒业的发展更为完善。当时兴起了一批新式酿酒厂，运用先进设备对传统工艺进行了改进，提高了酒的质量。据《民国杭州市新志稿》统计，1932 年全市酿酒业有 26 家，职工 435 人。

据调查，1931 年杭州有大小酒馆 617 家，总资本 22.2 万余元，营业额达 151.7 万余元（见表 7—2）。杭州酒馆主要出售绍酒和烧酒，此外还有高粱酒、白兰地、葡萄酒及啤酒，但因“本地人不惯饮用，又以其价格太昂”，销量远不如绍酒和烧酒。绍酒产自绍兴，品种有花雕、远年、竹叶青、状元红等，均装坛出售，一般大坛重 50 斤，小坛重一二十斤，绍酒馆以恒豫、章东明、陈正和、朱恒昇等为著名。烧酒有苏烧、绍烧之分，绍烧酒质较佳，价格也较贵。产自泰兴的苏烧因其价格实惠而销量甚大，根据掺水程度又可分为五色烧、八色烧、十色烧等，烧酒馆以合顺、元顺祥、公生昌等为著名。杭州酒馆论知名度，当推延龄路之碧梧轩为首，文人雅士往往趋之若鹜。

表 7—2　　民国二十年（1931 年）杭州酒馆统计表（注）

牌号	地址	职员人数	资本额（元）	营业额（元）
章东明	寿安路	12	1500	88000
永源公	半道红街	12	5000	48000
合顺	梁家桥大街	11	2300	35000
利安	许衙巷	15	6000	35000
新协顺	清泰路	10	1800	34000
陈正和	延龄路	7	8000	25000
公生昌	联桥大街	15	4000	25000
碧梧轩	延龄路	10	1500	18000
德顺	米市巷	14	2000	17000
陈宝昌	联桥大街	15	2000	15000
大昌	新民路	8	3000	14000

续表

牌号	地址	职员人数	资本额（元）	营业额（元）
朱恒昇	仁和路	13	2000	13000
元顺祥记	菜市桥	8	1800	12000
永泰和	庆春门直街	7	2500	12000

注：此表只统计了当年营业额在12000元以上的酒馆。资料来源：《杭州市经济调查》（下），第282—283页。

解放前，杭州的酒市场大多被苏、绍酒商占领，据《浙江工商年鉴》记载，1946年，绍兴酒业在杭已有近200家，都由绍籍人经营。酒多运自绍兴之东浦、阮社、柯桥等地，坛分京庄、放样、行使、加大等，酒分花雕、孝贞、陈年、加饭、善酿等。烧酒除苏烧、绍烧外，还有杭人酿制的土烧，每月运销数量极巨，营业亦佳。

二　旅游的开发与兴盛

杭州在民国时期就已成为著名旅游城市。究其原因，其一，自清末至民国时期，相继建成了沪杭甬铁路和浙赣铁路，陆续修筑了杭州至上海、南京、宁波、金华、安徽等地的公路，开设了钱塘江、大运河的轮船公司，市区开辟了马路，有了公共汽车和电报、电话，兴建了电厂和自来水厂。现代的交通电信和公用事业设施，促进了杭州的商品交流和工业生产，促进了杭州旅游业的发展。其二，北伐胜利后至抗日战争以前，社会比较稳定，经贸旅游活动得以开展，杭州凭借得天独厚的自然和地理环境，成为全国著名的旅游胜地。其三，也是主要的原因，与民国时期杭州市政府的规划是分不开的。民国杭州市政府在寻求适合城市具体情况的独特发展道路、发挥城市功能优势方面起到了主导作用。[1]

1927年正式设市是杭州城市发展历史上的重要关节点之一。抗战爆发前的十年时间内，杭州市政府依据城市特色，将杭州的长远规划定位于以发展旅游业为主导，并确立了以市政建设为工作重点的城市建设方针。为此，杭州市政府成立后加大资金投入，开始以西湖景区开发为重点建设旅游型城市，并有针对性地进行了一系列与旅游业配套的基础设施建设和城市管理工作，例如，强化了对城市内路灯、广告的管理。这些对旅游业和休闲城市的建设无疑是必要的。[2]此外，政府还通过一系列的活动，如1929年的西湖博览会、1930年的全国运动会等，来刺激旅游活动的开展，扩大杭州的影响力，促进杭州旅游事业的发展。

在此背景下，杭州的旅游业获得长足发展，主要表现在以下五个方面。

[1] 赵可：《民国时期城市政府行为与杭州旅游城市特色的显现》，《中共杭州市委党校学报》2004年第2期。

[2] 赵可：《民国时期城市政府行为与杭州旅游城市特色的显现》，《中共杭州市委党校学报》2004年第2期；杭州市旅游事业管理局编：《杭州市志·旅游篇》（送审稿），杭州市旅游事业管理局1994年印本，作了调整。

（一）景色内容的丰富和旅游线路的增加

据田汝成《西湖游览志》载，明杭州已有5条游览线路：孤山路，有景点15处；南山路，有景点50余处；北山路，有景点200余处；吴山路，有景点50余处；浙江路（今江干一带），有景点15处。清代旅游线路扩展至云栖一带，游览景点增加到1000余处。民国以后，西湖周围先后新建了湖滨公园、中山公园、哈同花园、西湖大礼堂、浙江忠烈祠、辛亥革命纪念馆、秋瑾墓、灵隐寺大悲阁等，并整修了翠微亭、岳王庙、黄龙洞、钱王祠、保俶塔、西泠印社、俞楼等。经过不断的整治，西湖得以声誉益隆，逐渐成为杭州的城市名片。1912年至1916年间，孙中山先生曾3次来杭，对西湖大加赞赏，誉之为“国宝”。

在这个时期，西湖的湖山景色无论是在空间上还是在时间上都有了很大突破，除了西湖十景外，又新增了六桥烟柳、九里云松、灵石樵歌、浙江秋涛、北关夜市、冷泉猿啸、葛岭朝暾、孤山霁雪钱塘八景和湖光春社、玉带晴虹、吴山大观、梅林归鹤、湖心平眺、宝石凤林、玉泉鱼跃、天竺香市、黄龙积翠、云栖梵径等二十四景。另外，西湖春夏秋冬四时景物也是别有一番味道：春天可在孤山月下看梅、虎跑泉旁试新茶、登双高峰望桑麦登；夏天最宜在飞来峰避暑、压堤桥夜宿、湖心亭采莼等；秋季宜在西泠桥畔醉红树、宝石山下看塔灯、满觉陇雨赏桂花等；冬季的杭州最惬意的则要数三茅山顶望江天雪霁、山居听人说书、除夕登吴山看盆景等。[1]

杭州的旅游范围也从西湖逐步向郊区风景名胜扩展，包括塘栖长桥、富阳鹳山、临安天目山、白龙潭、桐坞、梵村等，形成了短长途交错的旅游线路网。按步游、舆游、舟游和骑马游的不同交通工具，可分为一日游、三日游、五日游、八日游、十日游、十五日游等，“惟个人之经济、精神、时间不尽相同，须按个人状况而定游览之路线及日数”。当时步游与舟游相结合最受游客欢迎，而且一般都选择两日游，具体行程安排大致如下：第一日自涌金门出发，进小南湖，在高庄午餐，绕丁家山经宋庄去金沙堤，由西泠桥洞而入里西湖，出断桥至钱塘门登岸；第二日自新市场出发，直达三潭印月，转湖心亭，折而谒岳庙，进午餐后，由岳庙出自湖滨，折向左步行，经秋墓、苏墓，过西泠桥，环绕孤山一周，命舟在放鹤亭下相候，及登舟中流击桨，在葛岭孤山之间，可试“空谷回声”之胜，然后至钱塘门登岸。[2]

（二）名目繁多的游船和观潮车队

西湖游船既是一种交通工具，又是一种特殊的游览工具，还是湖面上一道浮动的风景线，正所谓，“游西湖者必雇游艇，方可放手中游，纵情山水”[3]。

[1] 杭州市地方志编纂办公室编印：《杭州地方志资料第一、二辑：民国杭州市新志稿专辑》，1987年印本，第253—254页。

[2] 陆费执、舒新城：《杭州西湖游览指南》，中华书局1929年版，第111—112页。

[3] 石克士：《新杭州导游》，杭州新新印刷公司1934年版，第119页。

民国时期，杭州旅游业发展迅速，西湖游船的数量、款式、种类日益增多，“湖中各式游船者，不下数百只”，主要有水月楼、龙头、明玉、十样锦、百花、兰言舫、罗船、乌龙、梅槎、四不像、小划船、渡船、画舫、篷船、汽船、灯船、秋千船、云舫、看工船等。据 1931 年《杭州市经济调查》记载，当时西湖共有大小游船 622 只，游舫 593 只，从业人员千余人。游船大多聚集在湖滨公园、公共运动场及沿湖各埠，“每当夕阳西下时，湖内舟子咸聚岸边兜揽生意”，其中数量最多的要数改良式小划船，上搭白色荷叶边布篷以蔽阳光，船的扶栏有雕花木板和铜栏杆两种，座位有板椅、藤椅、沙发等，中间放置小方桌，置有暖水瓶、茶点、棋牌等，可以品茗对弈，这类手划船在淡季时，船家多拆去装设充作货船。渡船则无任何装饰，专门停靠在涌金门、钱塘门、岳坟外招揽客人，坐满即开，价格便宜。画舫一般分为里外三进，外面可摆一两桌酒席，里面备有床铺，以供游人休憩，船两侧装有玻璃窗，也有装木板窗或百叶窗的。篷船，俗称板踏儿，为西湖游船中最大者，篷下有窗，仓内有桌椅炕床，起坐甚为宽敞，雇佣时须预定，1929 年价格约每日 3 元，“盛日倍之”。[1]汽船在当时为时兴之物，在小划船的尾部置发动机，机声轧轧，其驰如飞，主要码头为湖滨、三潭印月、中山公园、湖心亭等。除此之外，还有专供文人雅士书画、题咏、赛诗、宴饮的赛诗舫、供学生做功课的读书舫、供杂耍艺人表演的游艺船、供僧尼使用的斋饭船、供军士娱乐的军娱船和专载商人、歌妓、香客的小脚船等。

此外，杭州还出现了专为观潮而设置的车队。早在 1916 年，沪杭公路上就出现了观潮车队，不过当时游客还不是很多，“沿江支搭临时草棚，设备极简”。[2]20 世纪 30 年代以后，随着杭绍路、杭长路、杭平路、杭宣路、杭余路、杭瓶路等陆续开通，旅游车队有了很大的发展。据统计，1930 年杭州共有客运汽车 114 辆，为上海、南京等地游客来杭游览和组织本地游客至富春江、莫干山、超山等地观光提供了便利。1931 年 10 月，杭州中国旅行社（以下简称“中旅”）联合其他旅行社组织了一支规模颇大的旅游车队赴海宁观潮，返城时“游客汽车衔接不下百辆”。中旅在沈慕达任总经理时，曾花巨资购买汽车，组建的旅游车队拥有大小包车 20 余辆。[3]当时车队还供旅客租赁，收费标准为每小时 3 元，每日 20 元。[4]

[1] 中国旅行社编：《西子湖》，1929 年，第 108 页。

[2] 蒋维乔：《八堡观潮记》，载《旅行杂志》第 5 卷第 10 期。

[3] 徐珂：《西湖游览指南》，商务印书馆 1926 年版，第 1 页。

[4] 白云居士：《游杭快览》，浙江正楷书局 1936 年版，第 76 页。

（三）旅游管理接待机构的设置

民国时，杭州的旅游管理接待机构开始设有外交部特派浙江交涉署。1929 年该部门裁撤后，有感于“杭州市为风景区域，各国人士来杭游览者，年有增加，故导游事务，日渐繁重”，规定杭州市范围内凡不属外交的外人事务，自 1930 年 1 月 1 日起全部归并市政府办理，并根据事务性质将之分配于秘书处及各局科。为繁荣工商业，吸引游客，1932 年 1 月，市政府又成立了杭州市游客局，下设问讯、宣传两股，专门办理国外游人来杭事宜，编印中英文游览小册分寄欧美各地，从事旅游宣传和接待工作。当时的游客局既是市政府的旅游管理机构，同时又是一个接待中外游客的经营服务单位，“所有旅客莅杭，旅馆安息，舟车雇定，陪伴导游种种事件，均可代定代办，十分圆满……贵客如来杭游览，下车后即请”。经过不懈努力，游人“远近偕来，四时不绝”。除传统的香客外，上海、南京、广州等地的游客日益增多，欧美、日本的国际旅游者也日趋频繁，在两年时间里，游客局共接待了外国游客12700余人。[1]

[1]《杭州市政府十周年纪念特刊》，载杭州市档案馆编《民国时期杭州市政府档案史料汇编》，1990年印本，第7页。

1934年，杭州游客局裁撤后，“所有关于外人事务”包括导游等均归并市政府秘书处兼办。同年10月1日，省政府成立了名胜导游局，在沪杭甬、浙赣铁路及市总汽车站均设立咨询处。

20世纪30年代初期，市政府还组建了杭州市旅游事业研究委员会，主要对旅游业进行组织协调工作。杭州市旅游事业研究委员会还署名印行了《新杭州导游》一书。

日伪杭州市政府也曾成立杭州市国际观光局和西湖名胜管理处，但在沦陷的八年期间，杭州的旅游业遭受了沉重打击。许多风景名胜荒芜，文物古迹失修，庄园别墅废弃。抗战胜利后，市政府为了重振旅游业，利用铁路、公路增开旅游专车，并兴建了不少旅馆、饭店及娱乐场所，在一定程度上促进了旅游业的发展。1947年4月，为方便旅客游览，市政府在断桥边设立了杭州名胜导游处，聘请精通英语的专业人员负责指导一切游览事宜；并陈列本地名产，供人参观，陈设书报，供阅览及休憩。

1923年8月15日，上海商业储蓄银行旅行部成立。同年9月1日在杭州设立分社，后改名为中国旅行社杭州分社，又称杭州中国旅行社，实行股份制经营。这是杭州建立最早、经营规模最大的第一家股份制旅游企业，在杭州旅游业发展史上具有划时代的意义。

杭州的旅游线路，开始按风景名胜的分布和交通条件而形成，后逐步向旅游企业经营的路线发展，从西湖向郊区邻县风景名胜扩展，形成了短长途结合的旅游线路网络。中旅针对市场需求，首先推出的旅游线路是：杭州至莫干山（避暑），杭州至桐庐富春江（舟游），杭州至海宁（观潮），杭州至超山（探梅），还有杭州至天目山、诸暨五泄、金华北山等。不但线路安排合理，而且服务周到、价格优惠。一时间，中旅吸引了省内外大量游客的注意，初步树立了自己的品牌。

1928年，民国浙江省政府决定举办规模空前的西湖博览会，中旅意识到这是一个巨大的商机，立即投入大量的人力、物力进行宣传。1929年，在西湖博览会开幕前夕，中旅联合杭城其他各个旅游服务部门，先后出版了《西湖指南》（英文）、《西湖游览指南》、《杭州导游》、《英文杭州指南》等一批导游书籍，并发行袖珍杭州西湖图、西湖风景图片等。博览会期间，中旅为方便游客，会同上海银行，在大门处设立了临时分社和银行办事处。临时分社备有座椅、卧榻，供游客休息，代为游客定旅馆、租汽车、人力车、游船等，出售导游读物，介绍西湖土特产，出售旅游纪念品等。中旅从香港、南京、北京、天津等大城市组织了数十个旅游团来杭参观游览，一时间，中旅吸引了省内外大量游客的注意，在杭州又组织大批游客去游览富春江、莫干山，大力拓展了旅游业务。

1934 年，美国芝加哥博览会期间，中旅编印的英文版中国旅游手册（其中有大量篇幅是叙述杭州的游程）在会上分发，轰动一时。不久，中旅还出版了《苏杭》等英文旅游指南，分寄欧美各机关、团体、铁路、轮船公司等，这是我国旅游企业最早向国外发行的宣传品。

抗日战争期间，中旅被迫解散。直到 1945 年 10 月 5 日才复业，但是仅有职工 18 人，并恢复金华支社和莫干山办事处。1947 年，杭城又开办了一家专业旅行社——太平洋旅行社，业务与中旅相同。另外还有一些非专业性的旅行社，它们是：上海友声旅行团杭州支部、杭州基督教青年会社会服务部导游社、京沪沪杭甬铁路管理局车务处杭州旅行服务所。[1]

市政府也于 1947 年成立了杭州名胜导游处，聘请专门人员指导旅游事宜。面对前所未有的挑战，中旅决定加大宣传力度，吸引新的客源，于 1947 年重新编辑发行了《杭州导游》。在书中，中旅详细向外地游客介绍了杭州的历史沿革、名胜古迹、风俗习惯、交通物产及游程安排、游客注意事项等。该书将西湖风景区分为湖中区、孤山区、北山区、南山区、西溪区、江干区、吴山区七个区域给予全方位介绍。[2]

同时，为了增强竞争力，中旅还与铁路运营方面联合，开通旅游专列，列车外观整洁，行车快速安全，团体购票一律优惠。到站后，旅行社直接派汽车接送游客。中旅又考虑到经过八年抗战，社会颇多变乱，故游客到杭一切起居、饮食、游览，“均有重新注意之必要”，从而特地根据旅行社以往的经验，拟就了《游客注意事项》的小册子，免费发给游人。

（四）旅游书籍的大量出现

20 世纪初，杭州旅游业的快速发展，加上杭州市政府对于旅游城市的定位，催生了一大批新式旅游书籍。1926 年，由商务印书馆发行的《西湖游览指南》，作者徐珂参考了《杭州府志》、《仁钱邑志》、《西湖志》、《湖山便览》、《梦粱录》、《武林旧事》、《西湖游览志》、《西湖游记》、《神州古史考》、《西湖纪述》、《孤山志》、《钱塘遗事》、《西湖杂记》、《西湖小史》等 50 余种方志史料，[3] 可信度非常高。之后，又有《银色的西湖》、《西湖名胜快览》、《新杭州导游》、《西子湖》、《杭州》（俄文版）等问世。30 年代，主要的导游书籍有凌善清的《怎样游西湖》（1932 年）、易家钺的《西子湖边》（1935 年）、沈雨苍和张国雄合撰的《西湖胜迹全集》（1936 年）、《游杭快览》（1936 年）、赵君豪的《杭州导游》（1937 年）等。1941 年，杭州处在日伪政权的统治下，日本学者木村重考察杭州后著有《杭州》（日文版）一书，在当时的日本国内也有

[1] 杭州市旅游事业管理局编：《杭州市志·旅游篇》（送审稿），杭州市旅游事业管理局 1994 年印本。

[2] 中国旅行社杭州分社编：《杭州导游》，杭州图书馆藏 1947 年印本，第 47—48 页。

[3] 杭州市档案馆编：《杭州概况——解放前夕杭州社会情况调查》，杭州市档案馆藏 1948 年印本，第 11 页。

较大的发行量。战后，宋经楼书局发行了守安的《游览杭州西湖新导》，书后附有《杭州西湖明细全图》。此外，陆续发行的还有《西湖新指南》、《杭州西湖导游》、《杭州名胜导游》等。1948 年，英国人乔治·伯德（George Bird）著有英文版《杭州游记》（*HangChow Holidays*）。

这一时期旅游书籍另一大特点是风景照片的广泛应用。摄影技术的不断普及带来了大量精美导游图册的面世，较早的有 1919 年商务印书馆摄制的小册子《西湖风景画》。1927 年，黄炎培等编纂的《西湖》两册，系《中国名胜》第 4 卷第 1、2 集，首次向国人全方位介绍西湖的山水绝胜，对当时的旅游界、艺术界影响非常大。1928 年，由二我轩照相馆摄影，日本游客重重木编写而成《西湖风景图说》。同年，西湖一朵花发行所出版了由海上重来客编辑的《银色的西湖》，以照片的形式介绍西湖的风景名胜，每张照片画面清晰、选景绚丽。除此之外，慎修书社出版楼辛壶的《珂罗版本宣纸西湖西湖十景》、西湖鑫记书局发行的由西湖闲闲居士编辑的五彩西湖全景《名胜西湖》、友声旅行团出版的风景照片集《西湖倩影》等都颇受游客的青睐。20 世纪 30 年代出版的《西湖百景》更是收集照片 120 余张，“合成名胜百景，并与每景之下，详考各种记载，编成中英文简要说明”。

整个民国时期，影响最大的旅游书籍要数 1929 年中华书局出版陆费执、舒新城合编的《杭州西湖游览指南》。作者在序言提到了编写此书的原因与目的：“今日之西湖，几成中国之大公园，如欧洲之瑞士。惟外人游杭，多限于时间或乏于向导，只得近湖而止，仅窥一斑，皆不足以言畅游、全游、远游，于是名山佳景，多淹没而无闻焉。坊间已有之指南、导游、游记之书，或偏于局部，或过于泛泛，或抄袭旧志，或得之耳闻……欲其为实地指导，势有未能，仅供参考，尚属有用。作者共花三年时间实地游览西湖山水，每至一处，观察记载必详，以补前书之遗漏。读者得此，按图索骥，当亦不致茫然不辨东西，可视为一熟手之良伴也。”

（五）丰富多彩的旅游纪念品

杭州的手工业向来比较发达，一直是东南手工业的中心之一。著名的手工精品“五杭”——杭纺、杭线、杭粉、杭烟、杭剪，蜚声海内外。民国成立以后，举国上下“振兴实业”的热潮对手工业的发展产生了巨大的促进作用。尤其是第一次世界大战期间，欧洲列强忙于争霸，对华商品输入锐减，给手工业的发展提供了前所未有的契机。杭州传统手工业抓住这一时机，热衷引进国外的技术与设备，积极改革传统生产方式，千方百计提高产品质量，创出并保持了张小泉剪刀、王星记扇子、西湖绸伞、西湖织锦、天竺筷、边福茂鞋子、孔凤春化妆品、李德顺厨刀、王老娘木梳等一批经久不衰的传统特色产品。1929 年的西湖博览会上，张小泉近记剪刀、舒莲记折扇、沈碧云的刺绣梅屏等 7 个产品获特等奖，徐凤樵雨伞、边福茂缎鞋、孔凤春莲花霜等 12 个产品获优等奖，王星记的竹刻、升昌的皮鞋皮件等 16 个产品获一等奖。这些特色的传统产品成为人们来杭后必会购买的旅游纪念品，在一定程度上促进了旅游的发展。

总之，“近年来，不但居民日增，游人蚁集，即欧美各国人士，慕名而来的每年达百万人以上。外人曾把它当作东方的日内瓦湖看待。因之，杭州的地位更蒸蒸而日上”[1]。市政府在市政报告中也称：“年来从事建设，宽拓道路，整理风景，游客纷沓，市面日益繁荣。”至抗战爆发前夕，到杭州的国内外游人逐年攀升，其中 1936 年境外游客就达到了创纪录的 10419 人。[2]这表明，杭州在 20 世纪 30 年代已经成为国际性旅游城市。[3]

[1]唐应晨：《杭州市政的鸟瞰》，《市政评论》第 4 卷第 8 期。

[2]《杭州市政府十周年纪念特刊》，载杭州市档案馆编《民国时期杭州市政府档案史料汇编》，1990 年印本，第 7 页。

[3]赵可：《民国时期城市政府行为与杭州旅游城市特色的显现》，《中共杭州市委党校学报》2004 年第2 期。

第八章　新中国时期杭州社会生活

中华人民共和国成立后，尤其改革开放以来，杭州历史揭开了新的篇章。杭州经济总量快速增长，社会主义事业蓬勃发展。如今的杭州综合经济实力已跻身全国十强城市行列，率先跨入全国科教兴市先进城市行列，作为国际旅游城市和休闲城市的地位日益凸显。

这个时期，杭州的城市建设日新月异，城市体系渐趋合理，基础设施日臻完善，社会保障体系形成，城乡面貌发生了根本变化。这个时期，杭州人的生活观念不断革新，居民的生活方式与消费结构发生巨大的改变，衣食住行走向时尚与丰富。在饮食方面越来越注重营养、方便与快捷；在居住方面追求宽敞、舒适，对住房结构和面积要求越来越高，并在住房装饰的开支上日益增加；在穿着方面，讲究时尚、款式和个性化；在出行交通工具上，出现由自行车普及到汽车代步的渐次发展；在休闲娱乐方面，消费支出比重持续上升，文化娱乐方式日趋丰富，其中在茶艺馆品茶叙友成为杭州人全民性的休闲方式，20 世纪 90 年代以来，杭州茶馆朝着更高级的茶艺馆模式发展；在丧葬方面，殡葬制度不断走向文明，推行火葬和文明治丧；在婚姻家庭方面，婚恋走向了真正的自由，并在性观念上出现了多元化、宽松化的趋势，家庭规模呈小型化趋势。

第一节　休闲之城的勃发

一　城市新气象

1949 年以后，市政府开始着手整顿社会秩序。主要措施包括：明令禁毒、禁赌、禁偷、禁盗、禁嫖、禁聚众斗殴；成立杭州人民保育院，收容街头的流浪儿；建立杭州市劳动教育院，收容惯窃、扒手及妓女、暗娼；设立杭州市人民劳动院，收容乞丐。两年中经过4次大收容，共收容小偷3000余人，乞丐2000余人，妓女数百人，除将其中一部分遣散回原籍外，其余统一安置在专门为他们新建的福利棉织厂、五云山农场、第一精洗麻厂等处参加生产劳动，接受思想改造，学习生产技能，以谋得正常的生活出路。舞厅之类，当时被认为是滋生腐败堕落之地，勒令停业。对于娱乐、印铸、旧货、旅馆、茶馆、照相、游船等特种行业，加强行政管理，由公安和工商部门相配合改组旧公会，在加强老板负责制的同时，联系工会依靠积极分子进行民主管理，鼓励他们对盗窃、造谣、贩毒等违法行为检举密报，有助于刑事案件的破获。经过收容教育和特种管理，结合舆论宣传、综合治理，终于使旧社会遗留给杭州市的卖淫、嫖娼、赌博、吸毒、强盗、扒窃、聚众斗殴等现象基本禁绝，起到了移风易俗的积极作用，社会风气焕然一新。

这个时期还进行了社会基层组织的改造和建设，新创居民委员会制度。1949年10月23日，杭州成立了“上羊市街居民委员会”，这是新中国第一个居民委员会，传统社会沿袭了近千年的保甲制度被废除了。居委会最初阶段的重点是做好户口登记与调查工作，并与派出所配合，加强社会秩序与交通秩序的管理，以及开展持久的爱国卫生运动。改革开放以来，随着社会主义市场经济体制的建立和发展，大量的“单位人”转为“社区人”，大量农村人口涌入城市，社会流动人口增加后，为适应新的形势，居委会及时更新了体制和管理方式，计划生育、民政、调解、精神文明建设以及楼宇环境建设、绿化等都纳入了社区的管理范围。社区居民委员会由政府管理型向社会自治和服务管理型转变，基层民主在不断进步，越来越多的居民融入社区这个城市最活跃的细胞之中。[1]

1949年以后，尤其是改革开放以来，杭州城市建设日新月异，城市体系渐趋合理，基础设施日臻完善，一大批与生产、生活密切相关的城市道路、交通、供水、供电、供气等工程相继建成，城市整体功能得到加强，城市面貌发生了深刻变化，告别了昔日狭窄的道路、低矮破旧的房屋，迎来了道路宽畅、高楼大厦鳞次栉比的新格局。

改革开放以前，除西湖景区的青山绿水外，一般的住宅小区大多没有绿化，小区公园罕有。改革开放后，整治美化环境的工作进程显著，城市绿化覆盖率和人均公共绿地面积均明显上升。到2000年，市区园林绿地面积已增加到5534公顷，公园面积由1978年的196公顷扩大到419公顷，人均公共绿地面积由1984年的3.6平方米增加到6.02平方米，建成区绿地覆盖率由1984年的12.8%上升到19%。[2]至2008年，市区园林绿地面积达到12971公顷，公共绿地面积达到4078公顷，市区人均公园绿地面积14.1平方米，市区建成区绿化覆盖率为38.7%。[3]到2008年年末，杭州人均公共绿地面积是1980年的20多倍。从公园景点个数来看，1980年

[1] 鞠建林、王纲主编：《浙江60年档案解密》，浙江人民出版社2009年版，第269页。

[2] 李建国主编：《可爱的杭州》，浙江人民出版社2000年版，第141页。

[3] 杭州市统计局、国家统计局杭州调查队编：《2009杭州统计年鉴》，中国统计出版社2009年版。

杭州有公园8个，1992年增加到30个，到2008年，公园数量增加到150个，是1980年的19倍。[1]上述数据从一个侧面表明，杭州的人居环境正在不断改善。

[1] 根据杭州市统计局编：《杭州统计年鉴》，中国统计出版社，整理而成。

杭州市对环保的整治力度也进一步加大，市区禁鸣喇叭，关停并转污染严重的企业，垃圾袋装化，机械清扫，大街小巷变得宁静、整洁而干净。1980年杭州工业固体废物综合利用率为46.67%，1992年为81.23%，在工业固体废物综合处理的能力方面提高近1倍，2005年杭州工业固体废物综合利用率达到了93.88%。可以说，杭州基本上可以将工业固体废物完全综合利用。此外，废水废气的排放达标率也在不断提升，1999年，全市工业废水排放达标率78.2%，工业废气处理率79.5%。2008年，工业废气中二氧化硫排放达标率、工业废水排放达标率分别达到98%和82%；工业用水重复利用率为69%；全市城市污水集中处理率达到83.9%；主要水系监测断面水质三类以上比例为57.1%。这些成果来之不易，既充分利用了资源，也保护了环境，有利于杭州的经济发展和人居环境。杭州的山更绿，水更清，空气更清新，街巷更整洁，不但成为杭州居民引以为傲的家园，也成为各地游客心目中的"人间天堂"。2002年，杭州荣获"国际花园城市"称号。杭州城正在逐步成为"蓝天、碧水、绿色、清静"的美丽城市。

二 中国茶都

"茶为国饮，杭为茶都"。杭州的茶文化底蕴深厚，杭州的茶楼也以其浓郁的文化特色而载誉全国，是我国茶楼文化的重要发源地。茶馆是杭州典型的地域文化特征，也是杭州人生活中不可或缺的重要场所。去茶馆休闲，已经成为杭州人的日常生活方式之一，杭州茶馆也成为杭州城市休闲的重要标识。

新中国成立之初，茶馆出现过短暂的复兴局面，但其后相当长的一段时期内，随着日常生活的一步步革命化、政治化，杭州茶馆和中国其他地区一样，曾经走向低谷。1956年对私营工商业进行社会主义改造后，老字号茶馆就日渐稀少。据资料记载，1959年杭州市区有茶馆81家，从业人员182人。[2]"文化大革命"开始后，有些茶馆被封掉，有些则改作"老虎灶"（开水供应站）或他用，茶馆又减少很多。当时人们在"左"的错误思想影响下，认为茶馆是滋生懒惰、寄生、剥削的地方，是资本主义的尾巴，里面说书人说的都是帝王将相、才子佳人的故事，是"封建主义的糟粕"，所以必须要清理。不过，当时还在街道里保留了少量茶室，里面有白瓷杯、绿龙井，花几分钱就能喝一杯茶。20世纪60年代至80年代初，杭州茶叶供应十分紧张，茶叶供应也采取了凭证（票）限量供应，茶馆日渐颓废，到1984年，在市区街道经营的小茶馆还剩21家，在西湖

[2] 杭州茶楼业协会编：《杭州茶馆业发展报告蓝皮书》（2009年），杭州出版社2010年版，第16页。

景区如玉泉、虎跑、柳浪、花港等经营的茶馆有24处。[1]

改革开放后，休闲活动的私人空间一步步扩大，休闲朝着个性化和多元化的方向发展。在这样的时代背景下，自20世纪80年代后期至90年代前期，凝聚了千年的茶馆休闲文化重放异彩，尤其是20世纪90年代以来，杭州茶馆终于走向繁荣，并朝着一种更高级的茶艺馆模式发展。

20世纪90年代，以太极茶道为代表的开创者，首先树立起杭州特色的茶艺馆形象。从第一家茶艺馆“太极茶道苑”开始，历经了十多年的发展，目前杭州市区的茶艺馆有500多家，一般位于西湖一带或主要商业区，形成了几条特色街道，如曙光路茶街、南山路茶街、湖滨路茶街（包括环城西路）等。如今，杭州的茶艺馆居于茶馆的主流地位。杭州茶艺馆地理位置优越，环境服务经典，茶叶品种多、质量好，泡茶技法讲究，是传统茶馆向更高层次发展的产物，也是茶馆为迎合现代人的需求而自我发展的产物。茶艺馆规模一般都在600—700平方米以上，最大的可达5000平方米，人均消费在50—100元。普通茶馆次之，人均消费在25—45元。分散在各个社区的茶馆则占据了中低档的市场份额，人均消费在10—30元。经过20年的发展，杭州茶艺馆的经营水平在全国已经处于领先地位。[2]杭州茶艺馆是杭州城市休闲空间扩大和重构的产物，是传统茶馆休闲生活方式的历史继承和创新，映衬着杭州人生活方式、文化习俗和人文环境的变迁。

还值得一提的是，伴随时代的发展和人们消费观念的改变，杭州茶楼行业在传承文化的同时不断推陈出新，将现代人的生活理念与需求融入其中，加入现代休闲时尚元素，首创出自助式茶点的经营模式，该模式甚至成了全国茶馆业模仿的对象，被业内公认为“杭州模式”。杭州茶楼行业已由过去的品茗赏景为主发展到集休闲、饮食、娱乐、交易等多种功能于一身的现代茶馆，成为杭州市居民休闲会友的时尚场所、商务客人洽谈的首选和旅游者体验杭州茶文化、休闲文化、饮食文化的最佳去处。[3]

据不完全统计，截至2007年年底，杭州市有各类茶楼、茶室、茶馆、茶坊、茶苑、茶吧及景区农家茶楼等1000多家，[4]形成了都市茶艺馆、景区茶馆、农家茶楼、社区茶室、主题茶园五大类别，档次不同，情调各异，或在山水之间，或在街头巷尾。

在杭州，喝茶与传统的休闲享受的生活取向密切有关，如今的杭州茶馆已是杭州人全民性的休闲场所，被形象地称为“城市的客厅”。“你文人喜欢西湖喜欢喝茶，我踏儿哥马大嫂（方言：三轮车工和家庭主妇的意思）也是喜欢的呀。”[5]在杭州人眼中，茶馆是个大众休闲的场所，并没有什么特殊的“尊贵”身份，普通的市民都享受得起。

徐明宏根据自然抽样的原则进行了调查访谈，得出如下的结论：在杭州，进行过茶馆休闲活动的人数占到了总人数的90.9%；茶客的男女性别比例是1∶0.92，已经基本持平；文化程度有小学、初中或技术、中专或高

[1] 杭州茶楼业协会编：《杭州茶馆业发展报告蓝皮书（2009年）》，杭州出版社2010年版，第16页。

[2] 徐明宏著：《杭州茶馆——城市休闲方式的社会学分析》，东南大学出版社2007年版，第15页。

[3] 《杭州十大特色潜力行业发展规划（2007—2020）》，杭州市人民政府办公厅2008年7月颁布。

[4] 《今天请你为茶楼演艺行业投上一票》，载《都市快报》2008年11月21日，第37版。

[5] 杭州市旅游委员会编：《泡杭州》，浙江摄影出版社2003年版，第61页。

中、大专及以上等不同层次；职业遍布各个领域；收入水平下至500元以下，上至5000元以上，茶馆的休闲主体呈现多元化。[1]茶客在茶馆里平均每次逗留时间为1—2小时的占10%，3—4小时的占57.8%，5—6小时的占27.8%，7小时以上的占4.4%。对于茶馆休闲的时间，茶客表示很充裕和比较充裕的、比较匆忙和匆忙的、介于两者之间的，分别占总数的42%、6%和52%。茶客中月均收入500元以下的占8.2%，500—1000元的占16.3%，1001—2000元的占22.1%，2001—3000元的占22.1%，3001—5000元的占25.6%，5000元以上的占5.8%。对于茶馆休闲的费用，表示适中的和偏高的，分别占总数的82%和18%。可见，休闲时间和费用对于绝大多数杭州市民来说不再是一种限制，茶馆已经成为杭州人一种更具开放性的公共休闲空间。[2]

[1] 徐明宏著：《杭州茶馆——城市休闲方式的社会学分析》，东南大学出版社2007年版，第69页。

[2] 同上书，第77页。

杭州悠久的茶文化历史积淀和浓厚的茶饮习俗氛围使杭州在2005年第一届西湖国际茶文化博览会上获得了“中国茶都”的美誉。杭州成为中国茶都，不仅是因为茶业、茶景、茶事、茶人、茶学、茶经，更主要的是因为茶与杭州的日常生活关系密切，茶文化和茶习俗已经深入杭州的大街小巷。

三　东方休闲之都，品质生活之城

时至今日，东方休闲之都，品质生活之城的形象已逐步为杭州人所认同。而这个形象也正是基于杭州人和城市的休闲个性而做出的城市定位。在这之前，杭州城市的定位经历了一个不断完善的过程。

新中国成立之初，杭州城市的定位是“旅游参观城市”，不少国外贵宾来到北京后常被招待到杭州游览，杭州成为政府接待型的观光城市。作为全国最早对外开放的旅游参观城市，杭州把恢复生产、整修被战争破坏的西湖风景名胜和建设部分休疗养设施作为一项重要工作。

1953年，结合“一五”计划的实施，建设部邀请苏联专家来杭州帮助作城市规划，绘制了《杭州市初步规划示意图》，提出杭州的发展定位为“风景兼文教和轻工业为内容”的休疗养城市。城市规模定为60万人口中等城市。这是首次编制的杭州城市总体规划，又是苏联专家亲临现场作具体指导，这个定位在相当长的一段时期对杭州城市产生巨大影响。

苏联模式规划制定以后，自1953年起，环西湖的不少秀美地段被圈占土地，开辟为休养区、疗养区，陆续建起一批批休养所、疗养院，或是把著名的景点精品改变为特殊人物的别墅。所谓“休疗养城市”，实质成了某种特殊享受领地，大面积的风景区，民众并不能靠近。除了最精美的区域之外，边缘地区有一些疗养院、休养所则用来接待劳动模范、中高级官员，而普通民众是根本没有机会休闲和疗养的。当时的休疗养均须由政府组织接待，并非自由往来。这样一来，把新城市初建时的有限资金与资源，投向了休疗所、疗养院和特殊庄园，而放松了具有潜力亟待扶持的旅游产业，忽视了广大人民和海内外游者的利益。[1]

[1] 邹身城等著：《杭州城市发展史》，新华出版社2007年版，第79页。

1956—1959年为“大跃进”时期，由于受大跃进和人民公社化的错误影响，杭州的城市目标定为“建设以重工业为主的综合性城市”，杭州钢铁厂等40多个具有一定规模的企业，初步形成了从艮山门到半山的重工业区。

从新中国成立初期到改革开放前，杭州没有找准自己的城市定位，作为一个风景优美、历史文化底蕴深厚的城市，杭州当时的休闲旅游业是非常冷清的，虽由多种因素导致，但其中规划定位的导向性偏差也是重要原因之一。

到1979年，国家认定杭州的城市性质是“全国重点风景旅游城市，浙江省的省会”，产业经济方面重点发展丝绸工业和电子仪表等其他轻工业。1993年，杭州市重新定位为国际风景旅游城市和国家级历史文化名城，长江三角洲地区的重要中心城市，浙江省政治、经济、文化中心。2001年，杭州市政府宣布把杭州打造成为未来中国乃至世界的“休闲之都”。2006年，杭州成功举办了世界休闲博览会，这在中国是首次。

杭州精致和谐的山水风光，悠久丰富的历史文化，较高的经济发展水平，以及长期以来杭州市民平静安逸的生活，造就了杭州人和杭州城市的休闲个性。杭州自古就是中国休闲色彩比较浓烈的城市，杭州城市的休闲气息弥漫在山水之间，融化在杭州人日常生活的花鸟虫鱼、酒肆茶楼、戏曲娱乐之中。杭州提出打造“现代休闲之都”的目标，正是基于对杭州城市个性的正确认识。从此，休闲成为杭州的主导功能，在城市经济、文化和社会的发展中起着至关重要的作用。

为了打造“休闲之都”，修复杭城的历史文脉，营造更好的休闲设施和氛围，杭州进行大规模城市基础设施建设，重视环境生态保护，实施“蓝天、碧水、绿色、清净”工程，实施背街小巷的改造工程。目前杭州已获得“中国优秀旅游城市”、“全国最具安全感的城市”、“国家卫生城市”、“全国环境保护模范城市”、“全国园林绿化城市”、“全国科教兴市城市”、“全国精神文明创建先进城市”等多项荣誉称号。继2000年10月杭州被联合国人居中心评为“最适合人类居住的城市”后，2001年9月又再次被联合国人居中心评为“人居环境改善国际最高奖”，成为世界上9个获此殊荣的城市之一，成为“最适合居住的城市”之一。

为了打造“休闲之都”，杭州对休闲城市的规划和建设也走在了全国前列。时至今日，旅游产业已成为杭州休闲产业的现实基础、主体形态和带动引擎。杭州先后实施了西湖南线的拓展、北线的修缮，西湖、西溪湿地、运河三大综合保护工程，“旅游西进”，积极打造“名城名湖名山”黄金旅游线，大力加强旅游资源的保护，开拓西湖的人文风光。另外，杭州从2004年启动旅游国际化的战略，该战略是杭州建设“东方休闲之都·品质生活之城”的重要内容，是推进杭州成为现代化国际风景旅游城市的重大举措。到2006年，全市接待入境过夜旅游者182.02万人次，2004—2006年年均增幅21.6%；旅游外汇收入9.09亿美元，2004—2006年年均增幅23.4%；入境旅游者在杭人均日花费194.76美元，2004—2006年年均增幅为2.1%。[1] 2008年，杭州市接待入境游客更是达到221.33万人次，实现旅游外汇收入12.96亿美元，来杭的国内游客超过4500万人次，旅游总收入达707.2亿元，[2]杭州成了旅游的天堂。杭州旅游经过改革开放30多年的奋力发展、特别是进入21世纪以来的跨越发展，取得了世人瞩目的卓著成绩：旅游产业已然成为杭州市国民经济的支柱产业、优势产业和战略产业（现代服务业的龙头产业），旅游排位昂然雄踞全国第一方阵，旅游发展率先探索科学转变方式，旅游竞争开始瞄向世界市场、并谋求介入全球竞争与国际分工。

演艺行业是杭州休闲的又一个重要组成部分。近几年来，随着人们文化消费需求的不断增长和休闲旅游业的不断发展，杭州市演艺行业快速发展逐渐呈现出良好的发展态势。《宋城千古情》、《西湖之夜》和《印象西湖》等驰誉全国。由宋城股份公司精心打造的《宋城千古情》是旅游与文化结合的典范之作，与美国的拉斯维加斯脱口秀，法国巴黎红磨坊并称为“世界三大名秀”，每年接待国内外游客220万人次。

2005年，杭州十大休闲基地建设全面启动，分别是：以国际水准为要求的环西湖旅游休闲商务区、以高尔夫球高端旅游产品为代表的富春山居、以滨水休闲度假为主题的西溪国家湿地公园、千岛湖旅游度假基地、新安江避暑胜地、余杭南湖滨水度假基地，以山地休闲度假为主题的天目山休闲度假基地、大明山高山度假基地，以温泉休闲度假为主题的湘湖休闲度假基地、大清谷度假基地。2007年杭州开始积极培育美食、茶楼、演艺、女装、婴童、化妆、保健、疗休养、运动休闲、工艺美术十大特色潜力行业。经过多年的规划和建设，杭州已形成了休闲度假、文化娱乐、体育健身、休闲餐饮、都市购物、媒体传播六大类旅游休闲场所和设施，数目繁多、特色鲜明且颇具规模，杭州已逐步发展成中国最佳的休闲城市之一。

休闲需要一定的物质基础。据统计，2001年，杭州人均国内生产总值将近3000美元，是中国最富裕、消费能力最强、最具发展潜力的地区之一。历史表明，当一个国家或地区人均GDP达到2500美元时，社会就会进入休闲消费的急剧扩张期，人们将拥有相当的经济实力、闲暇时间投入休闲消费。2005年杭州人均GDP达到44487元，折合美元突破了5000美元，2006年人均GDP达到51817元，折合美元达到6505美元，2008年按全市常住人口计算的人均GDP为60414元，按户籍人口计算的人均GDP为70832元，折合美元分别达到8699美元和10199美元。[3]人均GDP

[1] 杭州市旅游委员会：《杭州市深化实施旅游国际化战略的专题调研报告书》（2007年）。

[2] 《新西湖，新杭州，新生活——杭州旅游60年之巨变》，《杭州日报》2009年9月28日，第E11版。

[3] 《杭州市2008年国民经济和社会发展统计公报》，2009年2月16日，杭州统计调查信息网，http：//www.hzstats.gov.cn/web/ShowNews.aspx？id = KqbMp/OsWUI = 。

超过5000美元后，居民消费将开始追求生活质量和生活品质，休闲生活将成为居民消费重点。

2007年，杭州市团委依托杭州市青少年成长发展环境监测网络，对全市8—35岁的青少年休闲生活状况进行了问卷调查，其中生活物质基础条件一项的调查结果是：杭州青少年所在家庭年收入2万—4万元的比例为37%，4万—10万元的家庭所占比例高达37.4%，10万元以上的占8.1%；职业青年月收入在1000—3000元的占68.3%，超过3000元的占9.3%。收入水平的提高为青少年实现丰富的生活追求奠定了较为厚实的物质基础。[1]

在杭州，休闲风尚素有传统。随着杭州休闲物质基础的不断雄厚以及休闲设施和休闲环境的不断完善，有着传统休闲心理基础的杭州居民越来越重视休闲在生命中的地位，越来越注重精神文化的消费，在文化娱乐方面的消费开支持续上升。1995年市区城镇居民家庭文化娱乐年人均支出为433.13元，到2008年增长到1782.02元。[2]高级音响、家庭影院等各种高档娱乐消费品不断涌入平常百姓家庭。5天工作制的实行，使居民有了更多的休闲时间，举家外出旅游渐成时尚，开始成为休息日生活的内容之一，出国旅游的人数也在不断增加。在市区，1997年人均用于旅游的支出比1980年增长了3.2倍。2005年市区城镇居民人均旅游支出为422元，比2000年增长1.4倍，旅游消费已成为时尚。为了适应社会竞争，提高自身素质，不少居民利用业余时间参加电大、函大、夜大、自学考试等各类成人教育培训，不惜重金投向子女教育。1997年城市居民用于教育的支出比1985年增长18倍。农民人均用于文教娱乐等方面的支出在1997年达247元。[3]又据统计，2000年杭州城区人均用于休闲消费的支出将近6000元，在全国名列前茅。2004年，杭州市政府报告指出，有47%的杭州人选择将每月收入的5%—10%用于休闲消费。据有关部门在2005年的统计，在长三角各城市中，杭州人的消费倾向高达80.9%，而上海、台州、常州等城市消费倾向均在70%左右。[4]

杭州人的休闲娱乐方式也日趋丰富多彩。2006年杭州市旅游委员会公布了《杭州市晚间娱乐休闲生活发展报告》，报告调研的对象包括了茶馆、酒吧、咖啡馆、夜宵排档、卡拉OK、体育健身、文化场所、特色街区等14个晚间娱乐休闲业态，共涉及单位1万多个，杭州市市民、来杭的国内外旅游者填写了1700份问卷。调查发现，茶楼是市民们最喜欢的晚间娱乐休闲活动场所，其次是商场、KTV等；晚间娱乐休闲活动区域人气最旺的是武林广场、延安路一带，其次是环西湖沿线、吴山一带；而影响人们是否参加晚间娱乐休闲活动的因素依次是天气状况、身体状况、生活节奏等。[5]

另据调查，泡吧、喝茶、购物、爬山、健身、看电影、玩棋牌、游览风景名胜等都是杭州人喜欢的周末活动。在47位女性被调查者中，有

[1] 史及伟、曹增节著：《杭州与国外生活观念比较》，杭州出版社2007年版，第122页。

[2] 杭州市统计局、国家统计局杭州调查队编：《2009杭州统计年鉴》，中国统计出版社2009年版。

[3] 中共杭州市委宣传部、杭州市统计局编印：《杭州20年巨变——改革开放以来杭州经济和社会发展成就纪实》，1998年印本，第131页。

[4] 史及伟、曹增节著：《杭州与国外生活观念比较》，杭州出版社2007年版，第143页。

[5] http://www.hangzhou.com.cn/20050801/ca112183-4.htm.

81%的周末计划中有逛街购物这项内容。选择在家睡觉的被访者也有19人。一般来说，全家出游的大多选择游览风景区、看电影，而与朋友在一起的则喜欢打牌、搓麻将、泡吧。一人过周末的，在家睡懒觉、上网是较多的选择。[1]

[1] 史及伟、曹增节著：《杭州与国外生活观念比较》，杭州出版社2007年版，第126—127页。

2004年、2005年和2006年，在各方举办的中国大城市幸福指数调查结果均显示，杭州是中国最具有幸福感的城市。幸福指数是反映人的生存和发展状况的积极的情绪体验，是民众主观的生活质量的核心指标，它从一定程度上展示了城市的生活品质。城市生活品质的一项重要内容就是休闲生活的数量和质量。2008年1月，在新浪网主办的年度综合网络评选中，全国网民投票推举杭州市为中国2007年度唯一“生活品质城市”。

总之，杭州无论是自然条件、气候特征、经济社会环境，还是杭州民众的心理和娱乐行为，都堪称是国内最好的休闲城市，杭州居民的休闲生活品质正在不断提高。

第二节　衣食住行的时尚

1949年以来，尤其是改革开放以来，随着经济的发展，杭州人民生活水平不断提高，正以迅猛之势，改变着杭州人的衣食住行。菜篮子日益丰富，普通人有了自己的住房，穿着越来越时尚，交通设施越来越发达，交通出行经历了一个从追求快捷到追求低碳的转变。在物质生活水平提高的同时，杭州居民更注重文化生活的消费，教育、文化、旅游、娱乐消费支出日益增加，大屏幕彩电、高级音响、家庭影院、电脑、健身器材正涌入家庭，杭州人的衣食住行日趋时尚与浪漫。

一　吃在杭州

1949年至改革开放前，由于历史原因，再加上20世纪50年代末和60年代初的“左”的错误指导，人们生活在一个物质匮乏的年代。在当时计划经济体制下，城市居民的消费品通过严格的配给制实现分配，配给量仅能满足生存的需要。由于受消费品短缺的限制，加上居民人均生活费支出少，杭州市居民在衣食住等方面表现出较为普遍的半自给倾向，生活资料有一部分自己生产，或从市场购得原料后自己加工。[2]

[2] 郭泰鸿、王梓祥主编：《杭州发展特色研究》，1995年印本，第94页。

林之、张磊编的《杭州影像》就记录了当时杭州生活的种种情景，其中肖向云回忆的《1963年的“模特”》值得一读：

> 1959年至1961年的三年自然灾害，给新中国带来了苦难，我们已经忘记，但脑子依然很灵光的刘女士的记忆却很清晰。因为1963

年的某一天，她成了“明星”。那一年，她29岁，是五个孩子的母亲，丈夫在工厂工作，她的“工作”，则是专职在家照顾孩子和公婆。

有一天，居委会把刘女士叫去，说明有北京来的记者到杭州拍照片，安排刘女士当“模特”。原来，当时国家仍然穷，市场物资匮乏，菜市场里也买不到几样蔬菜，家禽更是罕见。美国人讥笑中国人没菜吃，只能喝汤。为了政治宣传需要，《人民画报》选中杭州，要推出一组“繁荣的杭州市场”的摄影报道，来反映中国人民的日子过得红火，有吃有喝。

导演将场地选在龙翔桥农贸市场。有关部门特地从上海运来了蔬菜和家禽。受居委会的叮嘱，刘女士特意打扮了一番，家里实在穷，从左邻借了一件新衣裳，右舍借了个新菜篮，还借了支口红抹了一下嘴唇。

这天菜市场可热闹了。上午是排练，《人民画报》的记者同志也早早地来了，指挥着布置这些借来的“道具”。居委会还组织了十多位家庭妇女，扮成顾客在市场“选购”，作为拍摄的背景。来看热闹的人，把菜市场围得水泄不通。下午正式拍摄。菜市场光线不大好，居委会搞来了一块大镜子，配合拍摄。刘女士还记得那位记者的名字，叫何世尧，40多岁，很专业的摄影人，不知还健在否。那天，刘女士可风光了，就像个大人物，成为菜市场的焦点。篮子里装着花菜、活鸡等农产品，尽管走过来走过去，身子转过来转过去，她被折腾得有点累，但还是精神焕发，笑容甜甜。拍了老半天，终于收工了。孩子们围了上来，欢叫着：“妈妈今天好漂亮！”尽管那只鸡并没有吃到，但刘女士还是很高兴：“那时候这是很光荣的……”

不久，《人民画报》刊登了“繁荣的杭州市场”图片专题，共两个版面，刘女士的大幅彩色照片几乎占了一个版面。[1]

从这一则亲历事件的叙述中，我们可以想见当年物资的匮乏和人们生活的窘困，不过在那个年代里，人们却又是很容易满足的。

改革开放后，生产力得到进一步解放。在农村，普遍实行了家庭联产承包责任制，短短一两年时间，基本解决了吃粮难的问题。一大批农民走出田垄办企业，乡镇企业异军突起。农村改革的深化，直接推动了城市经济体制的改革，实现多劳多得、按劳分配这一社会主义分配原则。城乡居民的腰包开始鼓了起来。经济的快速发展，使人们告别往日经济上的“紧缺”，迎来了市场供应丰富、商品琳琅满目的买方市场。人们的衣食发生了巨大的变化。到1997年，杭州城市、农村居民的总体生活质量按照国家小康标准测算，实际得分值已在95分以上，基本上实现了小康。[2]

有人说：苏州卖花，上海卖报，杭州卖吃的，由此可见这三座城市风格上的区别。随着收入的提高和市场的活跃，杭州以往“吃饱为主”的

[1] 林之、张磊编：《杭州影像》，浙江摄影出版社2005年版，第139—140页。

[2] 中共杭州市委宣传部、杭州市统计局编印：《杭州20年巨变——改革开放以来杭州经济和社会发展成就纪实》，1998年印本，第128页。

观念已逐渐被“吃好为主”所代替，由“主食型”向“副食型”、再由“副食型”向“营养型”转化，食品消费结构逐渐优化。主食消费的绝对值量和比重逐年下降，粮食占食品支出的比重从1984年的15.6%下降至1997年的6.7%。[1]富含蛋白质、维生素和有益身体元素的食品消费开支不断增加。2008年与1995年相比，肉禽及其制品、蛋类、水产品类分别增加73%、29%、60%，蔬菜、酒和饮料分别增长75%、160%（见表8—1）。保健食品的需求量持续上升，有益于身体健康的粗粮消费增长，烈性酒与腌制食品需求下降。

[1] 郭泰鸿、王梓祥主编：《杭州发展特色研究》，1995年印本，第94页。

表8—1　　主要年份市区城镇居民家庭食品类人均消费性支出　（单位：元）

项目	1995年	2000年	2001年	2002年	2003年	2004年	2005年	2006年	2007年	2008年
消费性支出	5558.62	7789.68	8967.74	9214.59	9949.76	11212.78	13437.58	14471.74	14895.75	16719.1
食品类	2774.32	3303.48	3501.05	3707.16	3853.45	4420.99	4682.4	4817.63	5526.1	6410.16
粮食	235.38	206.76	217.27	194.61	205.84	260.01	249.84	261.17	281.37	326.91
油脂类	49.08	56.88	51.02	50.22	61.78	80.95	72.5	77.18	118.54	162.29
肉禽及其制品	554.87	514.56	485.77	505.22	531.06	585.77	574.29	554.89	729.53	959.13
蛋类	57.23	43.8	43.38	48.06	51.06	54.11	55.16	52.42	65.29	73.73
水产品类	395.19	514.2	523.48	507.05	501.94	563.65	466.42	500.68	581.65	633.72
菜类	266.63	302.88	296.62	356.57	376.82	419.59	364.56	404.51	444.28	467.75
酒和饮料	146.63	192.12	213.25	211.67	235	259.16	298.47	259.11	308.87	381.41
干鲜瓜果类	211.93	214.44	214.33	269.42	276.1	309.77	335.2	365.87	428.02	433.91
在外用餐	368.6	531	672.56	813.27	800.37	962.59	1232.68	1285.9	1366.37	1684.34

资料来源：《2009年杭州统计年鉴》，杭州统计调查信息网，http://www.hzstats.gov.cn/web/tjnj/nj2009/12/nj_.htm。

恩格尔系数是指食品支出额占消费总支出的比重。由于吃的开支在消费总支出中一直处于优先考虑的地位，只有该层次的消费被满足后，消费才会向其他层面扩展，因此，食品支出的比重从一个侧面反映了生活水平的高低。恩格尔系数越低，生活水平就越高。一般认为，恩格尔系数在60%以上为贫困，50%—59%为温饱，40%—49%为小康，39%以下为富裕。新中国成立以来很长一段时间，杭州人在家庭账单上的支出，花在“食”方面的开支总在一半以上，到现在，杭州市居民和农民的恩格尔系数已经由1981年56.4%下降到2005的35%左右。[2]杭州已达富裕。

[2] 数据来源：2006年2月21日，杭州网，http://www.hangzhou.com.cn/20050801/ca101-2366.htm；中共杭州市委党史办公室等：《杭州50年》，杭州出版社1999年版。

从2007年3月和2008年12月的市区月人均消费情况中，也可以看出杭州人在吃上的支出比重，如表8—2和表8—3所示：

表8—2　2007年3月市区人均可支配收入及市区人均消费性支出

指标	单位	本月	累计	为上年百分比
市区月人均可支配收入	元	1610.54	2341.89	113.5
市区月人均消费性支出	元	1234.93	1285.77	108.7
其中：食品支出	元	489.02	513.37	114.4
衣着	元	98.95	170.99	121.4
设备用品及服务	元	98.73	102.84	128.4
医疗保健	元	33.72	54.99	149.6
交通与通信	元	83.06	91.06	123.1
娱乐文教服务	元	155.07	162.35	84.7
居住	元	236.13	149.36	89.1
杂项商品与服务	元	40.35	40.81	95.2

资料来源：《2007年杭州市统计月报——人民生活（3月）》，杭州统计调查信息网，http：//www.hzstats.gov.cn/web/y_ data.aspx？prmid = nVurQXqtOJU = &prmnf = eAhjoJ6E01A = &name = 77mdvVkKgqsfGJG4A8HJwA = =。

表8—3　2008年12月市区人均可支配收入及市区人均消费性支出

指标	单位	本月	累计	为上年百分比
市区月人均可支配收入	元	1809	24104	111.1
市区月人均消费性支出	元	1330	16719	112.2
其中：食品支出	元	529	6410	116.0
衣着	元	160	1657	109.5
设备用品及服务	元	44	762	112.4
医疗保健	元	91	1132	118.5
交通与通信	元	151	2590	101.6
娱乐文教服务	元	86	1782	105.5
居住	元	131	1814	120.2
杂项商品与服务	元	38	571	120.2

资料来源：《2008年杭州市统计月报——人民生活（12月）》，杭州统计调查信息网，http：//www.hzstats.gov.cn/web/y_ data.aspx？prmid = nVurQXqtOJU = &prmnf = yQhjbM3THCE = &name = 77mdvVkKgqsfGJG4A8HJwA = =。

随着生活节奏的加快以及消费水平的提高，各种快餐食品、方便食品在杭州十分畅销，居民在外用餐的比率明显增多，“下馆子”已是常事，到宾馆饭店吃年夜饭如今已成流行趋势。据统计，2006年，杭州市年夜饭预订达11202桌，其中杭州城区达9432桌。以每桌10人计算，杭州在外吃年夜饭的大约有10万人。2007年除夕夜约有20万杭州人在饭店吃年夜饭。[1]从城镇居民家庭平均每人全年在外用餐费用支出来看，1980年该指标还未列入《杭州统计年鉴》进行统计，因为在改革开放初期，杭州

[1]《这三十年：杭州生活刻度》，《杭州日报》2008年12月19日，第A07版。

居民在外用餐的现象还属少数现象。但到1992年，据《杭州统计年鉴》记载，杭州城镇居民家庭平均每人全年在外用餐费用支出为215.64元，反映了杭州城镇居民生活水平的提高程度。1995年该指标的统计数据为368.6元，仅三年时间就增长70.9%。2004年达到962.59元，是1995年的2.6倍。2008年更是达到了1684.34元，是1992年的7.8倍多。无论是仅从数字上看，还是与以前数据相比较而言，杭州城镇居民家庭平均每人全年在外用餐费用支出都属于较高水平。随着工作节奏的加快和居民生活品位的提高，在外用餐已由原来节假日和宴请消费扩大为家庭日常生活消费。

在此背景下，住宿餐饮业成为消费市场中增长幅度最大的行业。据《杭州日报》报道，2007年一季度，随着多种节假日频频降临和来杭旅游人数的增多，吃年夜饭、走亲访友、婚庆宴席和单位商务活动连绵不绝，由此烘热了餐桌经济。杭州餐饮业的火暴造就了一批杭州餐饮业的名店：楼外楼菜馆、知味观、天香楼大酒家、奎元馆、张生记饭店、南方大酒家、新开元大酒店、喜乐酒店、新三毛大酒店、花中城大酒店等，不同类型、不同档次、不同品味的市民都有其称心的大大小小的餐馆。杭州清河坊历史街区的特色美食发展迅速，吸引了40多家各具特色的餐饮美食企业入驻，初步形成了特色餐饮的集聚效应，深受外地游客和杭城市民的喜爱。

截至2007年6月底，全市现有餐饮美食企业19000余家，其中市区8000余家。全市餐饮美食业（含宾馆）从业人员达17.95万人。[1]2007年，杭州实现餐饮业零售额143.06亿元，同比净增23.31亿元，增长近两成，高出社会消费品零售总额增幅3个百分点。[2]杭州餐饮美食门店规模也不断扩大，总营业面积超过一万平方米的餐饮企业已为数不少。

此外，连锁经营已成为杭州美食业发展的一种趋势，外婆家、九佰碗、新丰、知味观以及洋快餐企业均通过对餐饮美食市场的细分，成功地锁定消费人群，从而得到了良好的发展。大多数杭州人在选择“下馆子”的场所时往往会选择去连锁餐饮店。数据显示，2007年杭州限额以上连锁餐饮业拥有门店数达到614个，连锁餐饮业实现营业收入36.83亿元，相当于限额以上餐饮业营业收入的60.6%。[3]

近几年，杭州的美食发展势头更为迅猛，兼收并蓄，积极向外拓展，新涌现出了一大批知名的餐饮美食品牌企业，在历年的中国美食节中，有13家杭帮菜企业被评为“中华餐饮名店”，有5家被授予“国际餐饮名店”荣誉称号。杭州餐饮在立足本地的同时，近年来成功实现了向上海、南京、北京、香港等各大地区和城市的扩张。据不完全统计，目前，杭州知名餐饮美食企业已在全国近20个城市开出了近百家餐饮连锁店，在海内外形成了“杭帮菜”效应。[4]以前，人们都知道“八大菜系”，尤以鲁菜令人瞩目，而其中的浙菜也并非仅指杭菜。然而在近几十年的发展中，

[1]《杭州十大特色潜力行业发展规划（2007—2020）》，杭州市人民政府办公厅2008年7月颁布。

[2]《这三十年：杭州生活刻度》，《杭州日报》2008年12月19日，第A06版。

[3]同上。

[4]《杭州十大特色潜力行业发展规划（2007—2020）》，杭州市人民政府办公厅2008年7月颁布。

"杭帮菜"的知名度不断提高，已成为不争的事实，在北京、上海等大都市都有以"杭帮菜"为招牌的名店，便是明证。

二　女装之都

20世纪五六十年代，人们穿着很单调，大街上各个年龄层次都是清一色的"中山装"和"解放绿"，人们脚上穿的多是草绿色的解放牌胶鞋，鲜有女孩子穿裙子。那时的人们在革命思想的熏陶下，不爱红装爱武装。60年代末，年轻人中开始流行起了白力士鞋。改革开放以后，爱美的窗口终于打开，求美的本性得到回归，人们在脱下蓝、绿、灰清一色服装后，开始求新、求美、求异，讲究时尚、款式和个性化，对于服装款式和品牌的追求越来越取代对面料和耐用性的追求。1995年市区城镇居民人均衣着消费支出为665.02元，到2008年上升到1656.81元，增长了2.49倍。2005年市区城镇居民人均购买服装9.51件，比2000年增加2.71件。为追赶时尚，衣着更新速度明显加快，一季多服的消费趋势越来越明显。2005年杭州市平均每个季度人均购买衣着2.38件。据限额以上批发零售贸易企业统计显示，2008年1—9月服装鞋帽针纺织品类同比增长22.9%，是增长较快的商品类。[1]服装成衣化趋向越来越明显，用于购买成衣的支出越来越大于购买衣着材料的支出，2005年市区城镇居民购成衣与布料的消费比为126∶1，而2000年仅为24∶1，[2]对于城市居民家庭来说，购买成品已经取代购买材料或半成品自己加工的消费模式了。

物质生活的日益丰富为人们服饰的改变提供了物质基础，西服、连衣裙悄然进入老百姓的生活，人们的服饰逐渐多姿多彩，各种类型、各种风格的服装不断涌现，各类时装表演、选美选秀开始出现，并逐步为大众所接纳，人们的个性追求得到全社会大多数人的认同。在20世纪80年代，杭州人以戴太阳镜、留长头发、穿喇叭裤、蝙蝠衫为时尚。随后又出现了脚踏裤，在杭城女子中形成健美裤的旋风，直到90年代才逐渐消失在人们的视线里，如今体现个性和气质的服装已经成为时代的主流，杭州人更加追求品味和得体。另外，追求穿着的时尚也不再是年轻人的专利，中老年和儿童也都开始讲究服饰的美观、大方。

杭州素有"丝绸之府"的美誉，丝绸衣物历来出名。现在，典雅、清丽、简约、飘逸的杭州女装更成了一张杭州的"金名片"，出现了"江南布衣"、"浪漫一身"、"秋水伊人"等许多本地知名女装品牌，形成了四季青大型服装集散地，成功打造出武林路、杭海路等比较成型的服装特色街。杭州女装引领着中国女装的潮流，形成"中国女装看杭州"的气魄。

据有关资料统计，四季青服装特色街是全国最大的服装集散基地之一，被誉为"中国服装第一街"，拥有四季青服装市场等15家专业服装市

[1]《这三十年：杭州生活刻度》，《杭州日报》2008年12月19日，第A06版。

[2]《居民收入增加，生活更加殷实》，2006年2月24日，杭州统计调查信息网，http://www.hzstats.gov.cn/web/ShowNews.aspx?id=4RYF/l0T0d8=。

场，商家近万户，经营的服装注册商标近2000个，成为杭州女装产品辐射全国各地的主要市场流通渠道。武林路时尚女装街集聚了以服装为主包括武林服饰城、杭州鞋城等各类商家近800户，其中经营国内品牌的精品专卖店达30%，个性服装店星罗棋布，形成一条颇具规模、个性时尚服饰店云集的杭州第一条女装特色街，已经成为杭州中高档品牌女装的时尚发散之地。龙翔服饰商圈由龙翔服饰城、明珠小商品城、兴合服饰城、兴合鞋城，以及新声路综合市场二分场、三分场、四分场，浙派女装展示中心，杭派品牌休闲展示中心九大市场组成，形成了“九星连珠”的独特市场格局，是杭州女装面向中低端顾客批发兼零售的主要市场。杭州著名的服装与服饰企业有“杰施”、“周仕依林”、“鑫泰”、“天际”、“伯琪”、“金富春集团”、“江宁丝绸制衣”、“杰丰服装”、“爱莱格”、“南林”、“万诚”、“新洁绣”、“吴越人家”、“利民中式服装”、“汉龙威尔”、“飞勇”、“新泰鑫”、“美千代”、“喜得宝”等，这些企业推进了杭州服装品牌，促进了服装业的产业升级。[1]

杭州女装已成为中国服装行业中的一个重要地域流派，她以“清新而不轻浮、休闲而不张扬、婉约又融合时尚”的独特个性，日益被国内外时尚界所注目。杭州女装还在大踏步地发展，通过女装研发中心、女装发展基金、女装生产中心、女装特色街、国际女装城等，杭州正在把自己打造成中国女装设计、制造、销售和展示中心。不仅如此，杭州女装文化已然融入到杭州人的日常生活中，成了一种休闲、时尚和享受。

各种金银珠宝饰品和中高档化妆品也涌入普通工薪阶层家庭，化妆品超越了年龄和性别的界限，男女老少都用。调查显示，1997年市区居民在化妆品的支出比1985年增长3.2倍。[2]随着生活品位的提升，杭州市区城镇居民更加讲究打扮追求靓丽。2005年，市区城镇居民包括美容美发等个人消费在内的杂项商品及服务支出为445元，比2000年增长65.4%，年递增10.6%。2005年人均金银珠宝饰品、美容化妆品和美容费支出分别为63元、87元和67元，分别比2000年增长1.57倍、2.89倍和8.34倍，年递增分别为9.4%、23.7%和52.8%。[3]另据统计，珠宝位列杭州人最钟爱的商品之一，据限额以上批发零售贸易企业统计显示，2008年1—9月金银珠宝类零售额同比增长23.7%，增长速度位列各类商品前茅。[4]

爱美之风的盛行引发了杭州化妆行业蓄势待发的新气象。创建于1862年的杭州“孔凤春”是中国有历史记载的最早的化妆品，孔凤春厂是中国化妆品生产行业最早的厂家，较早的发展历史，为杭州化妆行业奠定了良好的发展基础。目前杭州涌现出乐金化妆品有限公司等一批国际知名企业和品牌，受到越来越多爱美人士的厚爱。2009年年底，杭州市化妆行业企业数量总计7821家，其中，化妆品生产企业7家、销售企业6516家，美容美发企业702家，婚纱摄影企业596家；化妆品行业实现营业收

[1]《杭州休闲产业发展纲要》，未刊稿。

[2]中共杭州市委宣传部、杭州市统计局编印：《杭州20年巨变——改革开放以来杭州经济和社会发展成就纪实》，1998年印本，第130页。

[3]《居民收入增加，生活更加殷实》，2006年2月24日，杭州统计调查信息网，http：//www.hzstats.gov.cn/web/ShowNews.aspx?id=4RYF/l0T0d8=。

[4]《这三十年：杭州生活刻度》，《杭州日报》2008年12月19日，第A06版。

入 70 亿元、美容美发 2 亿元、婚纱摄影行业 4 亿余元。杭州爱美之风也吸引了一批批国际知名企业和品牌不断进驻杭州，外商独资企业有玫琳凯（美国）、高丝（日本）、碧雅诗（日本）等；中外合资企业有杭州乐金蝶妆（韩国）等企业。国际知名企业和品牌的产品涉及护肤品、护发品、香水、染发剂和彩妆类的 30 余个一线化妆品品牌，兰蔻、雅诗兰黛、希思黎、资生堂、香奈儿、欧蕙、欧舒丹等品牌的单柜销售，几年来都稳居全国第一，有的甚至位居亚洲首位。杭州市内的美容化妆店也已遍布大街小巷。一些比较有名的美容连锁店分布在各个区域之中，如在武林路、延安路以及体育场路等商贸活动比较活跃的地方，中高档的女子会所、生活休闲馆居多。在杭州余杭还有曼特莉时尚广场、化妆品旅游休闲特色街。另外杭州的婚纱摄影如中波摄影、爱情故事婚纱影楼、怡人婚纱等影楼及浙江花都美容美发中心等连锁化发展也相当迅速。

三　宜居城市

杭州依山傍水，气候宜人，非常适合人类居住，但在 1949 年以后很长的一段时间里，由于片面强调“先生产、后生活”的方针，住宅建设的速度十分缓慢。1949 年到 1978 年的 29 年中，全市仅建房 271.21 万平方米，平均千人年建房仅 2.71 套。所以在 20 世纪五六十年代，为了解决住房问题，房管部门要求居民在住房上发扬主人翁的精神，互帮互助，自觉让出“多余房屋”，并且在 1958 年“私房社会主义改造”中对归公的一些老房子进行内部空间的重新装隔，以便住进更多的家庭。

改革开放后，为了改善居民的居住条件，大力发展住宅建设。在“和谐精致，大气开放”的改革理念下，杭州的城市建设得到了大发展，幢幢新楼拔地而起。1979 年至 1986 年年底，市区住宅累计竣工面积 735 万平方米，比 1979 年以前 29 年建房的总和还增加 1.45 倍。20 世纪 80 年代开始了商品房的开发，1984 年至 1986 年累计安排商品房计划 156.9 万平方米，施工面积 144.69 万平方米，竣工面积 69.9 万平方米，为计划的 40.27%。[1]1986 年起，杭州的住宅建设实行改造旧城与建设新区相结合，以改造旧城为主的方针，并开始完善小区配套设施的工作。改革开放后至 1997 年，先后建成朝晖、翠苑、采荷等 100 多个住宅小区，市区共新建住宅 1879 万平方米，几十万户居民乔迁新居。[2]1999 年随着杭州市新政策的出台，杭州正式迎来了商品房时代。银行贷款按揭购房政策的实施以及人们消费观念的变化，大大刺激了市民的购房欲望。此外，随着住房改革的不断深入，居者有其屋住房保障体系的逐步完善，经济适用房和经济解困房的逐年增加，市区城镇居民住房条件得到了明显改善。1997 年与 1978 年相比，虽然人口增加了几十万，而人均居住面积却由 4.07 平方米扩大到 9.3 平方米，[3]2008 年年底，人均居住面积达到 29.83 平方米，是

[1] 杭州市统计局、国家统计局杭州调查队编：《2009 杭州统计年鉴》，中国统计出版社 2009 年版。

[2] 中共杭州市委宣传部、杭州市统计局编印：《杭州 20 年巨变——改革开放以来杭州经济和社会发展成就纪实》，1998 年印本，第 130 页。

[3] 同上。

1999 年人均居住面积 10.1 平方米的近 3 倍，是 1978 年人均居住面积的 7 倍多。

在农村，更是掀起建房热。从最初的草棚到 20 世纪 70 年代末 80 年代初盖起平房瓦屋，再到 80 年代末庭院式楼房出现。农民住上了宽敞明亮、舒适卫生的楼房，市区近郊及萧山、余杭等地农居甚至已出现农民住宅别墅化趋势。2008 年，杭州农村居民人均居住面积达 69.74 平方米。

除了住宅小区的建设和社区管理的加强，杭州的新建住宅小区都开始配备物业管理，使住宅区内的居民有了一个卫生、安全和美观的住宅环境。对住房结构的要求也越来越高，宽敞、舒适，大客厅、大厨卫的住房受到追捧。与此同时，用于住房装饰的开支日益增加。

随着居住条件的改善和城市公用事业的迅速发展，房屋建筑的结构与设施也大有改观，住宅质量不断提高。供水、供电、供气和卫生设备基本配套，直接提高了人们的生活质量。“厨卫革命”兴起，从“煤炉子”、“气罐子”到“管道煤气”，从“排气扇”到“抽油烟机”，从“浴盆”到“浴房”，居民家庭的厨卫条件得到显著改善。在很长的一段时间里，杭城居民一直使用煤炉，直到 1975 年开始使用石油液化气，煤气供应不断改善，重点发展管道煤气，煤饼炉开始退出历史舞台。1978 年液化气用户仅 0.72 万户，至 1999 年年末，市区居民液化气和管道煤气的用户达 41.06 万户，城市燃气化率达到 93%。2008 年年末，市区居民家庭管道煤气用户达 43.28 万户。此外，2002 年代天然气逐批入户，城东地区率先实行代天然气转换。空混气的热值是现有人工煤气的 3.4 倍，即 1 立方米的空混气相当于 3.4 立方米的人工煤气。经物价部门核准，民用空混气的气价为每度 3.6 元。换算下来，居民月用气费用基本不会高于原有人工煤气费用。[1]

随着生活水平的提高，对享受性、文娱性的家用电器需求不断提高。“家庭大件”在 20 世纪六七十年代是“三转一响”（手表、自行车、缝纫机、收音机）。当时市场上可供选择的手表款式并不多，基本上都是圆形的表面，白色和黄色是两种主打色，男士手表居多。1983 年，每百户职工家庭手表拥有量为 288 块。[2] 时至如今，大大小小的商场里各种款式新颖的手表已琳琅满目，有国产的有进口的，并且手表的计时功能已经弱化，取而代之的是它的象征性。浪琴、欧米茄、雷达、天王、西铁城等世界名表受到杭州人的青睐，手表已经在更大意义上成为身份和时尚的象征。自行车已逐步为小汽车所替代，缝纫机从家庭中消失。20 世纪 80 年代“家庭大件”变成了“三机一箱”（电视机、洗衣机、照相机、电冰箱），到 90 年代，彩电、冰箱、洗衣机已基本普及。在跨入 90 年代后，家用电器向享受型、智力型转变，求功能、求名牌、求精品、求高技术、高品质，不断向国际先进水平接近。[3] 1990 年，杭州允许居民家里装空调，但必须申请，审核办出使用证后才能安装。办证首日，在杭州市电力

[1]《这三十年：杭州生活刻度》，《杭州日报》2008 年 12 月 19 日，第 A07 版。

[2]《杭州统计年鉴》（1984），杭州市统计局 1985 年印行。

[3] 中共杭州市委宣传部、杭州市统计局编印：《杭州 20 年巨变——改革开放以来杭州经济和社会发展成就纪实》，1998 年印本，第 130 页。

局管理大厅就排起了长龙，可见当时对空调需求的旺盛。由于当时家庭空调稀缺，市民就到商场“乘凉”，杭州百货大楼之类的商场门口常聚满纳凉的市民。当然这一景象很快就随着空调的普及而逐渐消失。至 1998 年，市区平均每百户拥有彩电 133.7 台，洗衣机 97.7 台，冰箱 105.3 台，空调 81.7 台，录像机 40.3 台，照相机 62.7 台，自行车 243.3 辆，电风扇 269.3 台，有的家庭还购置了摄像机、家用电脑等；至 2008 年年底，市区平均每百户居民家庭拥有汽车 17.84 辆、空调器 195.53 台、彩色电视机 167.27 台、移动电话 180.87 部、家用电脑 81.74 台、微波炉 69.06 台、淋浴热水器 93.34 台、助力电动车 36.05 辆（见表 8—4）。其中，自行车在 1994 年达到最多，为每百户拥有 293.5 辆，以后又逐年递减，这是因为这些家庭购置摩托车、私人汽车比例越来越多。电风扇也是在 1994 年达到最多，每百户拥有 300.5 台，后来也逐年下降，这是因为家里安装空调的人家越来越多。此外，购买音乐唱片、游戏碟片等娱乐设施也从无到有，持续增长。

各种高档耐用品也相继涌入农民家庭。1998 年，平均每百户拥有彩色电视机 57 台，黑白电视机 57 台，电冰箱 38 台，洗衣机 23 台，电风扇 246 台，自行车 199 台，摩托车 25 台，缝纫机 83 台。至 2008 年年底，农村每百户居民家庭拥有洗衣机 78 台、电冰箱 91 台、空调器 91 台、热水器 73 台、微波炉 20 台、移动电话 179 部、家用电脑 30.18 台。自行车也是从 1995 年达到 209 辆，到 2008 年降为 126 辆，而摩托车相应地从 1995 年的 13 辆增加到了 71 辆（见表 8—5）。

表 8—4　主要年份市区城镇居民家庭平均每百户耐用消费品拥有量

项 目	1995 年	2000 年	2001 年	2002 年	2003 年	2004 年	2005 年	2006 年	2007 年	2008 年
摩托车（辆）	1.5	3.6	4	6.58	7.38	7.53	11	11.67	10.02	4.89
助力电动车（辆）	—	—	4.7	10.75	15.34	20.67	28.67	33.33	35.96	36.05
家用汽车（辆）	—	0.7	0.7	1.4	2.09	3.67	12.83	14	15.44	17.84
微波炉（台）	—	39	44	46.42	54.09	60.25	68.17	67.17	66.5	69.06
影碟机（台）	—	54	58.3	62.43	66.91	67.12	69.67	68.33	—	—
固定电话（部）	—	95	97.7	101.48	106.29	101.36	99.83	97	97.37	92.33
移动电话（部）	—	19	57	96.67	124.88	144.19	178.67	176.83	187.19	180.87
淋浴热水器（台）	43.5	81.3	86	80.47	84.64	86.93	92.33	91.5	94.91	93.34
排油烟机（台）	34.5	72.67	71.67	77.42	78.94	78.55	83.33	85.33	—	—
洗衣机（台）	93.5	96.33	98.86	98.1	98.26	97.92	94.17	96.5	95.73	89.8
电冰箱（台）	103.5	101.67	102.95	101.3	103.68	102.33	100	99.5	100.82	98.15
电炊具（个）	79.5	88	95.5	98.98	111.11	121.28	100.5	106.33	—	—
家用电脑（台）	—	23	30.67	36.3	45.37	56.73	74.5	74.5	82.1	81.74
彩色电视机（台）	102.3	146.67	157.95	161.2	167.49	168.53	182.67	180.67	181.28	167.27

续表

项 目	1995 年	2000 年	2001 年	2002 年	2003 年	2004 年	2005 年	2006 年	2007 年	2008 年
吸尘器（台）	21	23. 33	22. 67	23. 7	25. 58	22. 94	20. 67	20	—	—
组合音响（套）	12	28. 67	30. 68	25	27. 36	29. 89	37. 83	34. 83	33	32. 27
摄像机（架）	—	3. 33	3. 33	2. 2	2. 05	3. 08	7. 5	7	9. 03	9. 2
照相机（架）	54	64. 67	64. 09	61. 1	63. 94	62. 94	59	56. 67	54. 02	51. 5
空调器（台）	43	104	112. 95	122. 55	139. 83	151. 99	183. 33	187. 83	191. 3	195. 53

资料来源：《2009 年杭州统计年鉴》，2009 年 10 月 15 日，杭州统计调查信息网 http：//www. hzstats. gov. cn/web/tjnj/nj2009/12/nj_ . htm。

表 8－5　主要年份全市农村居民家庭平均每百户耐用消费品拥有量

项目	计量单位	1995 年	2000 年	2001 年	2002 年	2003 年	2004 年	2005 年	2006 年	2007 年	2008 年
自行车	辆	209	183	192	184	173	166	124	127	127	126
电风扇	台	211	258	279	275	281	289	267	291	—	—
洗衣机	台	14	34	40	43	46	50	62	72	74	78
电冰箱	台	23	46	50	53	58	63	72	83	88	91
摩托车	辆	13	38	45	49	54	60	73	80	71	71
黑白电视机	台	73	57	55	49	42	33	17	13	10	6
彩色电视机	台	34	86	100	105	115	116	141	156	163	170
录像机	台	3	7	7	7	7	8	7	8	—	—
收录机	台	26	28	29	24	20	21	16	14	—	—
照相机	架	4	7	10	9	10	12	14	17	17	19
抽油烟机	台	4	17	23	24	26	31	39	49	52	55
吸尘器	台	2	3	3	3	3	3	5	6	6	6
空调器	台	1	8	12	14	23	30	12	70	83	91

资料来源：《2009 年杭州统计年鉴》，2009 年 10 月 15 日，杭州统计调查信息网 http：//www. hzstats. gov. cn/web/tjnj/nj2009/12/nj_ . htm。

四　快捷、绿色的交通

交通和通信事业同样发展迅速，交通和通信条件不断得到改善。杭州居民在交通通信服务消费方面支出的增长引人注目，是所有消费开支中增长最快的。交通通信服务开支从 1988 年的人均 12. 72 元猛增到 1997 年的 366. 13 元，增长了 28. 78 倍，年均递增 45. 25%，在消费支出中占的比重由 0. 84% 上升到 5. 4%。[1] 2005 年市区城镇居民人均通信支出 728 元，比 2000 年增长 89%，年递增 13. 6%，占消费性支出比重为 5. 4%，比 2000 年上升 0. 5 个百分点。

通信工具发生了重大变化，形成了固定电话、移动电话、互联网和

[1] 郭泰鸿、王梓祥主编：《杭州发展特色研究》，1995 年印本，第 98 页。

传真（输）等多种通信手段并存的格局。改革开放以前，居民家庭几乎没有电话，现在电话已经是家庭中普通得不能再普通的装备。1999 年，全市电话用户 123.65 万户，全市电话普及率为每百人 27 部，市区更是达到了每百人 61 部，在全国已位居前列。[1]2008 年年末，杭州全市电话用户为 428.57 万户，市区达到每百户 92.33 部。电话不仅在城市得到基本普及，在农村拥有量也与日俱增。除了固定电话外，手机的拥有量也急剧增长。1991 年，中外合作的我国第一代“大哥大”从杭州通信设备厂的生产线上出炉，厚实笨重，状如黑色砖头，重量都在一斤以上，而在当时能拥有这样的“大砖块”是时尚的代名词和身份的象征，从此拉开了杭州移动电话时代的序幕。1992 年 2 月 15 日，浙江省邮电管理局与邮电部杭州通信设备厂、美国摩托罗拉公司正式签订了浙江省移动电话（大哥大）基站系统设备供货合同。5 月 17 日，在杭州西子饭店举行了浙江省第一套 900 兆赫模拟移动电话通信系统（A 网）开通典礼，到 1992 年年底，杭州市区共有 1793 户用上了移动电话。在各类通信工具中，手机凭借其方便、快捷、便于携带等优点发展异常迅猛。2000 年市区每百户手机拥有量仅为 19 部，到 2005 年市区每百户拥有量已达到 178.67 部。2008 年年末移动电话用户为 880.19 万户，市区每百户拥有量达到 180.87 部。如今，移动电话早已飞入寻常百姓家，每万人口的移动电话持有量在全国居于前列。机型也由原先笨重的“砖头机”发展到如今的“掌中宝”。手机已成为人们经济生活、社会交往中不可或缺的一部分。此外，互联网和传真（输）通信手段的增长也显而易见，2005 年杭州市百户居民家庭传真机和接入互联网的电脑分别达 5 部和 55.17 台。2008 年年底，计算机宽带用户达到 139.61 万户，市区城镇居民家庭平均每百户拥有电脑 82 台，接入互联网 62 台，全年人均上网支出 192 元，人均通过互联网购买商品或服务支出 39 元。因为互联网的发达和普及，杭州居民网上消费成为时尚。

[1] 李建国主编：《可爱的杭州》，浙江人民出版社 2000 年版，第 140 页。

交通建设也在飞速发展，居民的出行条件得到显著改善。从道路建设来说，市区道路总面积由 1978 年的 270 万平方米扩大到 1999 年的 996 万平方米，在某种程度上缓解了市内交通拥挤状况。[2]进入 21 世纪，道路建设更是快速发展，至 2008 年年末，全市境内公路总里程达到 14699.53 千米，其中高速公路 494.15 千米。全市公路通村率为 99.5%，建制村客运班车通达率由上年的 95% 提高到 97.5%。道路交通管理的建设也在加速，完善城市道路网，优先发展公共交通，合理引导小汽车发展，加强城市交通管理的科技含量，推行智能化交通，路网完善、功能明确、结构合理、管理先进的综合交通网络体系正在形成。以快速路为主骨架，结合主次干路，组成以方格网为基础，环路加放射线，功能明确、级配合理的城市道路网系统正不断推进和完善。为了解决杭州旅游黄金周的交通问题，杭州还率先实施了旅游集散中心换乘，市区车辆单双号通行，市区小汽车按划

[2] 邹身城等著：《杭州城市发展史》，新华出版社 2007 年版，第 152 页。

定的单向通行线行驶，公共交通工具则不受此限制。

从城市公共交通方面来说，正在形成以轨道交通和地面快速公共交通为主导，高效方便的换乘系统为依托，常规公共（电）车为基础，其他公共交通工具为辅的现代化公共交通系统，突出公共交通在城市交通中的优先地位。

1993 年 12 月 21 日，杭州公交在 16 路线上率先推行无人售票的乘车方式，同年，杭州公交车上使用 IC 卡刷卡乘车，这在全国是首创。1999 年，杭州改装汽车 1000 辆，这些空气污染少、燃料成本低的绿色汽车驶上杭城街头，并建造加气站 3 至 5 座。这种绿色汽车是在普通汽车上加装液化气燃料装置，使汽车成为双燃料车。用液化气做燃料，可大大减少汽车尾气污染，而且比汽油做燃料节省费用，具有较高的环保效应和经济效益。[1]

杭州是我国较早尝试快速公交的城市，2006 年，杭州快速公交 B1 线开通运营。2008 年，开通快速公交 2 号线。杭州的快速公交是国内最高档次的公交车。这种公交车车长 18 米，额定载员 160 人。除了车身长，快速公交车的高度、宽度超过了普通公交车。最高时速可达每小时 75 公里。快速公交车已经成为杭城的一道风景线。

在追述杭州公共交通的时候，值得一提的还有公交候车亭的变迁。20 世纪 50 年代至 80 年代，市民从露天候车到有了铁皮亭候车再到有了水泥预制板亭候车。1997 年后，杭州市公交总公司开发了不锈钢照明式候车亭。近年来，以每年改建、新建 100 座的速度对全市 83 条主要道路上的 1080 余座候车亭进行了改建。[2]

出租车也不断涌现，增加迅猛，为市民出行提供了方便。全市出租车在 1980 年年末仅为 52 辆，1984 年年末为 82 辆，到 2008 年，杭州市区客运出租汽车经营户有 1277 户，经营车辆 8066 辆，比 1984 年增长近 100 倍。2008 年 1 月，杭州还出现了无障碍出租车。无障碍出租车外观与普通出租车相同，顶灯上标有白底蓝字的“无障碍出租车”字样。该种车的核心改动在于车辆的副驾驶座。通过座位旁的一个线型遥控器，副驾驶座可在 15 秒左右的时间内，平缓向车外旋转 90 度，同时会发出“请注意安全”的提示音。

2007 年 3 月 28 日，杭州市的地铁工程正式开工，杭州老百姓出门坐地铁的日子也不远了。

杭州市民不仅拥有了日益现代化的交通设施，在出行交通工具上也在不断地变迁。进入 20 世纪 90 年代中后期，杭州市民出行的交通方式发生了重大变化。一是讲究效率和方便，出门乘坐出租车的人越来越多。仅 1996 年用于出租车等交通费用的支出就比上一年增长了 50.5%。[3]2005 年人均出租汽车费 66 元，比 2002 年增长 58.2%，年递增 16.5%；乘出租车不再是奢侈的享受，而是再普通不过的出行方式。二是骑自行车的越来越

[1]《这三十年：杭州生活刻度》，《杭州日报》2008 年 12 月 19 日，第 A07 版。

[2] 杭州市档案馆编：《杭州解放 60 周年历史画卷》，杭州出版社 2009 年版。

[3] 郭泰鸿、王梓祥主编：《杭州发展特色研究》，1995 年印本，第 98 页。

少，自驾车出行的越来越多。特别是自2002年以来，家用汽车拥有量逐年上升。1994年市区自行车拥有量达到每百户293.5辆，为历史最多，以后逐年递减，到2005年年底，杭州市百户居民家庭自行车拥有量为145辆，比1994年减少约149辆，而家用汽车百户拥有量从1995年的0辆，2000年的0.7辆增加到2008年的17.84辆。三是私人飞机的出现。2004年，杭州道远集团董事长裘德道花费6000万元购买了杭州乃至浙江的第一架私人飞机“首相一号”，[1]私人飞机的出现无论是在浙江还是全国都是超前的。

随着生活条件的改善，突飞猛进的经济增长趋势，越来越多的家庭开始拥有自己的轿车。在农村，摩托车和助力电动车非常常见。20世纪90年代以来许多人把买汽车作为购买住房后的第二选择。1993年到1994年，杭州的机动车数量猛增，在2002年取消了市区小型客车上牌限制政策后，私家车更是迎来了高速增长期，2003年年末，杭州市私家车拥有量同公务车数量持平，到2005年，杭州市机动车拥有量已突破百万辆大关，达到104.9万辆，相当于全市平均6个人就拥有1辆汽车，成为我国为数不多的机动车拥有量超百万的特大城市之一。[2]截至2007年年末，杭州市私人汽车拥有量为47.76万辆，较上年增长23.7%，平均每百人拥有6辆私人汽车，全市汽车销售总额为264.75亿元，[3]2008年年末全市社会机动车拥有量达139.54万辆，其中私人汽车56.52万辆，比上年末又分别增长5.2%和18.3%。如今杭州的汽车正在以每天三四百辆的速度增长。以前是有钱人“打的”，现在是有钱人自己开车。

除了杭州人对车的消费能力增强外，杭州人的汽车消费档次也在迅速攀升，中高档轿车在杭州的市场比较大。20世纪90年代，卖得最多的是桑塔纳、富康这类车。到了21世纪，奥迪、宝马、奔驰、凌志、沃尔沃、凯迪拉克、法拉利、保时捷、劳斯莱斯等中高档轿车在杭州热销，宾利、保时捷、凯迪拉克等高档轿车在杭州都有4S店。来自杭州市车管所的数据显示，2006年上半年销售排名前五位的分别是别克凯越、北京现代伊兰特、广州本田雅阁、一汽马自达6和长安福特福克斯。10万元到25万元的中高档车牢牢占据上牌量的前10名。在排行榜前20名中，除了飞度、华普和比亚迪F3，其余17个系列售价均在10万元以上。除了中高档车，杭州人还喜爱购买进口汽车，从2007年1月的上牌情况看，单沃尔沃和雷克萨斯的数量就已经超过300辆。另据杭州市统计局的抽样调查结果显示，2006年杭州人买车的均价达到14.93万元。杭州消费者对车的消费档次和对中高档车的偏爱跃然可见。

杭州居民对通信和交通追求方便和快捷已成趋势。近来，在出行上又出现了“低碳旅游”、“低碳出行”、“绿色出行”的趋势。低碳出行，是一种低碳生活方式，在这种生活方式面前，杭州卓然走在全国前列。低碳旅游，就是在旅游活动中，旅游者尽量降低二氧化碳排放量。倡导以低能

[1]《这三十年：杭州生活刻度》，《杭州日报》2008年12月19日，第A07版。

[2]《新中国成立60周年特别纪念版·岁月如歌》，《杭州日报》2009年9月28日，第18版。

[3]《这三十年：杭州生活刻度》，《杭州日报》2008年12月19日，第A07版。

耗、低污染为基础的绿色旅行，也是环保旅游的深层次表现。其中包含了政府与旅行机构推出的相关环保低碳政策与低碳旅游线路、个人出行中携带环保行李、住环保旅馆、选择二氧化碳排放较低的交通工具甚至是自行车与徒步等。

虽然低碳旅游概念的正式提出最早见于2009年5月世界经济论坛“走向低碳的旅行及旅游业”的报告，但在实践层面的低碳旅游早已进行。在这一方面杭州走在全国的前列。早在1974年，为了避免西湖水质污染，杭州就制造出西湖第一艘噪声低、无油污的玻璃钢船体的电瓶船，取名“共青团号”，于1979年正式下水运营。因电瓶船具有轻巧、美观、平稳、行驶方便、易于操作等众多优点，中央和浙江省、杭州市先后拨款共132万元制作电瓶船，逐步替代污染西湖的汽油机船和柴油机船。2002年杭州开通环湖电瓶车，这是杭州旅游的一个创举，可以减少机动车的进入，减少二氧化碳排放量。2004年杭州又开通水上巴士，以缓解市区陆路交通拥挤状况，并鼓励市民和游客选择水上交通，低碳出行，如水上巴士漕坊船都配置了污水箱，可以容纳一船人一整天产生的废水污物，实现零排放，按照40人乘坐来计算，30千米的航程，二氧化碳排放量为12.23千克，比乘坐陆地旅游大巴减少1/3至1/2以上。对于杭州大众来说，越来越多的人开始把低碳作为旅游的新内涵，开始关注和力行低碳旅游。如假日去郊外的旅游者，在汽车后备箱中放上一辆折叠自行车，开车至郊外，改骑自行车，去体验野外的自然风光，在旅途中自带必备生活物品，住店的时候选择不提供一次性用品的酒店。

从日常出行来说，出行产生的碳排放主要来自于交通工具的使用。为了解决城市交通和环保问题，自行车文化的复兴无疑是一个助推器，因为自行车占地面积小，既安全又环保，既节省又健身。作为传统自行车大国的中国面对日益严重的城市交通和环保问题，逐步推行和倡导自行车出行，无疑是一个不错的选择。在这一方面，杭州又走在了全国的前列。2008年5月1日，杭州在全国率先运行公共自行车租赁系统，将自行车纳入公共交通领域。按照杭州市的规定，16周岁至70周岁之间、具有熟练自行车骑行能力的需求者，可凭杭州公交IC卡及开通公交功能的市民卡，在租车服务点办理租车或还车。没有公交IC卡的市民或外地游客，也可在各固定标准式公共自行车租用服务点及杭州公交IC卡发售和充值点，凭本人身份证等证件，交300元现金作为租车信用保证金和消费资费押金，办理杭州公共自行车租用卡。一小时内免费，一小时至两小时收取一元租车服务费，两小时以上至三小时租车服务费为两元，超过三小时按每小时三元计费。2008年推出免费自行车服务网点241个，投放公共自行车8000辆。

发展杭州公共自行车交通系统，构建公共交通与自行车换乘（B+R）及停车换乘（P+R）组合交通模式，是延伸公交服务，提高城市公共交通机动性和可达性，为市民提供更加便利的公共交通服务，提高公交出行分担率的一项重要举措，也是解决城市交通“出行难”问题，倡导绿色交通，减少人们对小汽车的依赖，减少环境污染，提升城市品质的重要战略任务。按照杭州市的规划，公共自行车要“像普及电话一样”，在杭州遍地开花。公交自行车自推出后，因为低碳、便民而深得市民和游客的好评，已经成为杭州倡导低碳交通的一个商标，成为杭州市的一张“金名片”。

第三节 人口、家庭与社会保障

1949 年以后，尤其改革开放以来，杭州的社会事业全面发展。1957 年开始，加强计划生育工作，人口自然增长得到有效控制，年均自然增长率从 20 世纪 60 年代的 22.10‰下降到 70 年代的 10.48‰和 80 年代的 8.08‰，90 年代继续下降，到 2008 年，人口自然增长率为 2.77‰。人口增速减缓，素质得到提高，较低的人口增长压力有利于实现人口与经济的互动，确保了经济稳定发展。家庭人口小型化的趋势明显。此外，科教文卫体事业全面发展，社会保障体系逐步完善。

一 计划生育和生育观念的变化

（一）计划生育

新中国成立以前，人口生产处于自流状态，早婚、早育、多生情况十分普遍，人口死亡率也很高。20 世纪 50 年代初，由于人民生活水平的提高和医疗卫生事业的发展，以及受“多子多福”等生育观念的影响，人口出生率逐年上升，而死亡率逐年下降，因此，1955 年人口自然增长率曾经高达 30.03‰。由于生育密度高，不少女工家庭负担过重，一些女工体质明显下降。

1956 年，杭州开始宣传避孕，提倡节育。1971 年 9 月，杭州市和萧山、吴兴、兰溪、余杭、临安 5 县，向全省发出《掀起计划生育群众运动新高潮的联合倡议书》，提出“晚（婚）、稀（育）、少（生）”的目标。1974 年 1 月，还实行避孕药具免费供应，送货上门。由于推行“晚、稀、少”的人口政策，强调人口规划，全市人口出生率由 1969 年的 24.06‰下降到 1978 年的 14.63‰，年均人口出生率为 16.77‰。

1979 年，杭州市委提出把计划生育工作的重点放在“一对夫妇只生一个孩子”、“从严掌握生育第二胎”、“坚决控制第三胎”。中国共产党十一届三中全会以后，杭州市各级党委、政府更是高度重视计划生育工作，制定出台和完善了一系列政策和措施；宣传教育工作做到经常化；建立避孕药具免费供应和市场零售“双轨制”；加强队伍建设；成立全省地市一级最早的人口学会；成立计划生育协会；在全省率先形成流动人口计划生育齐抓共管、条块结合、行业管理的管理体系。

21世纪以后，杭州市推进新型生育文化建设，打造新型生育文化示范园区，并加强计划生育利益导向，深化青少年青春健康服务。2006年杭州全面实施农村部分计划生育家庭奖励扶助制度。至2006年9月底，全市2006年度的奖励扶助工作圆满结束，共发放奖励扶助金739.4万元，有11282人得到奖励扶助。认真执行计划生育公益金制度，全市发放公益金391.5万元，有2498户得到救助。各地按照有关规定，认真落实计划生育家庭成员在就学、就业、就医等方面的优先优惠政策。2007年加大对计生家庭的帮扶力度，发放奖励扶助金861.6万元。此外，2007年全市累计发放计划生育公益金1341.39万元，1.09万户家庭得到救助。2008年9月，市政府出台《杭州市计划生育家庭特别扶助制度实施方案》，扶助金由每人每月120元提高到不低于200元，向全市符合条件的2940人发放扶助金705.6万元。2008年10月，市政府下发《杭州市农村独生子女父母参加农村居民养老保险补贴办法的通知》，规定从2009年1月1日起，对符合条件的对象按每人每年1000元的标准予以补贴，农村部分计划生育家庭奖励扶助制度与养老保险政策接轨，向全市符合条件的15370人发放奖扶金约1010万元。杭州还实施计划生育“少生快富”项目，帮助农村计生困难家庭增收致富。市财政投入38.5万元建立“少生快富”项目专项资金，与市农办、市农业发展基金会扶助形成合力。2008年各区、县（市）开发“少生快富”项目24个，帮扶计生困难家庭815户，解决2273人就业。至2008年年末，全市有9个区、县（市）获“全国计划生育优质服务先进单位”称号。

（二）生育观念的变化

实行计划生育，使杭州民众的生育观念、人口生育状况以及人口与经济的关系都发生了深刻的变化。

1. 生育率显著下降

自开展计划生育以来，人们的婚育观念逐步更新，婚育行为得到规范，生育模式已由“早婚、早育、密育”转变为“晚婚、晚育、少生、优生”，人们的生育观念逐步转变，“一对夫妇只生一个孩子”被广泛接受。计划生育率从1980年的78.85%提高到2000年的97.81%；独生子女领证人数从1980年的9.45万人增加到2000年年底的41.72万人；132万对育龄夫妇中，有86万对只生育一个孩子，一孩率达65%。到2008年的计划生育率为97.99%，独生子女领证率达到40.63%。

1980年起，育龄妇女总和生育率已降至更替水平以下，并呈现稳定态势。1980年、1989年、1995年，全国妇女总和生育率分别为2.24、

2.21、2.00，杭州妇女总和生育率分别为1.442、1.411、1.37，明显低于全国水平，与西方发达国家德国、瑞士、挪威接近。另据杭州市计划生育委员会的统计，杭州总和生育率（育龄妇女一生生育孩子的平均数）已从20世纪60年代初的2.1下降到了2005年的1.2左右。

2. 人口增长得到有效控制

随着总和生育率的不断下降，全市人口自然增长幅度下降，人口再生产类型迅速转变。20世纪60年代全市人口年均出生率为29.62‰，70年代降至16.56‰，80年代年均13.91‰，90年代年均10.6‰，2008年全市人口出生率为9.09‰，呈现持续下降趋势，全市总人口规模增长趋缓，人口增长得到有效控制（见表8—6）。人口增长迅速从原来的高出生、低死亡、高增长转变为现代型的低出生、低死亡、低增长生育模式。在全国来说，杭州提前实现了低生育水平。

表8—6　　主要年份全市人口自然变动情况

年份	出生		死亡		自然增长	
	人数（人）	出生率（‰）	人数（人）	死亡率（‰）	人数（人）	自然增长率（‰）
1978	73550	14.63	29928	5.95	43622	8.68
1979	71442	14.04	29500	5.80	41942	8.24
1980	52145	10.15	30727	5.98	21418	4.17
1981	73015	14.09	31352	6.05	41663	8.04
1982	82910	15.81	30805	5.87	52105	9.94
1983	69940	13.18	33598	6.33	36342	6.85
1984	60091	11.23	33070	6.18	27021	5.05
1985	66757	12.36	33715	6.24	33042	6.12
1986	84702	15.50	33576	6.15	51126	9.35
1987	94127	17.00	33238	6.00	60889	11.00
1988	85472	15.23	35356	6.30	50116	8.93
1989	81048	14.27	34031	5.99	47017	8.28
1990	76579	13.37	34977	6.11	41602	7.26
1991	66144	11.47	33534	5.81	32610	5.66
1992	61708	10.63	34681	5.97	27027	4.66
1993	62465	10.68	34127	5.84	28338	4.84
1994	63580	10.78	35099	5.95	28481	4.83
1995	62586	10.51	36186	6.08	26400	4.43
1996	63680	10.60	35417	5.90	28263	4.70
1997	58471	9.65	34663	5.72	23808	3.93
1998	53951	8.85	38302	6.28	15649	2.57
1999	59085	9.63	36866	6.01	22219	3.62
2000	62300	10.07	40218	6.50	22082	3.57

续表

年份	出生		死亡		自然增长	
	人数（人）	出生率（‰）	人数（人）	死亡率（‰）	人数（人）	自然增长率（‰）
2001	52088	8.33	33827	5.41	18261	2.92
2002	53064	8.38	35867	5.67	17197	2.72
2003	51420	8.04	36662	5.73	14758	2.31
2004	59940	9.26	34078	5.27	25862	3.99
2005	57233	8.72	35417	5.39	21816	3.33
2006	57790	8.71	38892	5.86	18898	2.85
2007	60296	9.01	37833	5.65	22463	3.36
2008	61332	9.09	42648	6.32	18684	2.77

资料来源：《2009 年杭州统计年鉴》，2009 年 10 月 15 日，杭州统计调查信息网，http：//www. hzstats. gov. cn/web/tjnj/nj2009/02/nj_ . htm。

3. 人口年龄结构产生变化

用杭州市第二、三次人口普查资料作纵向对比可以看出，1964 年 0 岁至 14 岁人口比重为 41.8%，至 1982 年已下降为 24.4%；1964 年 65 岁以上人口比重为 3.9%，1982 年上升到 5.8%；1964 年老少比为 9.3%，1982 年上升为 23.77%。按国际人口年龄结构标准，杭州市人口年龄结构已由年轻型进入成年型。这个过程一般国家需几十年时间，而实行计划生育使杭州市经历此过程的时间明显缩短。

进入 20 世纪 90 年代初，杭州就步入了人口老龄化社会（60 岁以上老人占总人口的 10% 以上或 65 岁以上老人占总人口的 7% 以上），并呈加速趋势。1999 年，全市 60 岁及以上老年人 83.72 万人，占总人口的 13.60%，65 岁及以上老年人 59.68 万人，占总人口的 9.69%。2008 年，杭州老龄人口继续快速增长，按户籍人口统计，60 岁及以上老年人口 108.11 万，占总人口的 16.06%，比 1999 年增加了 2.46 个百分点；65 岁及以上老年人 71.57 万人，70 岁及以上老年人 54.73 万人，80 岁及以上老年人 16.29 万人，分别占老年人总数的 66.2%、50.62% 和 15.07%。人口老龄化是由于人口死亡率大幅度下降和平均期望寿命延长，导致老年人口增多，以及由于生育率不断下降，少年人口比重相对缩小，老年人口比重相应增大所造成的。人口老龄化既是社会发展和进步的标志，同时也带来了一系列社会问题，像杭州这样提前进入人口老龄化的地区表现得尤为明显。人口老龄化和第一代独生子女成为家长，劳动人口的赡养比提高，社会服务支出加快，医疗保健消费和养老支出增加。

4. 人口与社会经济趋于协调发展

由于大力开展计划生育，人口规模得到有效控制，人口增长与经济发展趋于协调，人均经济水平稳步提高。全市人均国内生产总值（按当年价格计算），1949 年为 89 元，1970 年为 366 元，1985 年达 1675 元，1995 年达 1.27 万元，2000 年为 2.22 万元。按可比价格计算，1985 年为 1949 年的 10.8 倍，为全面实行计划生育前 1970 年的 3.63 倍。其中市区人均国内生产总值，1949 年为 127 元，1970 年为 912 元，1985 年达到 3633 元。1985 年为 1949 年的 20.71 倍，为 1970 年的 3.62 倍。2000 年为 1949 年的 250 倍，是开始全面推行计划生育的 1970 年的 61 倍。2008 年杭州地区按户籍人口计算的人均生产总值为 70832 元，人均地区生产总值超过 1 万美元，为 1949 年的 796 倍及 1970 年的 194 倍，为实现经济、社会、资源、环境的协调发展提供了较好的人口环境。

5. 妇女地位不断提高

计划生育的实施，使广大妇女摆脱了婚后频繁生育的状况和沉重的家庭负担，有更多的机会学习科学文化知识和参与社会活动。特别是"九五"时期，以人为本的避孕节育措施得到了进一步的落实。从实行避孕节育"知情选择"为重点的优质服务以来，全市采取节育措施人数从 1980 年的 64.98 万人增加到 2000 年的 120.92 万人，节育率达 90% 以上。

6. 生育观念的进步

到了 20 世纪 90 年代以后，伴随着经济、文化水平的提高，杭州市民在生育观念上有了更为深刻的变化。

在看待婴儿性别方面，认为生男生女都一样。2005 年《杭州日报》的"视点新闻"栏目联合杭州华坤市场研究有限公司对杭州人的生育观进行了采访调查。调查显示，从 20 世纪 90 年代起，杭州人开始看淡婴儿性别，看重生育质量。因而杭州男女性别比差值渐趋缩小，男女性别比从 1978 年 1.065∶1，到 2008 年男女性别比为 1.022∶1，[1] 男女比例更趋于平衡。

生育期普遍推迟，晚生晚育。杭州男女均比较赞同在 26—33 岁这个年龄段生育，推迟生育的原因，首先是因为追求生活品质，想多过几年二人世界；其次是因为经济紧张，要先立业后生小孩；再次是因为以事业为重。同时，社会上理解或接受丁克家庭的人群正在渐渐增多。

"养儿防老"观念的淡薄。据调查显示，现在有"养儿防老"观念的年轻人越来越少，仅 1.8% 的被访者有这样的念头。超过半数的年轻人生孩子是为了家的感觉更完整；另有三成多的人觉得生孩子是为了生命更完整，是一种责任感驱使。

可以看出，杭州人生育观念渐趋理性。不过，也应该指出，杭州人的生育观念中仍有一些非理性成分的存在，如仍然喜欢择时生育，讲究孩子出生的年份、时辰；高龄产妇和剖腹产的比例越来越高等，这对于生育质量而言都是不利因素。

[1] 根据杭州市统计局、国家统计局杭州调查队编《2009 杭州统计年鉴》，中国统计出版社 2009 年版整理。

二　家庭人口小型化

据资料记载，民国时期，1935 年杭州市区共有家庭户 11.60 万户，平均每户家庭人口为 4.65 人。1947 年有 9.96 万户，平均每户 4.36 人（均按当时的行政区划）。1949 年全市有 67.71 万户，平均每户 4.25 人。全市从 1949 年至 1982 年，户均人数在 4.01 至 4.87 之间；从 1983 年开始降为 4 人以下，1985 年为 3.74 人。以上数据表明，家庭户均人数在逐步缩小。

20 世纪 80 年代杭州市家庭户规模，据 1982 年第三次人口普查数据显示，杭州全市有 128.26 万家庭户，户口数从一人户到八人户及以上的家庭数量和所占比例如表 8—7 所示：

表 8—7　　1982 年杭州市家庭规模

家庭户	数量（万户）	所占比例（%）
一人户	12.16	9.48
二人户	15.46	12.06
三人户	24.94	19.44
四人户	30.40	23.70
五人户	23.38	18.23
六人户	12.78	9.96
七人户	5.71	4.45
八人户及以上	3.44	2.68

（据任振泰主编《杭州市志》第 1 卷，中华书局 1995 年版，第 435、438 页整理）

其中，市区有 308123 家庭户，一人户占 9.18%；二人户占 14.53%；三人户占 24.50%；四人户占 25.60%；五人户占 15.31%；六人户占 7.02%；七人户占 2.57%；八人户及以上占 1.29%。我们可以看出，不管从全市范围来说，还是从市区来说，都以三人户与四人户为多，其中市区这两种类型户占到了总数的 50.1%。

从全市家庭户类别来说，不同家庭户类别所占的数量和比例，据 1982 年第三次人口普查数据显示，二代户的比重最高，如表 8—8 所示。

表 8—8　　1982 年杭州市家庭户类别

全市家庭户类别	数量（万户）	占合计数的比例（%）
一对夫妇户	6.24	4.87
二代户	81.72	63.71
三代以上户	23	17.93

续表

全市家庭户类别	数量（万户）	占合计数的比例（%）
一代户和其他亲属及非亲属户	1.17	0.92
二代户和其他亲属及非亲属户	2.69	2.09
三代以上户和其他亲属及非亲属户	1.28	1
单身户	12.16	9.48

（据任振泰主编《杭州市志》第1卷，中华书局1995年版，第438页整理）

杭州市区，一对夫妇户占总数的5.39%，二代户占62.48%，三代以上户占18.68%，一代户和其他亲属及非亲属户占1.49%，二代户和其他亲属及非亲属户占2.01%，三代以上户和其他亲属及非亲属户占0.77%，单身户占9.18%。我们可以看出，从全市或杭州市区来说，家庭世代结构，为一代户和三代以上户比重低，二代户比重高，呈两头小、中间大的状况。全市以小家庭为主。[1]

据杭州市统计局的统计数据显示，20世纪90年代及21世纪杭州的每户平均人口继续呈现下降的趋势，从1995年的每户平均3.2人，2001年首次低于3人，为2.98人，到2005年的每户平均2.84人。[2]家庭人口小型化的趋势明显，并且保持了一个长期下降的趋势。

究其原因，杭州之所以会呈现出这种家庭人口小型化过程，除了计划生育制度的原因外，经济是一个很重要的原因。到2001年杭州人均GDP达到了25074元，折合美元（按8:1计算）达到3134.2美元，首次突破3000美元，到2003年，突破4000美元，2005年突破5000美元，2006年突破6000美元，2008年更是突破1万美元。[3]经济的高速成长导致家庭结构发生了变化。美国社会学家威廉·古德在1965年出版的《世界革命和家庭模式》一书中认为，工业化改变家庭制度的进程在世界任何地方都是存在着的，尽管出发点不同，发展的速度和道路不同，但都朝着某种类型的婚姻制度在发展，在婚龄提高，离婚率增加，家庭核心化，功能减少等方面都将随着工业化发展而趋同一致，并且这种趋同现象也是符合工业化发展需要的。可以说杭州家庭人口结构的小型化是现代化过程所带来的正常变化，是社会结构积极适应经济结构与产业结构的体现。工业化经济带来了人的自主性与人口的流动性，它不断冲击父子相承的血亲关系，最终促使血亲关系在家庭组合中降为次要地位。爱情为基础的自主婚姻适应工业社会自主性与流动性的需要，上升为主要地位，婚姻成为现代家庭的主旋律。[4]

1949年以后，我国的法律提倡保护自由婚姻，这造成了婚姻缔结方式的改变。尤其在改革开放后，年轻人的自主意识更加强烈，父母也更加尊重子女本人的选择。越来越多的人选择把伴侣间的关系放到家庭关系的第一位，更加重视伴侣间的生活，所以选择结婚后不与父母一同居住。[5]

家庭有不同的类型，一类是单身家庭，一类是夫妻家庭（家庭中只有

[1] 任振泰主编：《杭州市志》第1卷，中华书局1995年版，第435页、438页。

[2] 杭州统计调查信息网《杭州统计年鉴》。

[3] 同上。

[4] 史及伟、曹增节著：《杭州与国外生活观念比较》，杭州出版社2007年版，第318—328页。

[5] 同上书，第326页。

夫妻二人)，一类是核心家庭（指一对夫妇与未婚的子女在一起组成的家庭)，单亲家庭（指只有父亲或只有母亲与未婚的子女共同生活的家庭)，主干家庭（指老一代与已婚子女一起生活的家庭)，联合家庭（指父母和两个以上的已婚子女及其后代组成的家庭，或者是兄弟姐妹虽已结婚，但是仍未分家)，隔代家庭（指只有祖辈和孙辈组成的家庭)。从每户平均人口数来看，现在核心家庭仍然占到了杭州家庭的大多数，这也导致适合三口之家居住的90平方米以下的住房在杭州现有住房结构中占有明显优势，适应三口之家使用的紧凑车型一直是杭州汽车消费的主流。据2007年杭州市房管局首次发布《杭州市城镇居民住房基本状况调查报告》，建筑面积在90平方米以下的住房有73.35万套，占杭州市住房总量的68.56%。其中杭州老市区（不含萧山、余杭）90平方米以下住房有57.24万套，占其住房总量的71.4%；余杭区有8.66万套，占其住房总量的59.72%；萧山区有7.44万套，占其住房总量的60.5%。[1]

[1] 史及伟、曹增节著：《杭州与国外生活观念比较》，杭州出版社2007年版，第323—324页。

三　社会保障体系的形成

1949年以后，杭州市的社会保障体系经历了从无到有、从单一险种到多险种、从区分所有制和职工身份的不同险种走向一体化的发展历程，基本形成以养老保险为主要内容的社会保障体系。杭州的社会保障体系走在全国前列，这跟杭州经济的发展及其生活品质之城的打造有密切关系。

1984年，杭州市在劳动合同制工人中试行养老保险办法；1986年，杭州市开始实行养老保险；到1998年年底，全市已有60.15万职工参加基本养老保险，27.18万离退休人员参加了养老保险社会统筹。全市公有制和非公有制企业养老保险面达到98%和60%。全市有74.24万职工参加大病医疗统筹，有7602家企业的51.03万名职工参加了工伤保险。养老模式已从家庭养老、单位养老向社会养老转变，养老保险经历了统筹范围、对象规模由小到大的逐步发展过程，已形成了以国有、城镇集体企业、城镇个体私营企业和行政事业单位职工为主体的社会统筹与个人账户相结合的养老保险体系，并粗具规模。杭州农村于1992年开始试点社会养老保险，到1997年，已有227个乡镇、3312个行政村的61.3万人参加了农村社会养老保险，累计收到保险金1.58亿元，已有近千人开始定期领取养老金，全市农村社会养老保险制度已初具雏形。

为了保障妇女的权益，1990年杭州市区率先实施了女职工生育保险，并在所辖的县（市）相继展开。到1997年年末，全市参加女职工生育保险的企业已达8529家，职工61.09万人，已有4.6万名生育女职工享受了此项待遇。[2]

[2] 中共杭州市委宣传部、杭州市统计局编印：《杭州20年巨变——改革开放以来杭州经济和社会发展成就纪实》，1998年印本，第126页。

杭州市于1986年开始了城镇职工失业保险工作，并于1996年实行个人缴纳失业保险费制度，增加了职工参与失业保险的意识，体现失业保险由国家、企业、个人三方面合理负担的原则，并为失业保险基金筹集开辟了新的渠道。1994 年，杭州市作为全国实施再就业工程试点城市，先后在丝绸、纺织、化工等四个系统和西湖电子集团公司等 9 家企业建立了下岗职工再就业中心（站），接受下岗职工 1.49 万人。进一步深化了失业保险制度改革，投入再就业资金近 2200 万元，充分发挥失业保险基金的经济杠杆作用，积极支持失业职工组织就业和自谋职业，鼓励失业职工积极参与就业培训，并兴办了一批生产自救基地。同时还采取了一次性工资补贴等方法。鼓励用人单位招用失业职业和富余职工。到 1997 年年末，共分流安置下岗职工 2.2 万人，参加失业保险单位 6878 家，参保职工 68.8 万人。[1]1999 年杭州全市分流安置下岗职工 3.87 万人，其中市区 2.62 万人，分流后的企业下岗职工人数由 1998 年年末的 4.59 万人减少到 1999 年年末的 2.75 万人。[2]

[1] 中共杭州市委宣传部、杭州市统计局编印：《杭州 20 年巨变——改革开放以来杭州经济和社会发展成就纪实》，1998 年印本，第 126 页。

[2] 李建国主编：《可爱的杭州》，浙江人民出版社 2000 年版，第 17 页。

至 2008 年年末，全市参加基本养老保险 318.11 万人，参加失业保险 202.41 万人，参加基本医疗保险 274.59 万人，参加工伤保险 245.82 万人，参加生育保险 181.68 万人。市区最低月工资标准为 960 元，市区失业保险金标准为每月 768 元。

此外，为切实保障一部分低收入家庭的基本生活，杭州市在 1996 年起建立了城镇居民最低生活保障制度，各县（市）也在 1997 年相继建立城镇居民最低生活保障制度。至 1997 年年末全市享受城镇居民最低生活保障人员 1182 人。到 2003 年年底全市城镇享受最低生活保障的人数达到 1.47 万人[3]。农村最低生活保障制度也开始起步，保障人员已达 1.96 万人。最低生活保障制度的建立，有效地克服了过去救济范围过窄，标准偏低、制度不规范的弊端，有力地推动了杭州市社会救济工作的发展。

[3] 邹身城等著：《杭州城市发展史》，新华出版社 2007 年版，第 189 页。

福利事业不断发展。20 世纪 50 年代，杭州市开始兴办盲人、聋哑人福利事业，建立盲人、聋哑人福利工厂，盲人聋哑人协会，逐步安置残疾人劳动就业，开展各项文化体育活动。自 80 年代起，杭州的福利事业由救济型向福利型，由供养型向供养与康复结合的方向发展，出现了多渠道、多层次兴办社会福利事业的新局面。到 1998 年，全市拥有社会福利院、儿童福利院、光荣院 294 家，床位 5646 张，收养人员 3926 人。全市乡镇、街道敬老院覆盖率达 92.1%，各乡镇都有了敬老院，95% 的乡镇实行了五保供养统筹。儿童福利院开设了康复班、聋儿语训班，对肢残、弱智儿童作矫整形和康复训练，社会福利院开展了溶药疗、体疗、工疗、理疗等为一体的保健康复活动训练项目。一些社会福利院不仅收养孤寡老人、孤儿，还接收了社会离退休人员以及家庭照顾有困难的老人。[4]到 2008 年年末，全市拥有各类福利院、敬老院 201 所，床位 18245 张，收养人员 10298 人。全市城镇享受最低生活保障人数 17853 人，农村享受最低生活保障人员 70289 人。农村五保户和城镇“三无”人员集中供养率分别为 93.2% 和 99.4%。

[4] 中共杭州市委宣传部、杭州市统计局编印：《杭州 20 年巨变——改革开放以来杭州经济和社会发展成就纪实》，1998 年印本，第 126、127 页。

改革开放以来，残疾人得到了广泛的关注。杭州市先后成立了残疾福利基金会、盲人协会、聋哑人协会和残疾人联合会，残疾人的服务机构扩展迅速。至1997年年末，全市有269个街道、乡镇建立了残疾人联合会，全市民政福利企业已达800家，就业的残疾职工2.06万人，比1978年分别增长132.3倍、25.9倍[1]。至2008年年末，全市有社会福利企业438个，年销售收入357.54亿元，实现利润1.14亿元。全市福利企业努力维持残疾职工队伍的稳定，残疾职工待遇保障有所提高。2008年全市福利企业共安置职工4.63万人，其中残疾职工1.82万人。残疾职工年人均工资15000元；年人均社会保险参保额4903元。

社区建设和社区服务方兴未艾。20世纪90年代以来，杭州市的社区建设取得了很大成绩。城区有社区建设指导委员会，街道办事处有社区建设管理委员会，居委会有社区共建领导小组等社区建设组织体系。全市从理论和实践的结合上，对社区建设进行了积极的研究和探索，初步形成了党委政府重视、理论专家指导、民政部门牵头、部门单位配合、街道办事处主办、居委会为基础的社区建设工作格局。在以连片共建为形式、以社区服务为龙头、以建文明社区为目标的社区建设工作中，社区经济、社区环境、社区治安、社区文化、社区教育、社区卫生等各项事业都得到了全面发展。21世纪后，杭州社区建设更是围绕“全省示范、全国领先”目标进行大踏步的探索。由于杭州社区建设的卓越成绩，胡锦涛总书记曾两次到杭州视察社区建设工作。2008年11月10日，民政部正式批复同意在杭州市建设中国社区建设展示中心。社区建设的发展带来了社区服务的不断完善。社区服务以服务设施为骨干，以街道社区服务中心为主体，以居委会便民利民服务为基础，以为老年人、残疾人、优抚对象服务和便民利民服务、民俗改革服务、安全服务等为主要内容，逐步形成了覆盖居民衣、食、住、行、医等方面的社区服务网络体系，不仅方便了居民，也丰富了居民的业余文化生活，优化了社区生态环境。进入21世纪后，社区服务设施不断改善，给社区居民带来了极大的便利。如2006年杭州的社区开始安装起了社区服务信息亭，上城区彩霞岭社区是第一个安装的。社区服务信息亭自设立后功能不断地得以改进，能充公交卡、缴水电费、搜房源、打优惠券，极大地方便了居民的生活。2007年年末社区服务用房面积达20.4万平方米，比上年年末增长49.8%；社区活动用房面积18.3万平方米，比上年年末增长33.7%。社区服务功能明显增强，以社区居民为对象的便民服务、家政服务、医疗保健、文化娱乐服务等社区服务业发展加快。2007年年末，杭州市社区家政服务单位数、医疗服务单位数和文化娱乐服务单位数分别比上年年末增长71%、58.9%和53.7%。其中，家政服务类和文化娱乐类服务最受社区居民的欢迎，服务人次分别达到291.45万人次和120.56万人次，比上年分别增长29.5%和73.0%。[2]

在杭州，包括各种福利院、社区服务、农村敬老院和残疾人服务中心等多种形式的多层次社会福利网络已基本形成，以社区养老为基础，国办

[1] 中共杭州市委宣传部、杭州市统计局编印：《杭州20年巨变——改革开放以来杭州经济和社会发展成就纪实》，1998年印本，第127页。

[2]《社区服务业快速增长》，《杭州日报》2008年5月3日，第6版。

福利机构为主体，民办福利机构为补充的社会福利服务体系大致完善，这样一种格局的形成确实令人欣慰。

第四节　婚丧观念的变迁

改革开放后，由于生产力水平的提高，妇女地位的提高，计划生育政策的实行，人们的爱情、婚姻、生育观念正在发生深刻变化。

改革开放后，我国两次修订婚姻法，颁布《婚姻登记条例》，实行计划生育，对爱情、婚姻、生育观念的进步起到了明显促进作用。社会逐步认同婚姻裂变是一种正常的社会现象，离婚自由逐渐被社会舆论和道德所接受，更加自我、更加开放、更加张扬的婚恋伦理观开始影响整个社会。青春期卫生和生育知识在相应人群中正以适当方式普及。恋爱自由、婚姻自由真正成为现实，恋爱和情感成为人们日常生活的经常话题、文艺作品的基本元素和社会生活中的靓丽风景，未婚同居、单亲家庭等新的社会伦理现象，也逐步受到社会舆论的包容和接纳。杭州的社会生活也随之出现了一系列变化。

一　择偶观念

从中华人民共和国成立到改革开放初，择偶观念从爱工人到爱军人再到爱大学生，随着时代在不断地变迁着。改革开放后，杭州人的择偶观念又有了变化，出身的标准被淡忘了，甚至有“海外关系”在一段时间内成为一个有力的筹码。身高、学历、职业、住房、外貌、经济状况、性格等世俗的标准成为人们择偶时首要考虑的因素。到了 20 世纪 90 年代以后，人们更是不讳言金钱的重要，相比之下，爱情不再是选择婚姻的至上条件。近些年来，在杭州婚介机构和相亲会上，大多数前来相亲的女方或者是女方家长，都直言不讳地把对方的经济条件作为重要因素来考虑。

尽管每个现代年轻人在选择自己的配偶时都有一个理想的标准，但仍然没有摆脱传统的影响：男性注重女方长相，女性看重男方的社会地位。史及伟、曹增节在《杭州与国外生活观念比较》一书中对杭城 200 位青年男女的征婚广告进行分析，认为：在 100 位男性征婚者中，要求对方年轻貌美、身材高挑的人在半数以上；在 100 位女性征婚者中，提出体貌要求的只有 8 人，但是对男性提出职业、经济条件、学历、家庭背景要求的远远超过半数。在大多女性的征婚启事中，希望男方有“一定的经济基础”，几乎是例行公事式的要求。

在这种男强女弱择偶观念下，成功男士可选择的异性伴侣范围就非常大。对于男人们来说，他们越来越意识到，事业上的成功可以使他们在异性眼里更有魅力。但对于成功的女性来说，可供她们选择的男性伴侣却相对较少。这些女性在择偶上很容易走入高不成低不就的困境。因而杭州很多“三高”（高学历、高收入、高职业）女性反而成了婚姻路上的落后者。

另外，在择偶观念中还存在着传统的男大女小的观念。男大女小是最常见的年龄组合，也是传统的择偶条件，而男小女大，尤其是女性年龄比男性大很多的组合，则很容易引起非议。在杭州婚介所里，单身男性通常都要求找一个比自己年轻的女性，而且越年轻越好。一些事业上比较有成就、有相当经济实力的中年成功男士，在选择配偶的时候，普遍要求对方的年龄要比自己小很多。与此同时，三十岁左右的单身女性要找一个与自己年龄相当的男性就比较困难。年龄在四五十岁的成功女士因为离婚或丧偶的缘故，想再找一个同年龄段的男士，就更为困难。部分男性对配偶年龄的过分要求，让许多女性少了选择的余地。[1]

2006 年浙江省妇联抽样调查显示，杭州 30 岁到 50 岁的单身人士突破 20 万，其中大龄单身女性占了很高比例。在杭州婚介机构登记的“单身贵族”中，女性与男性的比例是 6∶4。所以有学者惊呼：我国第三次单身浪潮已来临，“未婚人口老龄化”与“离婚人口年轻化”的并存，使得未婚率和离婚率达到了前所未有的密度。

在择偶方式上，完全由家长包办的婚姻已经成为过去，现在的杭州年轻人恋爱结婚的主要方式有两种：一种为个人与家庭共同选择型，另一种为个人自由选择型。个人与家庭共同选择配偶是一种由传统的择偶方式向现代的个人自由选择方式的过渡形式。这种形式又可分为两大类：一是以家庭为主，即家庭为子女选择配偶，但要征求本人的同意；二是择偶主要由个人进行，但要不断地征求父母的意见，做出最后决定也需要家庭同意。在传统婚姻向现代婚姻过渡的早期，第一种形式极为普遍，后来逐渐演变出第二种形式。个人自由择偶是个人可以根据自己的意愿和要求确定配偶。采取这种方式选择配偶时，大多数人也会征求家长和亲戚、朋友们的意见，但最后的决定权始终在个人。个人自由择偶是现代婚姻制度的重要组成部分，也是现代婚姻不同于传统婚姻的显著特点。[2]

在择偶的途径上，有的通过自己的交往圈，有的是通过父母介绍的相亲会，有的则是亲朋好友的介绍，有的通过婚姻介绍所，有的是通过网络，等等，择偶有多种渠道。东方网 2008 年 2 月 15 日消息称：现实社会中接近半成已婚人士目前的伴侣是“网络下载”而来，2/3 的人接受以网络相亲的方式找到自己的终身伴侣。

2007 年春节，杭州一帮年轻人举行中学毕业 15 周年庆祝活动。有细心人在当年同班的 40 余个同学中做了统计，已结婚的近 30 位同学中，有一半是父母介绍相亲成功的，有约四分之一是通过网络交友找到另一半。[3]

[1]《杭州 30 岁到 50 岁的单身人士突破 20 万》，2006 年 11 月 11 日，浙江在线 http://zjnews.zjol.com.cn/05zjnews/system/2006/11/11/007982727.shtml。

[2] 史及伟、曹增节著：《杭州与国外生活观念比较》，杭州出版社 2007 年版，第 293 页。

[3] 同上书，第 296 页。

现在的杭州有一大特色，就是相亲大会的闹、猛。最热闹的相亲会要数万松书院相亲会。2005 年 6 月 18 日这里创办每周一次的相亲会以来，累计已有十万人次到此相亲。寄喻着梁祝爱情的万松书院在沉寂了许多年后，迎来了它的复苏。很多半百的老人都是为了自己的子女来相亲的，除了杭州本地人外，还吸引了许多附近城市的父母，带着自己子女的相片、简历来挑选理想的女婿和儿媳。以“地缘文化”为主题的黄龙洞举办的“浙江红娘日公益相亲大会”，参加人群七成以上为 40 岁以下的年轻人，是为自己来找相亲对象的。从 2006 年开办以来，月月举办，场场火暴。一年的时间里，连续举办 12 届大型活动，参加人数近 3 万 5 千人。[1]

[1] 史及伟、曹增节著《杭州与国外生活观念比较》，杭州出版社 2007 年版，第 297 页。

如今杭州的相亲会已出现细分化、专业化的趋势，有针对社区大龄青年的，有针对外来务工者的，有针对“三高”人群等不同特定人群的专场相亲会，杭州还有不少企业工会、妇联组织以及传统媒体依托自身优势，纷纷深入基层，组织了诸如走进社区系列、残疾人专场、父母专场之类的相亲活动。2004 年开始在杭州还风靡起源于美国的交友方式“8 分钟约会”。[2]

[2] 同上。

追求自由的杭州青年回归到相亲队伍中来，是因为平时工作节奏快，压力大，接触的人多属于工作关系，朋友交际圈很小的现代生活所带来的。

二　离婚

1949 年以后，尤其是改革开放以来，杭州的离婚呈现出了新的趋势。

一是离婚率呈逐年上升趋势。

从 1949 年以来，杭州出现了两次离婚高潮。第一次是 1950 年到 1955 年，新婚姻法颁布后，取消了包办买卖婚姻，一些由父母包办婚姻的人要求解除旧婚姻，实行自由婚姻。1950 年 7 月至 12 月，市民政局就受理了离婚案件 114 件，批准离婚登记 56 对。1951—1955 年，市民政局受理离婚案件达 2370 件，大多为女方提出离婚，离婚的原因有重婚、包办婚姻、童养媳、受虐待、被遗弃，其中因重婚而要求离婚的占 10%，因包办婚姻而要求离婚的占 70%，其他原因而要求离婚的占 20%，这时期人们的离婚原因为感情不和或性生活方面原因的还很少。1956 年后离婚案件有所减少，1956—1963 年，受理离婚案件 300 余件，批准离婚登记的 180 对，这些离婚原因中因双方感情不和申请离婚的占了 80%。由此可以看出，感情在婚姻中逐渐被看重，婚姻中情爱的成分不断上升。1964—1980 年，每年批准离婚的在 160 对左右。

第二次是从 20 世纪 80 年代开始，离婚率又有所上升，一直延续至今，上升势头愈发强劲。1979—1988 年，全市批准离婚登记的达到 7898 对。进入 90 年代后上升明显，仅 1999 年离婚 3192 对，2000 年上升到

3279对。进入21世纪，离婚率更是逐年上升。2003年杭州共办理离婚登记4773对，比2002年上升了36.7%；2004年办理8290对，比2003年上升了73.6%；2005年办理9335对，又上升了12.6%。2006年离婚10701对，同比上升了14.6%；2007年离婚登记12094对，比2006年上升12.6%。2008年较2007年又有上升，达到13155对。

这次离婚高潮具有与以往不同的特点，其中爱情至上、性、经济的因素开始占据上风。由于性生活不协调而导致夫妻双方关系恶化，直至"水火不相容"，这种情况一直都是存在的。但是在长期的禁欲主义时代，人们多采取了容忍的态度，在这种事上不太好意思说离婚。再则当时的社会背景中离异者明显受到歧视，组织上也不允许这种理由的离婚随便发生，而现在人们对这种理由的离婚已越来越理解。

此外，离婚率走高的原因之一在于离婚手续的越来越便捷。新《婚姻登记条例》出台前，办理离婚手续，要出示单位或村（居）委会的证明，婚姻登记机关将在1个月内，核实材料，然后发出离婚通知。许多当事人从保护个人隐私的角度，一般不愿意采取协议离婚方式。而新《婚姻登记条例》取消了证明，只要双方对子女抚养、财产、债务等问题达成一致处理意见后，当场就予以登记并发给离婚证。原来办理离婚手续，可以给当事人以充分的思考时间，给一些意气用事的当事人以"反悔"的机会，从而使那些尚未达到离婚程度的婚姻得以维持。现在没有了缓冲期，当事人只要提供身份证、户口簿、结婚证、离婚协议书，就可以办理离婚登记手续，不受其他任何条件限制。这从一个侧面，促使了离婚数量的上升。离婚率的走高还有一个原因就是婚前恋爱过程短，草率对待婚姻，出现"闪婚闪离"。现代生活网络普及、娱乐场所增多、人员流动加快，年轻人的交往方式日渐方便，而他们的结婚速度也就加快了。一些年轻人因一时感情冲动，在没有充分考虑或者没有相互了解的情况下，凭感觉就草草结婚。而婚后发现性格不合，就又迅速离婚。据杭州民政部门统计，一些年轻人在几天或几个月内，结了又离，有的甚至当天结婚当天就离婚。还有的离婚原因就是由于夫妻在对待工作、学习的态度和方法上发生分歧，在对待父母的态度上意见相左却不能调适等。离婚原因最多的则当归属于婚外恋情与"第三者"插足。随着社会竞争的日益激烈，平时办公室工作的时间多，在家里夫妻相处的时间少，沟通减少。同时，文娱场所的开放、网上交流以及工作交往的增多，增加了出轨的可能性。据统计，2005年，杭州江干区因第三者插足而离婚的占50%，余杭区将近30%。

二是离婚低龄化的趋势越来越明显。

进入21世纪，离婚低龄化的趋势越来越明显。以拱墅区为例，2003年，35岁以下离婚的仅有72对，2004年上升到120对，增加了66.7%；2005年增至162对，增加了35%。此外，高学历群体离婚率也逐年上升。以江干区为例，本科以上离婚的2003年为38人，2004年为136人，2005

年为139人。在年龄较轻的离婚人群中，一些文化程度较高的人，他们崇尚合则结、不合则离的爱情观，遇到一点小挫折就可能离婚。从职业结构来看，收入越高的人群，离婚率有上升趋势，如公务员、律师、记者、教师和医生等。

总之，改革开放以来，尤其是20世纪90年代以来，随着市场经济的发展，人民物质生活普遍提高，妇女参与工作的机会越来越多，人们的婚恋家庭观念正在发生一系列明显的变化，传统的“经济合作社”、“生育共同体”式婚姻正在向现代的生理要求转变，从传宗接代需要向主要满足个人感情需要及自身利益的方向转变，婚姻家庭的维系与稳固从外部因素转向内在因素，夫妻关系成为家庭关系的轴心。这种变化导致人们对感情的追求越来越重视。因此一旦夫妻感情破裂，维系婚姻的基础随之瓦解，婚姻解体的结局也就在所难免。如果家庭成员过于强调自己的利益，越来越以个人为中心，从而导致家庭责任感和社会责任感淡化甚至缺乏，也会造成离婚率不断攀升。

三　黄昏恋

中老年丧偶或离婚后再进行的恋爱，就是所谓的黄昏恋。进入21世纪以来，杭州黄昏恋的老人越来越多。

据调查，杭城老人在黄昏恋上采取的做法大多为同居的方式，不考虑或暂不考虑登记结婚。选择同居的原因是为了避免可能出现的许多问题。如避免与子女在赡养、财产分割等问题上的矛盾，获得子女的认可，又如防止子女对老人感情问题的过分干涉，为了顾及子女的态度，只好不考虑登记结婚。选择同居还可以给自己和对方一个回旋余地，先一起生活一段时间，提供一个相互了解的阶段，不至于造成结了又离的尴尬。黄昏恋以同居的方式，有世俗的束缚，也有老人的顾虑。

现代社会，物质生活得到极大提高后，精神需求已成为人们的强烈需求，老年人无论从心理上还是生理上都有对爱情的渴望。杭州已进入老年社会。杭城单身老人的空巢孤独已是一个不容回避的现实问题。老年人黄昏恋是社会文明进步的一种表现，越来越多的杭州人认同了老年人的黄昏恋。

四　性观念的变迁

2006年6月，杭州出现了首家以性健康为主题的餐厅“紫金瑰宝”养生馆，这是一家采用营养滋补调理方法，针对男士为主女士为辅的性功能亚健康，提供养生保健服务的休闲主题餐厅。墙壁上是古代春宫图，餐桌上是性文化手册，坐堂的老中医接受性健康咨询，以人参、鹿鞭、虫草、燕窝等为主料的炖品，价格从88—288元不等，菜名都有着诸如“万里雄风”、“气壮山河”、“快马加鞭”等暗示性十足的名字。2008年首届杭州性文化节在浙江世贸中心开幕，吸引了很多市民前来观看，大多是中青年男女，但也不乏老年人。凡此种种，表明如今杭州人的性观念已悄然发生了变化。

传统的性爱观和伦理道德秩序，长期以来决定着祖祖辈辈中国人含蓄而又内敛的性生活方式，公开谈性或以性为趣的人曾长期被视为“淫荡之辈”。

20世纪50年代以来，尤其是“文化大革命”前后，公共场合年轻恋人的亲昵表现大多限于手拉手与挽胳臂的范围之内。涉及性事常常被冠以“生活作风有问题”而受到谴责，可以用来打击一切男女。性行为必须严格建立在婚姻基础上，如果有人有婚前性行为，被工作单位知道，就极可能被勒令除名。而在医院，是没有男性专科或性病门诊的。国外电影的某些男女拥抱镜头，是人们所能公开接触到的为数不多的感官刺激之一，“文革”十年，性被从所有的传媒中一扫而空，公开的性信息几乎没有。

然而近30年来，由于时代的变革，尤其是杭州社会经济的高速发展导致当代青年人在性观念和性行为上发生了巨大变化。在现如今大多数的杭州人的思想意识中，性与生殖被基本剥离开了，在性的公开程度、性行为、性关系上都发生了显著变化，对非婚姻内性行为表现出宽容。

（一）婚前性行为

在所有的性活动中，婚前性活动的变化是最大的。随着广大人群婚前性行为的发生，人们结婚时对童贞的要求也有了很大的改变。

李银河曾谈到：对婚前性行为持肯定态度的人们认为，婚前性交的有益之处包括：在性交存在的意义上，它无论在生理上还是心理上都是有利于健康的，因为人的迫切需要不可以被拖延至成年期，人从进入青春期到成年期还有大约10年的时间。有些人结婚更晚甚至不结婚，很难要求他们保持童贞。目前在美国和法国，保持单身的人群都要占到总人口的约1/4，如果要求他们保持童贞是完全不现实的。无论社会对婚前性活动的规范有多么严厉，随着参加这一实践的人数日益增多，规范将不得不改变，过去被认为违反社会性行为规范的婚前性行为将逐步为社会规范所接纳，虽然在很多社会中，这种接纳是很不情愿的。

在杭州，对待婚前性行为的观念也已发生变化，婚前性行为正在逐步上升。

浙江经贸职业技术学院人文旅游系的周晓晓对杭州市高职院校370名在校大学生贞操观进行问卷调查，这些大学生年龄绝大多数在18—22岁之间。共计发放调查问卷370份，回收有效问卷328份，有效率为88.65%，其中男生103份，占31.4%；女生225份，占68.6%。

大部分学生对传统贞操观持反对或不支持态度，只有小部分学生认为应赞成。大部分学生在这个问题上已具备理性，能看到传统贞操观中不合理的因素，而不再盲目地追求。在“对婚前性行为的看法”这一问题上，有23.17%（76人）的学生是“完全赞同”的，其中女生仅有25人同意这个观点，占11.1%，而男生则有51人同意，占49.51%，男女生表现出较大差异。持“可以理解但不赞同”观点的学生有50.91%（167人）。另有16人认为应“坚决反对”。这16人均为女生，无一名男生。这一调查结果显示，在婚前性行为这个问题上，男生比女生思想上开放，这一方面可能是因为传统贞操观对女性提出了更高要求，对男性则无太多约束；另一方面也可能是因为婚前性行为对男性来说并没有一个明显的判断标准，男性不会因被人发现而付出任何代价。在“与男（女）朋友或异性是否已经发生了性关系”这一问题上，有10.06%（33人）的学生回答“已经发生”。这说明部分学生不仅在思想上较为开放，而且在行动中也有所体现。

从周晓晓对杭州高职院校的大学生所作的调查分析中，我们可以看到，在性观念上大部分学生思想趋于开放，对于贞操的看法有了改变，男子对跟自己结婚的女子是不是处女已不再特别看重，婚前性行为也得到了越来越多人认同。

乐学裙对浙江金华、杭州大学生的性行为也作了调查分析，调查发现，有过接吻、性爱抚、性交的大学生分别为45.5%、27.4%、16.6%。甚至一些大学生中出现了无“爱”之性。

据浙江在线报道：杭州四成青少年有婚前性行为。另据京报网报道：对浙江省2万多名大学生性状况的调查问卷表明，90%大学生认可婚前性行为，13.1%的大学生有婚前性行为，大学生的首次性行为平均年龄为19.51岁，有性行为的大学生中，27.4%有两个及以上性伴侣。此外，在13.1%的有性行为的大学生中，个别学生还出现了商业性性行为。我们不得不指出，大学生的商业性性行为，将成为大学校园性病蔓延的导火线。

由此可见，进入20世纪90年代，尤其是21世纪以后，随着社会的发展，杭州人越来越注重自己的权利，越来越多的人们在行使自己婚前性行为的权利，发生婚前性行为的人群越来越多，年龄也越来越小。但是由于对性知识一无所知或不甚了解，未婚先孕、流产、堕胎现象也随之普遍起来。每年寒暑假来自医院的报道表明，寒暑假或长假期间，都会变成青少年堕胎的高峰时间，各地到医院做流产手术的人数急剧增加，其中大、中学在校学生占了相当大的比例，有的女生甚至背着书包去堕胎。由于缺乏正确的性知识和生殖健康知识，未婚先孕对青少年的心理和生理都会造成危害。鉴于此，2008年4月，浙江大学开出婚前守贞培训课，“拒绝婚前性行为”是这次培训的核心。婚前守贞培训课惹来了争议一片。人们更多的认同于倡导文明的性行为、安全的性行为，而不是禁欲。

在对待试婚和同居的问题上，多数杭州人也保持了一个相对宽容的态度。根据一项来自19楼论坛的调查“大家对试婚（同居）赞成吗?”在参加调查的1512人中，有798人选择了“同意试婚（同居）”，原因是可以更好地了解一个人，以确定是否是自己愿意托付一生，占了总数的52.78%；256人选择了“同意，只是普通同居，没什么理由”占到了16.93%。另外有12.7%的人选择不同意，原因是“传统家庭观念的束缚或家里反对”，17.59%人同样表示不同意，原因是“自己不愿意”。[1]

[1] 史及伟、曹增节著:《杭州与国外生活观念比较》，杭州出版社2007年版，第334页。

（二）同性恋[2]

[2]《杭州同性恋调查》，《青年时报》2004年11月25日。

最近几十年间，同性恋解放运动是世界性变迁潮流中的一项重要内容。在美国，根据统计，同性恋者占人口的3%—4%。在英国人口中，有约10%的人承认自己是同性恋者。由于同性恋者较多地集中在大都市中，世界各大城市的调查都表明，同性恋者约占到城市人口的10%。

在以异性恋占绝大多数的社会里，同性恋作为一种特殊的性行为方式，长期受到社会的特别关注甚至歧视。近年来，随着科技发展和文明程度提高，人们对同性恋的性质有了进一步认识。虽然目前的科学研究还难以明确地说出同性恋产生的原因，但各种迹象表明，同性恋是一种天生的性倾向，越来越多的人已不再把同性恋看做是病，也认识到同性恋与个人的道德水准、心理发展的好坏无关。

在杭州，同性恋之风早在明代就盛行。21世纪以来，杭州人对于这类人群的看法在慢慢改变。

同性恋研究专家许毅对杭州的男同性恋作了长期的研究，他在2004年说，杭州男性同性恋者的人群发生率为1%—2%，总人数为1万左右，且约有2000名男性同性恋者经常参加聚会活动。女同性恋者更多，但由于其隐秘性而很难统计或推算。如果按照张北川教授提供的同性恋者占人群1.3%—3%的比例推算，杭州可能约有5万同性恋者。

杭州男性同性恋者集体活动的场所主要包括酒吧、公园、浴室、公共厕所。此外，网络也成了大量同性恋者最好的聚会场所。“你我共同的精神家园”是目前杭州地区最大的“同志”网。此外，还有“浙江同志”网、“天堂伊凡”网等。西陆网上曾专门为杭州中年“同志”开设过BBS，西陆网还有“杭州lala风情”论坛，多为杭州的女同性恋者光顾。同性恋者在网上取得足够信任的情况下，才会相约去酒吧见面。

同性恋者性伴侣的交换是频繁的。性伴侣交换频繁并不是他们不愿意与性伴侣建立持久关系，而是双方都害怕暴露自己的性定向以及由此引发的严重后果，同时也可以避免被有些男性以此要挟而被敲诈。2003年5月至2004年1月，浙江大学医学院附属第一医院和浙江大学医学院的专家，就男性同性恋的艾滋病高危行为，在杭州以匿名问卷的形式调查了927名男性同性恋者。调查显示，男性同性恋者性伴侣数量多，每个男同性恋者在1年内平均与7.34个同性恋者发生性行为；同时，他们大都不用安全套，只有11.11%的男性同性恋者使用安全套。而且只有13.07%的人了解对方的健康状况。由于性伴侣交换频繁，同时大都不用安全套，同性恋也就成为艾滋病的重要传播途径之一。从2004年3月至8月初，杭州有56名男性同性恋者自愿检测HIV（艾滋病病毒），检测到2名HIV抗体初筛阳性，初筛阳性率为3.57%。

鉴于此，在杭州除了对同性恋现象采取客观、科学的态度，减少对他们的心理压力之外，也积极开展对男性同性恋者的艾滋病预防采取干预措施，并走在全国的前列。杭州市疾控中心传染病防治所积极提供HIV检测、发放避孕套及防治宣传手册、举办小范围的座谈会和不定期的大型知识讲座。对于检测呈阳性者，将在美国专家的支持下，积极联系相关药物厂家，尽量提供免费药物治疗，延缓或消除艾滋病发作。2008年8月13日在杭州正式成立了浙江首个经卫生部门认可的民间同性恋爱心组织——浙江同志爱心工作组。浙江同志爱心工作组是一个既有政府部门支持、又有同性恋者积极参与的模式，这是一种创新。该组织将协助官方在同性恋这个高危人群中进行艾滋病行为干预，如在公园、酒吧等同性恋聚集场所发放免费安全套，开展有关预防艾滋病性病的宣传以及免费检测等。

总之，改革开放以来，中国同性恋经历了非刑事化、非病理化，直到现在逐渐人性化的历程。社会对同性恋的宽容程度越来越大。从总体上说，杭州公众对同性恋者的态度是越来越科学和宽容，青年时报2004年作的一次调查显示，杭城59%的被调查者认为，同性恋是正常的，83%的被调查者表示，会继续跟同性恋者交往。

2008年1月，杭州开审首例由“同性恋”引发的抚养费纠纷案。长期以来，同性恋者一直游离在主流社会的边缘地带，不敢公开暴露身份。现今天同性恋者敢于公开站出来争取自己的权益，这从一个侧面折射出了社会的宽容。

五　殡葬制度改革

1950年6月杭州市人民政府发出公告，划西湖风景点为禁葬区域。1950年10月成立了杭州市丧葬事业委员会，团结改造旧的丧葬团体，为新的殡葬事业服务；1951年办起了杭州市第一个火葬场、殡仪馆，旋即清理积柩，改革土葬，推行火葬，破除封建迷信的丧葬习俗，提倡节俭，文明办丧事。1985年杭州市人民政府颁布了《杭州市殡葬管理实施办法》，火葬从城市推向农村和山区，市区火葬率从1951年的2.95%上升到1988年的99.11%。市辖各县（市）自1967年起，陆续推行火葬，建立火葬场、殡仪馆7个，近80个乡镇推行了火葬。1990年7月成立杭州市清理西湖风景区墓葬领导小组，对西湖风景名胜区内的墓葬进行了全面清理、整顿。

（一）改革土葬

1. 清理积柩

1950 年杭州市丧葬事业委员会开始清理市区厝柩，当年清理运出 3019 具，埋葬 2240 具，同时新接收厝柩 2293 具。其后杭州市民政局与市救济分会又先后发出通告，责令各柩属限期将厝柩进行处理，无主积柩统一处理。1952 年 6 月，杭州市人民政府又发布了限期清除厝柩的指示，市救济分会决定立即将厝柩出清，结束此项业务。经柩属自运安葬和各山庄义葬，至 1955 年杭州城区厝柩全部清理完毕。这在杭州社会生活史上是可以大书特书的，从南宋以来历时八百余年停放厝柩的习俗至此终于得以革除。

2. 禁止乱葬

民国时期，杭州营葬坟墓无地域的限制，因而从城郊到西湖风景区，到处可见垒垒坟冢。当时的杭州市政府先后在 1929 年、1932 年、1935 年划定禁葬区域，颁布《杭州市禁葬区域内已葬坟墓登记规则》，但收效甚微。

中华人民共和国成立后，1950 年 6 月，杭州市人民政府发布公告，为保护西湖风景区并推行公墓制度，划定环湖及风景点禁葬区，公路两侧 150 米以内为禁葬区，风景区之风景点以内或其周围不得茔葬。

1958 年 12 月，杭州指定南山公墓和留下杨家牌楼为埋葬地，其他地方停止埋葬，郊区各人民公社不得对外经营丧葬业务。1969 年 6 月，杭州市郊区革命委员会发出《关于坚决制止破坏山林、制造和贩卖棺材乱做坟墓的通知》，规定任何单位和个人，一律不准接受外来丧户造坟埋葬、不准私制出售和贩卖棺木，不得擅自在国家和集体的土地上造坟做墓，从而土葬得以控制。

3. 平坟深埋

1983 年冬季开始，杭州市郊清理和深埋了大批旧坟和厝柩。半山、江干、西湖区农村和余杭县，在进行农田基本建设和绿化环境的同时，平坟、深埋旧坟、厝柩 10 万穴，腾地还田、还林 2000 余亩。荒冢垒垒的半山、临平山开辟成了公园；被誉为十里梅海的余杭超山，3900 多座坟墓就地深埋，种上梅树。

1986 年，余杭县继续平坟深埋旧墓 500 多穴，萧山县临浦峙山平掉旧坟 160 穴，辟为公园。市属南山公墓对原有旧坟实行分批整顿和清理，至 1988 年年底，已迁葬造墓 3060 穴。1999 年，加大对“三沿五区”（沿铁路、沿公路、沿通航河道两侧视野范围，耕种区、风景区、开发区、住宅区、森林保护区）旧坟平毁力度。萧山市 1999 年全年炸寿坟 6100 多穴，迁移坟墓 14 万穴；建德市炸寿坟 667 穴。通过清理旧坟，使复耕农田面积增加，由来已久的“青山白化”现象得到有效遏制。

4. 公墓陵园的建设

在禁止乱葬的同时，加强公墓陵园建设。1951 年开始建设杭州市南山陵园，占地 11.47 公顷，地处玉皇山南麓，园内另辟有革命烈士陵园。1985 年开始建设杭州市第二公墓，规划占地 15.8 公顷，地处西湖区留下镇石马村，白龙潭瀑布北面，同小和山森林公园度假村相邻。1987 年开始建设杭州半山公墓，规划占地 14.21 公顷，地处拱墅区半山镇施行村。1984 年建设杭州龙居寺公墓，规划占地 11.87 公顷，地处江干区丁桥镇皋城村。1996 建设杭州钱江陵园，规划占地 20 公顷，地处西湖区周浦乡。1991 年建设杭州华侨永久陵园，规划占地 10.66 公顷，地处江干区丁桥镇的凤凰山坡，是经国家民政部批准的浙江省唯一涉外陵园。

截至 1999 年，全市经营性公墓造墓 6264 穴。杭州市南山陵园全年造墓 1135 穴，对烈士陵园三、四墓区的 156 穴烈士墓统一进行装修，重新改建烈士陵园大门，并进行了大面积的绿化改造。2000 年全市经营性公墓、陵园造墓 6006 穴，2001 年造墓 7562 穴，2002 年造墓 6229 穴，2003 年造墓 8130 穴，2004 年造墓 1.04 万穴，2005 年造墓 1.16 万穴。此外，全面推进农村生态墓地建设，至 2005 年年底，全市累计建生态墓地 2092 个，生态墓地覆盖率 82.3%；50 个生态墓地建设示范点全部完成。

（二）推行火葬

回顾历史，早在五代吴越时，杭城即有火葬。南宋在钱塘门外九曲城菩提院就设有火化亭，时人称“化人亭”。至明洪武三年（1370），火葬被禁，但禁而不绝。不过，从主体上来说，直至民国丧葬的主流一直是土葬。

1949 年 10 月，有市人民代表提议推行火葬。1951 年 8 月，由杭州市救济分会在江干凤山门创办了第一个火葬场，在城区开始推行火葬。1951 年到 1957 年，重点是宣传火葬，印制和散发宣传手册，市内各电影院普遍放映幻灯片，电台、报纸播放和登载火葬消息，电话号码簿上刊登广告，举办火葬图片展览，组织居民和单位参观火葬场，市内各区设立火葬问讯处等。通过各种宣传，使市民逐步认识到推行火葬的好处，认识到推行火葬是殡葬移风易俗的一大内容。1957 年全市火化率达到 10.02%。1958 年，杭州市制定了《杭州市殡葬管理暂行办法》、《杭州市火葬管理暂行细则》和《杭州市殡仪馆管理暂行细则》等规定，进一步提倡火葬，压缩土葬。1978 年，规定凡本市城镇居民、郊区农民以及来杭就医或其他原因死亡的均实行火葬。任何单位不准制作或加工棺材，不准为土葬提供车辆物资方便。这一年火化率上升为 55.57%。

1982 年 2 月 23 日，国务院批转民政部《关于进一步加强殡葬改革工作的报告》，杭州市人民政府于 1982 年 7 月 28 日召开杭州市殡葬改革动员大会，号召民众实行殡葬改革，建设精神文明。同时，各区、县、乡镇、街道、居民区先后建立殡改领导小组和殡葬管理委员会，在全市形成了殡葬管理网络。殡管部门做好配套服务工作，尽量方便丧户。城区各街道、居民委员会把工作做到一家一户，采取走访、登记、耐心说明等办法，使火葬率不断提高。1984 年市区火葬率达到 81.86%，1988 年市区火葬率更达到 99.11%，全市火葬率为 52.8%，2005 年，全市的火葬率达 100%。

（三）文明治丧

1951 年凤山殡仪馆建成开业后，开始推行新的丧葬礼俗。采用追悼会仪式，废除拜佛礼忏、做法事、道场等旧俗，以戴黑纱、佩白花代替披麻戴孝和白衣素服；乐队奏乐或播放哀乐，代替僧道诵经念佛。同时改革土葬旧俗，规定分区分级认穴，由公墓统一安葬，废止看风水、择吉日、定方位等活动。干部、职工死亡，一般由工作单位办理治丧事宜，发讣告，开追悼会，向遗体告别等悼念活动。

20 世纪五六十年代，杭州城市居民在亲人死亡后，大多沿袭旧俗在家入殓、治丧。1970 年以后，土葬压缩，火葬推行，破除迷信，移风易俗的宣传教育逐步深入，文明治丧、节俭办丧事的人越来越多。1983 年 12 月 9 日中共中央办公厅转发民政部党组《关于共产党员应简办丧事、带头实行火葬的报告》后，杭州市不少老干部、共产党员响应党的倡导，出现了丧事简办，不举行遗体告别仪式，不开追悼会、不留骨灰的新风尚。

在政府提倡和推行绿色葬法的推动下，随着杭州民众文化素质的提高，接受新观念的人越来越多，兴起了各种新兴的生态葬，一部分生前观念开明的教师、医生等环保人士普遍选择了江葬、花葬、树葬、草坪葬这些生态墓葬的方式。

杭州市在龙居寺公墓就划出最好的一片土地建造“永乐园”，用于树葬，规划面积 2 公顷，分设古樟园、长春园、梅园、桂园、迎春园五大园区，分别种植了樟树、龙柏、梅花、桂花、茶花、杜鹃等树木 1000 余棵，草皮 1 公顷及绿化带，同时在园区内建造石碑坊一座及配套的休息场所和卫生设施。2001 年 4 月 23 日，举行杭州市首次骨灰树葬仪式，有 36 位先人的骨灰实施了树葬。

在这些生态葬法中，最典型的，规模最大的就是江葬。1989 年 11 月 21 日，杭州市首次出现在钱塘江边举行骨灰撒江活动。这次殡葬改革，是由市人民政府倡导、市殡葬管理所主办的。原计划首批抛撒骨灰 30 盒，由于群众反应热烈，丧户前来要求参加骨灰撒江的增加到 70 盒。1990 年 3 月 30 日，杭州市人民政府还在江干区彭埠镇六堡村钱塘江边江堤上，建造了一座高 2 米的青石“骨灰撒江纪念碑”。2008 年 3 月杭州市第十五次骨灰撒江仪式在钱塘江上举行，有 76 户人家的 200 多人参与，至此，杭州市十五次骨灰撒江的先人累计 1014 人。开展骨灰撒江活动是推行生态葬法的有效载体，既有利于节约土地资源和生态环境保护，又有利于社会文明的进步。

总之，随着生活水平、文化水平及素质的提高，杭州婚丧风俗的更新与进步令人欣喜，由于杭州经济水平、生活及文化水平在全国属于前列，婚丧风俗的更新与进步也走在了全国的前列。在另一方面，我们也必然指出，杭州的婚丧风俗还有待进一步改进。近年来，婚丧仪典的规模和耗资有不断升温的趋势，涉及民众送礼的负担增加，因而引起议论和忧虑。相信在不久的将来，这个问题也将会得到妥善的解决。

参考书目

1.（汉）班固：《汉书》，三秦出版社 2004 年版。

2.（汉）赵晔：《吴越春秋》，国家图书馆出版社 2005 年版。

3.（唐）段成式：《酉阳杂俎》，中华书局 1981 年版。

4.（唐）房玄龄等：《晋书》，中华书局 1996 年版。

5.（宋）《咸淳临安志》，四库全书本。

6.（宋）司马光：《资治通鉴》，中华书局 2009 年版。

7.（宋）施谔：《淳祐临安志辑逸》，上海书店出版社，1994 年影印本。

8.（宋）吴自牧：《梦粱录》，浙江人民出版社 1980 年版。

9.（宋）范坰、林禹：《吴越备史》，四部丛刊续编。

10.（宋）王溥：《五代会要》，上海古籍出版社 1978 年版。

11.（宋）王溥：《唐会要》，中华书局 1955 年版。

12.（宋）袁文：《瓮牖闲评》，上海古籍出版社 1985 年版。

13.（宋）叶梦得：《石林燕语》，中华书局 1984 年版。

14.（宋）米芾：《画史》，中华书局 1985 年版。

15.（宋）程大昌：《演繁露》，中华书局 1991 年版。

16.（宋）林洪撰：《山家清供》，中国商业出版社 1985 年版。

17.（宋）灌圃耐得翁：《都城纪胜》，中国商业出版社 1982 年版。

18.（宋）司马光：《嘉祐杂志》，四库全书本。

19.（宋）西湖老人：《西湖老人繁胜录》，中国商业出版社 1982 年版。

20.（宋）朱翼中：《北山酒经》，四库全书本。

21.（宋）庄绰：《鸡肋篇》，中华书局 1983 年版。

22.（宋）赵彦卫：《云麓漫钞》，中华书局 1998 年版。

23.（元）脱脱等：《宋史》，中华书局 1985 年版。

24.（元）陶宗仪：《说郛》，中国书店出版社 1980 年版。

25.（元）马可波罗著，冯承钧译：《马可波罗行纪》，上海书店出版社 2001 年版。

26.（明）田汝成：《西湖游览志》，上海古籍出版社 1998 年版。

27.（明）郎瑛：《七修类稿》，上海书店出版社 2001 年版。

28.（清）王士桢：《五代诗话》，人民文学出版社 2001 年版。

29.（清）董皓等：《全唐文》，上海古籍出版社 2007 年版。

30.（清）吴任臣：《十国春秋》，中华书局 1983 年版。

31.（清）雍正《浙江通志》。

32.（清）范祖述：《杭俗遗风》，"西湖文献集成"本，杭州出版社 2004 年版。

33.（民国）《浙江续通志稿・风俗》。

34. 杭州市地方志编纂办公室编印：《杭州地方志资料第一、二辑：民国杭州市新志稿专辑》，1987 年印本。

35. 柳诒徵：《中国文化史》，中国大百科全书出版社 1988 年版。

36. 张亮采：《中国风俗史》，东方出版社 1996 年版。

37. 陈顾远：《中国婚姻史》，上海书店 1984 年版。

38. 尚秉和：《历代社会风俗事物考》，上海文艺出版社 1989 年影印版。

39. 钱穆：《中国文化史导论》，商务印书馆 1994 年版。

40. 瞿宣颖：《中国社会史料丛钞》，商务印书馆 1937 年版。

41. 胡朴安：《中华全国风俗志》，河北人民出版社 1986 年版。

42. 钟敬文：《民俗学概论》，上海文艺出版社 1998 年版。

43. 乌丙安：《中国民俗学》，辽宁大学出版社 1985 年版。

44. 王文宝：《中国民俗学史》，巴蜀书社 1995 年版。

45. 冯天瑜等：《中华文化史》，上海人民出版社 1995 年版。

46. 宋镇豪：《夏商社会生活史》，中国社会科学出版社 1996 年版。

47. 朱大渭等：《魏晋南北朝社会生活史》，中国社会科学出版社 1998 年版。

48. 李斌城等：《隋唐五代社会生活史》，中国社会科学出版社 1998 年版。

49. 朱瑞熙等：《辽宋西夏金社会生活史》，中国社会科学出版社 1998 年版。

50. 史卫民：《元代社会生活史》，中国社会科学出版社 1996 年版。

51. 陈宝良：《明代社会生活史》，中国社会科学出版社 2004 年版。

52. 林永匡、王熹：《清代社会生活史》，中国社会科学出版社 2003 年版。

53. 宋兆麟：《中国风俗通史·原始社会卷》，上海文艺出版社 2001 年版。

54. 宋镇豪：《中国风俗通史·夏商卷》，上海文艺出版社 2001 年版。

55. 陈绍棣：《中国风俗通史·两周卷》，上海文艺出版社 2001 年版。

56. 彭卫等：《中国风俗通史·秦汉卷》，上海文艺出版社 2001 年版。

57. 张承宗等：《中国风俗通史·魏晋南北朝卷》，上海文艺出版社 2001 年版。

58. 吴玉贵：《中国风俗通史·隋唐五代卷》，上海文艺出版社 2001 年版。

59. 徐吉军：《中国风俗通史·宋代卷》，上海文艺出版社 2001 年版。

60. 宋德金等：《中国风俗通史·辽金西夏卷》，上海文艺出版社 2001 年版。

61. 陈高华等：《中国风俗通史·元代卷》，上海文艺出版社 2001 年版。

62. 陈宝良等：《中国风俗通史·明代卷》，上海文艺出版社 2005 年版。

63. 林永匡等：《中国风俗通史·清代卷》，上海文艺出版社 2001 年版。

64. 刘志琴：《中国风俗通史·民国卷》，上海文艺出版社 2005 年版。

65. 徐杰舜主编：《汉族风俗史》（五卷本），学林出版社 2004 年版。

66. 晁福林等：《中国民俗史·先秦卷》，人民出版社 2008 年版。

67. 郭必恒等：《中国民俗史·汉魏卷》，人民出版社 2008 年版。

68. 游彪等：《中国民俗史·宋辽金元卷》，人民出版社 2008 年版。

69. 萧放等：《中国民俗史·明清卷》，人民出版社 2008 年版。

70. 万建中、李少兵等：《中国民俗史·民国卷》，人民出版社 2008 年版。

71. 金普森、陈剩勇主编，桂栖鹏、楼毅生等著：《浙江通史·元代卷》，浙江人民出版社 2005 年版。

72. 金普森、陈剩勇主编，陈剩勇著：《浙江通史·明代卷》，浙江人民出版社 2005 年版。

73. 金普森、陈剩勇主编，叶建华著：《浙江通史·清代卷》（上），浙江人民出版社 2005 年版。

74. 金普森、陈剩勇主编；金普森著：《浙江通史·民国卷》（上），浙江人民出版社 2005 年版。

75. 金普森、陈剩勇主编；袁成毅著：《浙江通史·民国卷》（下），浙江人民出版社 2005 年版。

76. 庄华峰等：《中国社会生活史》，合肥工业大学出版社 2003 年版。

77. 丁世良、赵放主编：《中国地方志民俗资料汇编·华东卷》，书目文献出版社 1995 年版。

78. 林正秋：《宋代生活风俗研究》，中国商业出版社 1997 年版。

79. 陈宝良：《飘摇的传统：明代城市生活长卷》，湖南人民出版社 2006 年版。

80. 陈江：《明代中后期的江南社会与社会生活》，上海社会科学院出版社 2006 年版。

81. 钱杭等：《十七世纪江南社会生活》，浙江人民出版社 1996 年版。

82. 王永福主编：《中国古代三百六十行》，杭州出版社 2008 年版。

83. 严昌洪：《20 世纪中国社会生活变迁史》，人民出版社 2007 年版。

84. 仲富兰主编：《图说中国百年社会生活变迁（1840—1949）》，学林出版社 2001 年。

85. 薛君度、刘志琴主编：《近代中国社会生活与观念变迁》，中国社会科学出版社 2001 年版。

86. 孙燕京著：《晚清社会风尚研究》，中国人民大学出版社 2002 年版。

87. 赵英兰编著：《民国生活掠影》，沈阳出版社 2001 年版。

88. 陈华文等著：《浙江民俗史》，杭州出版社 2008 年版。

89. 叶大兵主编：《浙江民俗》，甘肃人民出版社 2003 年版。

90. 顾希佳：《浙江民间故事史》，杭州出版社 2008 年版。

91. 钱文选：《钱氏家乘》，上海书店出版社 1996 年版。

92. 杭州市地方志编纂委员会编：《杭州市志》，中华书局 1999 年版。

93. 蒋乐平：《2002 中国重大考古发现》，文物出版社 2003 年版。

94. 浙江省文物考古研究所编：《浦阳江流域考古报告之一：跨湖桥》，文物出版社 2004 年版。

95. 林华东：《良渚文化研究》，浙江教育出版社 1998 年版。

96. 周如汉主编：《文明的曙光：良渚文化》，浙江人民出版社 1996 年版。

97. 袁宣萍：《浙江丝绸文化史话》，宁波出版社 1999 年版。

98. 王心喜：《杭州史前文化》，人民出版社 2007 年版。

99. 国际良渚学中心编《良渚学文集》。

100. 姜彬：《稻作文化与江南民俗》，上海文艺出版社 1996 年版。

101. 杭州市社会科学院南宋史研究中心编：《南宋史研究论丛》（上），杭州出版社 2008 年版。

102. 杭州市社会科学院南宋史研究中心编：《南宋史研究论丛》（下），杭州出版社 2008 年版。

103. 徐吉军：《南宋都城临安》，杭州出版社 2008 年版。

104. 林正秋：《南宋都城临安》，西泠印社 1986 年版。

105. 周峰主编：《南北朝前古杭州》，浙江人民出版社 1992 年版。

106. 周峰主编：《元明清名城杭州》，浙江人民出版社 1997 年版。

107. 周峰主编：《民国时期杭州》，浙江人民出版社 1997 年版。

108. 顾希佳著：《西湖风俗》，杭州出版社 2004 年版。

109. 朱家骥，阮浩耕著：《西湖龙井茶》，杭州出版社 2004 年版。

110. 应志良、赵小珍、应丹等著：《西湖戏曲》，杭州出版社 2006 年版。

111. 杨子华著：《西湖游艺》，杭州出版社 2007 年版。

112. 冷晓著：《杭州佛教史》，百通（香港）出版社 1993 年版。

113. 李杭育著：《老杭州：湖山人间》，江苏美术出版社 2000 年版。

114. 史及伟、曹增及著：《杭州与国外生活观念比较》，杭州出版社 2007 年版。

115. 徐明宏著：《杭州茶馆——城市休闲方式的社会学分析》，东南大学出版社 2007 年版。

116. 郭泰鸿、王梓祥主编：《杭州发展特色研究》，1995 印本。

117. 鞠建林、王纲主编：《浙江 60 年档案解密》，浙江人民出版社 2009 年版。

118. 中共杭州市委宣传部，杭州统计局编印：《杭州 20 年巨变——改革开放以来杭州经济和社会发展成就纪实》，1998 年。

119. 李建国主编：《可爱的杭州》，浙江人民出版社 2000 年版。

120. 中共杭州市委党史办公室等：《杭州 50 年》，杭州出版社 1999 年版。

121. 邹身城等著：《杭州城市发展史》，新华出版社 2007 年版。

122. 林之、张磊编：《杭州影像》，浙江摄影出版社 2005 年版。

123. 王仁定、郑烨主编：《中国杭州》，杭州出版社 2001 年版。

124. 杭州市旅游委员会编：《泡杭州》，浙江摄影出版社 2003 年版。

125. 浙江民俗学会：《浙江风俗简志》，浙江人民出版社 1986 年版。

126. 杭州市旅游事业管理局编：《杭州市志·旅游篇》（送审稿），杭州市旅游事业管理局 1994 年印本。

127. 李建国主编，杭州市电影发行放映公司、杭州市电影志编纂委员会编：《杭州市电影志》，杭州出版社 1997 年版。

128. 胡效琦主编，杭州市戏曲志编辑室编：《杭州市戏曲志》，浙江文艺出版社 1991 年版。

129. 萧巨生主编，杭州市民政局编：《杭州市民政志》，余杭华兴印刷厂 1993 印本。

130. 杭州茶楼业协会编：《杭州茶馆业发展报告蓝皮书（2009 年）》，杭州出版社 2010 年版。

131. 杭州市档案馆编：《杭州解放 60 周年历史画卷》，杭州出版社 2009 年版。

132. 杭州市统计局、国家统计局杭州调查队编：《2009 杭州统计年鉴》，中国统计出版社 2009 年版。

133. 《杭州十大特色潜力行业发展规划（2007—2020）》，杭州市人民政府办公厅 2008 年 7 月颁布。

134. 建设委员会调查浙江经济所编：《杭州市经济调查》，1932 年印本。

135. 阮毅成著：《三句不离本杭》，杭州出版社 2001 年版。